Ensaios em
homenagem a
**ALBERTO
DINES**

JORNALISMO
HISTÓRIA
LITERATURA

Ensaios em

AVRAHAM MILGRAM e
FÁBIO KOIFMAN
ORGANIZADORES

ALZIRA ALVES DE ABREU

ANAT FALBEL

BERNARDO KUCINSKI

BRUNO GUILHERME FEITLER

CLAUDE B. STUCZYNSKI

JOSÉ ALBERTO RODRIGUES DA SILVA TAVIM

LEONARDO SENKMAN

LUIS SÉRGIO KRAUSZ

LUIZ EGYPTO

MÁRCIO ORLANDO SELIGMANN-SILVA

NACHMAN FALBEL

ORLANDO DE BARROS

homenagem a
ALBERTO DINES

JORNALISMO
HISTÓRIA
LITERATURA

Rio de Janeiro
2017

Copyright © 2017, Casa Stefan Zweig

Editor
José Luiz Alquéres

Coordenação Editorial
Dênis Rubim

Copidesque
Carolina Leal

Capa
Estúdio Insólito

Projeto gráfico e diagramação
FA Studio

Imagem de capa
Jaqueline Machado

Os editores e os organizadores agradecem a colaboração de Lilia Diniz na elaboração desta obra.

CIP-BRASIL. CATALOGAÇÃO NA PUBLICAÇÃO
SINDICATO NACIONAL DOS EDITORES DE LIVROS, RJ

E52

Ensaios em homenagem a Alberto Dines/ organização Fábio Koifman, Avraham Milgram. – 1 ed. – Rio de Janeiro: Edições de Janeiro, 2017.

432p.; 23 cm.
ISBN: 978-85-947-3009-1

1. Dines, Alberto, 1932-. 2. Jornalismo e literatura. 3. Ensaios brasileiros. I. Koifman, Fábio. II. Milgram, Avraham.

17-39351 CDD: 070.4
CDU: 070

Todos os direitos reservados e protegidos pela Lei 9.610, de 19.2.1998.
É proibida a reprodução total ou parcial sem a expressa anuência da editora e do autor.
Este livro foi revisado segundo o Acordo Ortográfico da Língua Portuguesa de 1990, em vigor no Brasil desde 2009.

EDIÇÕES DE JANEIRO

Rua da Glória, 344, sala 103
20241-180 | Rio de Janeiro, RJ
Tel.: +55 (21) 3988-0060
contato@edicoesdejaneiro.com.br
www.edicoesdejaneiro.com.br

Edições de Janeiro agradece aos amigos de Alberto Dines que viabilizaram a edição deste livro — *Festschrift* —, delicada homenagem trabalhada pelos autores dos ensaios e especialmente pelos coordenadores Avraham Milgram e Fábio Koifman.
Os direitos autorais foram cedidos à Casa Stefan Zweig (CSZ).

Ana Cristina Braga
André Lara Resende
Armando Klabin
Celso Lafer
Daniel Klabin
Hubert Alquéres
Israel Beloch
Israel Klabin
Joaquim Falcão
José Luiz Alquéres
José Pio Borges
Luiz Orenstein
Nelson Eizirik
Renato Bronfman
Stephan Krier
Tobias Cepelowicz

sumário

8   **INTRODUÇÃO**

22   **CAPÍTULO 1**   **JORNALISMO/ IMPRENSA**

24   Alberto Dines: um jornalista inovador, Alzira Alves de Abreu

40   Jornalismo fora do lugar: uma breve reflexão sobre o jornalismo brasileiro, Bernardo Kucinski

46   O jornalista e o engraxate, Luiz Egypto

68   Um inquérito jornalístico: o prenúncio de um grande mal (1933-34), Orlando de Barros

114   **CAPÍTULO 2**   **INQUISIÇÃO/CRISTÃOS-NOVOS**

116   Preconceitos de uma hibridação: judeus e cristãos-novos em Casa-Grande & Senzala, Claude B. Stuczynski

156   As tribulações do malsim Simão Rodrigues da Fonseca, Bruno Guilherme Feitler

178   Antônio José da Silva, "o Judeu", na historiografia e literatura ídiche, Nachman Falbel

228   Contos Orientais: o sentimento e o poder. Estratégias de solidariedade dos judeus no Mediterrâneo (séculos XVI-XVII), José Alberto Rodrigues da Silva Tavim

258   **CAPÍTULO 3 STEFAN ZWEIG**

260   Stefan Zweig entre nostalgia e a utopia, Luis Sérgio Krausz

274   Recepção do suicídio de Stefan Zweig no campo intelectual argentino: indiferença e desaprovação, Leonardo Senkman

298   **CAPÍTULO 4 "O CANTO DOS EXILADOS"**

300   Julian Tuwim – infortúnios de um poeta polonês-judeu no exílio, Avraham Milgram

326   Calvário de Emeric Marcier: o processo de permanência no Brasil (1940-1946), Fábio Koifman

364   O nacional e o estrangeiro na historiografia da arquitetura brasileira, Anat Falbel

392   Para uma filosofia do exílio: Anatol Rosenfeld e Vilém Flusser sobre as vantagens de não se ter uma pátria, Márcio Orlando Seligmann-Silva

420   **Posfácio**

423   **Obras de Alberto Dines**

429   **Sobre os autores**

INTRODUÇÃO

A coleção de artigos e ensaios desta obra foi configurada visando o objetivo de um *Festschrift* — termo alemão comumente usado em diversos países europeus, Israel e Estados Unidos para enaltecer em vida pessoas que se destacaram nas ciências humanas e\ou na academia. Este *Festschrift* é dedicado ao jornalista, escritor, ensaísta e historiador Alberto Dines por ocasião do seu aniversário de 85 anos que contempla uma extensa produção jornalística, intelectual, literária e historiográfica.

Um *Festschrift* tanto pode ser uma combinação de artigos elaborados por colegas e amigos de diversas expertises, sem denominador comum, como pode ser uma obra que contempla temas para os quais o homenageado se dedicou ao longo de sua vida. Os organizadores optaram pela segunda opção, partindo do princípio de que os trabalhos aqui apresentados dialogam com a multiplicidade de temas aos quais se dedicou Alberto Dines, enriquecem-nos academicamente com a plena convicção que os artigos que compõe a obra vão ao encontro de suas predileções intelectuais. Os autores são em sua maioria brasileiros, alguns israelenses e um português. Sendo assim, o *Festschrift* se divide em quatro capítulos a seguir: 1) jornalismo/Imprensa, 2) Inquisição/Cristãos-Novos, 3) Stefan Zweig, 4) "O canto dos Exilados".

Alberto Dines nasceu no Rio de Janeiro em 19 de fevereiro de 1932, segundo filho de uma humilde família de imigrantes judeus da cidade de Równe, Polônia (atual Ucrânia). Muito cedo, ainda criança, Alberto se apaixonou pela letra, desenhada ou impressa, por intermédio do pai que aprendera a arte do escriba (*sofer stam* em hebraico) na Polônia. Era preciso talento e perícia para transcrever à mão textos bíblicos em pergaminho, uma arte milenar que persiste até nossos dias.

Seus pais o matricularam na Escola Popular Israelita Brasileira Scholem Aleichem, de orientação judaico-esquerdista, cujo nome evoca uma das grandes figuras da moderna literatura ídiche, o escritor Scholem Aleichem. Portanto, muito prematuro, Alberto absorvia letras, línguas e escritores. Incluindo o mais concreto e influente para sua futura carreira de escritor, Stefan Zweig, o renomado escritor que esteve de visita no Rio de Janeiro em 1940.

A ética humanista e a concepção de mundo de Alberto Dines se consolidaram nos anos de sua adolescência e juventude, depois de finalizada a Segunda Guerra mundial, com a redemocratização do Brasil e a perspectiva de um mundo melhor. Como muitos de sua geração, ele frequentou o colégio, mas deve sua formação intelectual ao ambiente liberal que permitiu vir à tona inquietudes do seu *milieu* juvenil e autodidata. Ele formou seu espírito à margem e apesar do colégio através de livros que influenciaram gerações pelo mundo afora. "O Pós-Guerra foi um período muito rico literariamente: a Guerra revelou grandes escritores — Thomas Mann, Stefan Zweig, Romain Rolland, Roger Martin du Gard, Arthur Koestler —, aos quais nos agarramos com uma incrível devoção. Romain Rolland imperava, o humanista empolgou a todos com o seu *roman-fleuve*, *Jean-Christophe*", lembrou Dines décadas mais tarde.[1]

Em 1952, com vinte anos, Alberto Dines ingressou no âmbito jornalístico, naquilo que viria a tornar-se um caminho de vida, profissão, ideal, fé e cachaça. O primeiro capítulo do livro enfoca este universo contemplando a contribuição substancial de Alberto Dines ao jornalismo e à mídia. Outros artigos do capítulo dissertam sobre o jornalismo no Brasil — crítica e historiografia.

A historiadora Alzira Alves de Abreu analisa o caminho percorrido por Alberto Dines no *Jornal do Brasil* a partir da década de 1960 sob um pano de fundo caracterizado pela modernização da imprensa. A historiadora focaliza as inovações introduzidas por Alberto Dines e seu impacto no jornalismo e nos jornalistas. Não menos importante são as partes que destacam o confronto de Dines como editor-chefe do *Jornal do Brasil* durante e após o golpe de 1964 até sua demissão em 1973 e sua contribuição no engajamento da imprensa para o processo de abertura política e crítica ao regime militar na *Folha de S.Paulo*. Neste contexto merecem destaque as tensões políticas e ideológicas *vis-à-vis* Boris Casoy que provocou a censura das colunas que Dines escrevia, as quais foram publicadas no *O Pasquim* sob a rubrica "Jornal da Cesta", como metáfora da frase atribuída a Shakespeare: "a história da imprensa não se faz com o

---

[1] DINES, Alberto. "O contrato das andorinhas". In MILGRAM, Avraham. *Fragmentos de Memórias*. Rio de Janeiro: Imago, 2010, pg. 88.

que sai publicado, mas com o que vai para a cesta". O artigo de Alzira Alves de Abreu é por si um subsídio a biografia profissional de Alberto Dines até a criação do *Observatório da Imprensa* na TV.

Na sequência aparece o artigo de Luiz Egypto que narra o longo e sinuoso caminho que Dines percorreu no *modus operandi* da crítica dos jornais e da mídia eletrônica. Este é um aspecto fundamental, dinesiano por excelência, iniciado e desenvolvido por ele no Brasil em 1965, num contínuo perpétuo que durou décadas a fio sob diversas plataformas: primeiro com a coluna *Jornal dos Jornais*, publicada nas edições dominicais da *Folha de S.Paulo*, depois assinando artigos sob as retrancas "Jornal da Cesta" e "Pasca Tasca" no *O Pasquim*, e a coluna "Observatório" na revista *Imprensa*, até chegar ao portal Observatório da Imprensa, gestado por ele a partir de 1994 e que finalmente tomou forma, na internet, em abril de 1996. De certa maneira, é o que podemos concluir das narrativas de Alzira Alves de Abreu e de Luiz Egypto, na medida em que a história pessoal e profissional de Alberto Dines se entremeia com os altos e baixos do jornalismo brasileiro no marco das convulsões políticas que marcaram o Brasil dos anos 1960 aos 1990. Luiz Egypto ponteia inovações e iniciativas introduzidas por Dines num espectro amplo de atividades jornalísticas, literárias, acadêmicas e editoriais interrompidas a cada tanto por tensões, conflitos, demissões e não menos devido a melindres pessoais e institucionais de toda espécie.

O terceiro artigo desta série difere dos acima mencionados. Bernardo Kucinski, numa análise crítica, busca compreender as contradições intrínsecas do jornalismo brasileiro. Contradições que, no olhar do autor, se originam pelo "antagonismo entre a ética liberal-democrática inerente ao ofício do jornalista e a cultura autoritária dos nossos donos de jornais". Segundo Kucinski, na impossibilidade histórica de solver este antagonismo aferrado por grilhões de caráter elitista, conservador e pseudo-liberal, o jornalismo brasileiro está fadado a encontrar-se "fora do lugar", a ponto de iludir-se a si próprio e à sociedade à qual ele deve servir honestamente num bom jornalismo.

Os jornalistas éticos, segundo o autor, buscam meios capciosos, e por vezes maliciosos, para poder exercer a profissão com decência, evitando colidir com o modo de pensar e os interesses dos donos dos "jornais fora do lugar". A importância do artigo transcende os limites do âmbito brasileiro numa reflexão que faz sentido num mundo globalizado, onde se multiplicam modelos de democracias autoritárias às expensas do sistema liberal-democrático.

Figura por último o artigo do historiador Orlando de Barros. Seu estudo tem como pivô o inquérito realizado pelo jornal *O Globo* em dezembro de 1933 e janeiro de 1934, iniciado e estimulado pelas medidas eugênicas de esterilização em massa que a Alemanha de Hitler planejava implementar para "sanear" a "raça ariana". Porém, as informações sobre as medidas raciais nazistas, tendenciosamente manipuladas e comentadas pelo jornal, bem como o inquérito realizado com uma plêiade de médicos e cientistas brasileiros de destaque, legitimava a postura favorável do *O Globo* quanto às políticas eugênicas que a seu ver era mister implementar no Brasil. O jornal *O Globo*, e não só, estava a serviço da ilegitimidade moral e da acomodação da opinião pública para apoiar a "profilaxia racial" em geral e no Brasil em particular. Orlando de Barros demonstra a facilidade pela qual setores elitistas — acadêmicos, sociais, culturais e políticos —, capitularam ao *zeitgeist* racista em voga nos anos 1930 do século XX. Basta constatar o que pensava Afrânio Peixoto, cientista e homem de letras, autor de vários livros sobre higiene e medicina legal e membro da Academia Brasileira de Letras, devidamente citado no artigo. Em contraposição, coube a outros expressar valores humanos, éticos e cristãos opostos em resposta ao inquérito de modo geral negativo. A mudança e retrocesso das doutrinas eugenistas ocorreram com a alteração da Segunda Guerra a favor dos aliados e a participação do Brasil ao lado das potências em contra do Terceiro Reich.

O segundo capítulo do *Festschrift* sintoniza com uma das paixões historiográficas de Alberto Dines — a questão da Inquisição e dos cristãos-novos, assuntos aos quais ele se dedicou, cortejou e se realizou no final dos anos 1980, depois que a primeira edição de sua biografia sobre Stefan Zweig chegou às livrarias. Naqueles anos, Alberto e Norma, sua esposa, viviam em Lisboa privilegiados pela bolsa da Fundação Vitae que lhe permitiu paz de espírito para escrever, sonho de todo escritor. A proximidade da Torre do Tombo, o arquivo estatal português que reúne cerca de 40 mil processos inquisitoriais, foi o manancial documental que inspirou sua obra monumental — *Vínculos de fogo: Antônio José da Silva, "o Judeu", e outras histórias da Inquisição em Portugal e no Brasil*. Trata-se de um monumento historiográfico inigualável na literatura sobre Antônio José da Silva. A magnitude da obra, na profundidade e extensão, deixaram-no esgotado. Talvez, mais uma das maldições do "o Judeu", produto de um "delírio investigativo, febre de remontar, obsessão de reconstruir um passado desprezado e essencial para se entender o presente, um vírus que não se estuda nas academias", conforme confessou Dines na introdução deste calhamaço[2]. Para sua sorte e felicidade, Elias Lipiner — eminente historiador, escritor e pensador, que também era portador do tal "vírus" — foi seu tutor durante oito anos no complexo universo marrano e cristão-novo.

Este capítulo se inaugura com o artigo do historiador Bruno Feitler inspirado numa das cenas dramáticas dos *Vínculos de fogo* acima mencionado. E nada mais oportuno que citar as linhas do primeiro parágrafo que esclarecem o que o título disfarça e incidem nas cenas que ocorreram depois da morte de Antônio José da Silva, "o Judeu".

"Santo Antônio José, *ora pro nobis*! Oremos, que remédio, amém." Com esta súplica, Alberto Dines encerra o primeiro livro de seu *Vínculos de fogo*, logo após descrever a execução de Antônio José da Silva, "o Judeu". Ali mesmo, depois de garrote e fogo aplicados ao protagonista, Dines menciona um doido, que "com mão sorrateira corta a alva", e para quem mesmo esse retalho chamuscado teria serventia[3]. O doido era Simão Rodrigues da Fonseca, o "malsim" [*malshin* em hebraico significa delator], e a alva retalhada, os restos fumegantes do camisolão de linho branco com a qual eram vestidos

---

2 DINES, Alberto. *Vínculos de Fogo: Antônio José da Silva, "o Judeu", e outras histórias da Inquisição em Portugal e no Brasil*. São Paulo, Companhia das Letras e Banco Safra: 1992, 2ª ed, p. 31.

3 Ibid, p. 127.

os condenados à fogueira, o mesmo paramento "que vestiram a Cristo na casa de Herodes". "A história de Simão e da alva retalhada seria mais uma das 'outras histórias da Inquisição em Portugal e no Brasil' que Dines sabiamente deixou de fora do primeiro volume de *Vínculos de fogo*, sem dúvida por querer se concentrar nos atores fluminenses da tragédia. Os processos inquisitoriais formam com efeito uma malha sem fim para o historiador. Faz-se necessário saber o que aproveitar e o que deixar para depois ou para outros. Um grande exercício de abnegação..."

Porém, esta não foi a opção de Bruno Feitler, que se aventurou a desvendar o que Dines aludiu no final da tragédia, ou da farsa segundo ele, a que pos fim à vida de Antônio José da Silva, "o Judeu". "Livro não se conclui", já dizia Dines. O caso do "malsim" ou "malshin" de AJS, "o Judeu", interessante por si, é um subsídio ao interminável construir do conhecimento de mentalidades, culturas e histórias dos cristãos-novos acuados pela inquisição.

No segundo artigo deste capítulo, Nachman Falbel questiona o porquê da marginalidade do lugar dos judeus e do cripto-judaismo ibérico nas obras de Heinrich Graetz e Simon Dubnov, importantes estudiosos que fundamentaram a historiografia do povo judeu dos primórdios de sua história até o século XX. Uma das razões, segundo Falbel, se deve ao obstáculo da língua, ao desconhecimento do português e do espanhol por parte dos *experts* por um lado e da inexistência de traduções de obras de crypto-judeus, principalmente de Antônio José da Silva, para línguas europeias e o ídiche por outro. Contudo, a história do cripto-judeu queimado pela inquisição foi privilegiado "por historiadores de língua ídiche que dominavam a língua portuguesa o que lhes daria acesso direto aos textos e as fontes bibliográficas sobre o genial dramaturgo". Principalmente no Brasil, "pelos poucos historiadores imigrantes, oriundos da Europa oriental e portadores de uma cultura ídiche que ao se radicarem no Brasil puderam ter contato com a sua obra e lê-lo na língua do país em que viviam". Partindo deste pressuposto, Nachman Falbel, com excelente domínio da língua ídiche, traduziu, para mais-valia dos leitores que desconhecem esta língua morta, textos de Jacob

Nachbin, um dos biografados de Falbel[4], de Yitzhak Raizman e principalmente de Elias Lipiner. Todos, escritos e publicados no Brasil. Historiografia é, entre outras, função de texto e contexto.

No velho continente, na Polônia impregnada pelo nacionalismo, etnocentrismo e antissemitismo característico dos anos 1930, a história de "o Judeu" deu um sentido atual e premente aos escritores Alter Kacyzne e Moyshe Broderzon para repensar a frágil condição existencial do judaismo polonês após a morte do marechal Pilsudski. De certa forma, os historiadores idichistas no Brasil e seus pares escritores na Polônia, compensaram lacunas historiográficas assinaladas por Nachman Falbel no início do seu estudo.

No terceiro artigo deste capítulo, o historiador israelense Claude B. Stuczynski retoma a polêmica sobre a maneira pela qual Gilberto Freyre se referiu ao judaísmo, aos judeus e cristãos-novos no seu *magnum opus, Casa Grande & Senzala*. Principalmente ao considerar a peculiar ambivalência de Freire na qual se encontram imagens e perspectivas antissemitas por um lado e, paralelamente, conceitos opostos de filossemitismo. As ambiguidades que incidem na obra de Gilberto Freyre na qual aparecem tanto os "defeitos" como as "virtudes" dos judeus como elementos constitutivos do lusotropicalismo e da brasilidade resultam da sua percepção da hibridação e miscigenação dos portugueses e dos brasileiros. Nesta visão, Freyre persistiu na ideia da existência de grupos imunes à "influência semita". O que parece uma contradição entre uma narrativa mestiça, mas que no entanto reconhece a perpetuação de grupos etnicamente diferenciados, se explica pela forma particular que Gilberto Freyre articula o "Judeu" na história colonial luso-brasileira. Stuczynski busca explicação a esta característica freyriana nas leituras e origens intelectuais de Gilberto Freyre baseadas por um lado nos estudos de João Lúcio de Azevedo, principalmente na sua *História dos cristãos-novos portugueses,* e nas obras de Américo Castro por outro. Estas duas abordagens, sendo a primeira de teor racista e pejorativa e a segunda de ordem cultural e civilizatória, resultou, na perspectiva

---

[4] FALBEL, Nachman. *Jacob Nachbin — Os primórdios da histotoriografia judaica no Brasil.* Sao Paulo: Humanitas, 2013, 2ª ed..

de Stuczynski na hibridação de conceitos opostos — antissemitismo e filossemitismo.

O estudo de Claude Stuczynski permeia uma vasta leitura de textos, livros e artigos que discorrem sobre Freyre em geral e sobre o objeto deste estudo em particular.

O quarto e último artigo deste capítulo é de autoria do historiador português José Alberto Rodrigues da Silva Tavim, que à diferença dos anteriores, discorre sobre judeus de origem portuguesa, no Império Otomano e no Marrocos nos séculos XVI e XVII. O autor pontua judeus proeminentes, de grandeza e influência econômica nestes estados, estatuto que lhes permitiu preencher um rol de importância na ajuda e proteção à outros judeus. Não menos importante são os aspectos relativos à estratégia utilizada por este segmento de judeus bem-sucedidos e influentes para aumentar suas "ações" e "ihus" (termo hebraico que denota *pedigree*), no seio das comunidades judaicas e cristãs-novas, além de manifestarem lealdade étnica e religiosa "transnacionais", para utilizar um termo em voga hoje. O envio de esmolas (*tsedaká* em hebraico) da Península Ibérica às comunidades e sinagogas no Império Otomano é um bom exemplo desta rede de relações que envolviam proemintes com "gente da Nação", mas também com muçulmanos em circunstâncias adversas no universo católico. Como afirma Tavim, três aspectos perpassam na confluência destas relações: "Por um lado a constituição de uma sub-reptícia cadeia de relações entre a Península Ibérica e a Turquia; Segundo que neste período muitos cristãos-novos de posses pensavam correntemente no Império Otomano como destino alternativo — tanto que muitos se estabeleceram ali — e daí a necessidade de assegurarem o seu prestígio na margem oriental do Mediterrâneo, mesmo quando não podiam, ou pretendiam, vogar para Istambul ou Salônica. Terceiro, que nesta 'agenda' de prestígio era fundamental a caridade para com o próximo: o preço a pagar por um futuro incerto ... mas possível."

O terceiro capítulo do livro alude a uma das maratonas mais significativas da vida literária de Alberto Dines: a biografia de Stefan Zweig, intitulada *Morte no paraíso*. A semente daquilo que tornar-se-ia uma obsessão na psique de Alberto Dines. Ela foi incubada quando ele tinha apenas oito anos de idade, durante a segunda visita de Stefan Zweig ao Brasil e, casualmente, na escola primária que Alberto frequentava. Isto ocorreu em 1940, conforme mencionamos, visita que o marcou profundamente, passados quarenta anos, em 1981, veio à luz a primeira edição da biografia de Stefan Zweig sobre a tragédia que o levou à morte no "paraíso". Dines é perfeccionista, principalmente quando se trata de Stefan Zweig. No prólogo da terceira edição, de 2004, ele escreve que "o biografado recusa desaparecer e o biógrafo transpõe o ponto final que colocou há duas décadas."[5] E na página seguinte, como que se justificando reafirmou: "Uma vida, qualquer vida, transcende seu registro: indispensável continuá-lo."[6] Depois veio a última edição, em 2013. No total, quatro edições, cada qual mais aprimorada que a anterior, fazendo jus ao apotegma dinesiano: "livro jamais se conclui".

Este capítulo inaugura com o ensaio de Luis S. Krausz, que utiliza os últimos livros que Stefan Zweig escreveu no Brasil: (a) *Autobiografia: o mundo de ontem*; (b) *Brasil: um país do futuro* e (c) a biografia inacabada sobre Montaigne para elucidar o sofrimento que atormentava o escritor no auge de sua crise existencial, quando ele e o mundo se encontravam arruinados. Nostalgia e utopia são dois conceitos que incidem na antiga Viena que Zweig idealizou haver vivido, antes do grande dilúvio, e no "paraíso tropical e racial" que ele imaginou ser o Brasil. Duas faces entalhadas na mesma moeda, contudo, ilusórias, ingênuas e enganosas. Nem a suposta harmonia vienense e tampouco a *so-called* exemplaridade humana brasileira faziam jus ao que de fato eram. Nas memórias de Zweig, ele se absteve de mencionar fenômenos que auguravam o fim daquela era pacífica e segura do Império Áustro-Húngaro à exemplo do pan-germanismo, do antissemitismo e principalmente da incredulidade crescente nos modelos parlamentares, democráticos e liberais. Desnecessário dizer o quanto a ditadura estado-novista de Vargas estava distante das crenças e ideais de Zweig.

---

5 DINES, Alberto. *Morte no paraíso — A tragédia de Stefan Zweig*. Rio de Janeiro: Rocco, 2004, 3ª ed, ampliada, p. 11.

6 Ibid., p. 12

No entanto, as narrativas idílicas que Zweig construiu sobre a Viena do *fin de siècle* até eclodir a Primeira Guerra e seu livro sobre o Brasil (na Era Vargas) são um contraponto à desolação e à erosão moral que vinham corroendo o que Zweig enaltecia. Na perspectiva de Krausz, as duas obras sobre o passado e o presente futuro de Zweig se entremeiam. Coerências ingênuas de âmbitos que jamais existiram, de arquétipos ideais e prova dos fundamentos civilizatórios e morais que Zweig acreditava e invocava. Krausz finaliza o ensaio pontuando sobre motivações que impeliram Zweig a dedicar seu último livro a Montaigne, "escrito em meio a uma era de fanatismo, como uma espécie de consolação e de testamento espiritual, e como uma confirmação da fé de Zweig nos valores da conciliação e da tolerância. Michel de Montaigne passou os anos de sua maturidade isolado no interior do seu próprio castelo, rodeado de livros, em busca constante pela sabedoria, e acabaria por tornar-se um exemplo e um paradigma para o isolamento de Zweig em Petrópolis." Zweig, e seu alter ego Montaigne, ficaram ambos inconcluídos.

Leonardo Senkman, historiador e crítico literário israelense, busca elucidar no segundo estudo deste tema, o aparente mistério do silêncio e indiferença que envolveram o suicídio de Stefan Zweig nos meios intelectuais e literários argentinos, principalmente de Eduardo Mallea e outros escritores de estatura similar à exemplo de Victoria Ocampo e outros próximos a revista *Sur*. Este assunto se iniciou com as impressões um tanto ambíguas sobre o suicídio relatadas pela escritora e cônsul chileno em Petrópolis, Gabriela Mistral a Mallea, e depois publicadas na Argentina e Chile. Para Senkman, o silêncio deste grupo é uma prova do profundo mal-estar e incompreensão de membros do campo liberal pró-aliado na Argentina *vis-à-vis* o drama vivido pelos refugiados intelectuais europeus e extrangeiros que lá se refugiaram. Em contraposição a esta atitude, Senkman constatou outra, oposta, do principal intelectual católico argentino, monsenhor Gustavo G. Franceschi, que condenou o suicídio em termos de conduta nociva, não exemplar e anticatólica. Este é um estudo pioneiro no âmbito das respostas e reações de escritores e intelectuais latino-americanos, e não só, ante a tragédia de Stefan Zweig.

O quarto e último capítulo do *Festschrift* apresenta quatro artigos relacionados a trajetórias de refugiados que, em algum momento, se exilaram dos fascismos no Brasil e, por essa razão, figuram nominados no "Canto dos Exilados" da Casa Stefan Zweig (CSZ), tema especialmente precioso a Alberto Dines.

Em fevereiro de 1943, Manfred e Hannah Altmann, cunhados e herdeiros de Stefan Zweig, procuraram a embaixada brasileira em Londres, onde residiam, para oferecer ao governo brasileiro a doação de 560 volumes de obras completas do autor em diferentes idiomas, além do arquivo pessoal do escritor. A doação incluía "diários, notas, manuscritos, cartas, livros e todo material usado para seus trabalhos". Além desses, "móveis e objetos pessoais que pertenceram a Zweig", assim como "coleções de desenhos, pinturas, fotografias e 'fac-similes' que ilustram os aspectos mais importantes de sua vida em Viena, Paris, Salzburgo, Londres, Bath e Petrópolis, além de retratos dos seus amigos íntimos, como Freud, Romain Rolland, Verhaeren, Masereel, Toscanini, Richard Strauss, José Maria Rilke, Roger Martin du Gard", entre outros bens. Se dispuseram também a comprar o imóvel, o pequeno bangalô no qual Zweig morou em Petrópolis, entre setembro de 1941 e fevereiro de 1942, para que ali se instalasse um museu com todo esse acervo, desde que o governo brasileiro assumisse a responsabilidade pela gestão. O Estado Novo de Vargas deixou o casal sem resposta. A doação nunca ocorreu e o projeto não se efetivou. Todo o acervo encontrou outro destino, nunca chegou ao Brasil.

No ano de 2005 a casa na qual Stefan Zweig viveu seus últimos dias na rua Gonçalves Dias nº 34 em Petrópolis foi posta à venda. Informado a esse respeito, Alberto Dines reuniu um grupo de amigos, todos admiradores de Zweig, que se cotizaram e compraram o imóvel. A Casa Stefan Zweig (CSZ) era criada ali. Inicialmente, só existia virtualmente em site da internet. A inauguração física, como museu e centro de memória, ocorreu no dia 28 de julho de 2012.

Além do interesse pelo mais notório e famoso dos exilados, Stefan Zweig, Alberto Dines sempre mantém especial interesse para com a história de outros refugiados estrangeiros que tanto contribuíram no desenvolvimento das ciências e da cultura no Brasil.

Quando criança, na segunda metade dos anos 1930, seu pai Israel Dines se envolveu pessoalmente em esforços no sentido de auxiliar o embarque para o país e o desembarque nos portos brasileiros de refugiados do nazismo. Diligências essas que lhe renderam ter o nome mencionado em um relatório encaminhado pelo temido chefe de polícia Filinto S. Müller ao ministro da Justiça Francisco Campos e que produziram, entre outros aborrecimentos e prejuízos pessoais, o retardamento por mais de dez anos da tramitação de seu processo de naturalização.

Tão logo Alberto Dines teve a possibilidade, tratou de criar dentro da CSZ um espaço no qual a memória de outros ilustres refugiados do nazismo também fosse preservada. Idealizou o "Memorial do Exílio", orientando o levantamento de mais de duas centenas de biografias de outros exilados que se destacaram no Brasil. A quase totalidade dos nomes do "Canto dos Exilados", como passou a ser chamado o acervo da CSZ relativo a esses refugiados, saíram da cabeça e da memória de Dines, sempre entusiasmado em saber a respeito das histórias, trajetórias de vida e das contribuições dos exilados que colaboraram nas mais diferentes áreas do conhecimento para a cultura e as ciências no país.

O primeiro artigo desse capítulo, de autoria de Avraham Milgram, cobre um aspecto pouco conhecido da vida do grande poeta e escritor polonês-judeu Julian Tuwim durante a Segunda Guerra. Com a invasão da Polônia teve início a odisseia do exílio do poeta. Infortúnios que apenas a morte o livrou delas. E a diferença de Zweig, o período que Tuwim se refugiou no Brasil, 1940-1941, foi precária, de pouca valia, como seria qualquer lugar no mundo além da Polônia. Tuwim padecia das mesmas dores que os escravos no Brasil, "banzo", aflição que se assomou àquela que ele vivenciou em sua própria terra natal na Polônia. Lá, o poeta foi alvo de violentas diatribes dos nacionalistas, etnocêntricos e antissemitas poloneses devido a sua origem judaica e não menos pelo seu estilo crítico, sarcástico e irônico que feria frontalmente a hipocrisia, o *ethos* e a prepotência da extrema-direita polonesa. O artigo também revela relações de amizade, desconhecidas na literatura, entre Tuwim e o ativista sionista Leib Jaffe, entabulada nos anos 1930 e a importância que ela teve na vida tênue do escritor nos países de refúgio.

Fábio Koifman encarregou-se no segundo artigo desse capítulo, intitulado "Calvário de Emeric Marcier: o processo de permanência no Brasil (1940-1946)", de contar a respeito das dificuldades e dos percalços que o grande artista plástico encontrou em seus esforços para fugir do nazismo que dominava a Europa e permanecer em definitivo no Brasil. De todos os personagem do "Canto dos Exilados" listados na CSZ, Marcier foi um dos mais próximos a Dines, que certa vez comentou a respeito do pintor de quem foi muito amigo: "um dos artistas mais puros que conheci".

O terceiro artigo é de autoria de Anat Falbel: "O nacional e o estrangeiro na historiografia da arquitetura brasileira". Nele a pesquisadora aborda o processo de reconhecimento do papel exercido pelos intelectuais e profissionais imigrantes que alcançaram o Brasil no período da Segunda Guerra Mundial que atuavam no campo da arquitetura e que aqui desembarcaram pressionados por perseguições políticas e pela ascensão dos fascismos. Trata dos arranjos, interlocuções e estratégias que esses profissionais refugiados que chegaram ao exílio portadores de instrumentos teóricos elaborados pelas vanguardas europeias, de forma exitosa, lograram adaptar frente ao desenvolvimento industrial das décadas de 1930 a 1950. Dos profícuos diálogos entre o estrangeiro e o nacional na materialidade do espaço cultural da cidade e a positiva influência advinda.

O quarto e último artigo foi escrito por Márcio Orlando Seligmann-Silva: "Para uma filosofia do exílio: Anatol Rosenfeld e Vilém Flusser sobre as vantagens de não se ter uma pátria." O autor se impõe o desafio de recuperar e elaborar modelos de circulação cultural que permitam colocar no centro, e não à margem, a importância da contribuição intelectual estrangeira nos países de acolhimento. Toma as experiências de intelectuais exilados no Brasil pensando na necessidade de estabelecer novos modelos para se compreender as identidades culturais. Reflete como a experiência do exílio desses pensadores permitiu uma reformulação crítica dos paradigmas modernos de construção da identidade, propondo uma abordagem a partir das ideias de dois intelectuais de língua alemã que se exilaram no Brasil: Anatol Rosenfeld, nascido em Berlim e que chegou ao país em 1937 e Vilém Flusser, nascido em Praga e desembarcado no Rio de Janeiro em 1940.

Avraham Milgram e Fábio Koifman

CAPÍTULO 1
JORNALISMO / IMPRENSA

**ALBERTO DINES:
UM JORNALISTA INOVADOR**
Alzira Alves de Abreu

BERNARDO KUCINSKI
Jornalismo fora do lugar: uma breve reflexão sobre o jornalismo brasileiro

LUIZ EGYPTO
O jornalista e o engraxate

ORLANDO DE BARROS
Um inquérito jornalístico: o prenúncio de um grande mal (1933-34)

Alberto Dines: um jornalista inovador
ALZIRA ALVES DE ABREU

O conhecimento da história do jornalismo, de suas práticas profissionais, sua forma de apresentar a informação, das mudanças redacionais e gráficas introduzidas ao longo do tempo não podem ser feitas sem o conhecimento dos homens que participaram dessa história. Como é sabido, não é possível relatar um fato ou processo histórico sem levar em conta o papel do indivíduo. A trajetória individual pode ser um instrumento privilegiado para a reconstituição de períodos históricos e de mudanças sociais. A imprensa revela as transformações que se operam no regime democrático-liberal através da divulgação cotidiana dos acontecimentos e do acompanhamento da forma como atuam e se comportam os atores sociais. A imprensa introduz no sistema social novas formas de pensar, elabora e interpreta aspirações e demandas da sociedade, ou seja, enquanto ator social participa de todo o processo político.

No caso da história do jornalismo brasileiro é fundamental reconstituir o papel que exerceu Alberto Dines no processo de modernização da mídia, em especial a reformulação do *Jornal do Brasil* nos anos 1960-70, a reforma da *Folha de S. Paulo* em 1975-1980 e a criação do *Observatório da Imprensa* nos anos 1990. É certo que sua atuação se estendeu a outros meios de comunicação, já que criou e dirigiu diversas revistas e jornais no Brasil e em Portugal, vamos, entretanto, nos restringir a essas três participações, lembrando, para começar, as mudanças ocorridas na imprensa na década de 1950 e o início da emblemática reforma do *Jornal do Brasil*.

O comportamento dos jornais brasileiros a partir dos anos 1950 passou por grandes transformações: a imprensa tornou-se de fato uma empresa comercial detentora de poder econômico e incorporou inovações técnicas, gráficas e editoriais. Além disso, contribuiu para as rupturas que tivera a partir de então. Por outro lado, foi também naquela década que se deu uma profissionalização maior da atividade jornalística. As faculdades de filosofia colocaram no mercado um novo contingente de profissionais, com formação mais especializada, determinando o aparecimento de um novo jornalismo, mais voltado para a informação.

A reforma do *Jornal do Brasil*, que teve início no final dos anos 1950 e se estendeu ao longo dos anos 1960, influenciou outros jornais, deixou marcas no jornalismo brasileiro e é um caso exemplar do movimento de transformações que caracterizaria a imprensa a partir de então. Devemos lembrar que o jornal foi criado em 1891 e que, em 1930, como solução para problemas financeiros, deixou de lado os temas políticos e a cobertura das artes e da literatura para tornar-se um "boletim de anúncios". Por manter a primeira página inteiramente ocupada por anúncios classificados, recebeu na época o apelido pejorativo de "jornal das cozinheiras". Mas é verdade também que não se omitiu totalmente diante dos principais acontecimentos políticos e adotou uma linha conciliatória durante o período ditatorial do Estado Novo (1937-1945).

Nos anos 1950 deu-se o afastamento de duas figuras importantes na administração do jornal, as mortes de Pires do Rio em 1950 e do conde Pereira Carneiro em 1954. A condessa Pereira Carneiro e seu genro Manoel Nascimento Brito e Aníbal Freire assumiram então a orientação do periódico, abrindo caminho para as mudanças que viriam a ser introduzidas.

Em meados da década, dentro de um contexto de grandes transformações econômicas, ocorreu no país um processo acelerado de industrialização e urbanização, com a ampliação e diversificação da atividade produtiva. Nesse contexto, tiveram início os grandes investimentos em propaganda e surgiram as grandes agências de publicidade. A imprensa foi deixando para trás os anúncios de casas comerciais e de empregos domésticos para dar lugar aos de automóveis, eletrodomésticos, além de produtos alimentícios e agrícolas. Em pouco tempo, os jornais passaram a obter 80% de sua receita desse tipo de publicidade. Esse fato os obrigou a procurar aumentar sua circulação, já que as agências preferiam entregar seus anúncios aos veículos de maior tiragem que cobrissem maiores áreas do território nacional. A contrapartida foi a tendência à concentração, ou seja, a redução do número de títulos em circulação. Se em 1950 existiam no Rio de Janeiro 22 jornais diários, no final da década esse número havia caído para 17. A concentração também começou a se fazer com a expansão de veículos de comunicação sob o controle de um só proprietário. A reforma do *Jornal do Brasil* é um indicador das transformações que se operavam na imprensa, tanto na linguagem e na apresentação da notícia quanto na concepção gráfica, na diagramação, na paginação e, sobretudo, na gestão empresarial.

Em 3 de junho de 1956, foi lançado o *Suplemento Dominical* do *Jornal do Brasil*, o SDJB, que serviu de ponto de partida para a reforma do jornal. O SDJB foi o resultado da confluência de algumas iniciativas: a primeira foi a compra de um novo equipamento gráfico capaz de dar ao jornal condições técnicas de expansão; a segunda foi a viagem da condessa Pereira Carneiro aos Estados Unidos para observar as inovações que a imprensa norte-americana havia introduzido; a terceira foi a chegada ao jornal de Reynaldo Jardim, responsável pela criação do *Suplemento Dominical*.[1]

Nesse suplemento, Jardim começou misturando vários assuntos e tendo inicialmente como alvo o público feminino. Ali se encontravam receitas culinárias ao lado de poesias e temas voltados para a mulher. O suplemento também abriu espaço para novos autores, cineastas, artistas, poetas, cronistas, e deu ênfase a temas ligados ao teatro, ao cinema e às artes plásticas. Tornou-se o veículo de divulgação da exposição nacional de arte concreta em 1956 e foi também o espaço escolhido para o lançamento, em 1957, do "Manifesto" dos concretistas e, no ano seguinte do "Plano piloto para a poesia concreta".[2]

O sucesso do *Suplemento Dominical* estimulou a direção do jornal a aprofundar a reforma. Em dezembro de 1956 foi convidado para coordenar essa nova etapa Odylo Costa Filho, que trouxe consigo outros colegas que vinham de outras experiências inovadoras em jornais como o *Diário Carioca, Tribuna da Imprensa* e *Última Hora*. Entre os novos jornalistas contratados destacavam-se Jânio Freitas, Carlos Castello Branco, Carlos Lemos, Wilson Figueiredo, Amilcar de Castro, Hermano Alves, Lúcio Neves, Luís Lobo, Ferreira Gullar e José Carlos Oliveira. Assistiu-se, então, à ampliação do noticiário e ao aumento do número de páginas do jornal. Em 1957, a grande

---

1 FERREIRA, 1996.
2 NUNES, 1989.

modificação visível do jornal se deu com a publicação de uma fotografia na primeira página. Em seguida foi organizada a página de esportes, por Carlos Lemos e Jânio de Freitas. Essas páginas se transformaram em um laboratório de experiências com a introdução de uma série de modificações, tanto na diagramação como no estilo das fotos e das matérias. Foram eliminados os fios que separavam as colunas de textos. A linha política do jornal se apresentava com maior precisão. O *Jornal do Brasil* começou a ser lido pela elite política e empresarial.[3]

Odylo Costa Filho deixou o jornal em dezembro de 1958[4] e a reforma continuou quando Jânio de Freitas, em maio de 1959, assumiu a chefia de redação e teve a colaboração de Amilcar de Castro, Wilson Figueiredo, Carlos Lemos e outros. Em 1959 o jornal sofreu modificações gráficas, a primeira página foi radicalmente reestruturada, passando a ser ocupada pelo noticiário e reservando apenas uma pequena faixa para os antigos classificados. Em 1960 foram lançados o *Caderno C*, de classificados, e o *Caderno B*, dedicado às artes, ao teatro e cinema.

ALBERTO DINES EM AÇÃO

Em janeiro de 1962 o jornalista Alberto Dines foi convidado a assumir a chefia da redação do *Jornal do Brasil*. Ele vinha de experiências de grande sucesso: trabalhara na revista *Manchete*, onde chegou a ser diretor, passara pelo jornal *Última Hora*, fazendo o segundo caderno da edição matutina que acabara de ser lançada, em seguida tornou-se diretor do primeiro caderno. Deixou o jornal para trabalhar no *Diário da Noite*, de Assis Chateaubriand. Transformou a qualidade do jornal, improvisando e criando algo novo. Foi demitido por Chateaubriand porque desobedecera à ordem de não publicar nada a respeito da tomada do navio *Santa Maria* pelos anarquistas portu-

---

[3] FERREIRA, 1996.
[4] COSTA, 2000.

gueses e espanhóis. Chateaubriand era salazarista, e o movimento era contrário ao ditador português Salazar.

Já no *Jornal do Brasil,* em 1964, foi enviado para fazer um curso na Universidade de Columbia junto com outros editores latino-americanos. Ao final do curso fez estágios em jornais como o *The New York Times, Los Angeles Times, New York Herald Tribune.* Ao voltar, assumiu a direção do *Jornal do Brasil,* quando então reestruturou a sua redação.

Baseado na experiência adquirida nos Estados Unidos, Dines dedicou-se à organização das editorias que se especializaram na cobertura de temas como política, economia, esportes, cidade, internacional, e criou a primeira editoria de fotografia. Segundo seu depoimento no livro *Eles mudaram a imprensa,* de 2003, até então não existia o conceito do editor de fotografia: "O secretário do jornal pegava as fotos melhores e publicava. O fotógrafo não tinha participação". Dines criou também o arquivo do jornal, inclusive o de fotografia, organizou a biblioteca de referência, adquirindo livros e dicionários, o que facilitou a pesquisa. Em seguida, criou o Departamento de Pesquisa e a Agência JB, distribuidora de material jornalístico. A Agência vendia as matérias para os jornais do interior, e o produto da venda era dividido em três partes: uma era enviada para a tesouraria do jornal, para que este fosse ressarcido do investimento na redação; a outra era destinada ao autor da matéria, e a terceira era encaminhada a um fundo que geria a Agência.[5] O lançamento dos *Cadernos de Jornalismo,* outra criação de Dines, abriu espaço para introduzir a discussão sobre o desempenho da mídia, sobre a responsabilidade e a ética jornalística. Fernando Gabeira, que era editor de pesquisa, foi convidado para assumir a direção dos *Cadernos.* Inicialmente a tiragem era pequena e, além de circular internamente, os *Cadernos* eram distribuídos pelas agências de propaganda e para os amigos. Mais tarde através de um acordo com uma rede de livrarias, a Entrelivros, os *Cadernos* começaram a ser vendidos. Dines introduziu também as reuniões regulares de redação

---

5 DINES, 2003, pp. 92-93.

— que até então não existiam na imprensa brasileira — com o objetivo de planejar com maior antecedência a edição. É bom lembrar que essas mudanças foram introduzidas durante o regime militar.

A reforma do JB teve um grande impacto e serviu de exemplo para as transformações subsequentes da imprensa brasileira. O jornal influenciou várias gerações de profissionais da mídia, funcionando como uma escola ao incentivar estágios. Segundo Dines, a reforma iniciada nos anos 1950

> foi a mais importante reforma gráfica feita no Brasil.(...) O jornal não só tirou os fios, passou a usar o branco, a abrir as fotos de qualidade — às vezes a foto nem é tão importante, mas tem uma qualidade intrínseca, artística — como passou a publicar textos elaborados, e aí ele sofreu a influência do *Diário Carioca*, porque grande parte das pessoas que estavam lá tinham passado pelo *Diário Carioca* ou pela *Tribuna da Imprensa,* que também era filha do *Diário Carioca.* Então, realmente, essa reforma do *Jornal do Brasil* foi uma das coisas mais importantes da imprensa brasileira.[6]

Narrada dessa forma, a reforma do *Jornal do Brasil* parece simples de entender. Entretanto, ao ouvir os depoimentos dos jornalistas, surgem disputas pelas glórias da modernização da imprensa brasileira. Alberto Dines, por exemplo, afirma que foram Odylo Costa Filho e Amilcar de Castro os responsáveis pela famosa reforma, e que ele próprio teria dado continuidade ao processo. Entretanto, outros jornalistas, inclusive um dos proprietários do jornal, Nascimento Brito não deram importância ao papel de Odylo. Em depoimento ao CPDOC, Nascimento Brito afirmou que até a saída de Odylo haviam sido dados alguns passos importantes para a transformação do jornal — a maioria deles, segundo sua versão, contra vontade de Odylo —, mas que foi Dines quem sistematizou as modificações, permitindo que se chegasse a uma verdadeira consciência do que foi

---

6 Ibidem, p.87

chamado de "reforma do *Jornal do Brasil*".[7] Já outros insistem que foram Jânio de Freitas e Carlos Lemos os responsáveis pelas inovações. Segundo seu relato, as páginas de esporte teriam funcionado como um verdadeiro laboratório de experimentos dentro do jornal, com a introdução de uma série de alterações, tanto na diagramação como no estilo das fotos das matérias. Foi nas páginas de esporte que, pela primeira vez, foram eliminados os fios que separavam as colunas de texto e, em seguida, essas alterações foram estendidas para todo o jornal. Outros jornalistas, ainda ao apontar os responsáveis pela reforma do jornal, citam Ferreira Gullar e Reynaldo Jardim.

As entrevistas revelam que a iniciativa das transformações foi liderada por um grupo, e a consolidação da reforma conduzida por outro. Não havia uma visão clara dos rumos que deveriam ser tomados para modernizar o jornal. As mudanças iam sendo feitas e testadas e, quando eram percebidas como boas soluções, a equipe se dedicava à sua consolidação. Por outro lado, deve-se assinalar que a reforma se processou ao longo de mais de dez anos, com uma alta rotatividade de participantes.

Devemos lembrar a importância do papel do ator na condução da mudança, mas não podemos reduzir a um indivíduo a explicação no encaminhamento de todo o processo de transformações. Entendemos que existe uma enorme complexidade nas decisões e nas ações que levam à mudança, o que exige a participação de vários profissionais nas várias etapas desse processo.

O ator individual, uma personalidade, parece às vezes dominar a cena histórica, mas ao observarmos as diferentes dimensões de um momento de mudança, de um ponto de vista mais global, nos apercebemos de que há uma grande complexidade nas decisões que conduzem às transformações e há várias personalidades envolvidas.

A análise histórica do processo de mudança deverá partir do pressuposto de que a reconstituição do passado não pode ser feita sem levar em conta o presente, e especialmente a posição de quem fala e a representação que o depoente tem de sua história.

---

7 FERREIRA, 1996, p.154.

A posição de Dines no contexto do regime militar nos mostra um jornalista criativo e combativo, o que teve sérias consequências em sua carreira. A imprensa brasileira, com raras exceções, apoiou o golpe militar que derrubou o governo constitucional de João Goulart. Logo após a subida dos militares ao poder teve início a censura à imprensa e muitos jornalistas sofreram perseguição e foram presos. A imprensa começou então a se distanciar do governo militar e a denunciar as arbitrariedades cometidas pelo novo regime. Dines foi um dos jornalistas que sofreu as consequências dessa situação.

O *Jornal do Brasil,* sob a direção de Dines, produziu duas páginas notáveis do jornalismo brasileiro. A primeira delas foi publicada no dia seguinte à decretação do Ato Institucional nº5, de 13 de dezembro de 1968. Logo após a leitura do AI-5 pelo presidente Costa e Silva na *Hora do Brasil,* militares chegaram à redação do JB e informaram que vinham para fazer o "acompanhamento" do jornal. Dines foi à sala de Nascimento Brito, disse-lhe que começara a censura e seria importante avisar ao público leitor. Brito consentiu e Dines preparou então na primeira página da edição do dia seguinte, com a previsão meteorológica que ficaria famosa: "Tempo negro. Temperatura sufocante. O ar está irrespirável. O país está sendo varrido por fortes ventos. Máx.: 38º em Brasília. Mín.: 5º nas Laranjeiras". Ainda, na mesma página aparece a seguinte frase: "Ontem foi o Dia dos Cegos".[8] Em 20 de dezembro de 1968, como paraninfo da turma de jornalismo da Pontifícia Universidade Católica do Rio de Janeiro, Dines fez um discurso criticando a censura e, em consequência, foi preso em dezembro de 1968 e submetido a um inquérito policial militar.

A outra página que ficou famosa foi quando se deu a deposição, por um golpe militar, do presidente do Chile, Salvador Allende, que se suicidou em seguida, em 11 de setembro de 1973. A polícia deu uma ordem para que o jornal não apresentasse manchete sobre a morte do presidente chileno nem publicasse fotografias. Dines coordenou com o diagramador Ezio Speranza, a edição da primeira

---

8 *Jornal do Brasil,* 14 dez. 1968, p. 1.

página sem manchete, mas com um texto em quatro blocos, com o corpo das letras o maior possível. O impacto visual da notícia foi enorme, maior talvez do que poderia ter sido o de uma manchete. O presidente do jornal, Nascimento Brito, não concordou com a desobediência de Dines e um mês depois ele foi demitido, em 1973.

Ao sair do *Jornal do Brasil,* Dines se dedicou a escrever o livro *O papel do jornal e a profissão de jornalista*, e logo depois foi para os Estados Unidos como professor visitante na Universidade de Columbia. Viveu o período pós-Watergate e presenciou o momento em que a imprensa norte-americana deu início ao que se chamou de *media criticism*: a imprensa fazendo crítica da imprensa, se autopoliciando. Ao voltar, em 1975, foi convidado por Cláudio Abramo, diretor da redação da *Folha de S.Paulo*, para chefiar a sucursal carioca do jornal. O proprietário Octavio Frias de Oliveira queria transformar o jornal, modernizá-lo, ampliar o número de leitores.

É importante lembrar que em 1974 estava sendo preparada a posse do general Ernesto Geisel à Presidência da República. O general Golbery do Couto e Silva chamou Octavio Frias para conversar no Rio de Janeiro e, de acordo com Otavio Frias Filho,[9] explicou os objetivos que tinha o novo governo e a necessidade de uma "descompressão política". Explicou também que não era conveniente que houvesse em São Paulo um único jornal importante, em termos de peso na opinião pública. O novo governo tinha interesse que houvesse dois jornais importantes em São Paulo. A partir dessa conversa, Octavio Frias, independente de apoio governamental, deu início a uma série de reformas sob a liderança de Cláudio Abramo. Começou a contratar excelentes jornalistas, além de Dines, levou para o jornal Paulo Francis e Newton Rodrigues. Começaram a escrever na *Folha* Gerardo Mello Mourão, Osvaldo Peralva, Flávio Rangel e Glauber Rocha. Newton Carlos assinava um artigo sobre política internacional, coluna que já vinha fazendo desde os anos 1960. Foi feita uma reforma gráfica e foram introduzidas páginas com debates expressando uma pluralidade de pontos de vista. Cláudio projetou a seção

---

[9] Entrevista de Otávio Frias Filho a autora, 8 dez. 1997. Publicada em ALVES, 2003.

Tendências em debate, que foi muito bem-recebida. Foram criadas as colunas *Brasília*, *Rio de Janeiro* e *São Paulo*. O jornal foi o único que fez uma edição, em 1975, sobre a morte de Vladimir Herzog, diretor da TV Cultura, onde era negada a versão militar de suicídio. Herzog havia sido morto sob tortura, pelos militares, o que teve enorme repercussão. Essa edição, segundo Frias Filho, "foi um marco, a partir do qual as amarras de controle, em termos de censura e autocensura, se dissolveram na *Folha*".[10]

Na nova fase do jornal, Dines passou a assinar uma coluna política, denominada *Projeto Folha* que incorporava marketing e reformas editoriais. Introduziu então a crítica da mídia, o que havia visto nos Estados Unidos e que ainda não existia no Brasil. Passou a fazer a coluna *Jornal dos Jornais* aos domingos. Introduziu uma página de editoriais.

A *Folha de S.Paulo,* sob a chefia de Cláudio Abramo e com Alberto Dines, tomou posições críticas contra o regime militar e se tornou porta-voz da luta pela democratização, pela anistia, pela Constituinte. As mudanças na *Folha* levaram para São Paulo o eixo da imprensa brasileira. Mas a posição de crítica ao regime teve sérias consequências. No dia 1º de setembro de 1977, o jornalista Lourenço Diaféria publicou um texto com o título "Herói. Morto. Nós". Eram essas três palavras. Perto do prédio da *Folha,* há uma praça com uma estátua de Duque de Caxias, o patrono do Exército. A pretexto de exaltar um sargento que morrera ao pular num poço de ariranhas para salvar um menino, Diaféria escreveu:

> Prefiro esse sargento ao duque de Caxias. O duque de Caxias é um homem a cavalo reduzido a uma estátua. Aquela espada que o duque ergue ao ar aqui na praça Princesa Isabel — onde se reúnem os ciganos e as pombas ao entardecer — oxidou-se no coração do povo. O povo está cansado de espadas e cavalos. O povo urina nos heróis de pedestal.[11]

---

10 Idem.

11 Lourenço Diaféria, "Herói. Morto. Nós". *Folha de S.Paulo*, 1 set. 1977.

Essa crônica foi considerada ofensiva à figura do Duque de Caxias e foi um pretexto para os militares pressionarem o governo a processar o jornal. Diaféria foi preso para interrogatório. A direção do jornal decidiu que a coluna dele sairia em branco enquanto ele estivesse preso, o que ocorreu durante dois dias. O jornal foi acusado pelo secretário de Segurança do estado de São Paulo, coronel Erasmo Dias, de manter em seus quadros "muitos elementos subversivos". O chefe do Gabinete Militar, Hugo Abreu, telefonou para Octavio Frias e comunicou que o processo de enquadramento da *Folha* na Lei de Segurança Nacional já estava com o presidente Geisel para ser assinada. Esse procedimento permitia que o jornal fosse fechado por trinta dias. Octavio Frias decidiu recuar, tirou o seu nome do cabeçalho do jornal e afastou Cláudio da chefia da redação.

Cláudio Abramo foi substituído por Boris Casoy. Foi extinta a coluna *Jornal dos Jornais*, foram extintos os editoriais, e Dines não escreveria mais seus artigos. Passou então, no lugar de seu artigo diário, a escrever sobre um filósofo e as suas ideias de liberdade, produzindo assim uma série de artigos de filosofia. Em 1980, Dines deixou a *Folha de S.Paulo*, demitido por Boris Casoy após escrever um artigo denunciando a repressão do governador Paulo Maluf à greve do ABC. O artigo não foi publicado e no dia seguinte escreveu outro sobre o mesmo tema que também não foi publicado. Decidiu então publicar esses dois artigos em *O Pasquim*, onde tinha proposto fazer uma página chamada *Jornal da Cesta*, estampando uma frase atribuída a Shakespeare: "a história da imprensa não se faz com o que sai publicado, mas com o que vai para a cesta".[12]

Após a sua demissão, em 1980, decidiu dedicar-se à preparação da biografia de Stefan Zweig, que deveria ser editada no ano seguinte, centenário de nascimento do escritor. Após terminar o livro, foi morar em Portugal com uma bolsa de estudos da Fundação Vitae onde passou a escrever novo livro, agora sobre Antônio José da Silva, "o Judeu". Dedicou-se a estudar a Inquisição e a história do judaísmo português. Também em Portugal, observando o comportamento da

---

12 ALVES, 2003, p. 134.

imprensa brasileira e conversando com amigos, decidiu lançar um projeto para discutir criticamente o desenvolvimento da imprensa e fazer uma avaliação do que seria necessário para torná-la mais próxima do cidadão, aproximá-la do público consumidor de informação.

Quando voltou ao Brasil, procurou o então reitor da Unicamp, Carlos Vogt, e apresentou o projeto de um centro de jornalismo. Carlos Vogt concordou, e o Laboratório de Estudos Avançados em Jornalismo, o Labjor, da Unicamp, foi criado em 1993. A ideia era atuar em três frentes: uma, a área acadêmica, através de cursos de pós-graduação e de extensão; a outra, a área do mercado, empresas ou mercado de trabalho; e outra, a sociedade, para que ela também pudesse se beneficiar de uma visão crítica da sua imprensa.[13] Estava em Portugal quando tomou conhecimento do projeto que jornalistas portugueses estavam preparando e que se chamava *Observatório da Imprensa*. Era um centro que preparava seminários, eventos, congressos de jornalistas, mas não estava na internet.

Ao criar no Brasil o fórum para discutir ideias sobre jornalismo, Dines pediu autorização aos colegas portugueses e deu-lhe o nome de *Observatório da Imprensa*. Em seguida o *Observatório* foi para a televisão, rádio e formato impresso. O programa analisa de forma crítica a atuação da mídia, os assuntos são escolhidos em função dos temas que estão em destaque. Inicialmente, Dines escrevia sem muita regularidade, depois resolveu apresentar os artigos uma vez por mês, em seguida lançou um boletim quinzenal. O servidor era ligado à Unicamp. Levou a ideia de fazer uma *homepage* para *Folha de S.Paulo*. Caio Túlio Costa, então diretor-geral da parte de internet do jornal, aceitou a proposta. Teve então início um trabalho regular. Em 1998, foi lançado o programa de televisão semanal, dirigido por Dines na TVE e exibido pelas emissoras públicas TV Cultura e TVE Brasil (atual TV Brasil). O *Observatório da Imprensa* foi o primeiro veículo brasileiro dedicado à análise crítica da imprensa.

Em maio de 2005, foi lançado o programa de rádio diário, transmitido em emissoras públicas e educacionais. Os áudios dos programas estão disponíveis no site do *Observatório da Imprensa* no formato

---

13 Alberto Dines, depoimento ao CPDOC, 1997.

de *podcast*. O *Observatório da Imprensa* é também uma entidade civil não governamental que pretende acompanhar, junto de outras organizações da sociedade civil, o desempenho da mídia brasileira.

O *Observatório da Imprensa* teve Dines como editor responsável e o programa tem a participação de convidados, é apresentado ao vivo e transmitido em várias emissoras de rádio e televisão públicas e educacionais por todo o Brasil. Além das edições semanais, realizou anualmente programas especiais gravados no Brasil ou no exterior. Esses programas são feitos em kits de vídeos e oferecidos a universidades de jornalismo e pesquisadores. Além disso, há no *Observatório* uma preocupação com o lado histórico do tema que está sendo apresentado, e o espectador pode participar, fazer comentários e colocar questões sobre os temas que estão sendo tratados.

A MÍDIA DIGITAL

Um tema que vem despertando grandes debates entre estudiosos e jornalistas, no Brasil e em vários países do mundo, é o que diz respeito ao jornalismo digital. Vivemos um momento de grandes transformações na imprensa brasileira. O desenvolvimento tecnológico, em especial da informática, introduziu mudanças significativas nas empresas jornalísticas, o que coloca em questão a imprensa escrita, a formação dos jornalistas e o financiamento da imprensa. Entre as características desse novo jornalismo estão a instantaneidade de se transmitir um fato, a interatividade mediada pela tecnologia, a utilização de várias linguagens — além do texto e imagens estáticas, pode ser utilizado áudio, imagens em movimento, entre outras possibilidades. A quantidade de informações disponíveis e a seleção daquilo que será transformado em notícia pode levar à dificuldade de checagem da veracidade da informação. Outro aspecto que envolve a nova tecnologia é que o público da internet é, em geral, muito jovem.

Os jornalistas brasileiros estão passando por uma reestruturação nas suas estratégias e posições, decorrentes especialmente das mudanças econômicas e tecnológicas que ocorrem na sociedade.

Para muitos ainda é difícil dizer o que vai ocorrer com a imprensa — ninguém sabe definir exatamente qual vai ser o futuro da imprensa e em que medida ela vai continuar funcionando no formato papel. As diferentes gerações de jornalistas se posicionam ora favorável ao jornalismo digital, ora temendo que essa mudança tecnológica leve ao desaparecimento do impresso. Para alguns haverá uma convergência de meios, computador, telecomunicações, papel, e outros, mas falta clareza sobre o que vai acontecer e como a informação vai chegar ao público. Para muitos jornalistas, a permanência do jornal em papel deve subsistir por várias décadas e provavelmente não desaparecerá.

É importante verificar como Dines se posiciona face às mudanças. Em suas análises, o jornalismo impresso é a essência do jornalismo, entretanto não será extinto diante do digital, vai haver uma convivência dos dois, e o jornalismo impresso deverá se adaptar aos novos tempos.

Podemos afirmar que a participação de Dines nas transformações e na modernização da mídia brasileira nos permite traçar o seu percurso profissional e sua enorme criatividade. É possível, também, analisar a sua obra com o foco em sua atuação como biógrafo, escritor, intelectual e professor. Isso permitiria um melhor entendimento do seu mundo social e de seu papel nas transformações da mídia brasileira. Seu percurso nos mostra um jornalista e intelectual preocupado com um trabalho denso, profundo, responsável por uma contribuição das mais notáveis ligadas à qualidade da informação, que procura analisar criticamente a mídia como uma forma de fazer um bom jornalismo. Dines demonstrou ao longo de sua atuação o seu inconformismo com a atuação da mídia e o seu desejo de introduzir inovações para influenciar as futuras gerações de profissionais.

OBRAS CITADAS

ALVES, Alzira *et al.* (orgs.) *Dicionário Histórico-Biográfico Brasileiro pós-30*. Rio de Janeiro: Editora FGV/ CPDOC, 2001.

_____. *Eles mudaram a imprensa: depoimentos ao CPDOC*. Rio de Janeiro: Editora FGV, 2003.

COSTA, Cecília. *Odylo Costa Filho: o homem com uma casa no coração*. Rio de Janeiro: Relume Dumará, 2000.

DIAFÉRIA, Lourenço. "Herói. Morto. Nós". *Folha de S.Paulo*, 1 set. 1977.

DINES, Alberto. Depoimento ao CPDOC/FGV, 1997.

_____. *O papel do jornal: uma releitura*. São Paulo: Summus, 1986.

_____. "Ontem foi dia de cego". *Jornal do Brasil,* 14 dez. 1968.

FERREIRA, Marieta de M. "A reforma do *Jornal do Brasil*". In: ALVES, Alzira; RAMOS, Plínio de Abreu *et al* (orgs.). *A imprensa em transição: o jornalismo brasileiro nos anos 50*. Rio de Janeiro: Editora FGV, 1996.

LIMA, Patrícia Ferreira. *Caderno B do Jornal do Brasil: trajetória do segundo caderno na imprensa brasileira (1960-85)*. Tese (Doutorado). Instituto de Filosofia e Ciências Sociais, Universidade Federal do Rio de Janeiro, Rio de Janeiro, 2006.

NUNES, A. M. *Suplemento dominical do Jornal do Brasil* (SDJB): *contradição escamoteada*. Caderno de Jornalismo, São Paulo, 1-(23), pp. 29-41, jun.1989.

Observatório da Imprensa. Disponível em http://pt.wikipedia.org/wiki/observat%-C3%B3rio_da_imprensa. Acesso em 5 nov. 2015.

PEREIRA, Fábio. *Jornalistas-intelectuais no Brasil*. São Paulo: Summus, 2011.

RIBEIRO, Ana Paula Goulart. *Imprensa e História no Rio de Janeiro dos anos 50*. Rio de Janeiro: E-papers, 2007.

Jornalismo fora do lugar: uma breve reflexão sobre o jornalismo brasileiro
BERNARDO KUCINSKI

Max Weber admirava o ofício do jornalista por exigir não só inteligência, também a rapidez de raciocínio e a clareza de estilo que faltam à maioria dos intelectuais. Penso até que invejava os jornalistas, a despeito de na Alemanha do seu tempo o jornalismo ser muitas vezes chamado pejorativamente de *judenprofession,* tantos eram os intelectuais judeus que se refugiavam nesse ofício por não serem bem-vindos nas universidades e no serviço público. O fato é que Weber os tinha em alta conta e lamentava que a imagem pública do jornalista fosse determinada por uma minoria deles, irresponsável e sensacionalista.

Max Weber viveu numa época em que a invenção da rotativa fez do jornal impresso, bem antes do surgimento do rádio e do cinema, o primeiro meio de comunicação de massa. Desconfio que se tivesse vivido do outro lado do Atlântico, mais precisamente no Brasil, teria atribuído ao bom jornalista duas outras virtudes: malícia e o jogo de cintura. Qualidades indispensáveis para contornar o antagonismo entre a ética liberal-democrática inerente ao ofício do jornalista e a cultura autoritária dos nossos donos de jornais.

Esses jornais são até hoje propriedade de um punhado de famílias de tradição oligárquica. Foram fundados com propósitos políticos e desde suas origens empenham-se furiosamente na defesa dos interesses estratégicos dessas oligarquias e de suas derivações que em seu conjunto constituem o que os discípulos brasileiros de Weber, entre os quais Fernando Henrique Cardoso, chamaram de *burguesia dependente*. Uma burguesia fundada na exportação de bens primários e uma industrialização limitada, delegada às multinacionais, às quais servem como facilitadora política e burocrática. Também, uma burguesia elitista, que retém até hoje traços comportamentais e culturais do escravismo, que no Brasil perdurou por quase quatro séculos.

Ao contrário da teoria liberal do jornalismo, ensinada nas escolas e professada hipocritamente pelos donos dos jornais para se autolegitimar, que o define como mediador isento das divergências sociais no espaço público, os jornais brasileiros e suas redes de televisão de mediadores isentos não tem nada. Tornaram-se, isso sim, quase partidos políticos, fazendo parte integral do bloco de poder conservador. Mais que isso: exercem dentro desse bloco a função intelectual-orgânica de formuladores ideológicos dos interesses das elites.

Essa é a razão pela qual muitos dos grandes embates entre conservadores e nacional-populistas na América Latina se travaram e ainda se travam em torno desses jornais. O exemplo mais recente é a luta feroz entre o kirchnerismo e o grupo *Clarín*, na Argentina. E o mais dramático aconteceu na crise que levou Getúlio ao suicídio em 1954, envolvendo de um lado o jornalista ultraconservador Carlos Lacerda e de outro jornalista judeu de formação antifascista Samuel Wainer. Dez anos depois os mesmos jornais oligárquicos teriam papel decisivo na articulação do golpe militar de 1964.

O quadro se complica porque também no arraial dos bons jornalistas brasileiros, nem sempre predominou a cultura liberal-democrática. Como explicou num texto antológico outro discípulo de Weber, Roberto Schwarz, o liberalismo no Brasil é uma doutrina fora do lugar. Não só entre as elites econômicas, também entre as elites intelectuais. Nas ciências sociais brasileiras, em virtude, talvez, da extrema miséria em que vive grande parte da população em contraste com a opulência e o descaso de suas oligarquias, sempre predominaram as análises mais críticas da sociedade, com destaque para o marxismo. O próprio Roberto Schwarz é mais marxista que weberiano. E Fernando Henrique coordenava, em plena ditadura, um grupo de estudos marxistas.

Quando o jornalismo brasileiro atingiu seu apogeu nos anos 1950 e 1960, deu-se o curioso paradoxo. Revistas de grande circulação e os principais jornais, embora propriedade de famílias oligárquicas reacionárias, eram comandados por jornalistas progressistas, alguns deles liberais e muitos deles marxistas, por serem os mais preparados e capacitados. Havia até os que se formaram no marxismo à antiga, que via a democracia com uma farsa burguesa.

Como lidavam esses grandes jornalistas com seus patrões reacionários? Aí é que entra a necessidade da malícia e do jogo de cintura que Weber, na distante Alemanha de Kant desconhecia. Operavam dentro do princípio de alargar o mais possível os espaços de conscientização do povo. Para isso, não era preciso acreditar em democracia burguesa. Assim, enquanto os donos dos jornais fingiam em seus editoriais que eram democratas defensores do interesse público e nacional, os jornalistas fingiam em suas reportagens que eram liberais, defensores da democracia burguesa.

O principal truque dessa coexistência forçada foi a autocensura. O jornalista brasileiro típico avaliava até onde podia chegar com a verdade dos fatos. Se fosse honesto e consciente, como era a maioria desses dirigentes de jornais, tentava atingir e até testar esse limite. Forçá-lo um pouquinho. O jornalista displicente, em geral ocupando postos subalternos, obviamente não se importava com nada disso e se submetia aos ditames ideológicos e políticos do patrão.

O exemplo extremo e altamente significativo desse mecanismo de autocensura foi o do jornalista Miguel Urbano Rodrigues, que por anos a fio redigiu com verve e talento os editoriais do *O Estado de S.Paulo*, conforme a linha conservadora da família Mesquita, embora fosse comunista de carteirinha. Com a vitória da Revolução dos Cravos em Portugal, ele para lá se mudou, tornando-se editor do jornal do Partido Comunista Português.

No caso de Miguel Urbano pode-se até falar numa alienação autoconsciente, ou seja, ele conscientemente se alienava de suas convicções, ao redigir editoriais conservadores e até reacionários, nos quais, assim imagino, tentava na medida do possível, enfiar de contrabando algo mais edificante. Esses jornalistas influentes de formação marxista e vocação militante, tentavam até mesmo reeducar seus comandados menos conscientes e seus patrões, como se vê nesta memória de Cláudio Abramo sobre Hermínio Sachetta, ambos trotkistas convictos:

> Sachetta foi durante muitos e muitos anos um dos melhores e mais importantes chefes de redação que o jornalismo de São Paulo produziu. Homem de princípios rígidos, (...) travou sempre com a profissão de jornalista uma batalha árdua e difícil, enfrentando ao mesmo tempo os empregadores e a redação, que ele tentou incansavelmente moldar e domar.[1]

---

1 ABRAMO, Cláudio. "Mais um amigo". *Folha de S.Paulo*, 01/11/1982, p 6.

Como se vê, era mesmo preciso muita malícia e jogo de cintura. E tenacidade. Não bastavam inteligência, rapidez de pensamento e clareza de estilo. Uma pena que Max Weber, conhecido por suas notáveis classificações de sistemas de comando e hierarquias de poder, não tenha tido oportunidade de estudar o paradoxo do sistema de comando do jornalismo brasileiro.

Cláudio Abramo vinha de uma família de intelectuais e artistas com forte tradição de esquerda e de engajamento antifascista. Comandou por dez anos o mais importante diário brasileiro, *O Estado de S.Paulo*, e depois por mais dez anos o segundo mais importante diário, a *Folha de S.Paulo*. Outro grande jornalista de tradição antifascista foi Samuel Wainer, que criou a cadeia *Última Hora* de jornais. E Osvaldo Peralva, antigo dirigente do Partido Comunista — experiência política que repudiaria no livro *O retrato* —, foi diretor de redação do *Correio da Manhã*, jornal que teve papel crucial nos primeiros meses do regime.

Para os timoneiros da imprensa burguesa não marxistas, porém progressistas e de convicções liberais, a convivência com o patronato elitista e conservador era menos complicada, contudo não de todo tranquila. Um dos mais destacados foi Mino Carta, criador e editor de várias publicações inovadoras e de sucesso: *Jornal da Tarde*, revista *Quatro Rodas* e revista *Veja*. Outro, mais conservador, porém não reacionário, foi Nahum Sirotsky, que comandou a revista *Visão*, a mais importante revista semanal brasileira, e fundaria em seguida a revista *Senhor*, de qualidade intelectual e gráfica jamais igualada. E Alberto Dines, de formação sionista e postura liberal, comandou por anos o *Jornal do Brasil*, o mais importante diário do Rio de Janeiro.

Todos eles sacudiram o jornalismo brasileiro, revolucionando suas linguagens, seus desenhos e suas posturas editoriais. Adotaram como modelo o jornalismo liberal-democrático anglo-saxão, em especial o norte-americano: mais informação, menos opinião; informação separada da opinião; a verdade dos fatos e a denúncia dos abusos de poder, como funções primordiais do jornalismo. Era como se quisessem forçar o ideário liberal-democrático garganta abaixo não só dos patrões, também de seus comandados e até dos leitores.

O golpe militar de 1964 obviamente acentuou as contradições. O fingimento tornou-se mais difícil. Surgiu a censura esporádica em alguns jornais, que depois virou permanente no *O Estado de S.Paulo*,

Veja e alguns jornais pequenos, alternativos. Por outro lado, os jornalistas em sua maioria e até alguns proprietários de jornais sentiram-se protagonistas de uma resistência surda à ditadura, não só por sofrerem na própria pele a censura, também por se identificarem naturalmente com as centenas de intelectuais e acadêmicos expulsos das universidades ou presos ou exilados.

Isso deu aos nossos *condottieri* uma razão a mais para continuarem a dirigir os jornais burgueses, a despeito dos jornais terem apoiado o golpe e terem se mostrado complacentes com os abusos da repressão e em alguns casos até mesmo cúmplices. Entretanto, foi chegando para cada um deles o momento da verdade.

Cláudio Abramo chegou a ser preso com sua mulher pelo nefando órgão de repressão DOI-Codi, o mesmo que matou o jornalista Vladimir Herzog, e em 1979 foi forçado a deixar a *Folha*, por intervenção direta dos generais. Hermínio Sachetta foi preso e processado depois de publicar no *Diário da Noite* um manifesto do grupo de luta armada Ação Libertadora Nacional, de Marighella. Oswaldo Peralva teve que sair do país e morreu no exílio, no Japão; Samuel Wainer foi despojado de todos os seus jornais. Miguel Urbano se mandou para Portugal, embora os Mesquitas tenham dito, conforme a lenda, que "nos meus comunistas ninguém mexe."[2]

Nem mesmo os liberais se salvaram da fúria patronal-militar. Em 1973, Dines foi demitido do *Jornal do Brasil*. Mino Carta levou um chute dos seus patrões, os Civita, e precisou criar seu próprio jornal, o *Jornal da República*. Nahum Sirotsky deu um jeito de virar adido cultural do Brasil em Israel e de lá nunca mais voltou.

Assim terminou melancolicamente o projeto de modernização do jornalismo brasileiro. Hoje, pouco resta entre nós desse ofício que Weber tanto respeitava. O próprios jornais impressos agonizam em tiragens cada vez mais mirradas. O *Jornal do Brasil*, a despeito das reformas modernizadoras de Dines, faz tempo deixou de circular. Não por acaso. Tanto Dines quanto Abramo deixaram como legado obras que pregam teimosamente a ética do jornalismo liberal americano, Abramo com *A regra do jogo* e Dines com *O papel do jornal*. Uma ética ainda fora do lugar no Brasil.

---

2 Trata-se de uma frase que se tornou folclórica nos meios jornalísticos brasileiros.

O jornalista e o engraxate[1]
LUIZ EGYPTO

---

[1] Texto livremente inspirado na palestra "Observação da mídia e excelência jornalística", proferida pelo autor no I Simpósio das Redes de Pesquisa da SBPJor (Associação Brasileira de Pesquisadores em Jornalismo), como parte da programação do 11º Encontro Nacional de Pesquisadores em Jornalismo (Universidade de Brasília.

Nosso ofício que começa e se esgota a cada novo dia é, no entanto, o exercício da permanência, da duração. Por melhor ou pior que tenha sido a edição anterior, o que vale é a seguinte. E depois dela, a outra. É um nunca acabar, ou eterno renascer. Um grande jornal faz-se com a consciência do tempo. Os fios que importam são os invisíveis, aqueles que amarram o leitor e o trazem de volta todos os dias para a maravilhosa aventura de saber um pouco mais.

Alberto Dines [2]

---

2 DINES, Alberto. "Os fios do tempo". *Observatório da Imprensa*, nº 605, 31 ago. 2010. Disponível em http://bit.ly/1KPavRn

Dentre as tantas definições de jornalismo — das essencialmente técnicas às mais espirituosas –, uma parece expressar com exatidão o espírito do ofício e tudo o que o exercício da profissão implica: "O jornalismo é um eterno estado de prontidão". Quem formulou o aforismo foi Alberto Dines, numa data qualquer, em meio a uma das tantas conversas que mantivemos em uma convivência profissional e humana que começou no início da década de 1990 e intensificou-se no período de 1997 a 2015.

Aquela foi apenas uma frase solta, e não por isso desimportante, entre as milhares de outras construídas na profícua carreira profissional trilhada por um menino que aprendeu com o pai imigrante a manter acesa uma inamovível preocupação com a justiça social e, ademais, a engraxar os seus próprios sapatos. Quando jovem, queria ser cineasta (dirigiu o documentário *Secas*, escreveu roteiros, assinou críticas na revista de cinema *A Cena Muda*), até que, em 25 de agosto de 1952, teve sua carteira de trabalho assinada como repórter na revista *Visão* e ali abraçou uma profissão que o converteria em um dos expoentes do jornalismo brasileiro do século XX.

Depois da *Visão*, Dines trabalhou na revista *Manchete*; foi editor no *Última Hora*, sob a direção de Samuel Wainer; reformou e revitalizou o *Diário da Noite*; comandou o lançamento da revista *Fatos & Fotos* e chegou a editor-chefe do *Jornal do Brasil*, veículo que sob sua batuta, entre janeiro de 1962 e dezembro de 1973, instituiu um novo paradigma de qualidade no jornalismo brasileiro. Mais adiante, trabalhou na *Folha de S.Paulo*, no *O Pasquim* e na editora Abril (no Brasil e em Portugal). Na área acadêmica, lecionou Jornalismo Comparado na Puc-Rio de 1963 a 1972, foi professor visitante na Escola de Jornalismo da Universidade Columbia (Nova York, 1974-1975) e responsável pela disciplina História e Mudanças no Jornalismo, no curso de pós-graduação em Jornalismo com ênfase em Direção Editorial, da Escola Superior de Propaganda e Marketing (São Paulo, 2011-2013).

Em que pese a longa história profissional do jornalista e professor, interessa aqui o Alberto Dines observador da imprensa, o mestre de ofício dedicado ao exercício perene de observação ativa e transformadora do objeto de seu trabalho cotidiano. O profissional crítico convencido de que o simples ato de observar, medir e interpretar um fenômeno concorre para a modificação desse mesmo fenômeno. A observação da mídia, por decorrência, é também uma forma de intervenção no comportamento e nos procedimentos adotados pelos meios de informação jornalística.

Coube a Dines inaugurar a prática sistemática da crítica da mídia no Brasil. Primeiro com a coluna *Jornal dos Jornais*, publicada nas edições dominicais da *Folha de S.Paulo*, entre julho de 1975 e setembro de 1977, depois assinando artigos sob as retrancas *Jornal da Cesta* (*O Pasquim*, 1980-82), *Pasca Tasca* (*O Pasquim São Paulo*, 1986) e a coluna *Observatório* (revista *Imprensa*, 1992-93), até chegar ao portal *Observatório da Imprensa* (www.observatoriodaimprensa.com.br), gestado por ele a partir de 1994 e que finalmente tomou forma, na internet, em abril de 1996. O diferencial do *Observatório da Imprensa* reside na sua dupla configuração de veículo jornalístico cuja pauta primordial é a crítica dos meios de informação, em especial os jornalísticos, e de fórum de discussões sobre a mídia aberto à participação da cidadania. O *Observatório* nasceu compromissado com o debate em prol da excelência da atividade jornalística e com a tese — de resto comprovada — de que o jornalismo é um exercício crítico permanente ao qual todos os atores do processo da informação devem ser submetidos, inclusive o próprio jornalismo.[3]

JORNAL DOS JORNAIS

O caminho foi extenso até chegar ao *Observatório da Imprensa*. Em 1965, instado por Manoel Francisco do Nascimento Brito, então controlador do *Jornal do Brasil*, Dines matriculou-se em um curso para editores latino-americanos na Universidade Columbia. Como parte das obrigações acadêmicas, os alunos deveriam escolher um jornal americano para estudar — e Dines elegeu o *The New York Times*. No período em que frequentou o diário, chamou-lhe a atenção uma

---

3 Cf. DINES, Alberto. "Um compromisso, uma história, um saldo". *Observatório da Imprensa*, nº 379, 02 mai. 2006. Disponível em http://bit.ly/1Qfqryt.

publicação interna intitulada *Winners and Sinners*, na qual os jornalistas do *Times* comentavam e criticavam livremente as edições do jornal. Ali se exercia um tipo de crítica de mídia, embora com foco direcionado exclusivamente ao que publicava o *Times*. Inspirado nessa experiência, Dines voltou ao Brasil com o projeto de criar, no *Jornal do Brasil*, os *Cadernos de Jornalismo*.

O primeiro número da nova publicação saiu ainda em 1965. Dali em diante o título manteve circulação irregular, mas com ao menos três edições por ano. A partir de 1968, os *Cadernos* passaram a ser vendidos em livrarias. Até a saída de Dines do jornal, em dezembro de 1973, foram impressas 49 edições. No texto de apresentação do número 1, onde demarcava a função da publicação como estimuladora do "processo de aprimoramento técnico dos jornalistas", Dines escreveu:

> Como cumprir com a função educativa e de difusão cultural se ao próprio jornalista não forem fornecidas oportunidades para o seu aprimoramento? Esta é a motivação número 1 desta publicação, ainda que a meta seja grande demais para um grupo de jornalistas isolados alcançar."[4]

Da sexta edição em diante, os *Cadernos de Jornalismo* adotaram a denominação de *Cadernos de Jornalismo e Comunicação*. Sua proposta editorial navegava pelas questões técnicas do ofício e também abrigava reflexões teóricas sobre a profissão, a mídia e a comunicação em geral. Foi a primeira publicação brasileira dedicada à abordagem crítica sobre a mídia, como o próprio Dines admite:

> (...) para mim os 'Cadernos de Jornalismo e Comunicação' têm importância porque essa publicação foi a primeira etapa de uma série de coisas que fui fazendo nessa área: o *Jornal dos Jornais*, o *Observatório da Imprensa*.[5]

---

[4] JAWSNICKER, 2008. Disponível em http://bit.ly/1PL1GEO.
[5] UCHA, Francisco. "O rapaz que sonhava ser cineasta". *Jornal da ABI*, nº 374

A última edição de *Cadernos de Jornalismo e Comunicação*, a de número 50, preparada às vésperas da demissão de Dines do *Jornal do Brasil*, não foi para o prelo e seus originais se perderam. Entre estes havia um artigo intitulado "A crise do papel e o papel dos jornais", no qual Dines fazia uma análise da imprensa brasileira e mundial à luz do primeiro choque do petróleo e da crise do papel da imprensa que então se abatera sobre a indústria jornalística. No texto, apontava a necessidade de a imprensa se aprimorar diante do avanço avassalador da televisão, defendendo que os jornais só podiam contar com a qualidade do jornalismo que produziam para fazer frente ao poderoso concorrente eletrônico. A convocação era singela: diante de um mercado adverso, a melhor alternativa é investir em um jornalismo melhor, um jornalismo de ponta.

As anotações originais desse artigo serviram para inspirar uma acurada reflexão que logo se transformou no livro *O papel do jornal*, a cuja redação Dines dedicou seus primeiros meses de desemprego. A primeira edição do livro é de abril de 1974 e, a mais recente, a nona, sob o título *O papel do jornal e a profissão de jornalista*, foi para as livrarias em 2009, depois de sucessivas edições revistas e ampliadas.

Sem perspectivas imediatas de emprego no Brasil, Dines foi convidado para atuar como professor visitante na Escola de Jornalismo de Columbia, para onde se deslocou em agosto de 1974, o mesmo mês em que Richard Nixon renunciava à presidência dos Estados Unidos para escapar de um processo de impeachment. Vivendo em Nova York, e leitor obsessivo de jornais e revistas, Dines acompanhou com interesse as discussões sobre o comportamento da imprensa no pós-Watergate e a evolução das críticas ao chamado *check- book journalism*, ou "jornalismo de talão de cheques", mecanismo por meio do qual algumas fontes bem situadas ousavam cobrar por informações que forneciam — e alguns jornalistas e empresas jornalísticas aceitavam pagar. Esse debate sobre o comportamento da imprensa se travava na própria imprensa — e foi justamente esse aspecto até então inusitado que chamou a atenção de Dines.

---

e 375, jan-fev de 2012. Título original "Dines Extraordinário!"; reproduzido no *Observatório da Imprensa*. Disponível em: http://bit.ly/1O9GSVA.

Foi nessa estada em Columbia — onde, anos antes, em 1970, recebera o Prêmio Maria Moors Cabot — que, pela primeira vez, ele ouviu e assimilou a expressão *media criticism*.

A temporada em Nova York coincidiu com uma etapa de grandes transformações no Brasil. O general Ernesto Geisel, eleito em eleições indiretas, havia tomado posse na presidência da República, em março de 1974, prometendo relaxar o regime ditatorial por meio de uma distensão política "lenta, segura e gradual". Atento ao novo cenário, o publisher Octavio Frias de Oliveira, da *Folha de S.Paulo*, jornal que havia comprado em 1962, decidiu fazer uma reforma profunda no seu empreendimento jornalístico com o fito de aumentar a participação da *Folha* em um mercado à época dominado pelo quase centenário *O Estado de S.Paulo*. Frias convidou o jornalista Cláudio Abramo para comandar o projeto, e este procurou se cercar de profissionais de primeiro nível — Alberto Dines entre eles — para dar conta da tarefa. Anotou Cláudio Abramo, no livro *A regra do jogo*:

> Frias decidiu mudar a *Folha* basicamente por razões de competição de mercado. O *Estado* podia ficar na oposição sem perder prestígio, pois era e sempre foi do *establishment*; sobre o *Estado* nunca pesou uma ameaça real. A *Folha* podia obedecer integralmente à censura, mas não era de confiança. (...) Frias percebeu então que seu jornal só poderia prosperar num regime democrático, e por isso adotou a linha combativa.[6]

Pelas mãos de Abramo, Dines foi conhecer o novo patrão. Para o livro *Eles mudaram a imprensa — Depoimentos ao CPDOC*, ele recordou seu encontro com o dono da *Folha*:

> Foi um encontro memorável. Era maio de [19]75. O Frias disse assim: "Dines, eu tenho o único jornal que tem condições de fazer uma revolução na imprensa. Os outros estão todos amarrados com o governo, devem fortunas ao governo. O *Globo*, você sabe; o *Jornal do Brasil*, você

---

6 ABRAMO, 1988, p. 88

> sabe; o *Estadão* (...) enterrou dinheiro no prédio. Eu sou o único que não deve um tostão. (...) Tenho dinheiro, estou capitalizado, tenho uma tiragem espetacular.[7]

Dines foi chamado para chefiar a sucursal do Rio da *Folha* e escrever um artigo político diário para o jornal. Aceitou, e contrapropôs:

> Eu disse [ao Frias]: "Está bem. Aceito". (...) "Não quero ganhar um tostão a mais, mas quero que na edição de segunda-feira, no último caderno, você me dê um espaço. Quero escrever uma coluna de crítica de mídia. Ele disse: "Dines, não te mete nisso! Você vai ganhar inimigos. Eles vão te matar. Essa gente é vingativa, não te mete nessa coisa!" Comecei a falar sobre Watergate, sobre o que tinha acontecido. Disse: "Nós estamos com a imprensa sob censura. Já que vamos fazer uma revolução, temos que começar a falar sobre a imprensa! Isso é importantíssimo! O processo começa com a própria imprensa". O Frias sacou: "Está bom. Então, no primeiro caderno, domingo" — eu tinha pedido segunda-feira, segundo caderno, e ele me botou no domingo, no primeiro, página 6. A coluna chamava-se *Jornal dos Jornais*.[8]

A nova seção foi batizada como *Jornal dos Jornais*. Refletindo o clima gerado pelas promessas liberalizantes do governo Geisel, a primeira nota da coluna de estreia, publicada em 6 de julho de 1975, levava o título de "A distensão é para todos". Alguns trechos:

> O direito à informação não funciona apenas num sentido, mas tem múltiplas direções: serve aos veículos para informar ao público e serve ao público para se informar sobre os veículos. Democracia vale para todos, caso contrário não é democracia.

---

7 ABREU; LATTMAN-WELTMAN; ROCHA, 2003, p.118.
8 Ibid, p. 119.

A grande consequência do episódio Watergate, com repercussões mundiais, não foi apenas o fortalecimento da imprensa e a sua institucionalização como quarto poder. A dinâmica e a flexibilidade do processo democrático converteram os meios de comunicação dos EUA, simultaneamente, em grandes campeões e grandes alvos. O acusador, se não passou a acusado, pelo menos sente-se fiscalizado, o que lhe traz mais responsabilidade e ainda maior respeito.

Hoje, menos de um ano depois da renúncia de Nixon, desponta um novo tema até então circunscrito às academias, associações de classe e aos órgãos especializados — o *media criticism*. A imprensa, os jornalistas, os meios de comunicação, os conflitos de interesses, tudo está sendo salutarmente questionado, revirado, exposto.

Espontaneamente a imprensa se submete à mesma devassa que ela própria provocou na sociedade americana. Porque a imprensa integra a sociedade, é reflexo dela, não pode esconder-se em santuários que ela própria nega aos poderes políticos e econômicos.

Assim, a liberdade de imprensa finalmente está sendo usada, ou está prestes a ser usada, em todos os sentidos e direções. E só assim o binômio liberdade-responsabilidade poderá ser posto em funcionamento. A opinião pública despertada e estimulada pela imprensa, agora se acha no direito de saber o que se passa em seus bastidores.

No Brasil, a crítica à imprensa não é recente. *A Última Hora* de Samuel Wainer também nisto inovou com a famosa coluna de Octávio Malta. No mesmo vespertino seguiram-se Paulo Francis e Artur da Távola (Paulo Alberto Monteiro de Barros), que continuam no veio, o primeiro escrevendo de Nova York para a *Tribuna da Imprensa* (Rio) e o segundo comentando diariamente a televisão em *O Globo*.

A partir de 1963, quando Hélio Fernandes comprou a *Tribuna da Imprensa*, passou a ocupar-se com frequência com jornais e jornalistas, tendo mesmo, em fins de [19]73, levado durante vários dias para a primeira página uma crise que atingia o *Jornal do Brasil* [N. do A.: que redundou no afastamento do próprio Dines]. Seu raciocínio na ocasião foi simples: o que se passa dentro de um jornal interessa diretamente aos leitores, que são justamente aqueles que dão peso e força a este jornal, comprando-o, lendo-o e respeitando suas informações. Infelizmente, o mesmo não pensavam as autoridades censórias da então Guanabara, que impediram a continuação daquelas publicações, sob a alegação de que era uma "intromissão em assunto privado de uma empresa".

A revista *Veja*, sob a direção de Mino Carta, foi a primeira publicação que regularizou a cobertura noticiosa dos meios de comunicação com uma rubrica semanal. [A revista] *Visão*, em certa fase, sob a inspiração de Zuenir Ventura, também se ocupou com a temática profissional. O *Pasquim*, desde 1968, com a sua famosa verve e o seu descomprometimento, se ocupa à farta com a vida dos jornais.

Assim, a coluna que a *Folha de S.Paulo* inicia hoje, e que será publicada todos os domingos, não é um fato novo, nem isolado. Representa uma continuidade, uma preocupação antiga e constante da imprensa brasileira em se aperfeiçoar através da discussão franca.

O único fato novo é que esta coluna está sendo lançada no exato momento em que a distensão política está sendo discutida e tentativamente implantada. No momento em que todos pedem mais debates, porque só estes é que fortalecem as instituições, cabe à imprensa mostrar que expor-se às críticas não é danoso, nem doloroso.

A função da crítica responsável é estimular, elevar os padrões. Onde a crítica está vigilante, seja no campo das artes como no das ideias, a qualidade se eleva. Quando a crítica abranda, abre-se o caminho para a estagnação.

Cabe à imprensa provar em sua própria carne que abrir-se à crítica não é prova de vulnerabilidade, mas de amadurecimento. O que prejudica é o silêncio.

É hora, pois, de mostrar que a distensão vai servir a todos e que a liberdade não é propriedade de alguns poucos.⁹

Publicado há mais de quarenta anos, este texto mantém o vigor e a atualidade de um programa de observação da imprensa que Dines cumpriu à risca ao longo de sua subsequente trajetória. De tudo o que o jornalismo brasileiro produziu entre julho de 1975 e setembro de 1977, nada ficou de fora do radar do *Jornal dos Jornais*.

Os textos da coluna tinham entre 12 mil a 14 mil caracteres (com espaços). A receita editorial da coluna consistia em uma nota de abertura, que "puxava" o título principal, seguida de outras, menores, mas não por isso menos relevantes. No quinto dos nove tópicos da coluna publicada em 12 de outubro de 1975, por exemplo, sob o título *Caça às bruxas*, apareceu a primeira manifestação em jornal de grande circulação sobre as ameaças que então sofria o jornalista Vladimir Herzog, diretor de jornalismo da TV Cultura de São Paulo. Escreveu Dines:

> Fazer crítica à imprensa considerando aspectos puramente profissionais e objetivos é uma necessidade. Faz parte da maturação do processo jornalístico e deve ser praticado por todos. Mas abandonar problemas objetivos de qualidade e ética e incorporar-se aos denunciadores da infiltração ideológica nos meios de comunicação é, no mínimo, trair sua própria classe hoje tão amordaçada, pagando por erros que não cometeu.
>
> É o caso de dois jornalistas, um em São Paulo e outro no Rio, que desencadearam ultimamente uma ofensiva política. Aqui, trata-se de Cláudio Marques, colunista do *Shopping News* (*Coluna Um*, página dois), que há três domingos vem investindo contra o Departamento de Jornalismo da TV Cultura, a quem o jornalista apelida

---

9 DINES, Alberto. "A distensão é para todos". *Folha de S.Paulo*, 6 jul. 1975, p. 6.

de TV Vietcultura. A campanha chegou a tentar macular a própria figura do secretário [estadual de Cultura] José Mindlin.

No Rio, trata-se de Adirson de Barros, colunista de *Última Hora*, que não apenas denuncia a infiltração vermelha na imprensa brasileira como, inclusive, cita o caso do seu próprio jornal.[10]

No sábado, dia 25 de outubro de 1975, Herzog foi assassinado, sob tortura, nas dependências do DOI-Codi, em São Paulo. A coluna *Jornal dos Jornais* daquele fim de semana já estava fechada, prestes a ser impressa. Mas no domingo seguinte, 2 de novembro, Dines dedicou todo seu espaço a analisar a cobertura jornalística oferecida pela imprensa brasileira sobre os fatos ocorridos naquela semana trágica. "Vamos nos ocupar aqui dos aspectos puramente jornalísticos deste episódio que abala o país já há uma semana. Em outras páginas e em outros dias nos ocupamos da morte do jornalista nos seus aspectos morais, legais e políticos", escreveu Dines, na abertura da coluna. E o que se segue é um exemplo acabado de *media criticism*, em que o equilíbrio da análise se sobrepõe à emoção e à raiva. Por essas e outras tantas razões o *Jornal dos Jornais* marcou época, sobretudo por aplicar à crítica da mídia os fundamentos do ofício jornalístico.

CRÍTICA PERMANENTE

A última coluna circulou no domingo, 11 de setembro de 1977. No domingo seguinte, 18 de setembro, em uma nota curta, em duas colunas, a *Folha* avisava: "Por motivos de ordem técnica, deixa de sair nesta edição o *Jornal dos Jornais*, de Alberto Dines, que retornará no próximo domingo". Não retornou.

Os "motivos técnicos" alegados para a suspensão do *Jornal dos Jornais* eram, em realidade, políticos. No sábado, 17 de setembro de

---

10 DINES, Alberto. "Caça às bruxas". *Folha de S.Paulo*, 12 out. 1975, p. 6.

1977, Cláudio Abramo fora afastado da direção de redação da *Folha de S.Paulo* na esteira de um episódio envolvendo um dos colunistas do jornal. Na página 12 da edição do dia seguinte, sob o título "Lourenço Diaféria presta depoimento", o jornal informava que seu cronista havia sido ouvido no dia anterior pela Polícia Federal e saíra do depoimento enquadrado na Lei de Segurança Nacional. Isso porque, dias antes, em 1º de setembro, Diaféria publicara na *Folha* uma crônica sobre um sargento do Exército que morrera no zoológico de Brasília ao pular num poço de ariranhas para salvar a vida de um menino. "Prefiro esse sargento ao duque de Caxias", escreveu Diaféria. "O duque de Caxias é um homem a cavalo reduzido a uma estátua. (...) O povo está cansado de espadas e cavalos. O povo urina nos heróis de pedestal".[11]

O texto irritou os militares identificados com o ministro do Exército Silvio Frota, então candidato à sucessão de Ernesto Geisel. Diaféria foi preso. Em 16 de setembro, o espaço de sua coluna saiu em branco, como forma de protesto. Foi a gota d'água. O general Hugo Abreu, ministro-chefe da Casa Militar do governo Geisel, telefonou a Octavio Frias de Oliveira e exigiu a demissão de Cláudio Abramo. O jornal acatou as determinações do poder em nome da sua sobrevivência empresarial. Frias passou a direção da empresa para o sócio Carlos Caldeira; em 20 de setembro retirou sua assinatura de diretor-presidente do alto da primeira página e substituiu-a pelo *byline* "Editor-responsável: Boris Casoy".

Cláudio Abramo, alijado da redação, pouco tempo depois foi ser correspondente do jornal na Europa. Alberto Dines teve interrompido o seu *Jornal dos Jornais*, deixou de escrever artigos políticos na página 2, mas manteve as funções executivas na sucursal do Rio. Em 21 de setembro de 1977, a *Folha* parou de publicar editoriais e, em seu espaço, criou na página 2 a seção *Análise/Perspectivas*, onde reproduzia artigos traduzidos sobre política internacional. Ali Dines voltou a escrever — sem assinatura — textos sobre filosofia "cozinhados" da coleção "História da Filosofia", de Dario Antiseri e

---

11 DIAFÉRIA, Lourenço. "Herói. Morto. Nós". *Folha de S.Paulo*, 1 set. de 1977.

Giovanni Reale. O primeiro artigo aparece em 21 de outubro, com o título "Camus e o suicídio", ao que se seguiram "Kierkegaard e o desespero" (22/10), "Montesquieu e os chineses" (23/10), "Spinoza e o Estado" (28/10), e por aí foi.

A partir de janeiro de 1978, aos poucos Dines retomou seu artigo habitual da página 2. Depois de uma greve de jornalistas em São Paulo, deflagrada em maio de 1979, retirou-se do cargo de chefia e tornou-se apenas articulista da *Folha*. Deixou o jornal em 1980.

Os motivos para sua saída vinham se acumulando em razão de um tenso relacionamento profissional com o diretor de redação Boris Casoy, que vetava alguns dos textos de Dines. No auge de uma greve dos metalúrgicos do ABC paulista, iniciada em 1º de abril de 1980, Dines escreveu o artigo "São Paulo e os dois Paulos" (referência a Paulo Maluf e Paulo Evaristo Arns). Não foi publicado. Em seguida escreveu outro, sobre o mesmo tema, com outro título. Não saiu. Insistiu no assunto uma terceira vez, e nada. Decidiu, então, publicar no *O Pasquim* o artigo embargado. Lembra Dines:

> Eu era muito ligado ao pessoal do *Pasquim*, que sempre me perguntava se eu não queria escrever para eles, e tive uma ideia: (...) criei, naquela hora, uma seção, que depois eu continuei, chamada *Jornal da Cesta*, com uma frasezinha que atribuí a Shakespeare, porque no *Pasquim* você podia fazer isso, dizendo: "A história da imprensa não se faz só com o que sai publicado, mas com o que vai para a cesta". Botamos o artigo, paginado como se fosse a página 2 da *Folha*, escrito embaixo: AD.[12]

Por causa dessa "indisciplina", Dines foi demitido da *Folha*. Não se abateu e, dali em diante, passou a dedicar-se a uma paixão até então escondida: a literatura. Manteve colaboração regular com o *Jornal da Cesta* e, em novembro de 1981, lançou a primeira edição de *Morte no paraíso*, uma biografia do escritor Stefan Zweig.

---

[12] ABREU; LATTMAN-WELTMAN; ROCHA, 2003, p.118

Logo foi convidado a prestar consultoria para a editora Abril e, em 1982, foi contratado para atuar na Secretaria Editorial da editora. "Roberto Civita queria que eu realizasse alguns dos sonhos dele", lembra Dines.[13] Um deles foi implantar o Curso Abril de Jornalismo, que formou a primeira turma em 1983. Também organizou o Curso Nacional para Professores de Jornalismo, uma parceria da Abril com o hoje extinto jornal *Gazeta Mercantil* e a Associação Nacional de Jornais (ANJ), então presidida por Maurício Sirotsky, com apoio do Ministério da Educação. Esta experiência foi reeditada anos mais tarde, no Laboratório de Estudos Avançados em Jornalismo da Universidade de Campinas (Unicamp).

Seu já testado pendor de biógrafo levou Dines a enfrentar uma nova tarefa, a biografia de Antônio José da Silva, "o Judeu". Para tanto ganhou uma bolsa da Fundação Vitae, demitiu-se da Abril e foi morar em Lisboa para pesquisar a história da Inquisição portuguesa em fontes primárias. Com o fim da bolsa, aceitou o convite da Abril para integrar-se aos projetos de revistas que a editora brasileira logo iria lançar em Portugal. Aproveitou para ampliar a apuração sobre a história de Antônio José da Silva e produziu o monumental *Vínculos de fogo*, um volume de 1056 páginas sobre a odisseia dos cristãos-novos, lançado no Brasil em 1992.

No começo da década de 1990, de volta ao Brasil para tratar de uma doença pulmonar mal curada em Lisboa, Dines encontrou uma imprensa seduzida pelas mágicas dos gurus do marketing. A circulação dos jornais crescia artificialmente em função de promoções mercadológicas de toda ordem, de fascículos colecionáveis a panelas de cozinha. No plano editorial, a imprensa promovia denúncias diárias que atiçavam o processo político que redundaria na renúncia do então presidente Fernando Collor de Mello. O jornalismo brasileiro estava em ebulição.

Entre 1992 e 1993, ainda residindo em Portugal, Dines escreveu uma coluna na revista *Imprensa*, sob a retranca "Observatório". Já nesse momento ele acalentava o projeto de criar uma entidade que

---

[13] Declaração ao autor, 1 nov. 2013.

trabalhasse para elevar os padrões de qualidade da imprensa brasileira por meio de seminários, colóquios e cursos de pós-graduação *lato sensu*. O professor Carlos Vogt, então reitor da Unicamp, animou-se com a ideia de Dines e aceitou ajudar a levá-la adiante. Numa viagem à Europa, Vogt fez escala em Lisboa e os dois travaram uma conversação que durou todo um fim de semana. Dali saíram os planos para a constituição do Laboratório de Estudos Avançados em Jornalismo (LabJor), que em 1994 passou a funcionar como um "centro de pesquisa e acompanhamento crítico da mídia",[14] vinculado ao Núcleo de Desenvolvimento da Criatividade (Nudecri), da Unicamp. Além de Dines e Vogt, o professor José Marques de Melo também participou do grupo fundador. O primeiro evento público do LabJor foi o seminário "A Imprensa em Questão", realizado em abril de 1994. Outros seminários se seguiram, além de cursos de aperfeiçoamento para jornalistas e professores, conferências e workshops. Ainda em 1994, o LabJor promoveu o Seminário de Atualização para Professores de Jornalismo. Da convivência dos participantes do seminário nasceu a ideia da construção do Fórum Nacional de Professores de Jornalismo (FNPJ), ainda hoje na ativa.

Em 1995, o LabJor promoveu o Curso de Especialização em Jornalismo Esportivo, seu primeiro curso de extensão, em nível de pós-graduação. E Alberto Dines, agora fixado em São Paulo, matutava formas de criar uma publicação que pudesse dar organicidade ao processo de observação da mídia que então se consolidava no LabJor. Os planos encontravam um obstáculo poderoso, os custos. Onde buscar recursos para montar uma redação — aluguel, mobiliário, equipamentos, telefonia — e fazer frente aos investimentos para a compra de papel, contratação de gráfica e sistema de distribuição? O impasse foi resolvido por um dos pesquisadores do LabJor, o jornalista Mauro Malin, que lembrou a seus pares que havia pouco mais de um ano estava em curso a implantação do serviço de internet comercial no Brasil. A nova plataforma, argumentava Malin, poderia suportar um veículo jornalístico sem o peso dos custos de

---

14 Cf. LabJor: Disponível em http://www.labjor.unicamp.br/historico

instalações físicas e processos industriais de impressão e distribuição. Afora o fato de que a internet representava o futuro para os meios de comunicação.

A primeira edição do *Observatório da Imprensa* apareceu na web em 1º de abril de 1996; a segunda, em 1º de julho. Depois da terceira, publicada em 5 de agosto, as edições passaram a ser quinzenais, "subindo" todos os dias 5 e 20 de cada mês — inicialmente hospedadas em um servidor da Unicamp, depois no UOL e, mais adiante, no iG. Hoje, [março de 2016], o *Observatório* ocupa dois servidores dedicados em uma empresa de armazenamento de dados, em São Paulo.

A periodicidade quinzenal logo se mostrou insuficiente para um veículo jornalístico baseado em uma plataforma tão dinâmica como a internet. Depois de novembro de 1999, as edições dos dias 5 e 20 foram intercaladas por outras duas, nos dias 12 e 27 — às quais se deu o nome de Última Hora. Em 7 de fevereiro de 2001, as edições passaram a ser publicadas na web nas manhãs das terças-feiras. Com a disseminação das conexões por banda larga e o aprimoramento dos sistemas publicadores, as atualizações do *Observatório* tornaram-se diárias, a partir da edição-base apresentada às terças-feiras.

Enquanto isso, o *Observatório da Imprensa* estreava uma versão televisiva em maio de 1998, na antiga TV Educativa do Rio de Janeiro (TVE), com sinal distribuído pela Rede Pública de TV. Com a incorporação da TVE pela Empresa Brasil de Comunicação (EBC), criada em outubro de 2007, o programa passou a ser transmitido pela TV Brasil. Houve ainda uma edição impressa do *Observatório*, de periodicidade mensal e distribuição gratuita, que circulou entre agosto de 1997 e março de 2000 com o resumo das edições quinzenais na web, patrocinada pelo Xerox do Brasil. Por fim, em 4 de maio de 2005, o *Observatório* estreou um programa radiofônico diário, com cinco minutos de duração, transmitido de segunda a sexta-feira por emissoras públicas e acadêmicas até o fim junho de 2015. O programa foi suspenso no bojo de uma crise financeira cujos desdobramentos obrigaram o site do *Observatório* a montar, no segundo semestre de 2016, uma ação de *crowdfunding* com o intuito de garantir a sobrevivência do projeto.

Na concepção e animação — no sentido de "dotar de alma" — dessas iniciativas, a presença de Alberto Dines. Sob sua inspiração, o site do *Observatório* firmou-se como a matriz integradora de um projeto multiplataforma articulado em torno de um mesmo pressuposto:

> [O *Observatório*] sempre esteve ciente de que a democracia é um processo dinâmico e que cada poder necessita de um contrapoder para equilibrá-lo. O único e legítimo contrapoder ao poder da imprensa é a conscientização do cidadão-leitor, cidadão-ouvinte, cidadão-telespectador e cidadão-internauta. [O *Observatório*] considera o exercício crítico como ação política, mas a partidarização desta crítica converte-a em algo tão enganoso quanto as manipulações que pretende corrigir.[15]

JORNALISMO NECESSÁRIO

O *Observatório da Imprensa* nasceu em meio ao turbilhão provocado pela mais profunda mudança por que passou o jornalismo desde o aparecimento da imprensa periódica, no começo do século XVII. Surgiu 27 anos depois do estabelecimento do primeiro link da rede Arpanet, precursora da internet, quinze anos depois do lançamento do primeiro computador pessoal, cinco anos após a criação da web, dois anos depois do início dos serviços de internet comercial no Brasil. O *Observatório* acompanhou a crescente popularização das tecnologias de informação e comunicação; assistiu, com olhar crítico, às transformações havidas no mundo do jornalismo, obrigado a uma profunda reciclagem em vista da disseminação dos novos padrões de conectividade e de interatividade impulsionados pelas redes sociais. As empresas jornalísticas, que tradicionalmente ope-

---

15 DINES, Alberto. "Um compromisso, uma história, um saldo". *Observatório da Imprensa*, nº 379, 2 mai. 2006.

ravam modelos de negócio baseados no domínio absoluto da cadeia produtiva, de um só golpe perderam a primazia da notícia e do controle sobre a distribuição de seus conteúdos — isto é, foram atingidas no âmago dos antigos padrões de rentabilidade de seu negócio. Em simultâneo, a indústria da mídia precisou adaptar-se à nova realidade suscitada pela ubiquidade de seus públicos fiéis e potenciais. Onde estão agora os leitores e as audiências? Estão em qualquer lugar, em todos os lugares.

As situações de crise, no entanto, sempre carregam em si os germes da inventiva. Diante da avalanche digital, permanece válida a proposição formulada por Alberto Dines nos anos 1970, quando publicou a primeira edição de *O papel do jornal*: para arrostar o aumento da concorrência, a saída é aplicar aos veículos doses maciças de bom jornalismo para conquistar a atenção pública. O objetivo principal deve ser garantir a existência de um modelo jornalístico sustentável para um negócio — a imprensa livre e independente — vital para a democracia. E essa meta deve ser alcançada no contexto de um cenário desafiador e mutante, tal como descrito no relatório "Jornalismo pós-industrial — Adaptação aos novos tempos", produzido por pesquisadores do Tow Center for Digital Journalism, da Universidade Columbia.[16] Seus autores assim descrevem o novo ecossistema jornalístico da segunda década do século XXI:

> O jornalismo sempre teve meios para receber denúncias e sempre foi ouvir o cidadão nas ruas. Membros do público sempre recortaram e passaram adiante matérias de seu interesse. A novidade aqui não é a possibilidade de participação ocasional do cidadão. É, antes, a velocidade, a escala e a força dessa participação — a possibilidade de participação reiterada, e em vasta escala, de gente anteriormente relegada a um consumo basicamente invisível. A novidade é que tornar pública sua opinião já não requer

---

16 ANDERSON; BELL; SHIRKY, 2012. Conclusão do relatório e links para as suas seções disponíveis em http://bit.ly/1odmUUM.

a existência de um veículo de comunicação ou de editores profissionais."[17]

Como imperativo de sobrevivência, ao jornalismo resta reciclar-se. Mesmo a contragosto, a indústria dá-se conta de que o que se passa nas redes sociais não é mais invenção das empresas, como antes, mas iniciativa dos usuários da mídia. O discurso unidirecional cedeu lugar à cacofonia de vozes, a informação organizada e hierarquizada foi substituída pela algaravia de notícias e opiniões. Todos esses fenômenos, aliás, acompanhados e analisados por Dines e pelo conjunto de articulistas do Observatório da Imprensa desde a sua primeira edição, em abril de 1996.

Diante de tantas transformações — e aqui vai o substrato das teses defendidas por Alberto Dines em numerosos artigos que assinou no Observatório –, o valor da reputação percebida pelas audiências será o melhor ativo com que poderá contar um veículo jornalístico, ou um jornalista individualmente. Dines defende o jornalismo socialmente necessário, crítico e a serviço do público, exercido sem negligenciar dos fundamentos construídos ainda na era pré-digital, como a isenção, a clareza, a exatidão, a objetividade possível, a fidedignidade, o compromisso com a verdade factual e com o interesse público.

Um veículo reconhecido pelo rigor com que trata a matéria-prima jornalística e pela probidade em sua relação com as audiências gozará, certamente, de uma inestimável vantagem competitiva no novo mercado nascido sob a égide da revolução digital. Dines e o Observatório sempre estiveram atentos a isso. A experiência dos *media watchers* demonstra que, ao se perceberem observados, os veículos jornalísticos tendem a buscar o aprimoramento de seus controles de qualidade e a melhorar o produto que entregam ao público. No caso brasileiro, essa prática profilática começou com o Jornal dos Jornais e se disseminou em todas as direções a partir do lançamento do Observatório da Imprensa e a posterior eclosão de vários outros

---

17 ANDERSON; BELL; SHIRKY, 2012.

"observatórios". Em suma, Alberto Dines inaugurou a crítica de mídia no Brasil e contribuiu decisivamente para a sua propagação.

Para Dines, o jornalismo é uma atividade relevante para a manutenção do sistema de pesos e contrapesos que sustenta e promove a democracia e, no limite, o bem estar das pessoas. A sociedade precisa do jornalismo. Por isso o compromisso do *Observatório da Imprensa* com as melhores práticas do ofício e com a qualificação do debate público sobre a mídia. Por isso a luta de uma vida inteira de Alberto Dines em favor de uma mídia jornalística forte, plural e diversificada. Como deve ser. Como a sociedade requer e precisa.

OBRAS CITADAS

ABRAMO, Cláudio. *A regra do jogo*. São Paulo: Companhia das Letras, 1988.

ABREU, Alzira Alves; LATTMAN-WELTMAN, Fernando e ROCHA, Dora. "Eles mudaram a imprensa — Depoimentos ao CPDOC". Rio de Janeiro: FGV, 2003.

ANDERSON, C. W.; BELL, Emily e SHIRKY, Clay. "Jornalismo pós-industrial: O ecossistema". Tow Center for Digital Journalism, Escola de Jornalismo da Universidade Columbia, 2012. Conclusão do relatório e links para as suas seções disponíveis em http://bit.ly/1odmUUM

DIAFÉRIA, Lourenço. "Herói. Morto. Nós". *Folha de S.Paulo*, 1º set. de 1977.

DINES, Alberto. "A distensão é para todos". *Folha de S.Paulo*, 6 jul. de 1975, p. 6

_____. "Os fios do tempo". *Observatório da Imprensa*, nº 605, 31 ago. de 2010. Disponível em http://bit.ly/1KPavRn

_____. "Um compromisso, uma história, um saldo". *Observatório da Imprensa*, nº 379, 2 mai. 2006. Disponível em http://bit.ly/1Qfqryt

_____. *Jornal dos jornais*. Folha de S.Paulo, 2 nov. de 1975.

JAWSNICKER, Claudia. "*Cadernos de Jornalismo e Comunicação*: iniciativa precursora de media criticism no Brasil". Revista *Alceu*, vol. 8, nº 16, jan-jun. 2008. Disponível em http://bit.ly/1PL1GEO.

UCHA, Francisco. "O rapaz que sonhava ser cineasta". *Jornal da ABI*, nº 374 e 375, jan-fev de 2012. Título original "Dines Extraordinário!"; reproduzido no *Observatório da Imprensa*. Disponível em http://bit.ly/1O9GSVA

Um inquérito jornalístico: o prenúncio de um grande mal (1933-34)

ORLANDO DE BARROS

Ao admirável jornalista Alberto Dines, com a gratidão do leitor que o acompanhou pelos jornais por mais de meio século.

1) *O GLOBO* INDAGA SOBRE A ESTERILIZAÇÃO DOS "DEGENERADOS".

Em 1933, enquetes jornalísticas não eram propriamente novidade. Em 1905, o jornalista e escritor João do Rio, que escrevia na *Gazeta de Notícias*, quis saber dos homens de letras da capital federal se o jornalismo brasileiro era bom ou mau para a arte literária. Esse "inquérito" — pois foi assim que o denominou — foi copiado nas décadas seguintes por outros jornalistas, em questões e temas os mais diversos, até chegar ao episódio que aqui vamos relatar, ocorrido quase trinta anos depois daquele imaginativo e pioneiro projeto de João do Rio.[1]

Em 27 de dezembro de 1933, a primeira página do vespertino carioca *O Globo* estampou matéria a respeito de uma questão palpitante que chamava a atenção naquele momento, uma lei a ser adotada em breve na Alemanha. Daquela data até 15 de janeiro de 1934, ao longo de dezenove dias, o jornal submeteu a nove médicos destacados na vida cultural, política e científica do Rio de Janeiro a seguinte indagação: "Devem ser esterilizados os enfermos incuráveis?". À guisa de introdução, sob o título "As grandes experiências do século científico", *O Globo* explicou que a sua intenção era a de saber o que alguns cientistas brasileiros tinham a dizer sobre o "avançado decreto do governo alemão", que vigoraria a partir de 1º de janeiro de 1934. Esperava o jornal que, ao término da pesquisa, os leitores pudessem se sentir capacitados a ter suas próprias opiniões a respeito. Entretanto, a questão da esterilização, naquela época, já se encontrava bastante difundida, no bojo de proposições mais amplas, resumidas no conceito geral de eugenia. E, como tal, outros jornais volta e meia tratavam do assunto fazia tempo, motivo

---

[1] BROCA, 1950, p. 206-208. O famoso inquérito de João do Rio teve por título "O momento literário", composto por várias perguntas que enfocavam a vida literária e o jornalismo. *O Globo* só indagou sobre o que pensavam os entrevistados sobre o decreto de esterilização alemão e suas implicações, às vezes, formulando outras questões relacionadas diretamente ao assunto.

pelo qual faremos aqui constantes interferências de outros periódicos, para iluminar melhor o que as páginas de *O Globo* trouxeram aos leitores.

Do fim de 1933 em diante, até o fim da Segunda Guerra, a eugenia frequentou a imprensa do Rio de Janeiro, não só por causa do decreto alemão, mas porque o movimento eugênico que surgiu na Inglaterra no começo do século XX tinha se irradiado para os Estados Unidos e refluído de volta à Europa, circulando pelo mundo, atingindo o Brasil, onde conquistou numerosos adeptos. Em São Paulo, em 1926, surgiu uma primeira Sociedade Eugênica, que adiante se reproduziria em outras organizações Brasil afora. Um dos primeiros ativistas e organizadores, Renato Kehl, foi entrevistado no inquérito de *O Globo*. No Rio de Janeiro, em julho de 1929, houve um congresso internacional de eugenia. Alguns entrevistados no mesmo inquérito tomaram lugar.[2]

A eugenia, em síntese, pretendia manipular a reprodução humana, de um modo que se pudesse controlar ou dirigir a descendência, ou impedi-la, para produzir resultado na população. As práticas eugênicas variaram ao longo do tempo, nos locais onde ocorreram, desde a ênfase na esterilização das pessoas avaliadas como portadores de certas doenças crônicas, até o controle de populações inteiras, o que se daria por meio de políticas migratórias. Muitas vezes, inclusive no Brasil, a eugenia apresentou uma forte inclinação racista. O alegado objetivo dos eugenistas seria prevenir determinados tipos de doenças, proteger a coletividade e "melhorar a raça", e isso foi confirmado pelos entrevistados no inquérito de *O Globo*. Particularmente no Brasil, os eugenistas a entendiam mais como uma prática de higiene pública,[3] embora alguns também a concebessem como uma oportunidade de dirigir a seleção biológica e racial.

---

2 Dentre os autores que escreveram sobre a eugenia cito os seguintes, como fonte deste texto: BLACK, 2003; SANTOS, 2008; SOUZA, 2006; STEPAN, 2005, pp. 331-391.

3 A historiadora Nancy Stepan crê que a eugenia no Brasil se inclinou para a higiene e defesa sanitária da população, pois a miscigenação racial do país contraditava as teses raciais provindas das variantes eugênicas.

Não foi somente *O Globo* que despendeu especial atenção ao decreto de Hitler. Verifica-se que também outros jornais chegaram algumas vezes a entrevistar pessoas a favor ou contra a eugenia, mas não chegaram a propor um "inquérito". *O Correio da Manhã* foi, dentre aqueles jornais, o que mais tratou do assunto, geralmente, em posição contrária. Destaquemos algumas dessas matérias. Em 27 de julho, o *Correio* tratou da nova "mentalidade" que se apoderara do planeta naquela hora, como a lei de esterilização alemã, "uma inovação ousada e perigosa" que faria exultar os eugenistas brasileiros, animados com a "maré das inovações" que tomara o país desde 1930, mas que seria prudente, todavia, "que passássemos por essa à distância...".[4] A segunda reportagem discorreu sobre o decreto de esterilização publicado em Berlim no dia anterior, mas que vigoraria somente em janeiro de 1934, e explicou didaticamente ao leitor os dispositivos principais da lei.[5]

Em setembro, o *Correio* noticiou que o estado de Oklahoma, Estados Unidos, desde 1931 tinha uma lei estadual que permitia a esterilização de criminosos reincidentes, que tinha sido aplicada uma vez somente, em 1931, mas que, com o anúncio da esterilização legal adotada no Reich, a Junta Administrativa se sentiu impelida a aplicar a esterilização em trezentos criminosos recolhidos à penitenciária estadual.[6] Às vezes o assunto da esterilização vinha à tona em matérias muito distintas, no *Correio* e em outros jornais. Por exemplo, na transcrição de uma matéria sobre Teosofia, o *Correio* endossou, talvez inadvertidamente, considerações sobre reencarnação, conforme as ideias de Madame Blavatsky, notoriamente racistas, reambientadas no assunto aquela hora: "Passamos, em vidas anteriores, as experiências que as raças inferiores nos proporcionam: e esta convicção nos leva a dominar o orgulho que caracteriza a raça branca".[7]

---

[4] "O mundo moderno". *Correio da Manhã*, 27 jul. 1933, p. 4.

[5] "A nova Alemanha. O decreto que prevê a esterilização dos incapazes fisicamente". *Correio da Manhã*, 27 jul. 1933, p. 1.

[6] "Um projeto de esterilização de criminosos, no Estado de Oklahoma". *Correio da Manhã*, 1 set. 1933, p. 1.

[7] E. Nicoll. "Teosofia". *Correio da Manhã*, 28 set. 1933, p. 6.

A natureza do decreto alemão era motivo de polêmicas na imprensa carioca, desde que o *führer* Adolf Hitler anunciara ao mundo que técnicos discutiam as bases de um projeto de lei sobre esterilização. Tratava-se de impedir, ao que se dizia, que enfermos incuráveis e débeis mentais se reproduzissem, por meio de intervenções cirúrgicas, a se realizar em toda a Alemanha. Durante meses a imprensa brasileira continuou a noticiar sobre o assunto, até que, no final de 1933, divulgou-se, para espanto de muitos, que a intenção das autoridades nazistas era a de esterilizar nada menos que quatrocentas mil pessoas.[8]

Não só o montante dos que se destinavam à esterilização causou espanto. Também foi uma prova dramática de que o regime nazista estava decidido a por em prática as enérgicas e ameaçadoras medidas já anunciadas no livro de Hitler *Minha Luta*, publicado em 1925. E as ameaças decorriam de eventos que se deram não muito depois do aziago 30 de janeiro de 1933, quando Hitler tomou posse na chancelaria do Reich. Três meses depois que a ditadura se instituiu, o partido nazista teve uma vitória eleitoral decisiva, vindo em seguida a eliminação dos partidos políticos adversários. Então criou-se o campo de prisioneiros de Dachau, organizou-se a Gestapo e decretaram-se as primeiras medidas antissemitas.[9] A política de esterilização se enquadrou também como um dispositivo reforçador da ideologia racista, base do nazismo, fio condutor da ideologia nazista até o desastre de 8 de maio de 1945, quando da capitulação incondicional da Alemanha na Segunda Guerra Mundial.

2) QUATRO ENTREVISTADOS, UM EMPATE

O primeiro entrevistado a ser ouvido pela reportagem de *O Globo* foi o doutor Fernando Magalhães, professor da Faculdade de Medicina

---

8 "Devem ser esterilizados os enfermos incuráveis? *O Globo* abre um inquérito entre os cientistas brasileiros sobre o avançado decreto do governo alemão". *O Globo*, 27 dez. 1933, p. 1.

9 Cf. EVANS, R. *The coming of the Third Reich*. Londres: Allen Lane, 2003; BENZ, Wolfgang. *Storia illustrata del Terzo Reich*. Turim: Einaudi, 2000.

da Universidade do Brasil, atual UFRJ, conhecido ginecologista e obstetra, membro da Academia Brasileira de Letras e deputado à Assembleia Constituinte da Segunda República (que acontecia naquele momento em que o "inquérito" se realizava). Magalhães recebeu o repórter em sua clínica, no intervalo entre duas consultas. Não titubeou na resposta: "uma saraivada de metralha na inovação germânica", a começar pela sentença que norteou todo o diálogo com o repórter. Disse Magalhães: "Um tríplice absurdo a esterilização legal dos enfermos e dos débeis mentais, sob o ponto de vista biológico, moral ou político".[10] E prosseguiu assim a entrevista:

> — Debaixo do aspecto biológico...
> — Absurdo, porque desnecessário. A esterilização se destina a impedir a proliferação dos enfermos de doenças transmissíveis por hereditariedade e dos débeis mentais, cuja multiplicação através das gerações, degradaria, conforme opinam alguns, a espécie humana. Mas isso é insustentável. As doenças se curam. E o adiantamento formidável de todos os ramos da medicina, é uma prova cabal dessa afirmativa. Por outro lado, as raças fracas se destroem por si mesmas...

[O Globo] Era uma demonstração evidente de que o cientista patrício aceitava a seleção natural da espécie, consequência da luta pela vida e da concorrência biológica das teorias darwinistas. O professor Fernando de Magalhães passou, então, ao segundo setor do seu ataque à nova lei nazista.

— Do ponto de vista moral, só lhe direi que é um monstruoso atentado à dignidade humana.

[O Globo] E arrematando, apressado, levado, naturalmente, pela necessidade de atender aos deveres da sua clínica.
— Resta o lado político da questão. E assim encarada,

---

10 *O Globo*, 27 dez. 1933, p. 1. Entrevista a Fernando Magalhães.

a empresa nazista nada mais é que uma grande manifestação de delírio em que atualmente se debate o mundo.[11]

Como se tratasse da primeira opinião colhida no pretendido inquérito, o vespertino não poderia encerrar a reportagem sem fazer considerações próprias, procurando esclarecer o leitor a respeito das circunstâncias em que se produzira o decreto alemão. E isso foi revelador do muito que havia naquele instante em matéria de história transiente, o que foi transmitido ao leitor num texto vazado em claudicante objetividade jornalística, contaminado também por uma tentativa de fazer certa literatura fora de lugar, antigo e persistente defeito da imprensa brasileira. Os reveladores comentários se entremeiam com julgamentos estapafúrdios, deixando mal o autor daquelas linhas perante os leitores mais informados.

Pareceu ao jornalista que os governos ditatoriais, inaugurados com o advento de Mussolini em 1922, eram mais uma demonstração do desejo de reedificar o mundo, abstraindo a liberdade outrora tão intransigentemente defendida, com cada homem de governo considerando-se "uma reencarnação de Jeová". Nada mais natural, portanto, que experiências audaciosas viessem a lume, como aquela que visava apressar artificialmente a evolução natural, lenta demais para o século da velocidade.[12] Tal aceleração da história estava ali mesmo, em Hitler, cuja carreira surpreendente era bem uma mostra dos tempos ora vividos, distantes dos sentimentos românticos, que davam aos contemporâneos "agora a mais sensacional, talvez dessas experiências: a esterilização legal". Reconhecia que a medida feria em cheio a liberdade absoluta do homem, de viver à sua maneira, pois diante das ditaduras que agiam em nome da coletividade, tornando científicas velhas práticas empíricas, fazia vibrar, à esquerda e à direita, convicções de protestos de "malsinados saudosistas liberais".

---

11 Idem.

12 A expressão "século da velocidade" é uma alusão ao futurismo, a estética adotada na Itália fascista. O futurismo esteve em voga na mídia brasileira desde 1926, quando da primeira visita de Marinetti ao Brasil, até o início da Guerra. Ver BARROS, 2010.

E, nesse caso, não estava sendo cortês com o doutor Fernando Magalhães, que se encontrava entre os liberais, como bem demonstrou em sua entrevista.[13]

O Globo procurou convencer o leitor de que procurava ser neutro e fiel as opiniões expressadas em suas páginas pelos entrevistados no inquérito, mas nos parece que simpatizava com as medidas antiliberais tomadas pelos governos ditatoriais surgidos depois da Primeira Guerra. Afirmou com insistência que o objetivo do inquérito não foi outro senão trazer a opinião abalizada do mundo científico, naquele fim de ano, para elucidar o público brasileiro sobre o alcance e as consequências do audacioso empreendimento de Hitler, que se tratava de uma "inovação interessantíssima", que talvez não ficasse circunscrita na sua execução à "douta Alemanha", pois a esterilização legal era uma questão da mais "palpitante atualidade".[14]

Em 28 de dezembro, no dia seguinte da entrevista de Fernando Magalhães, *O Globo* indagou sobre a esterilização a outro profissional muito bem conceituado no círculo médico do Rio. O entrevistado do dia foi assim apresentado aos leitores: "o professor Maurício de Medeiros, catedrático da Faculdade de Medicina, ex-congressista, autor de várias obras importantes, é homem de pensamento fartamente conhecido e admirado em todos os circuitos inteligentes do país". Antes de transcrever as palavras do médico, o jornal procurou fazer um preâmbulo, como fizera na entrevista anterior, traçando um contexto que melhor poderia situar os leitores. E novamente insistiu que a esterilização tratava-se de uma aplicação extrema da eugenia, que vinha conquistando adeptos no Brasil havia tempo.

Com efeito, boa parte dos eugenistas brasileiros tinha se formado num ambiente dramático de enfrentamento das péssimas condições sanitárias do país, vitimada pela febre amarela e tantas outras mazelas que tornavam o brasileiro um "povo doente", que a República só muito lentamente e com grande esforço de modernidade lograva

---

13 Fernando Magalhães foi homenageado, depois da morte, com o seu nome dado a uma das principais maternidades públicas do Rio de Janeiro.

14 *O Globo*, 27 dez. 1933, p. 1.

superar. O brasileiro arquétipo, o "Jeca Tatu", um produto da mestiçagem racial, vencido pelas verminoses e pelas doenças mortais, só poderia mesmo produzir, conforme aquele panorama de ideias, degenerados de todos os tipos, um povo feio e uma raça fraca.[15] Algumas vezes a imprensa assumia tal narrativa, da maneira mais grosseira, como esta, de 1932, publicada no *Diário de Notícias*, a propósito de um congresso a se realizar nos Estados Unidos:

> Os Estados Unidos preocupam-se com a proporção crescente na população do rebotalho humano, débeis, atardados, [sic] imbecis, etc., geralmente incapazes de afrontar a luta pela existência e que obrigam a comunhão a sacrifícios consideráveis para fazer subsistir tais elementos inferiores e também para os isolar, a fim de os impedir de ser nocivos. Assim, querem os americanos obstar a propagação desses resíduos fisiológicos, desses entes desgraçados, inúteis e prejudiciais, e para isso métodos diversos e variados andam em ensaio. Por outro lado, métodos outros existem, permitindo a melhoria do animal humano. O congresso de eugenia cuidará de tudo isso. As diversas questões serão amplamente debatidas por antropologistas, psicólogos, fisiologistas, biologistas, genetistas, [sic] médicos, etc.[16]

Efetivamente, ideias tipicamente "eugênicas" como as de cima chegavam ao Brasil, provenientes de diversas fontes, da publicidade estrangeira, de livros escritos por adeptos da nova onda, como o doutor Gosney, sob o patrocínio de fundações renomadas. Ou do racismo corrente, alimentado ora pela memória da escravidão africana ou indígena, ora pela lusofobia, que ajudou a vicejar em muitos a ojeriza à miscigenação. Do fim dos anos 1920 aos anos 1930, as referências sobre "raças inferiores e superiores" são coisas corriqueiras na imprensa, conceitos que já se naturalizavam. Uma coisa

---

15 CAMPOS, 1998, pp. 45-52.
16 *Diário de Notícias*, 1º mai. 1932, p. 3.

especialmente cara ao eugenismo brasileiro era justamente o "futuro da raça brasileira", a se garantir por meio de imigração controlada. Na verdade, foi isso que provocou o congresso de eugenia em 1929, incluso nas atividades relativas ao Centenário da Academia Nacional de Medicina. Um pouco antes, Miguel Couto, médico (e futuro deputado constituinte), idealizador do congresso, proclamou que um insidioso perigo ameaçava o Brasil, a presença de "certos elementos exóticos e, portanto, indesejáveis no processo de caldeamento da raça brasileira".[17] O "exotismo" a que se referia Miguel Couto aludia aos orientais, especialmente os japoneses, e também aos africanos e judeus, e aos velhos, bem como aos que apresentassem qualquer deficiência física ou fossem doentes.

A esterilização já fazia parte do projeto dos delegados brasileiros que tomaram parte no congresso de eugenia de 1929. Levy Carneiro ali apresentou uma comunicação que defendia a "esterilização eugênica dos degenerados", alegando que teria um "extraordinário alcance social uma lei (...) para o nosso país, que tem uma tamanha percentagem de indivíduos doentes e tarados, sobretudo entre as populações rurais". Aliás, quatro anos depois, em 1933, na Assembleia Constituinte, o mesmo deputado Levy Carneiro apresentou emenda que instituía no Brasil a esterilização, "sem caráter punitivo nem mutilador, mediante exame médico, e assegurando-se plenamente ao paciente a defesa, e a todos os meios e recursos judiciais, aplicada somente quando, por motivos comprovados, se firme a previsão de incapacidade para gerar uma prole sadia e válida".[18] A Constituição de 1934 assimilou, ainda que difusamente, algumas das medidas propostas pelos constituintes partidários da eugenia, como o exame pré-nupcial e a seleção e cotas de imigrantes, mas não foi além disso. Durante a ditadura do Estado Novo (1937-1945), o governo de Getulio Vargas assimilou algumas ideias dos eugenistas, então incorporadas às políticas públicas, na educação, nos esportes e

---

17 "A nossa política imigratória". *O Brasil de hoje, de ontem e de amanhã*, Ano III, nº 26, 28 fev. 1942, p. 5, ao citar discurso de Miguel Couto em 1928. [Periódico do DIP].

18 *O Globo*, 12 jan. 1934, p. 1.

na saúde pública, ou ao menos como móvel publicitário da ideologia nacionalista oficial.[19]

O segundo entrevistado de *O Globo*, Maurício de Medeiros era um eugenista radical, tendo tido um papel ativo e relevante no congresso de 1929. No preâmbulo de *O Globo* às declarações de Medeiros, o vespertino lembrou que não cabia a Hitler "as glórias" de ter sido, com o seu ruidoso decreto, o pioneiro da esterilização, pois o assunto não era novo, e o jornal apresentou então os antecedentes. Desde Esparta os recém-nascidos débeis mentais e mal conformados eram precipitados do alto de um despenhadeiro. O mesmo ocorria em certas ilhas da Polinésia. Nos Estados Unidos, em anos recentes, alguns estados adotavam legislação eugênica, bem antes de Hitler, como no estado de Indiana, onde os criminosos e os tarados eram impedidos de deixar prole. Mas a amplitude do decreto nazista, determinando a infecundidade de 400 mil pessoas de ambos os sexos, excedia em significação. Aqui *O Globo* revela um outro motivo da realização do inquérito, até então não revelado: saber a opinião dos cientistas brasileiros sobre "essa esterilização em série, operada dentro de moldes e princípios científicos, tendo em mira a defesa da raça, que é de fato uma grandiosa empresa".[20] E, assim, o inquérito ia, aqui e acolá, endossando a eugenia.

Maurício de Medeiros defendeu a esterilização na Alemanha tão enfaticamente quanto Fernando Magalhães fizera na primeira entrevista, mas em posição diametralmente oposta. Indagado se a esterilização na Alemanha seria uma providência demasiado revolucionária, Medeiros respondeu que nos meios científicos modernos, a tendência era favorável à "eugenética humana", ciência que considerava a esterilização dos inaptos indispensável para a constituição de uma prole sadia. Por isso, só encontrava motivos para considerar com entusiasmo "o grande esforço eugenético, que representava para o povo alemão, a resolução de Hitler, determinando a esterilização

---

19 Ver KOIFMAN, 2012. As publicações do DIP que, volta e meia, abordam a posição oficial em relação à imigração foram, sobremodo, *Cultura Política* e *O Brasil de hoje, ontem e amanhã*.

20 *O Globo*, 28 dez. 1933. Entrevista do dr. Mauricio de Medeiros.

dos alcoólicos, dos degenerados de toda espécie, dos delinquentes incorrigíveis..."

Explicou que na Alemanha, antes de Hitler, em 1920, já se tornara obrigatório o exame pré-nupcial e, em 1926, existiam os ambulatórios para consultas gratuitas para os nubentes. Entretanto, a Alemanha tinha sido precedida pela Suíça, "o primeiro país em que se legislou para ordenar a esterilização de certos degenerados" (outro entrevistado, depois dele, diria que foi o estado da Virgínia, antes de 1910). Falou do "progresso eugênico de várias unidades da Federação Americana", de Cuba e da África do Sul; da proposta de projeto de lei que transitava na Câmara dos Comuns inglesa, e da Dinamarca, onde, "depois de longos estudos do Comitê Antropológico, chegou-se, em 1920, à aprovação de uma lei autorizando os diretores dos manicômios a esterilizarem certos degenerados".

Nessa altura, usando de conceitos então em voga, o repórter quis saber o que pensava o doutor Medeiros quanto à esterilização massiva, se não pretendia, num primeiro plano, "defender a raça ariana contra as ligações com raças que se supunham inferiores ao dolicocéfalo louro".[21] Respondeu que, antes tudo, Hitler, com a esterilização, desejava estabelecer um simples corolário: impedir que os inaptos prejudicassem a constituição de uma prole hígida, procurando, assim, reduzir, ou praticamente impedir, a procriação prejudicial, para não deixar a "Humanidade exposta aos horrores de uma crescente degeneração, com a agravante moral, que deve impressionar a sensibilidade dos moralizadores ultramontanos, da multiplicação por mancebia". Então *O Globo* registrou que "o ilustre cientista conclui manifestando o seu entusiasmo pelo colossal empreendimento que vai ser adotado pelo Terceiro Reich", ao declarar sua sincera

---

21 Conceitos tolos como "dólicos louros" passavam então por tipos científicos. Como exemplo, o professor Basílio de Magalhães, escreveu em 1940, em livro didático de história, amplamente adotado pelas escolas secundárias, em uma lição sobre os bárbaros germânicos na Idade Média: "Dólicos louros, constituíam belos exemplares da raça ariana, viviam os germanos entre o Mar Báltico e os rios..." (MAGALHÃES, 1940, p.9). Entretanto, o autor não era racista, como bem demonstra no 5º volume da mesma coleção.

admiração pelo "ditador moderno", que não hesitara arriscar o seu prestígio ditando medidas de tão largo alcance na salvaguarda dos interesses biológicos da humanidade".[22]

No limiar de 1933, em 30 de dezembro, *O Globo* submeteu a mesma questão ao escritor Afrânio Peixoto, que o jornal apresentou aos leitores como figura das mais representativas da cultura brasileira, sendo notável cientista e homem de letras, autor de vários livros sobre higiene e medicina legal, membro da Academia Brasileira de Letras. Em seus livros, e em conferências públicas, já havia se mostrado favorável, em certos casos, à esterilização.[23] Para o jornal, a sólida cultura do entrevistado permitiu um "clima intelectual incompatível com os extremismos e as intolerâncias", ao formular os seus conceitos de maneira lógica e serena, "bem ao centro da cena tumultuária do mundo", manifestando certa isenção doutrinária. Seria mesmo? Eis, então, o que declarou Afrânio Peixoto.

Achava que a esterilização humana estava prejudicada por preconceitos que não ajudavam a firmar a real necessidade que a humanidade tinha dela. No passado houvera o que definiu como "procriacionismo", isto é, a necessidade de repor as populações, "gente, muita gente, para a sobrevivência dos povos". Tratava-se de uma questão de sobrevivência, de defesa contra inimigos numerosos. Depois, veio o capitalismo industrial, "que precisou de muita gente, mais gente, para se gastar nas indústrias insalubres e esfalfantes". Entretanto, isso se superava então. As máquinas já dispensavam os operários e as guerras imperialistas tendiam a espaçar ou a serem impedidas. Assim, "sobra gente, há milhões de desempregados. (...) A geração já não é 'benção', mas 'pensão'... "

Não admitia, portanto, a permissão para a livre procriação de doentes, tarados, enfermos, degenerados, criminosos, conforme suas palavras, e, assim, se podia dizer, que a esterilização vinha em favor desses não aquinhoados pelo destino. Não havia agricultor que não buscasse boas sementes. Tanto o Estado, como os criadores,

---

22 *O Globo*, 28 dez. 1933. Entrevista do dr. Mauricio de Medeiros.
23 *O Globo*, 30 dez. 1933, p. 1. Entrevista a Afrânio Peixoto.

buscam as raças selecionadas; por que o homem escaparia à natureza? Afrânio Peixoto não citou Hitler uma só vez, mas concluiu sua entrevista considerando que era preferível a esterilização dos incapazes, do que asilos, hospícios, prisões e obras de assistência tardia que mitigassem os sofrimentos evitáveis. Sentenciou por fim: "De todas as loucuras europeias destes últimos anos, esta é a mais razoável, porque é piedosa; cuida da miséria humana, a prevenir. Aliás é americana".[24]

No dia de 2 de janeiro de 1934, o entrevistado foi Edgar Roquette-Pinto, também médico e respeitado antropólogo, autor de livros famosos, professor da Universidade do Brasil, e ex-diretor do Museu Nacional e, como outros entrevistados no inquérito, membro da Academia Brasileira de Letras. Na década anterior, obtivera notoriedade como pioneiro das emissoras radiofônicas, pois fundou a primeira delas, no Rio de Janeiro, em 1923, pretendendo que servisse principalmente à educação e à cultura.[25] Sendo já o quarto intelectual a responder ao inquérito de *O Globo*, havia mesmo certa expectativa que ele estivesse na lista do jornal, já que havia presidido, em 1929, o primeiro congresso de eugenia brasileiro. Mas Roquette-Pinto foi econômico nas palavras. Declarou-se enfaticamente contrário à esterilização em série porque não produziria a estandardização da espécie, "tornando a humanidade lamentavelmente medíocre e abolindo os anormais, não só os inferiores, os idiotas, caso em que haveria decidida vantagem, como os superiores, os homens de gênio, hipótese em que o prejuízo seria lastimável".[26]

Considerou também que a esterilização legal dos degenerados e outros indivíduos cuja reprodução fosse considerada indesejável não era mais motivo para tanta celeuma, pois era prática muito comum em alguns lugares do mundo e, na França, praticada por um conhecido cientista, Charles Richet. Achava que, em princípio, a eugenia

---

24 Idem.

25 A emissora fundada por Roquette-Pinto foi a Rádio Sociedade, em 1923. Em 1936, foi transferida graciosamente ao governo Vargas, mudando então o nome para Rádio MEC. Ver BARROS, 2001, cap. 5.

26 *O Globo*, 2 jan. 1934, p.1. Entrevista a Roquette-Pinto.

queria aumentar o número dos "melhores" e acabar com os "piores". O problema, porém, era extremamente complexo, podendo até prejudicar a evolução da espécie humana. Ao terminar sua entrevista, indicou um ponto que escapou a seus antecessores: "Por outro lado, imagine o senhor quantos abusos, facilmente praticáveis, se a tal esterilização geral fosse decretada".

No entanto, o Roquette-Pinto que aparece no inquérito, tão contrário à esterilização, bem parece distinto daquele que presidiu o congresso de eugenia. Que teria abalado suas convicções? Teria sido o decreto de Hitler, em seu alcance racista e político? É preciso recuar até a preparação do congresso, em busca de indícios que nos esclareçam o que se deu nesse trajeto de cinco anos. Em fevereiro de 1929, o *Jornal do Brasil* foi ao Museu Nacional, na Quinta da Boa Vista, para entrevistar o diretor, Roquette-Pinto, a respeito do congresso de eugenia que seria realizado quatro meses depois. Ouviu dele que era hora de "pensar na raça". Disse que tinha aceito a incumbência que lhe dera Miguel Couto para presidir o congresso porque lhe saltava aos olhos o problema imigratório

> capaz só ele de frustrar por contaminação todas as conquistas obtidas pelo esforço e a ciência em prol da raça que habitará o nosso solo; e os brasileiros que cultivam estas coisas de alta biologia, não podem fugir com a sua lição no anseio senão na esperança de fazer a pátria mais forte, mais útil e mais bela.[27]

O mesmo jornal foi ouvir Roquette-Pinto por ocasião do congresso. E foi ouvi-lo porque, na ocasião, "se fala muito em Mendel e em Malthus", isto é, ganhavam espaço as questões relativas à hereditariedade e às condições de sobrevivência, assuntos correlatos à eugenia e à esterilização em curso na Alemanha, com vastas implicações de caráter racial.[28] Nesta altura, o inquérito se encontrava

---

27 "O 1º Congresso Brasileiro de Eugenia". *Jornal do Brasil*, 23 fev. 1929, p. 6.
28 "O centenário da ANM". *Jornal do Brasil*, 27 jul. 1929, p. 10.

empatado, duas opiniões mostraram-se favoráveis à esterilização e duas contra.

3) A CIÊNCIA CONTRA OS FRACOS

Alguns leitores já sabiam, com antecedência, da opinião do entrevistado de 3 de janeiro: um acérrimo ativista da eugenia. Bem a propósito foi assim que o jornal o apresentou aos leitores: "O entrevistado de hoje é logicamente, favorável à esterilização dos degenerados portadores de taras transmissíveis por herança. Será preferível mesmo, dizê-lo partidário entusiástico da esterilização, em vez de simples favorável".[29] Tratava-se de Renato Kehl, presidente da Comissão Central Brasileira de Eugenia e fundador da primeira sociedade eugênica da América do Sul. O jornal lhe deu o crédito de ter participado de vinte anos de lutas em prol da vitória dos ideais eugênicos no Brasil, lutas traduzidas em numerosos livros, artigos, publicações e conferências.[30] Um dos livros de Kehl, *Sexo e civilização*, em que defendia enfaticamente a eugenia, tinha sido publicado naqueles dias. De fato, no ano de 1933, alguns meses antes do inquérito, vêm-se muitas referências a Renato Kehl nos jornais, inclusive um artigo seu, como o que foi publicado em setembro pelo *Correio da Manhã*, de que nos utilizamos também aqui.[31]

No preâmbulo da entrevista *O Globo* voltou a afirmar sua neutralidade em face das opiniões dos entrevistados. Mas, em certo momento não fica claro se o jornal fala por si ou se sumaria o entrevistado, deixando o leitor confuso. Por exemplo, *O Globo*, ao considerar que o objetivo primacial do decreto nazista de esterilização era de sentido "eugenético", as demais faces da questão, quer a que se referia a um suposto preconceito racial, quer a relativa a uma possível

---

29 *O Globo*, 3 jan. 1934, p.1. Entrevista a Renato Kehl.

30 *O Globo*, 3 jan. 1934, p.1. Entrevista a Renato Kehl.

31 KEHL, Renato. "Degeneração e esterilização". *Correio da Manhã*, 20 ago. 1933, p. 2.

intransigência política, apresentavam-se em plano secundário: "O que assume um interesse exclusivo para o futuro da humanidade é justamente esse do aperfeiçoamento mental e fisiológico da espécie!". E, assim, o jornal encontrou-se com as ideias do entrevistado e, sem dúvida, endossou suas opiniões.[32]

Renato Kehl falou de suas viagens de observação, especialmente ao norte da Europa, que lhe ajudaram a estabelecer um juízo definitivo sobre a questão da eugenia.[33] O contato com as populações nórdicas não deixava de ser indicativo de uma certa preferência ideal por imigrantes provindos da Escandinávia para o Brasil, que mais adiante se transferiu como um desejo difuso da burocracia, no Estado Novo.[34] E também aludiu à proveniência da "raça ariana", conforme a mitologia nazista então em voga. Kehl lançou mão algumas vezes do argumento de autoridade, recorrendo a suas próprias publicações e experiências com a matéria. Desqualificou os adversários toda vez que pôde. Disse que não costumava "avançar" suas ideias apressadamente, e que nem se deixava levar por inspirações sentimentais, de última hora, como faziam os que tanto opinavam "sobre leis, como sobre medicina, agricultura e criação de cavalos". Considerava leviano alguém dizer despreocupadamente que condenava a esterilização, sobretudo quando se sabia que ela fora adotada num país como a Alemanha, "onde não se resolvem as coisas desta ordem, como se fazem discurso de improviso".[35] Quanto ao decreto de esterilização de Hitler, considerou que se tratava de "uma lei judiciosa".

---

[32] *O Globo*, 3 jan. 1934, p.1. Entrevista a Renato Kehl.

[33] Numa dessas viagens, uma estranha excursão à Rodésia, no sul da África, Renato Kehl e sua esposa viajam à remota região do Zimbábue para estudar e fotografar ruínas de enormes muralhas. Sabe-se hoje que o governo racista da Rodésia divulgava na época que as ruínas eram de autoria desconhecida, pois os negros locais seriam de "raça inferior" e incapazes de construções tão magníficas. Mais tarde confirmou-se o contrário. Renato Kehl publicou a respeito um relato de sua viagem em "Zimbábue, fascinante e indecifrável enigma histórico". *Correio da Manhã*, 30 ago. 1936.

[34] Ver KOIFMAN, 2012; MOVSCHOWITZ, 2013.

[35] *O Globo*, 3 jan. 1934, p. 1. Entrevista a Renato Kehl.

Então o repórter quis saber se Kehl acreditava que a esterilização seria adotada no Brasil. Respondeu que, apesar "da rotina e dos fetichistas", a esterilização tornar-se-ia, futuramente, uma realidade, também no Brasil. O repórter também perguntou como seria possível determinar, com rigor científico, os casos em que a esterilização deveria ser aplicada, já que as leis da hereditariedade contavam com surpresas desconcertantes e não tinham a mesma precisão das "ciências físico-químicas". Aqui Renato Kehl hesitou, lembrou que não havia justiça sem falhas. Apontou uns casos certos em que se aplicariam a esterilização: o defeito ou anomalia de um filho, defeitos hereditários na ascendência, defeito hereditário no "germe-plasma materno". O repórter não tinha como avaliar a precisão desses conceitos, especialmente aquele estranho germe-plasma, mesmo para a época, distante 1/4 de século da descoberta do DNA.

O diálogo final da entrevista mostra que Kehl bem sabia que o decreto de esterilização alemão sofria grande resistência, a despeito do entusiasmo dos eugenistas brasileiros:

> — Essa vantagem decidida que o senhor aponta, para a espécie, não irá prejudicar o indivíduo? E isso não pelo lado moral, que, de certo modo, escapa à finalidades do nosso inquérito, mas considerado do ponto de vista fisiológico?
> — Compreendo a pergunta. A esterilização é simples, sem perigo e nada altera quanto aos prazeres da vida. Esterilização não é castração, como se fazia com os rapazelhos outrora tornados eunucos para adquirirem a voz de soprano e cantarem no coro das igrejas. Não é justo, pois, atacar uma medida saneadora do alcance da esterilização, antes de estudá-la em todos os seus detalhes.[36]

No dia 4 de janeiro, prosseguiu o inquérito de *O Globo*, entre os cientistas brasileiros para lhes ouvir a opinião a respeito das "medidas que Hitler começa a por em prática, na Alemanha, com

---

36 Idem.

o objetivo de aperfeiçoar a raça", ouvindo naquele dia o professor Oscar Fontenelle. Tratava-se de um eugenista muito ativo, autor do livro *Flagelos da raça*, e que tinha sido deputado no fim da primeira república, quando apresentou ao congresso projetos de lei instituindo o "delito de contágio"[37] e o ensino de higiene sexual. *O Globo* considerou que esses projetos eram avançados, que representavam os primeiros passos de um programa que pretendia levar avante a preservação da população brasileira, "comprometida pelas doenças generalizadas e pela herança mórbida".[38]

O projeto de delito de contágio, uma típica concepção eugenista, pelo viés sanitário, conseguiu a adesão mesmo nos segmentos "libertários", como às vezes ocorria com propostas cerceadoras. Evaristo de Morais, por exemplo, advogado e político engajado nas causas populares e conhecido pelo ativismo antirracista, apoiou com entusiasmo o projeto de Fontenelle:

> Acredito ter sido eu quem, entre nós, cuidou primeiramente do assunto dele me ocupando em dois livros. Sem falsa modéstia, portanto, entendo estar de parabéns pela patriótica e humanitária iniciativa do deputado fluminense Fontenelle, médico e jurista, dispondo assim reconhecer os graves perigos inerentes à contaminação de certas moléstias (...) em defesa da coletividade.[39]

Fontenelle prontamente declarou-se caloroso partidário da "política sanitária" preconizada por aqueles a quem considerava os mais lúcidos e adiantados espíritos de sua época, os que tinham refletido profundamente sobre os princípios eugênicos, especialmente quanto à "esterilização dos anormais capazes de gerar proles estigmatizadas física ou psiquicamente; portanto, aplaudirei Hitler, com verdadeiro

---

[37] MORAIS, Evaristo. "Projeto Fontenelle". *Correio da Manhã*, 17 out. 1928, p. 2.
[38] *O Globo*, 4 jan. 1934, p. 1. Entrevista a Oscar Fontenelle.
[39] MORAIS, Evaristo de. "Projeto Fontenelle". *Correio da Manhã*, 17 out. 1928, p. 2. Em 1921, fez parte do Grupo Clarté, que publicou quatro números da revista *Clarté*, com artigos em que Evaristo de Morais tratou de racismo.

entusiasmo, se essa estiver sendo a sua diretriz". Também não via nenhuma objeção moral ao controle da natalidade, pois o interesse público privilegiava a qualidade dos habitantes e não a quantidade, o que devia realmente preocupar as nações que, aliás, estavam sempre às voltas com o problema biológico, determinante no destino dos povos. Portanto, para Fontenelle, imprescindível seria

> esterilizar os indesejáveis como tais compreendidos os portadores de desordens psíquicas ou somáticas, de enfermidades, de taras, que se transmitiam de geração em geração, criando inúteis, infelizes, elementos negativos e perigosos, pois haverá ainda quem queira opor-se a isso?

Achava necessário um plano sistematizado para tornar efetiva a esterilização. O que se poderia obter por uma operação fácil — um aspecto positivo — que no homem poderia ser feita no consultório médico, dada sua "extrema benignidade", e que de nenhum modo, em ambos os sexos, traria danos. O risco seria baixo e a compensação a higidez de um povo, o que justificaria largamente a esterilização, para não dizer que seria imperioso, "tendo por escopo estancar a procriação de degenerados e tipos anormais". Para que o processo atuasse em "proveito a raça", seria necessário, porém, que fosse sistematicamente aplicado e fizesse parte de um plano de defesa e aperfeiçoamento clínicos em que se associasse à observância de outros preceitos eugênicos. Somente desta maneira podia-se pensar com otimismo sobre o "futuro da raça". Até aqui no inquérito de *O Globo*, ninguém como Fontenelle se expressara tão ideologicamente no que se refere às raças. Notam-se em suas observações o cruzamento de vertentes do pensamento racial do século anterior, somadas a outras surgidas com a eugenia, e o arianismo oportunista de Hitler.

Tendo chegado aí, Fontenelle quis generalizar, e afirmou que a humanidade chegara ao ponto de controlar, e mesmo dispensar, a seleção natural. E, assim, controlando as forças seletivas da natureza, podia-se esperar pelo desaparecimento dos menos aptos fisicamente. Daí a necessidade que se constatava até nos países mais favorecidos, "de obstar a degenerescência da raça por atos conscientes e artificiais". Também, em prol da esterilização, antecipou efetivamente processos novos, extraordinariamente simplificados, "com a anunciada descoberta de que bastará à mulher ingerir certas substâncias oriundas de órgãos de animais grávidos, os quais, pelos seus hormônios, impedem a ovulação, para que deixe de conceber durante algum tempo". Então, à custa de alguns comprimidos ou de poucas injeções, sem maiores incômodos, seria controlada a faculdade procriadora, por meio de uma intervenção criteriosa do Estado. Resultaria daí uma grande recompensa, o saneamento social e orgânico, pois nenhuma vantagem existia para a humanidade no "aumento da cifra dos degenerados e dos que se sentem infelizes". Eis a conclusão da entrevista de Oscar Fontenelle a *O Globo*, em suas próprias palavras:

> Caminhamos para o reconhecimento do direito de só ter filho quem quiser e puder tê-lo, daí que o tarado, a vítima de doenças hereditárias e o miserável, não se acham em condições de procriar sem que, com isso, pratiquem um ato de descaridade, relativamente à prole, e profundamente antissocial, pelas suas daninhas repercussões contra o interesse da comunhão.
>
> É de notar que no fundo das mais graves preocupações, atormentam os povos, inclusive a economia, ressaltam problemas eugênicos e, sobretudo, sexuais a resolver, o que evidencia o erro dos governos no descaso incrível que lhes votam o acerto da política que Hitler parece disposto a seguir, cuidando, com energia, e sem as peias de nefastos preconceitos, de assentar o progresso da Alemanha nos sólidos alicerces da saúde e do acrisolamento dos atributos étnicos de sua gente. Fizéssemos o mesmo...[40]

Se Renato Kehl e Oscar Fontenelle não viam grandes dificuldades na aplicação dos conhecimentos biológicos da época, sendo,

---

40 *O Globo*, 4 jan. 1934, p. 1.Entrevista a Oscar Fontenelle.

pois, otimistas quanto ao alcance da medicina, o entrevistado do dia 6 de janeiro, o professor Leitão da Cunha, titular da Faculdade de Medicina, naquele momento deputado à Assembleia Constituinte, não tinha a mesma confiança. Chegou a considerar que em certos casos a esterilização poderia ser benéfica para o indivíduo e a sociedade, mas noutros, talvez, acarretasse mais inconvenientes que vantagens. Ponderou que a assimilação simplista da eugenia à "zootécnica" era como coisa praticamente impossível, ao contrário do que sustentavam os eugenistas.[41] Mencionou as complicações inesperadas nos processos genéticos da espécie humana, considerando que a esterilização fosse uma prática que só deveria ser efetuada com as maiores cautelas, já que podiam-se produzir inconvenientes de tal monta que anulariam as vantagens.

O Globo quis saber dos inconvenientes da esterilização. Leitão da Cunha respondeu que havia casais saudáveis física e psiquicamente cuja descendência era invariavelmente "degenerada", da mesma maneira que pessoas geniais tinham ascendentes e filhos medíocres, aliás fato habitual. Por isso considerava que a "esterilização dos anormais é semelhante ao da eutanásia; tão fácil de compreender, portanto, quanto difícil de executar". O entrevistado estava convicto de que se tratava de uma quimera a crença dos eugenistas na seleção positiva da espécie humana, pois que as regras da "zootecnia" não podiam ser aplicadas, visto que seriam subvertidas pela "atração heterossexual, garantia da procriação, o que não é instintivo".

Foi, então, interrompido pelo jornal, que quis saber de como se chegou a ideia da esterilização. Leitão da Cunha respondeu que até então a alternativa era a castração pura e simples, que ninguém quis admitir seriamente, já que traria perturbações somáticas e psíquicas muito graves.[42] Voltou a admitir a esterilização em situações excepcionais, como por exemplo, nos casos de "taras convergentes", traduzidas em degeneração irremediável da prole, e naqueles

---

41 *O Globo*, 5 jan. 1934, p. 1. Entrevista a Leitão da Cunha.
42 As informações contemporâneas mostram que as castrações foram mais comuns nos Estados Unidos do que se pensava. Cf. BLACK, 2003.

em que a abstinência fosse contraindicada e a procriação perigosa. Isso demonstrava a necessidade de muito cuidado na seleção dos indivíduos. Por fim, considerou que a lei alemã não constituía novidade, pois a esterilização já era legal em alguns países, o que também disseram outros entrevistados. O que o impressionava era o número dos que iam ser operados compulsoriamente, quatrocentos mil, de ambos os sexos, o que seria capaz de produzir consequências no perfil demográfico alemão. Assim, Leitão da Cunha mostrou-se ponderado e não quis se identificar com os eugenistas radicais em suas declarações a *O Globo*.

Curiosamente, por razões que não sabemos, o inquérito foi interrompido entre o dia 5, dia da entrevista de Leitão da Cunha, até o dia 12, quando a pergunta "Devem ser esterilizados os enfermos incuráveis?" foi submetida ao médico Leonídio Ribeiro, professor de medicina legal, diretor do Gabinete de Identificação e deputado constituinte.[43] *O Globo* ressaltou que a maior parte dos argumentos do entrevistado daquele dia eram baseados em estatísticas. E estas, para exemplificar, eram do seguinte tipo: ao falar da descendência de um grande criminoso americano, Max Jukes, apresentou os seguintes números: 7 assassinos, 120 autores de pequenos delitos, 310 alienados e 300 mortos durante a primeira infância. Quanto aos descendentes de um varão ilustre, Edwards Jonathan, deu ao seu país a seguinte geração: 64 professores, 120 juízes, 3 senadores, 1 vice-presidente da República, 60 escritores, 55 militares, 60 médicos e 30 funcionários públicos. Encaminhando assim a argumentação, Ribeiro, em favor da esterilização, sumariou: "É fácil avaliar o extraordinário alcance social de uma lei nesse sentido, também para o nosso país, que tem uma tamanha percentagem de indivíduos doentes e tarados".

Segundo Leonídio Ribeiro, o decreto de esterilização alemão foi uma resposta ao "passivo de degenerados da Alemanha, (...) cerca de dois milhões de homens e mulheres indesejáveis e que não produzem nem podem ser úteis ao seu país". Hitler não fizera mais que

---

43 *O Globo*, 12 jan. 1934, p. 1. Entrevista a Leonídio Ribeiro.

seguir o exemplo dos Estados Unidos, que, sem barulho nem alarde, vinham aplicando a esterilização aos degenerados e doentes, desde o ano de 1907, quando o estado da Virgínia promulgou a primeira lei nesse sentido, imitada adiante por outros 23 estados da federação americana. Por fim, contraditando o entrevistado anterior, Leitão da Cunha afirmou que as castrações eram comuns como método de esterilização, sendo que só na Califórnia, até 1928, haviam sido castradas quase seis mil pessoas.

Seja como for, os entrevistados favoráveis à esterilização quase sempre enfatizavam a prática pioneira da eugenia nos Estados Unidos, como um anteparo "democrático" à "ditadura" do *führer*, para mostrar que a necessidade de recorrer à eugenia ultrapassava diferentes regimes políticos. De qualquer modo, Leonídio Ribeiro fez questão de ser bem entendido em suas convicções. Deixou claro que pensava que o desequilíbrio em que vivia o mundo de seu tempo era muito menos devido ao crescimento demográfico incontrolável do que ao "exército dos estropiados", que enchia os asilos, hospícios e hospitais, pesando nos orçamentos como uma cifra das mais consideráveis e improdutivas. Em suma, Leonídio Ribeiro foi quem mais objetivamente respondeu à questão principal do inquérito: "Estou entre os que aplaudem a legislação de Hitler que manda esterilizar os indivíduos doentes e tarados para evitar uma prole inválida e inútil". A atuação de Leonídio Ribeiro na Assembleia Constituinte pautou-se por sua coerência quanto às ideias eugenistas e raciais, e ali não estava sozinho, como mostra uma resenha publicada menos de um mês depois da sua entrevista ao inquérito de *O Globo*. Trata-se de uma coluna de *O Jornal* intitulada *Jornal da Constituinte*, que reproduziu este sombrio diálogo numa sessão da Constituinte:

> No "Jornal da Constituinte", falou ontem o Sr. Leonídio Ribeiro que proferiu o seguinte discurso: "As novas legislações dos estados modernos impõem todos os dias maiores restrições aos direitos individuais, sempre que se trata de assegurar os interesses coletivos, (...) aumentando a riqueza do seu povo e garantindo a vitalidade de sua raça. (...) Como seria possível imaginar um direito à vida e

à felicidade sem saúde. É por isso que existe hoje um dever da saúde. Levi Carneiro escreveu, recentemente: "O direito à vida não é apenas uma regalia individual. Também esse direito, como todos os outros, nas concepções modernas, se torna função social e o dever imperioso". E Bulhões Pedreira acrescentou: "Não tem o indivíduo liberdade de morrer porque a sua morte, ainda que voluntária, é um mal social".[44]

Três dias depois, encerrando o inquérito de *O Globo*, deu sua opinião o cirurgião Augusto Paulino, professor de clínica cirúrgica da Faculdade de Medicina e membro da Academia Nacional de Medicina, autor de obras técnicas muito importantes sobre patologia cirúrgica. O nono e último entrevistado mostrou-se francamente contrário à medida de Hitler.[45] Seus argumentos não diferiram muito dos outros depoentes contrários à esterilização, principalmente por não estar seguro sobre a descendência de "degenerados" e "hígidos", fatos que o consultório médico podia bem atestar diariamente. O que o preocupava essencialmente era saber da imoralidade e ilicitude da esterilização. Augusto Paulino a considerava em si um ato ilícito, bárbaro, selvagem, que atentava contra a dignidade humana, pois o Estado não tinha o direito de mutilar o indivíduo, mesmo visando o bem comum. Uma coisa chama a atenção de nós contemporâneos que lêem esses depoimentos 82 anos depois: a fragilidade do conhecimento científico, no que tange a suposições e hipóteses falhas que embasavam os conceitos de degenerado e anormal, bem como a incapacidade de distinguir fatos sociais de biológicos. O trecho seguinte dá ideia disso:

> Mais ainda, vê-se constantemente, os filhos de pais perfeitamente normais serem completamente idiotas, de ho-

---

[44] "Jornal da Constituinte. Falou ontem, o professor Leonídio Ribeiro". *O Jornal*, 1º fev. 1934, p. 1.
[45] *O Globo*, 15 jan. 1934, p. 1. Entrevista a Augusto Paulino.

mens honestos serem ladrões, filhos de pais perfeitamente normais (...) e equilibrados, serem assassinos, perdulários, criminosos. Quem desconhecerá esses fatos, de todos os dias? Por outro lado, a tendência contemporânea é admitir que os pais transmitem pela herança o seu estado d'alma, no momento exato da procriação, isto é, um indivíduo que só se embriagou uma vez na vida, mas que neste triste estado procriou, é quase certo que o produto deste ato será um exemplar tarado e assim por diante. Ora, não há ninguém que não tenha seus momentos lúcidos e nestes momentos bons pode procurar uma raça equilibrada e vice-versa, não há ninguém que não tenha horas de fraquezas e desfalecimentos e nestas horas pode formar um ente perfeitamente tarado. Em suma, os anormais podem ter filhos normais e os normais produzirem filhos anormais.[46]

Assim, do ponto de vista científico, a esterilização dos anormais era, para Paulino, também um ato falho. Por fim, mostrando que suas ideias estavam afinadas com as da Igreja Católica, que na Alemanha resistiu ao decreto de Hitler, Paulino considerou também a carga de imoralidade implícita na esterilização porque tendia a limitar na consciência humana a porção da responsabilidade do ato procriador, sendo por isso socialmente condenável. Ao transformar este ato em inútil, prejudicial à saúde, contra a natureza, a esterilização era, para Augusto Paulino, portanto, um ato "imoralíssimo". E assim, é por conseguinte um "ato positivamente imoral porque exclui do ato sexual toda virtude procriadora, exclui a sua finalidade, é uma falsificação, uma mistificação, (...) do ato mais importante da vida, o ato pelo qual o homem deve perpetuar a espécie".

---

46 Idem.

4) MAS, QUE VEM A SER, AFINAL, A TARA? QUE É A DEGENERESCÊNCIA? HAVERÁ QUEM RESPONDA?

Em verdade, a Igreja Católica expressou a sua oposição à eugenia no Brasil desde o começo, e não menos no período que vai do congresso de eugenia até o momento do inquérito de *O Globo*, e ainda depois. Não só o mesmo jornal mas quase todos os outros do Rio e São Paulo trazem matérias ao longo daquele lapso de tempo com reportagens interessantes. No mês do congresso, Tristão de Athayde, intelectual católico, nas páginas de *O Jornal*, escreveu um dos melhores e mais paradigmáticos textos da época. Disse, por exemplo, que a religião moderna por excelência era pura antropolatria, que a essência do eugenismo estava justamente na equiparação do homem ao animal, em sua origem, conforme a "doutrina" de Darwin, onde se podia dizer ter começado o surto moderno do eugenismo. Sendo assim, o homem apenas um animal aperfeiçoado, só faltava passar à sua mão o que até se encarregava a Natureza ou a Providência. Daí a criação da eugenia moderna, e sobretudo do "eugenismo", isto é, o fanatismo eugênico, com seu materialismo e obsessão de chegar ao super-homem por meios humanos.[47]

Quanto à aplicação das ideias eugênicas aos brasileiros, Athayde disse que temia mais os remédios que as moléstias, pois que estas eram, ao menos, uma coisa nossa, pois os remédios eram absolutamente copiados, ora por "yankização", ora por "moscovitização". Athayde teve resposta dez dias depois, nas páginas do *Correio da Manhã*, em artigo de Antonio Leão Velloso, que disse não ter encontrado no artigo de Athayde uma oposição da moderna eugenia aos cânones da Igreja Católica, mas apenas uma crítica demolidora, cujas expressões eram como uma restrição "ao entusiasmo dos que hoje oficiam no novo altar da eugenia!". Também mencionou ter havido "pretensas colisões" entre eugenia e catolicismo no congresso de eugenia, assunto que oferecia larga matéria para debate.

---

47 ATHAYDE, Tristão de [pseud. de Alceu Amoroso Lima]. "Limites da eugenia". *O Jornal*, 7 jul. 1929, p. 4.

E nesse sentido, mencionou um artigo publicado no mesmo dia do de Athayde, pelo padre jesuíta Hermann Muckermann, que escreveu uma "defesa da ciência de Galton", sob o título "Eugenia e catolicismo", em que sustentava, entre outras coisas, que "o futuro do Estado e da Igreja repousa sobre os homens sadios de corpo e de espírito", que é o mesmo que sustentava a eugenia.[48]

As notícias sobre o embate ou a resistência dos católicos na Alemanha à lei de esterilização volta e meia chegavam às páginas da imprensa, nos anos imediatos que se seguiram ao inquérito de *O Globo*. São muitos os exemplos. Enquanto mesmo o inquérito transcorria, o *Correio da Manhã* noticiou que, por motivo de os representantes da cidade livre de Dantzig terem promulgado um decreto pelo qual ficava autorizada a esterilização dos "anormais natos, dos bêbados inveterados e outras pessoas, portadores de taras ou vícios incuráveis",[49] os católicos, logo que foi conhecida a notícia, lançaram um veemente protesto contra a nova lei. O mesmo jornal, em 1935, tratou de um novo decreto complementar à lei de esterilização, baixado pelo ministro Frick, estabelecendo a pena de dois anos de prisão para todos os que tentassem burlar ou resistir àquela lei. O ministro também pedia uma ação enérgica da parte de todos os cidadãos contra os "derrotistas" da lei de esterilização, que encontrava grande resistência e oposição, principalmente entre os católicos, que continuavam a se opor tenazmente, por motivos de doutrina. Em 1938, o *Correio* destaca as declarações do Cardeal Verdier à *Revue des Deux Mondes*, em que declarou que o clima da França não era propício às "doutrinas da violência e extermínio que atualmente dominam em tantos outros países". A Igreja, no Brasil, caminhava do mesmo modo.[50]

---

48 VELLOSO, Antonio Leão. "Eugenia, castidade masculina, etc". *Correio da Manhã*, 17 jul. 1929, p. 4. Pesquisamos os periódicos disponíveis, mas não encontramos o citado artigo do jesuíta Muckermann.
49 "Dantzig vai esterilizar os anormais natos". *Correio da Manhã*, 3 dez. 1933, p. 1
50 "Ninguém pode opor-se à esterilização na Alemanha". *Correio da Manhã*, 10 jul. 1935, p. 6.

Não foram só os católicos que se colocaram contra a esterilização, a eugenia e aos seus adeptos. Colhemos um bom número de artigos contrários, publicados no mesmo mês ou um pouco depois em que se fez o inquérito de *O Globo*. Floriano de Lemos, no *Correio da Manhã*, deu-se conta de que, naquela ocasião, "discutia-se pela imprensa, a recente lei da terra de Hitler, condenando sumariamente, à esterilização os degenerados e indesejáveis".[51] Observou que o debate, no Brasil, não deixava de ser puramente especulativo, não passava de uma curiosidade, de "consciências platônicas, sem nenhum interesse prático imediato para nós brasileiros". De resto, os costumes brasileiros, bem como o estado da sociedade na época, não permitiam o transplante, "para o nosso meio, das novidades revolucionárias dos outros países". Floriano de Lemos acreditava que "a nossa raça não é má, e já tem dado tipos superiores, surgidos por si mesmos da matéria prima nacional", não precisava ser perturbada. Achava que os doentes, os degenerados, os criminosos, que os colonizadores do Brasil introduziram na colônia para povoá-la, foram naturalmente esterilizados pela própria natureza. Quanto aos "degenerados", o que se devia fazer era impedir os imigrantes portadores de doenças e taras; não nos interessava a "novidade hitleriana". Concluiu com uma verdade cristalina: "Parece-me que a Alemanha nazista demonstra desconhecer algumas verdades biológicas fundamentais, com referência às raças e aplicação à sociedade humana".[52]

No mesmo dia em que *O Globo* entrevistou Leitão da Cunha, 5 de janeiro de 1934, o *Correio da Manhã* publicou um artigo, sob o sugestivo título "Matar...", de autoria do influente jornalista Costa Rego. Há nele uma verdadeira saraivada de libelos contra a esterilização e a eugenia, alguns muito bem postos e relativamente incomuns na imprensa. Dentre eles ressaltamos a pergunta "E haverá a certeza de que a esterilização dos anormais produzirá a normalidade?". E esta outra: "O indivíduo esterilizado começa, de resto, a ser um

---

[51] LEMOS, Floriano de. "A esterilização dos degenerados". *Correio da Manhã*, 4 jan. 1934, p. 7.

[52] Idem.

anormal a partir do momento em que sofreu o processo da esterilização. Já por si mesma a esterilização seria um meio de criar, e não de extinguir, anormais... Não é de supor?". Costa Rego considera muito discutível em medicina a tese da esterilização, apesar da campanha maciça dos eugenistas em contrário. Por isto acredita que a esterilização dos ditos anormais, naquela hora, na Alemanha, na verdade tinha quase nada de ciência e muito de postulação política.[53]

Em 18 de janeiro, seis dias depois que *O Globo* encerrou o inquérito, voltou o *Correio da Manhã* ao assunto, novamente questionando a base científica da eugenia: "uma das características dos intelectuais da nossa época — homens de governo, políticos, médicos, advogados, etc., consiste, certamente, em não quererem penetrar muito a fundo as questões sobre a que são chamados a se manifestar, preferindo apreciá-las pela rama...". Havia muitas perguntas sem respostas. Que se deve seguir, a opinião dos médicos eugenistas, que defendem a esterilização, ou a dos médicos não eugenistas, que a combatem? Mas, que vem a ser, afinal, a tara? Que é a degenerescência? Haverá quem responda? Nunca se encontra uma explicação bem clara do que isto seja... Entretanto, a situação era a seguinte: "Hitler é um desassombrado. Esterilizar, de uma feita, 400 mil seres humanos... Já é ter coragem!. Eis porque consideramos de uma inocuidade comovedora o gesto de Hitler".[54]

O médico Hamilton Nogueira, entrevistado por *O Jornal*, lembrou que o decreto do Reich, que instituiu a esterilização sistemática dos "anormais", na Alemanha, desencadeou no mundo inteiro, além de um vivo e unânime interesse, o mais intenso debate doutrinário. Mas 25 anos de uma propaganda ininterrupta, através de uma bibliografia formidável, e o resultado da aplicação das leis eugênicas nos Estados Unidos, tinham levado a muitas dúvidas, que o *führer* desconsiderou. Nogueira afirmou que a opinião universal dividiu-se diante do problema, e mesmo no Brasil, se formaram duas correntes bem nítidas: a dos partidários entusiásticos da medida e a dos seus

---

[53] REGO, Costa. "Matar...". *Correio da Manhã*, 5 jan. 1934, p. 2.
[54] "O desassombro do chanceler". *Correio da Manhã*, 18 jan. 1934, p. 5.

adversários acérrimos. Nogueira está entre estes, pois para ele, se a esterilização era uma medida condenada pelo direito, pela moral e pela religião, o era também no terreno das observações científicas.[55]

Em 2 de março de 1934, o jornalista Luiz Rollemberg, tratando do que se discutia na Assembleia Constituinte, reparou que a imigração era muito enfocada, naturalmente sob a concepção de Miguel Couto, de regulá-la tendo em vista o que chamavam de futuro da raça. Rollemberg ouviu tudo aquilo, e reagiu: "Desprezemos o caruchoso conceito de raças superiores e raças inferiores já hoje em via de desmoralização". Em vez disso lhe fez falta que os legisladores não se ocupassem dos "males do pauperismo e a formação de multidões de sem trabalho em consequência da imprevidência dos seus atuais legisladores".[56] Luiz Ganido, na *Gazeta de Notícias*, questionou a seriedade dos trabalhos sobre a hereditariedade como verdades inconclusas, invalidando a esterilização dos delinquentes e enfermos mentais, que não se devia aplicar ainda, já que as teses que as apoiavam eram de um valor discutível e os casos que a estatística registrava em seu favor tinham sido tão pouco numerosos que, cientificamente, não podiam corroborar lei alguma.[57]

5) DO REFLUXO ESTADONOVISTA À ERUPÇÃO DO GRANDE MAL

De outubro de 1930 a julho de 1934, o Brasil foi governado por decretos, em virtude de ter sido instituído um governo revolucionário, à frente do qual se pôs Getúlio Vargas. Em 16 de julho de 1934, entrou em vigor uma nova constituição, tendo a Assembleia Constituinte eleito Vargas para a presidência da República por votação indireta. Vê-se, assim, que o inquérito de *O Globo* sobre a esteri-

---

55 "A esterilização dos tarados". *O Jornal*, 11 fev. 1934, p. 5.

56 ROLLEMBERG, Luiz. "Política imigratória e colonização". *Correio da Manhã*, 2 mar. 1934, p. 2.

57 GANIDO, Luiz. "Esterilização de enfermos mentais e delinquentes". *Gazeta de Notícias*, 10 fev. 1935, p. 4.

lização se encerrou seis meses antes que o Brasil tivesse de novo sua carta máxima. Os acirrados debates promovidos durante a constituinte não geraram o quanto os eugenistas desejavam, mas lá conseguiram aprovar dispositivos sobre imigração (tendo em conta o que chamavam "futuro da raça"), mas não conseguiram precisar a origem do fluxo migratório, como alguns tanto almejavam.

No artigo 138, em alguns parágrafos, conseguiram atribuir ao poder público o dever de "estimular a educação eugênica", bem como cuidados com a família, a infância e a maternidade que, em boa medida, provinham da eugenia. Mas os eugenistas não avançaram mais que isso. Entre 1934 e 1937, de um lado, parecia que o país caminhava em normalidade democrática (dizia-se que a Carta de 1934 se inspirara na liberal constituição alemã de Weimar), mas de outro, Vargas procurava ter de volta os poderes discricionários perdidos, num clima político perigoso, pela introdução de aspirações crescentes da extrema esquerda e da direita. Depois da Intentona Comunista, em novembro de 1935, circulava a convicção que não haveriam as eleições previstas para 1938, estando um golpe em andamento. E tal se deu, em 10 de novembro de 1937, quando se instituiu a ditadura do Estado Novo, que duraria até 29 de outubro de 1945. O Estado Novo inclinou-se à direita, incorporando muitos aspectos dos regimes fascistas.

Embora a Constituição de 1937 não se referisse à eugenia, o certo é que o Estado Novo, em muitos de seus órgãos burocráticos, policiais, repartições administrativas, órgãos publicitários e gabinetes de ministérios, estava infiltrado por fascistas, convictos ou simpatizantes. Na verdade, o nome oficial do regime ditatorial de Vargas era Estado Nacional, sendo "Estado Novo" assimilado extraoficialmente do regime português de Salazar. Esse nacionalismo ajuda a recuperar a eugenia em sua preocupação com o "futuro da raça", fazendo subir ao primeiro plano importantes teóricos cujas ideias eram capitais para o regime autoritário, como Oliveira Viana e Azevedo Amaral. Estes, como tantos outros, viam na eugenia um instrumento para a obtenção de um povo forte, sadio e caminhando para a homogeneidade racial, e se distanciando da herança africana e ameríndia mediante a fusão com predomínio do "elemento branco". Essa mescla passa a ser produto da propaganda oficial, maciçamente instrumentada pelo Departamento de Imprensa e Propaganda (DIP). Também a censura cuidava de arrefecer os que, de 1934 a 1937, atacaram a eugenia em sua fragilidade científica. De uma maneira ou outra, a eugenia se recuperava.

Até mesmo alguns jornais que antes davam espaço aos críticos, como o *Correio da Manhã*, pareciam que, depois do golpe de 1937, estavam dispostos a permitir aberrações como a que segue:

> Um esqueleto de um homem é quase perfeitamente igual a um esqueleto de macaco. Tem ambos exatamente a mesma constituição óssea, o mesmo número de órgãos internos, de digestão, assimilação, movimento e outros. A única diferença substancial está na capacidade cerebral, que no macaco é mínima e no homem atinge o máximo, Mas há homens e homens. O gentio do sertão, o preto do centro da África, o indígena da Austrália em quase nada se diferenciam do macaco, ao passo que os escandinavos, ingleses, alemães, franceses ou americanos apresentam um desenvolvimento muito mais completo. É a função que faz o órgão. De modo que os homens cuja inteligência não se exercita ficam com ela atrofiada. É o que acontece com as raças inferiores. Que por isso se diferenciam extraordinariamente dos europeus. Ora, no Brasil, nós temos abandonado completamente a inteligência da nossa população do interior.[58]

Sobretudo entre 1940 e 1942 o Estado Novo pôs em prática a legislação sobre a família, a maternidade, a infância e a juventude, o exame antenupcial e a educação física, enquanto procurava dirigir a imigração conforme a visão eugênica. Podemos ter um bom panorama disso não só nas publicações do DIP, como também nos periódicos que simpatizavam com a Itália e a Alemanha, como a *Reação*

---

[58] SERVA, Mario Pinto. "A grande política". *Correio da Manhã*, 11 out. 1938, p. 4.

Brasileira, *O Meio-Dia* ou a *Gazeta de Notícias*. Por exemplo, ao tratar da lei de obrigatoriedade do exame antenupcial, a "arianista" revista *Reação Brasileira* o considerava importante para o combate aos elementos que conspiravam contra a segurança nacional, sobretudo porque solapavam "a eugenia da raça" e cometiam um atentado contra a pátria ao permitir o casamento de pessoas enfermas, portadoras de moléstias transmissíveis, cujas dolorosas consequências ficavam assinaladas nas "proles flageladas pelas taras". Mesmo pessoas que se colocavam como liberais, endossavam declarações como essa, como Nelson Carneiro, levadas pela nova onda eugênica.[59]

Em março de 1941, *Reação Brasileira* saudou a criação do Instituto de Educação de Menores Anormais, iniciativa de Darci Vargas, primeira dama, destinado a "transformar em cidadãos úteis à pátria e à família, um enorme exército de pequenos párias que vegetam, abandonados ao vício e ao crime". Afirmou também que a iniciativa integrava-se perfeitamente no programa do Estado Novo de amparo à maternidade e à infância, assegurando ao "Brasil de amanhã uma raça forte e sadia".[60] Três meses depois, quando o Estado Novo criou órgãos e departamentos para tratar da educação física, *Reação Brasileira* viu nisso um esforço para "velar pelo futuro e pela cultura da raça".[61] Em 1938, o Estado Novo criou a Juventude Brasileira, organização juvenil inspirada na *Giuventù* italiana e na Juventude Hitlerista que, todavia, por causa de veto do general Dutra, ministro da Guerra, restou desarmada, passando a destinar-se principalmente a manifestações patrióticas em favor da ditadura. Mas *Reação Brasileira* viu a Juventude Brasileira como algo importante no contexto da Guerra Mundial em curso, que, para ela, tratava-se de um confronto de continentes e raças.[62]

---

59 "O exame ante nupcial". *Reação Brasileira*, a. V, nº 12, 1 set. 1940, p. 9.

60 "Evitemos no Brasil de amanhã os menores anormais que protegemos hoje". *Reação Brasileira*, a. VI, nº 21, 15 mar. 1941, p. 5.

61 "A infância do Brasil agradece ao seu guia". *Reação Brasileira*, a. VI, nº 24, 15 jun. 1941, p. 9.

62 "Juventude Brasileira e o General Meira Vasconcelos". *Reação Brasileira*, a. VII, nº 32, mar. 1942, p. 3; HOCHE, 2015.

As manifestações públicas da Juventude Brasileira, exemplo explícito do "futuro da raça", se faziam especialmente nos desfiles realizados no aniversário de Vargas, 19 de abril, e nas festividades da Semana da Pátria, em torno do 7 de setembro, quando se realizava a eugênica data do "Dia da Raça". A administração educacional e órgãos publicitários despendiam muitos recursos e esforços com esses desfiles, ocasião para muitas falas sobre "população fisicamente capaz", ou sobre a eficiente ação do governo Vargas com propósito de "prever e prover à saúde e ao estado eugênico da nossa gente".[63] Em 1941, um texto do DIP sobre educação física parece ter sido diretamente inspirado pelo *Minha Luta*, de Hitler, ainda mais porque Vargas aparece nele chamado de "Nosso Guia":

> Os povos débeis, fisicamente, os povos depauperados, os povos enfermos, tendem a desaparecer na luta pela existência, absorvidos, anulados, ou dizimados, pelos povos sãos, pelos povos de notória energia, pelos povos realmente eficientes, por aqueles cujo valor intelectual e cultural são consequências necessárias da sua robustez, da sua resistência contra os malefícios da natureza.[64]

De fevereiro a outubro de 1940 o governo Vargas criou o Departamento Nacional da Criança, que o DIP interpretou como ação governamental em favor da "formação física do nosso povo, da eugenia da nossa gente, tomando todas as providências necessárias a assegurar aos brasileiros o maior vigor e a maior capacidade individual, a fim de que a nação seja um conjunto de homens sãos e eficientes".[65] Na mesma ocasião tomou providências para proteger a maternidade e a família, bem como estimular o crescimento da população. Tudo isso era explorado ideologicamente, especialmente

---

63 "O Dia da Raça". *O Brasil de hoje, de ontem e de amanhã*, [DIP], a. IV, nº 45, 30 set. 1943, p.16.

64 *Educação Física. O Brasil de hoje, de ontem e de amanhã*, [DIP] a. II, nº 24, 31 dez. 1941, p. 6.

65 "O Departamento Nacional da Criança". *O Brasil de hoje, de ontem e de amanhã* [DIP] a. II, nº 22, 31 out. 1941, p.13.

quando o DIP tratava da infância. Ao adotar o governo um registro de saúde das crianças em idade escolar, chamado "Caderneta de Saúde", o DIP interpretou como exemplo de preocupação em prover a "eugenia da nossa gente e a saúde do nosso povo é permanente na política esclarecida e inteligente do Estado Novo", ainda que a Caderneta só fosse obrigatória no Distrito Federal.[66] Um artigo na revista do DIP *Cultura Política*, em 1943, a respeito do desjejum escolar e de uma campanha de nutrição, interpretou essas providências como uma "defesa orgânica da raça".[67]

Entretanto, mesmo que o governo Vargas continuasse a insistir em emulações do fascismo, teve que mudar de rota rapidamente, com alterações no discurso publicitário, graças à situação internacional. A Guerra Mundial levou o Brasil a se aproximar e, depois, alinhar-se com os Estados Unidos. E estes já se encontravam afastados da eugenia, que ganhara descrédito nos anos 1930, abalada pela convicção de que suas bases científicas eram nulas, além de que a eugenia ficava mal diante da catástrofe social resultante do *crack* da Bolsa, em 1929. Tendo se solidarizado com os Estados Unidos em virtude do ataque japonês a Pearl Harbor, o Brasil teve de deixar a cômoda neutralidade, sendo atacado por mar e obrigado a entrar na guerra, em agosto de 1942. De repente, os arianos de Hitler tornaram-se inimigos mortais; a "raça feia e triste", o povo amolentado pelo pauperismo e pelas doenças estava prestes a enfrentar a superior raça ariana.[68]

---

[66] "Caderneta de saúde". *O Brasil de hoje, de ontem e de amanhã*, [DIP] a. II, nº 18, 30 jun. 1941, p. 26.

[67] *Cultura Política*, a. III, nº 30, ago. 1943.

[68] Uma das tradições românticas do Brasil, estendida adiante, foi a de que a formação étnica brasileira produzira uma "raça feia e triste". A fealdade dos brasileiros, assinalada pelo conde de Gobineau em sua correspondência com o imperador Pedro II, faz parte do folclore dos eugenistas mais extremados, em seus delírios racistas. Na carta de Tristão de Athayde, supramencionada, o autor faz uma glosa: "Num povo assim, tão triste e tão feio, a eugenia assume logo as feições de uma fada milagrosa, que vem curar toda essa tristeza e toda essa fealdade. Que vem dar otimismo aos velhos. E infância às crianças". Na linha que endossa o discurso da fealdade, não encontramos nada que supere o artigo de Berilo Neves intitulado "O pecado de ser

A partir de 1943, com muitos navios mercantes brasileiros afundados pelos submarinos alemães e italianos, nota-se um regresso na imprensa entre os eugenistas e simpatizantes. Até o DIP foi deixando o "futuro da raça" pela "mescla", pelo *melting pot*, como a aceitar as ideias positivas da miscigenação trazidas por pensadores como Manuel Bomfim e Gilberto Freyre. Com isso, também começaram a recuar as ideias autoritárias e, mesmo, a dar vezo à democracia. Nesse sentido é exemplar, quiçá insuperável, um pequeno artigo de Otavio Domingues, que foi cofundador, com Renato Kehl, da primeira sociedade eugênica brasileira. Sem renunciar totalmente à eugenia, Domingues assim a via agora:

> O que se recomenda na eugenia é a multiplicação livre de todos os humanos sadios, fortes, ativos, inteligentes, vitoriosos. Bem examinadas as coisas, com espírito refletido, pode-se chegar a conclusão de que a eugenia só pode encontrar livre expansão onde se acham implantados os ideais democráticos.[69]

Aliás, a eugenia oficial tinha sofrido um golpe duro, em 1942, com o falecimento do médico e teórico político Azevedo Amaral, tão preocupado que foi com o futuro da raça. Até o DIP se contraditava

---

feio", que a *Revista da Semana* teve o impudor de publicar em 21 de abril de 1934, p. 34. Eis dois excertos: 1) "Adolf Hitler (...) decretou a esterilização dos feios, dos doentes incuráveis, dos monstros, dos anormais, de todos os que atentam contra os direitos supremos da estética e os princípios fundamentais da espécie humana. Qualquer cidadão do Reich que se não enquadre no tipo oficial do *homo sapiens* de Hitler deve ser condenado à morte — não à morte espetaculosa dos fuzilamentos ou da forca, mas à morte humanitária da ciência, à morte da morfina, à morte doce da anestesia e do silêncio...". 2) "Se Hitler continuar a sua sábia política, dentro de dez anos a Alemanha será o único país do mundo que valerá a pena de ser visitado, sem susto, por um homem de bom gosto. Nós que acolhemos quanto sapato velho à Rússia, à Conchinchina ou à Cafraria rejeitem... A ilha de Sapucaia poderia facilmente abrigar essa nova espécie de lixo. E seria, sem dúvida, curioso levar as crianças, nos domingos de claro sol, não para ver os bichos do jardim zoológico, mas para apreciar os monstros e feiosos expulsos da Nova Alemanha".

69 DOMINGUES, Otavio. "Eugenia e democracia". *A Manhã*, 28 mar. 1943, p. 4.

de vez em quando, confuso entre arianos e o racismo segregacionista da democracia norte-americana. Tratou disso em uma de suas revistas:

> O Brasil não tem, felizmente, preconceitos de cor. Aqueles que, acaso, existirem são alimentados por uma ínfima minoria e tendem a desaparecer definitivamente. O caldeamento racial brasileiro continua a processar-se seguramente, não cabendo em face dele exclusivismos e prevenções.[70]

Todo mundo mudava, mudou também a *Reação Brasileira*, depois que um artigo antissemita violento foi publicado, enquanto se realizava no Rio a Conferência dos Chanceleres dos países americanos que deliberavam sobre a entrada dos Estados Unidos na Guerra. Ivens Araújo escreve no número de julho de 1943 recomendando que os jornalistas afiram "o justo valor das suas palavras" para tratar do Brasil, onde germina "uma raça que é resultante da fusão de povos de todas as latitudes", cujo futuro esplendoroso "repousaria nas eternas aspirações humanas", de liberdade e bom convívio.[71] Em março de 1944, deixando de lado a simpatia pelo Eixo e assumindo o lado dos Aliados, *Reação Brasileira* chamou o conflito de raças de "fenômeno ganglionizante" que se devia evitar a todo custo.[72] Em agosto, um exemplo de notável inversão: Pedro LaFayette escreveu sobre a "raça judaica", se solidarizou com ela pela privação de "dois mil anos da posse do seu solo". Fazia pouco tempo LaFayette tivera uma ácida polêmica com o jornalista Magalhães Júnior, por causa da atuação daquele na imprensa antissemita e filofascista.[73]

---

[70] "Preconceitos raciais". O Brasil de hoje, de ontem e de amanhã", [DIP], a. II, nº 24, 31 dez. 1941.

[71] ARAÚJO, Ivens de. "A missão da imprensa". Reação Brasileira, a. VIII, nº 43, jul. 1943, p. 6.

[72] BARBOSA, Renato. "Conflito de raças". *Reação Brasileira*, Vol.II, nº 3, mar. 1944, p. 19.

[73] LAFAYETTE, Pedro. "O espírito do nosso tempo". *Reação Brasileira*, vol II, n. 8, ago. 1944, p. 3. Pedro LaFayette foi um notório jornalista filonazista, às paginas da

Finda a Guerra, em 1945, as tropas brasileiras retornaram da Itália, onde tinham ido lutar contra as forças nazistas de ocupação. Durante um bom tempo ainda a imprensa noticiou sobre os ecos do conflito, notadamente sobre a ruína das áreas conflagradas. Logo depois vieram as notícias sobre o julgamento dos criminosos de guerra. Não vimos nos jornais ninguém se dar conta de que a esterilização dos "anormais", de que tanto se falou no começo nos anos 1930, fora muito além do pretendido, terminando em milhões de mortos assassinados, "esterilizando" povos inteiros, grandes populações, etnias, nações... Eis como o *Diário de Notícias* tratou os despachos a respeito do início dos julgamentos no Tribunal Militar, em Nuremberg, ainda em 1945:

> São acusados de assassínio de mais de dez milhões de civis e prisioneiros de guerra e do saque sem precedentes na Europa. Os pontos principais do libelo apresentado pelos Quatro Grandes (...). A maior parte do extermínio de civis ocorreu na Europa Oriental. No campo de Auschwitz, Polônia, foram exterminados 4 milhões de pessoas. As perseguições nazistas deixaram apenas os restos da população judia europeia. Dos 9.600.000 judeus que ali existiam, calcula-se tenham desaparecido 5.700.000. Calcula-se ainda que cerca de 100 milhões de pessoas foram deportadas para trabalhos forçados. Os métodos de tortura variavam desde as câmaras de gases venenosos até o "capacete de ferro", instrumentos de tortura medievais, congelamento em água, forca, fuzilamento, pontapés, açoites com ferros candentes, extração de unhas, exposição intencional ao tifo e outras enfermidades, extração de vísceras, esterilização de mulheres e uso de vítimas para experiências.

Gazeta de Notícias, no tempo em que o jornal esteve a serviço da embaixada alemã. Em janeiro de 1942, quando o Brasil estreitava os laços com o governo Roosevelt, o jornalista Raimundo Magalhães Jr., na revista *Diretrizes*, escreveu violento artigo contra a *Gazeta*, respondido da mesma forma por Pedro LaFayette, sob o título "Covardia de comunista". Quando LaFayette escreveu o texto na *Reação Brasileira*, ele já havia abandonado a Alemanha e se passado para os Aliados..

De 228.000 deportados políticos e por motivos de raça nos campos de concentração sobreviveram apenas 28.000.[74]

O ano de 1946 seria o do horror, causado pelas tétricas revelações provenientes dos tribunais que julgavam os criminosos de guerra, à medida que os promotores militares relatavam, com farta documentação, as atrocidades cometidas. A "raça" que se presumia superior e com direito a aniquilar as fracas e degeneradas tinha sido derrotada. Pode-se dizer que, ao passo das revelações, as vozes dos antigos eugenistas emudeciam; já não era de bom tom falar em futuro da raça ou coisa semelhante, porque a relação com as atrocidades da guerra saltava à consciência. Não só se podia ler tais coisas nos jornais; podia-se ver nas telas dos cinemas, em documentários. Em 7 de abril de 1946, o *Correio* estampou propaganda de um filme russo, *Moça 17*, em que promotores soviéticos declararam ao Tribunal de Nuremberg que a Alemanha criara mercado de escravos para a venda de milhões de cidadãos russos, a dez ou quinze marcos por cabeça, enquanto submetiam trabalhadores poloneses à esterilização. Havia provas de que milhares de homens tinham sido esterilizados, enquanto as moças eram forçadas a viver em bordéis.[75]

Em 26 de outubro, o *Correio* informou o que ocorria em Nuremberg com 23 médicos, cujo sumário de culpa indicava a terrível história dos desvios da ciência sob o regime nazista, nos campos de concentração de Auschwitz e Ravenbsbrück, sendo muitos prisioneiros submetidos a métodos experimentais de esterilização por meio de intervenção cirúrgica e drogas. O sumário revelou também que foram selecionados 113 mil judeus "representando tipos raciais" que, depois de mortos, os seus esqueletos eram doados para as seções antropológicas de universidades. Disse também que os nazistas haviam exterminado muitos alemães, em idade avançada ou doentes, porque "a raça superior não poderia ter piedade para os que deixavam de

---

74 "Começou o julgamento dos 24 arquicriminosos nazistas". *Diário de Noticias*, 19 out. 1945, p.1.

75 *Correio Manhã*, 7 abr. 1946, p. 29.

servir propósitos úteis".[76] Três dias depois, o *Diário de Notícias* relatou o depoimento ao Tribunal de Marie Claude, judia francesa de 33 anos, sobrevivente de Ravenbsbrück. Marie Claude relatou fatos espantosos, como o dos prisioneiros que desembarcavam dos trens e caminhavam diretamente para as câmaras da morte. Um dos relatos chama a atenção: mulheres com vinte ou trinta anos de idade eram enviadas aos quarteirões experimentais, onde os médicos nazistas faziam experiências com projetores de radiação e inoculações destinadas a produzir a esterilização. Dessas experiências, os nazistas esperavam descobrir um método para a rápida esterilização de milhões de pessoas, com que tratariam as populações derrotadas na Guerra.[77]

Em 6 de dezembro, o *Correio* resumiu as acusações do promotor inglês major Stewart, destacando dentre elas as operações experimentais que ocorriam no campo de Ravensbrück que consistiam, entre outras, na esterilização de pequenas ciganas de dez a doze anos de idade, que gritavam com as dores, porque não se procedia a qualquer espécie de anestesia.[78] Quatro dias depois, o mesmo jornal voltou a falar do julgamento dos "pequenos criminosos" (porque os dos graúdos ainda não haviam começado). Tratavam-se das acusações contra os médicos por causa das experiências com prisioneiros submetidos a pressões equivalentes a 30 mil metros ou com congelamento dos corpos. Outras acusações foram a inoculação deliberada de malária, experiências com drogas e soros; o borrifamento de prisioneiros com gás de mostarda, e a esterilização de milhares de detentos por métodos experimentais. A esterilização esteve sempre presente nas acusações, e no noticiário brasileiro.[79]

Aos poucos a eugenia foi sendo esquecida, a "raça brasileira" passou aos temas estultos. Mas ninguém fez autocrítica pelas ideias do passado, com uma exceção. Numa autobiografia de 1954, *Ensaios e*

---

76 "Responsáveis por inconcebíveis torturas". *Correio da Manhã*, 26 out. 1946, p. 1.

77 "Não podiam contar os milhares e milhares de judeus". *Diário Notícias*, 29 out. 1946, p.1.

78 "Os carrascos de Ravensbruck". *Correio da Manhã*, 6 dez. 1946, p. 1.

79 "O julgamento dos bárbaros médicos nazistas". *Correio Manhã*, 10 dez. 1946, p. 1.

perfis, Leonídio Ribeiro, o "acérrimo eugenista" dado a estatísticas, e entrevistado no inquérito de *O Globo*, mostrou-se arrependido,[80] mas não tratou do Grande Mal, que foi a consequência final das mesmas ideias que ali defendeu em janeiro de 1934. O texto com o qual queremos encerrar este ensaio é bem representativo das loucuras da época. É de autoria de Agamenon Magalhães que foi ministro de Vargas e interventor em Pernambuco no fim do Estado Novo. Nos gabinetes dos ministérios ele era chamado, com desprezo, de "O Malaio",[81] pela cor da pele e aparência. Definitivamente, parecia aos adeptos da eugenia um tipo sem direito a lugar no futuro da raça.

> O mito da superioridade racial acaba de ser enterrado no Continente negro
>
> Artigo do interventor Agamenon Magalhães
>
> O mito da superioridade de raças acaba de ser enterrado no continente africano. No continente negro. Este acontecimento há de ter uma repercussão desconcertante na mentalidade nórdica. Os que esqueceram os fatores de adaptação e formação histórica das raças e os que se julgavam invencíveis ou predestinados, estão sofrendo a essa hora a mais dura decepção.
>
> Não há raças superiores. Há raças contingentes aos climas. Se a hereditariedade fixa, a adaptação modifica. Eis a grande lei biológica contra a qual estão esbarrando as neo-teorias cezaristas que procuram criar mitos, como motivos de exaltação do espírito de conquista e expansão política. A técnica é um valor da civilização. Todos os povos e raças são capazes, pela educação de fabricar e manejar os instrumentos, que a técnica criou para a paz ou para a guerra.[82]

---

[80] GUTMAN, 2010.

[81] Verbete Agamenon Magalhães. *Dicionário Histórico-biográfico Brasileiro*. Rio de Janeiro: FGV, 2001.

[82] *Diário da Noite*, 14 mai. 1945, p. 5.

OBRAS CITADAS

ARAÚJO, Ivens de. "A missão da imprensa". *Reação Brasileira*, a. VIII, n° 43, jul. 1943, p. 6.

ATHAYDE, Tristão de [pseud. de Alceu de Amoroso Lima] "Limites da eugenia". *O Jornal*, 7 jul 1929, p. 4.

BARBOSA, Renato. "Conflito de raças". *Reação Brasileira*, vol. II, n° 3, mar. de 1944, p. 19.

BARROS, Orlando de. *Custódio Mesquita, um compositor romântico no tempo de Vargas*. Rio de Janeiro: Funarte/EdUerj, 2001.

_____. *O pai do futurismo no país do futuro. As viagens de Marinetti ao Brasil em 1926 e 1936*. Rio de Janeiro: E-Papers, 2010.

BENZ, Wolfgang. *Storia illustrata del Terzo Reich*. Turim: Einaudi, 2000.

BLACK, Edwin. *A guerra contra os fracos*. São Paulo: Girafa Editora, 2003.

BROCA, Brito. *A vida literária no Brasil*. Rio de Janeiro: MEC, 1950.

CAMPOS, André. "Raça ou Doença? O Problema Vital do Brasil". *Ipotesi: revista de Estudos Literários*, Juiz de Fora, vol. 1, n° 2, 1998, pp. 45-52.

Diário da Noite, 14 mai. 1945, p. 5.

DOMINGUES, Otavio. "Eugenia e democracia". *A Manhã*, 28 mar. de 1943, p. 4.

EVANS, R. *The coming of the Third Reich*. Londres: Allen Lane, 2003.

GANIDO, Luiz. "Esterilização de enfermos mentais e delinquentes". *Gazeta de Noticias*, 10 fev. de 1935, p. 4.

GUTMAN, Guilherme. "Criminologia, Antropologia e Medicina Legal. Um personagem central: Leonídio Ribeiro", *Revista Latinoamericana de Psicopatologia Fundamental*, São Paulo, vol. 13, n° 3, set. 2010.

HOCHE, Aline de Almeida. *A hora da juventude: a mobilização dos jovens no Estado Novo (1940-1945)*. Dissertação de mestrado, PPGH-UERJ, Rio de Janeiro. 2015.

KEHL, Renato (Presidente do Comitê Central Brasileiro de Eugenia). "Degeneração e esterilização". *Correio da Manhã*, 20 ago.1933, p. 2.

KOIFMAN, Fábio. *O imigrante ideal. O Ministério da Justiça e a entrada de estrangeiros no Brasil*. Rio de Janeiro: Civilização Brasileira, 2012.

LAFAYETTE, Pedro. "O espírito do nosso tempo". *Reação Brasileira*, Vol II, n.8, ago. 1944, p. 3.

LEMOS, Floriano de. "A esterilização dos degenerados". *Correio da Manhã*, 4 jan. 1934, p. 7.

MAGALHÃES, Basílio de. *História da Civilização*. 3ª Série. Rio de Janeiro: Francisco Alves, 1940, p. 9

MORAIS, Evaristo de. "Projeto Fontenelle". *Correio da Manhã*, 17 out. 1928, p. 2.

MOVSCHOWITZ, Jeronymo. *Negros e judeus. O preconceito no ideário dos intelectuais antirracistas brasileiros (1930-1955)*. Tese de doutoramento. PPGH-UERJ, Rio de Janeiro. 2013.

NICOLL, E. "Teosofia". *Correio da Manhã*, 28 set. 1933, p. 6.

REGO, Costa. "Matar...". *Correio da Manhã*, 5 jan. 1934, p. 2.

ROLLEMBERG, Luiz. "Política imigratória e colonização". *Correio da Manhã*, 2 mar. 1934, p. 2.

SANTOS, Ricardo Augusto dos. *Pau que nasce torto, nunca se endireita! E quem é bom já nasce feito? Esterilização, Saneamento e Educação: uma leitura do eugenismo em Renato Kehl (1917-37)*. Tese de doutorado (História Social), Universidade Federal Fluminense/UFF, 2008.

SERVA, Mario Pinto, "A grande política". *Correio da Manhã*, 11 out. 1938, p. 4.

SOUZA, Vanderlei Sebastião de. *A política biológica como projeto: a "eugenia negativa" e a construção da nacionalidade na trajetória de Renato Kehl (1917-1932)*. Dissertação de Mestrado (História das Ciências), Casa de Oswaldo Cruz/Fiocruz, 2006.

STEPAN, Nancy. "A Eugenia no Brasil — 1917 a 1940". 2004. In: HOCHMAN, Gilberto; ARMUS, Diego (orgs). *Cuidar, Controlar, Curar: ensaios históricos sobre saúde e doença na América Latina e Caribe*. Rio de Janeiro: Fiocruz. pp. 331-391.

STEPAN, Nancy. *'A hora da eugenia': raça, gênero e nação na América Latina*. Rio de Janeiro: Fiocruz, 2005.

VELLOSO, Antonio Leão. "Eugenia, castidade masculina, etc". *Correio da Manhã*, 17 jul. 1929, p. 4.

VERBETE Agamenon Magalhães. *Dicionário Histórico-biográfico Brasileiro*. Rio de Janeiro: FGV, 2001.

JORNAIS

"A esterilização dos tarados". *O Jornal*, 11 fev. de 1934, p. 5.

"A infância do Brasil agradece ao seu guia". *Reação Brasileira*, a. VI, nº 24, 15 jun. 1941, p. 9.

"A nossa política imigratória". *O Brasil de hoje, de ontem e de amanhã*, ano III, nº 26, 28 fev. 1942, p. 5, ao citar discurso de Miguel Couto em 1928. [Periódico do DIP].

"A nova Alemanha. O decreto que prevê a esterilização dos incapazes fisicamente". *Correio da Manhã*, 27 jul. 1933, p. 1.

"Caderneta de saúde". *O Brasil de hoje, de ontem e de amanhã* [DIP] a. II, nº 18, 30 jun. 1941, p. 26.

"Começou o julgamento dos 24 arquicriminosos nazistas". *Diário de Notícias*, 19 de out. 1945, p. 1.

"Dantzig vai esterilizar os anormais natos". *Correio da Manhã*, 3 dez. 1933, p. 1.

"Devem ser esterilizados os enfermos incuráveis? *O Globo* abre um inquérito entre os cientistas brasileiros sobre o avançado decreto do governo alemão". *O Globo*, 27 dez. 1933, p. 1.

"Evitemos no Brasil de amanhã os menores anormais que protegemos hoje". *Reação Brasileira*, a. VI, nº 21, 15 mar. 1941, p. 5.

"Juventude Brasileira e o General Meira Vasconcelos". *Reação Brasileira*, a. VII, nº 32, mar. 1942, p. 3.

"Não podiam contar os milhares e milhares de judeus". *Diário Notícias*, 29 out. 1946, p.1.

"Ninguém pode opor-se à esterilização na Alemanha". *Correio da Manhã*, 10 jul. 1935, p. 6.

"O 1º Congresso Brasileiro de Eugenia". *Jornal do Brasil*, 23 fev. de 1929, p. 6.

"O centenário da ANM". *Jornal do Brasil*, 27 jul. 1929, p. 10.

"O Departamento Nacional da Criança". *O Brasil de hoje, de ontem e de amanhã* [DIP] A. II, nº 22, 31 out. 1941, p.13.

"O desassombro do chanceler". *Correio da Manhã*, 18 jan. 1934, p. 5.

"O Dia da Raça". *O Brasil de hoje, de ontem e de amanhã,* [DIP], a. IV, nº 45, 30 set. 1943, p.16.

"O exame ante nupcial". *Reação Brasileira*, a. V, nº 12, 1 set. 1940, p. 9.

"O julgamento dos bárbaros médicos nazistas". *Correio Manhã*, 10 dez. 1946, p. 1.

"O mundo moderno". *Correio da Manhã*, 27 jul. 1933, p. 4.

"Os carrascos de Ravensbrück". *Correio da Manhã*, 6 dez. 1946, p. 1.

"Preconceitos raciais". O Brasil de hoje, de ontem e de amanhã, [DIP], a. II, nº 24, 31 dez. 1941.

"Responsáveis por inconcebíveis torturas". *Correio da Manhã*, 26 out. 1946, p. 1.

"Um projeto de esterilização de criminosos, no estado de Oklahoma". *Correio da Manhã*, 1 set. 1933, p. 1.

"Jornal da Constituinte. Falou ontem, o professor Leonídio Ribeiro". *O Jornal*, 1º fev. 1934, p. 1.

Correio da Manhã, 30 ago. 1936.

Correio Manhã, 7 abr. 1946, p. 29.

Cultura Política, a. III, nº 30, ago. 1943.

Diário de Notícias, 1 mai. 1932, p. 3.

O Brasil de hoje, de ontem e de amanhã, [DIP] a. II, nº 24, 31 dez. 1941, p. 6, *Educação física*.

O Globo, 27 dez. 1933, p. 1. Entrevista a Fernando Magalhães.

O Globo, 28 dez. 1933. Entrevista do Dr. Mauricio de Medeiros.

O Globo, 30 dez. 1933, p. 1. Entrevista a Afrânio Peixoto.

O Globo, 2 jan 1934, p.1. Entrevista a Roquette-Pinto.

O Globo, 3 jan. 1934, p.1. Entrevista a Renato Kehl.

O Globo, 4 jan. 1934, p. 1. Entrevista a Oscar Fontenelle.

O Globo, 5 jan. 1934, p. 1. Entrevista a Leitão da Cunha.

O Globo, 12 jan. 1934, p. 1. Entrevista a Leonídio Ribeiro.

O Globo, 15 jan. 1934, p. 1. Entrevista a Augusto Paulino.

CAPÍTULO 2

INQUISIÇÃO / CRISTÃOS-NOVOS

CLAUDE B. STUCZYNSKI

Preconceitos de uma hibridação:
judeus e cristãos-novos em
Casa-Grande & Senzala

BRUNO GUILHERME FEITLER

As tribulações do malsim
Simão Rodrigues da Fonseca

NACHMAN FALBEL

Antônio José da Silva, "o Judeu", na
historiografia e literatura ídiche

JOSÉ ALBERTO RODRIGUES DA SILVA TAVIM

Contos Orientais: o sentimento e o poder.
Estratégias de solidariedade dos judeus
no Mediterrâneo (séculos XVI-XVII).

Preconceitos de uma hibridação: judeus e cristãos-novos em *Casa-Grande & Senzala*

CLAUDE B. STUCZYNSKI[1]

---

[1] Este artigo é parte do programa de pesquisa I-Core da Fundação Israelense para as Ciências (ISF): Center for the Study of Conversion and Inter-Religious Encounters (n. 1754/12). Agradeço ao meu colega e amigo Daniel Strum, da Universidade de São Paulo, por sua preciosa ajuda bibliográfica.

1 — Ao apresentar *Casa-Grande & Senzala: formação da família brasileira sob o regime da economia patriarcal* (1933) como um estudo de "introspecção proustiana" das relações cotidianas entre senhores e escravos nos engenhos de açúcar do Nordeste do Brasil colonial, Gilberto de Mello Freyre (1900-1987) revolucionou a historiografia. Por um lado, ele concebeu o que seria seu *magnum opus*, como uma "história íntima de quase todo brasileiro: da sua vida doméstica, conjugal, sob o patriarcalismo escravocrata e polígamo; da sua vida de menino; do seu cristianismo reduzido à religião de família e influenciado pelas crendices da senzala", acreditando estar mais perto do "ser de um povo" que as pomposas, porém enganosas, narrativas políticas ou militares (pp. 44-45).[2] Assim, Freyre promoveu as contribuições inovadoras dos fundadores da corrente historiográfica francesa dos *Annales*, Marc Bloch (1866-1944) e Lucien Febvre (1878-1956), para a cena do século XX: a necessidade de estudos profundos, lentos e totalizantes do passado, com a ajuda das ciências sociais.[3] Freyre, contudo, o fez de seu modo, combinando sua qualidade de jornalista boêmio com seus estudos nos Estados Unidos, especialmente sob a influência do antropólogo germano-americano Franz Boas (1858-1942).[4] O resultado foi uma interpretação histórica, antropológica e social *sui generis* do Brasil, que, iniciada com *Casa-Grande & Senzala*, será seguida por uma vasta obra que ainda hoje é objeto de veneração e controvérsia.[5] Incisiva e arbitrária, pro-

---

2 FREYRE, Gilberto. *Casa-Grande & Senzala. Formação da família brasileira sob o regime da economia patriarcal*. São Paulo: Global Editora, 2006, pp. 44-45. Neste artigo citaremos entre parêntesis a paginação desta edição, a não ser quando indicado o contrário.

3 BURKE, 1997, pp. 1-12.

4 Cf. LARRETA; GUCCI, 2007, pp. 137-142, 451-460; PALLARES-BURKE, 2005, cap. 3.

5 As críticas foram assim resumidas por Fernando Henrique Cardoso: "(...) suas confusões entre raça e cultura, seu ecletismo metodológico, o quase embuste do mito da democracia racial, a ausência de conflitos entre as classes, ou mesmo a 'ideologia da cultura brasileira' baseada na plasticidade e no hibridismo inato que teríamos herdado dos ibéricos". Por outro lado, reconhecia: "apesar disso, a obra de Freyre sobrevive, e as suas interpretações não só são repetidas (o que mostra

funda e superficial, iconoclasta e preconceituosa, o carácter "impressionista" e incatalogável de *Casa-Grande & Senzala* converteram-na em uma inevitável fonte de referência sobre o passado e o futuro do Brasil.⁶ Por outro lado, ao identificar a gênese da "brasilidade" na interação entre o senhor de engenho de origem portuguesa e seus escravos africanos, Freyre surgiu entre os pioneiros ao oferecer uma história nacional atípica. Freyre, ao invés de apoiar-se nas narrativas eurocêntricas e políticas de "branqueamento" promovidas pelo poder e grande parte de suas elites, identificou na miscigenação racial e hibridação cultural entre senhores e escravos a característica marcante do Brasil, a saber, o sistema patriarcal. Como resultado, o autor de *Casa-Grande & Senzala* foi um dos primeiros historiadores a conceder ao negro um papel determinante na formação da identidade coletiva, resgatando-o de um mero papel historiográfico como força da produção econômica socioculturalmente marginalizada.⁷

Na verdade, o Brasil "íntimo" — para não dizer promíscuo —, descrito por Freyre em seu livro, nunca foi um simples encontro entre a "raça branca" dominadora e a "raça negra" dominada. Além de reconhecer a influência dos nativos ameríndios (a saber: durante as fases iniciais da colonização, ou em regiões sob a influência de bandeirantes), bem como a diversidade étnica e cultural dos escravos africanos, Freyre argumentou que os colonos que haviam chegado de Portugal trouxeram consigo uma longa experiência de hibridizações e mestiçagem. A História de Portugal, disse ele, incorporou a marca dos celtas, fenícios, latinos, alemães, árabes, africanos e judeus. O português foi um "povo indefinido entre a Europa e África", cuja indeterminação explicava o seu vacilar comportamental entre a energia e a apatia (pp. 68-69). Mas, por sua vez, argumentou ele, era este passado mestiço que explicava a relativa fácil adaptação dos colonos portugueses à realidade brasileira. Na verdade, Freyre analisa

---

a perspicácia das interpretações), como continuam a incomodar a muitos ...". (CARDOSO, 2006, p.25).

6 Cf. ALBUQUERQUE, 2000.

7 Cf: SKIDMORE,1976; MICELI,1979; FONSECA, 1985; SCHWARCZ, 1993; ANDRADE, 1998, pp. 38-47; CLAREY, 1999; CARVALHO, 2002, pp. 877-908.

o que aconteceu em seu país natal como um exemplo do que mais tarde denominou de "lusotropicalismo," um modelo mais inclusivo para integrar os povos indígenas e promover a miscigenação entre colonizadores e colonizados, em comparação com os demais projetos europeus de expansão imperial.[8]

Depois de haver analisado a formação da sociedade patriarcal em *Casa-Grande & Senzala*, prosseguiu sua investigação em *Sobrados e Mucambos* (1936) com o estudo de seus efeitos durante o desaparecimento do regime escravocrata, e culminou em *Ordem e Progresso* (1957), identificando os traços de sobrevivência e de mutação durante os primeiros dias da República de 1889. Desse modo, Freyre inverteu as críticas do influente Euclides da Cunha (1866-1909) sobre os supostos efeitos da miscigenação racial no Brasil que, por ser "decadente", havia propiciado como alternativa a criação de uma inautêntica "cultura do empréstimo" de origem europeia. Junto com outros pensadores hispânicos de sua época, como o político e filósofo mexicano José Vasconcelos Calderón (1881-1959), Freyre contribuiu para criar uma imagem da América Latina como o paraíso do mulato e do mestiço.[9] É verdade que as tendências políticas de Freyre — regionalistas, nacionalistas e conservadoras — coincidiram com a política governamental de "carnavalização" da cultura brasileira durante a era antidemocrática de Vargas (1930-1945).[10] No entanto, o fato é que interpretada em nossos tempos de globalização incertadiante dos "confrontos da civilização", reais ou imaginários,

---

8 FREYRE, 1938, p.14; idem 1961.

9 E.g. "A mistura de raças mui diversas é, na maioria dos casos, prejudicial. Ante as conclusões do evolucionismo, ainda quando reaja sobre o produto o influxo de uma raça superior, despontam vivíssimos estigmas da inferior. A mestiçagem extremada é um retrocesso" (CUNHA, 1966, p. 168, vol. II). Cf. VASCONCELOS, 1925. Para uma crítica deste retrato estereotipado sobre América Latina, vejam: MILLER, 2004.

10 RAHUM, Ilan, 2016, p. 312. Ricardo Benzaquén de Araújo afirma que as idéias "reacionárias" que se atribuem a Gilberto Freyre são dos anos 1950 e 1960 e não dos anos 1930 quando escreveu sobre *Casa-Grande & Senzala*, pois à altura, seu pensamento era menos definido e, portanto, mais pluralista e aberto (ARAÚJO, 2005, pp. 183-207). Outros pesquisadores apontaram ao caráter claramente conservador de seu *opus magnum*. Cf. ISFAHANI-HAMMOND, 2005.

Casa-Grande & Senzala é visto por muitos de seus leitores atuais como um manifesto progressista, ao haver precocemente celebrado uma visão de mundo multirracial e mestiço: supostos antídotos contra a xenofobia e o racismo de todos os tempos.[11]

2 — A partir do que foi apresentado aqui, compreenderemos por que, para alguns leitores, foi surpreendente a maneira pela qual Freyre se referiu ao judaísmo, aos judeus cristãos-novos neste livro, associando uma série de estereótipos negativos, tais como: a propensão ao comércio e à usura, o desdém pelo trabalho da terra e outras atividades produtivas, ou o gosto por uma intelectualidade exibicionista. Em uma tristemente célebre passagem em *Casa-Grande & Senzala*, Freyre esboçou um retrato dos judeus que parece emergir das caricaturas antissemitas mais virulentas do período: "técnicos da usura, tais se tornaram os judeus em quase toda parte por um processo de especialização quase biológica que lhes parece ter aguçado o perfil no de ave de rapina, a mímica em constantes gestos de aquisição e de posse, as mãos em garras incapazes de semear e de criar. Capazes só de amealhar" (p. 305). Além disso, a fim de mostrar a influência corrosiva do judaísmo, Freyre utilizou dois neologismos: o advérbio "israelitamente", para denominar uma maneira voraz e obsessiva de excercer o comércio (p. 86) e o adjetivo "sefardínicas" — entendido como próprio dos judeus da Península Ibérica ou *Sefarad* — para denotar o uso da imagem do intelectual como um meio de distinção social (p. 307). Assim, ao apresentar *Casa-Grande & Senzala* na prestigiada coleção venezuelana "Biblioteca Ayacucho", o sociólogo Darcy Ribeiro (1922-1997) manifestou perplexidade com tais estereótipos vindos da pena de um apologista da diversidade humana. Recordando a simpatia que Freyre nutria pela influência muçulmana ou pelos negros, Ribeiro disse que "do judeu, pelo contrário, o retrato é caricatural e implacável"[12]. No entanto, foi o antropólogo

---

11 SCHWARCZ, Stuart B. "Gilberto Freyre e a história colonial: uma visão otimista do Brasil". In FREYRE, 2002, pp. 909-921. Cf. GRUZINSKI, 1999; PIETERSE, 2003.

12 RIBEIRO, 1977, p. XXIX.

americano Jules Henry (1904-1969), um estudioso de grupos indígenas e também discípulo de Boas, quem, em 1947, fez uma crítica contundente à *Casa-Grande & Senzala*, ao elaborar uma resenha para a publicação de sua tradução para o inglês sob o título de "Senhores e Escravos" (*Masters and Slaves*, 1946). Henry inicialmente cumprimentou a descrição sem preconceitos dos afro-brasileiros, assim como a maneira sugestiva para explicar a centralidade da miscigenação no Brasil. No entanto, ele desaprovou o retrato pejorativo e distorcido que Freyre fez dos indígenas e, sobretudo, o tratamento implacável (*less than charitable*) em relação ao futuro trágico do povo judeu (*the history of these unfortunate people*). De acordo com Henry, Freyre omitiu a explicação de que a alegada propensão dos judeus para o comércio e a usura havia sido imposta por um ambiente hostil e de que era infundada a atribuição de que haviam introduzido a escravidão em Portugal (p. 307). A prova de que Freyre foi guiado pelo preconceito e não pela ciência, foi que ele se baseou nas tessituras racistas e antissemitas de um dos mentores ideológicos do Nazismo: Houston Stewart Chamberlain (1855-1927). Portanto, não só *Casa-Grande & Senzala* era "imprecisa" e "inutilizável" como estudo de antropologia histórica, como Henry lamentou que uma obra como essa, originalmente publicada no "ano profético" de 1933, tenha sido traduzida para o inglês e, portanto, "lançada em um mundo já convulsionado pelo ódio racial".[13] Este tipo de constatações levaram alguns pesquisadores do nosso tempo a identificarem um "discurso antissemita" na obra de Freyre, que, embora particularmente evidente em *Casa-Grande & Senzala*, já havia-se manifestado nas primeiras matérias jornalísticas da sua juventude, bem como em trabalhos posteriores, especialmente em *Sobrados e Mucambos*[14]. Este fenômeno é explicado pela sua prematura adesão às ideologias e preconceitos conservadores imbuídos de antissemitismo que então circulavam no Brasil e no exterior, como a obra de Maurice Barrès

---

13 HENRY, 1947, pp. 730-732.

14 CHIAVENATO, 1985, pp. 268-272; SILVA, 2007, pp. 323-350; SILVA, 2010, pp. 63-96.

(1862-1923) e Charles Maurras (1868-1952) da *l'Action Française*.¹⁵ É verdade que em *Casa-Grande & Senzala* esses preconceitos foram articulados mediante a citação de *Die Grundlagen des neunzehnten Jahrhunderts* (A fundação do século XIX, 1889) de Chamberlain (pp. 116, 307). Mas também podem ser notadas pela adoção simplista da tese do "sociólogo liberal" Max Weber (1864-1920), em seu *Das antike Judentum* (O Judaísmo antigo), argumentando que a religião mosaica teria criado um sistema de "dupla moral" (*doppelte Moral*) que punha fim à tensão entre as normas éticas rígidas para o uso interno do grupo hebraico e outras brandas para uso externo frente aos gentios (p. 305). Como será visto, algumas dessas suposições foram recebidas por quem dizia ser seu professor em relação à história econômica de Portugal, seus judeus e cristãos-novos: o historiador luso-brasileiro João Lúcio de Azevedo (1855-1933). Dentre eles, também a tese do historiador econômico Werner Sombart (1863-1941), segundo a qual haveria uma ligação de causa-efeito entre o judaísmo e o capitalismo.¹⁶ Nas páginas de *Casa-Grande & Senzala* os judeus aparecem assim vinculados com um materialismo alienante frente ao mundo e como portadores de um isolacionismo social que "naturalmente" despertava rejeição e hostilidade por parte das outras nações. Assim, a excepcionalidade surpreendente do modo de tratar os judeus e cristãos-novos em uma obra tão humanamente diversa e otimista como *Casa-Grande & Senzala* respondia ao fato de que aqueles eram vistos como negativamente excepcionais.

No entanto, nem para o autor nem para a maioria de seus leitores críticos as coisas eram assim. Por um lado, no prefácio da sexta edição (1950), Freyre rejeitou tais acusações. Embora dissesse que nunca

---

15 Larreta LARRETA& GUCCI, Gilberto Freyre, 2007, pp. 170-175.

16 Sobre a influência de Sombart na obra de Azevedo, ver AZEVEDO, 1989, pp. 33-34. No entanto, Azevedo ao dizer que, em sua ânsia de mostrar "as qualidades superiores dos dois descendentes dos conversos" sobre questões econômicas, Sombart erroneamente atribuía uma descida hebraica para o primeiro governador-geral do Brasil, Tomé de Sousa (1503-1579), observando: "[e]quívocos destes são comuns em autores estrangeiros" (idem, nota 5, pp. 435-436). Sobre a relação entre o judaísmo, o capitalismo e os novos cristãos, ver: STUCZYNSKI, 2014. Disponível em: http://atalaya.revues.org/1295.

teve os sentimentos negativos que Henry lhe atribuiu, ele tampouco quis defender uma "visão idealizada" dos judeus. A seu detrator, no entanto, acusou de falta de ponderação científica atribuída a ele em sua resenha bibliográfica, ao: "... desejar para os judeus tratamento diverso do que, neste ensaio, se dá, um tanto irreverentemente, aos espanhóis, aos ingleses, aos portugueses, aos indígenas, aos africanos, aos mestiços, aos próprios brasileiros. Tratamento excepcional que representaria reação tão violenta ao antissemitismo ao ponto de tornar-se puro e apologético pró-semitismo".[17] Por outro lado, no dossiê que Gillermo Gucci e Enrique Rodríguez Larreta consagraram à recepção de *Casa-Grande & Senzala* no Brasil e no exterior, a "questão judaica" não aparece como um dos temas que receberam atenção especial pelas numerosas resenhas e críticas bibliográficas que lhe foram consagradas.[18]

Dito assim, creio que resulta impossível não reconhecer uma ênfase particular contra o judaísmo, os judeus e os cristãos-novos, precisamente se a comparamos com a maneira mais "irreverentemente" empática de se referir aos outros grupos (pp. 51-77).[19] De acordo com Sílvia Cortez Silva, "em apenas uma citação discordou claramente do pensamento de autores de ideário antissemita", ao rejeitar, em *Sobrados e Mucambos*, a opinião de Azevedo, quem negou "ter sido obra exclusiva dos judeus a agricultura da cana de açúcar ou da indústria do açúcar no Brasil", como sustentou Sombart.[20] De fato, em *Sobrados e Mucambos*, Freyre pedia por cautela e para evitar

---

17 FREYRE, 1954, pp. 84-86.

18 FREYRE, *Casa-Grande & Senzala*, edição Guillermo Gucci, Enrique Rodríguez Larreta & Edson Nery da Fonseca, 2002, pp. 923-1135.

19 No entanto, Benzaquén de Araújo compartilha a explicação dada por Freyre, argumentando de que a lista de "defeitos" juntamente com as "virtudes" dos judeus, obedecia a seu uso constante do princípio da antinomia (ou seja, o confronto entre elementos opostos) para cobrir todas as principais questões abordadas em *Casa-Grande & Senzala* (ARAÚJO, 2005, p. 208).

20 SILVA 2007, p. 327; SILVA, 2010, p.89. Trata-se do livro de João Lúcio de Azevedo, *Épocas de Portugal Económico; Esboços de História*, Lisboa: Livraria Classica Editora, 1929, p. 264.

o amálgama que Sombart realizou, sem por isso decliná-lo *in toto*, como fizera Azevedo, antes que se realizassem estudos mais profundos e sistemáticos sobre a indústria açucareira.[21] Com base no que era conhecido sobre este assunto, Freyre propôs diferenciar entre o que se delineava como o papel dos "judeus" (e dos cristãos-novos) como "intermediários" (enquanto mercadores de escravos, comerciantes ou agiotas), frente ao papel "criador" do senhor de engenho. Embora seja verdade que os primeiros viveriam "à sombra do português patriarcal", por conseguinte, não se deveria relegá-los a uma mera função "parasitária", já que "sem o intermediário judeu, é quase certo que o Brasil não teria alcançado domínio tão rápido e completo sobre o mercado europeu de açúcar a ponto de só o produto dos engenhos de Pernambuco, de Itamaracá e da Paraíba renderem mais à Coroa, nos princípios do século XVII, que o comércio inteiro da Índia, com o seu brilho de rubis e todo o seu ruge-ruge de sedas".[22] No entanto, nem em *Casa-Grande & Senzala*, nem em outros escritos aparecerá tal discriminação étnico-funcional, uma vez que a indústria de açúcar surgiu como o resultado de um *savoir faire* "semita". Mesmo assim, também acredito que Júlio José Chiavenato exagerou

---

[21] Assim afirmava Freyre: "João Lúcio de Azevedo, na obra de mestre, que é *Épocas de Portugal econômico* (Lisboa, 1929), não admite a tese, defendida por Sombart e por historiadores judeus mais ou menos apologéticos de sua raça, da agricultura de cana, ou antes, da indústria do açúcar, no Brasil, ter sido obra exclusiva, ou principal, de judeus. De terem sido estes os fundadores dos engenhos que aqui se estabeleceram no século XVI, inundando de tal modo o mercado europeu com o seu açúcar, a ponto de excitarem a cobiça holandesa. Para João Lúcio de Azevedo, sendo 'considerável o cabedal necessário para erigir uma fábrica' não se pode crer o trouxessem consigo os imigrantes 'da família hebreia, gente na maior parte fugida à Inquisição, degredados e outros a quem na penúria sorrira a esperança de sorte fagueira além mar.' Ponto que, na verdade, merece ser tomado na maior consideração. Mas é preciso não esquecer, por outro lado, que entre os da família hebreia, dispersos por vários países e em todos eles entregues a formas diversas, mas entrelaçadas, de mercancia e de usura, existia então — como, até certo ponto, existe hoje — uma como maçonaria. Espécie de sociedade secreta de interesses comerciais, ligados aos de religião ou de raça perseguida, e funcionando com particular eficiência nos momentos de grande adversidade" (FREYRE, 2013, pp. 70-71).

[22] FREYRE, 2013, p. 71.

ao afirmar que os efeitos causados pelo "inteligente" discurso antissemita do autor de *Casa-Grande & Senzala* foi mais nefasto do que o provocado pelo difusor "fanático" dos "Protocolos dos Sábios de Sião" no Brasil, Gustavo Barroso (1888-1957),[23] nem tampouco é exata a afirmação de Silva Cortez, de que: "apesar de apresentar o português miscigenado na Península Ibérica com o elemento judaico, insistiu em excluí-lo de seu projeto de formação do brasileiro".[24] Ambas as interpretações não levam em conta o fato de que, ao lado dos preconceitos negativos, Freyre celebrou a adaptabilidade, o espírito empresarial e a curiosidade intelectual dos judeus e cristãos-novos. Por exemplo, ele afirmou que um dos elementos "que juntaram para formar a nação portuguesa" foi a mobilidade e a adaptabilidade dos judeus, que "facilmente se surpreendem no português navegador e cosmopolita do século XV", assim como "o realismo econômico que desde cedo corrigiu os excessos de espírito militar na formação brasileira" (pp. 69-70). Em um artigo posterior que consagrará ao autor de *Peregrinação* (1614) — relato visto como a quintessência

---

23 "O antissemitismo de homens inteligentes como Gilberto Freyre passa a ser mais perigoso que a virulência militante de fanáticos como Gustavo Barroso, por exemplo. Por isso, têm menos importância os ataques diretos aos judeus que a retransmissão cultural dos preconceitos" (CHIAVENATO, 1985, p. 272). Na mesma direção, afirma Cortez Silva: "no entanto, nao posso igualar o antissemitismo gilbertiano ao discurso panfletário de um Gustavo Barroso que, como hábil teórico dos anos 30, primou pela destilação de sua aversão ao judeu-símbolo do mito do complô secreto mundial. Cabe lembrar que Barroso, arauto oficial do antissemitismo brasileiro, frequentava outro espaço social que lhe garantia uma maior difusão do seu pensamento. Se Barroso escreveu de forma direta contra os judeus, Freyre o fez com sutileza, nas linhas e entrelinhas" (SILVA, 2010, p.226).

24 SILVA, 2007, p. 347. Discordo da autora, apesar de reconhecer que Freyre omitiu na *Casa-Grande & Senzala* o livro de Meyer Kayserling (*Christopher Columbus and the Participation of the Jews in the Spanish and Portuguese Discoveries*. New York: Longmans & Green, 1894), que ele havia prescrito a seus alunos no decorrer de um curso que ministrou na Universidade de Stanford sobre a história do Brasil (LARRETA; GUCCI, 2007, pp. 298, 608). Naquele livro, o autor, o historiador judeu Meyer Kayserling (1829-1905) comemorou a importante contribuição dos judeus e cristãos-novos para a expansão ibérica. Em *Sobrados e Mucambos* (1936), Freyre usou outro artigo de Kayserling "The Earliest Rabbis and Jewish Writers of America", *American Jewish Historical Society*, vol. 3, 1895, pp. 13-20.

do espírito lusitano das *descobertas* —, Freyre atribuirá à genialidade de seu autor, Fernão Mendes Pinto (1509-1583), suas prováveis origens judaicas.[25] Assim, tanto os "defeitos" como as "virtudes" dos judeus surgem como elementos constitutivos do "luso-tropicalismo" e da brasilidade. Além disso, quando nos aventurarmos por estes temas, creio que também devemos ter em conta as atitudes positivas de Freyre com os judeus de seu tempo, tais como a admiração por seu "mestre" Boas, ou por certos intelectuais que visitou em Nova York.[26] Recordemos que, quando *Casa-Grande & Senzala* foi lançado, o livro foi um contra-argumento para *Raça e assimilação* (1932) do jurista e sociólogo eugenista Francisco José de Oliveira Viana (1886-1951), que defendia o controle da miscigenação racial e a emigração para o Brasil, a fim de neutralizar, dentre outras "ameaças", o "perigo semita".[27] Três anos depois de sua publicação e no mesmo ano em que *Sobrados e Mucambos* apareceu, Freyre respondeu positivamente ao chamado de Uri Zwerling (1893-1967) para participar de *Os judeus na história do Brasil* (1936), juntamente com outros intelectuais de renome. De acordo com Nachman Falbel, esta breve coleção de artigos propôs mostrar: "o quanto os judeus, a partir da descoberta cabralina, estão ligados umbilicalmente à formação do país desde os seus primórdios e cuja contribuição ímpar, que se inicia com os cristãos-novos, foi decisiva para o seu desenvolvimento econômico e social desde os inícios do século XVI até ao nosso tempo, tomando parte ativa em todos os ciclos da história econômica brasileira".[28] Assim, Freyre contribuiu para desmentir a alegada falta de enraizamento dos judeus no Brasil e seu suposto caráter de eternos estrangeiros, assim como defendiam os antissemitas do período.[29]

---

25 FREYRE, 1961, cap. VII, pp. 141 ss.

26 Sobre sua amizade com intelectuais judeus de Nova York no início dos anos 20, ver LARRETA; GUCCI, 2007, pp. 109-110.

27 CARNEIRO, 1988, pp. 317-321; LESSER, 1995, pp. 33, 54, 67, 84, 109; LESSER, 2007, pp. 317-321.

28 FALBEL, 2013, p. 20.

29 Na sua brevíssima contribuição, Freyre começou seu artigo de maneira ambivalente, afirmando que: "(...) não só a literatura brasileira: também a literatura

De fato, no prefácio à segunda edição inglesa de *Casa-Grande & Senzala* (1956), ele reconheceu que, inicialmente, "alguns líderes judeus" o haviam acusado de antissemitismo. No entanto, dizia ele, havia agora uma melhor predisposição frente a seu livro, uma vez que "alguns líderes judeus notáveis na Europa, nos Estados Unidos e na América Latina, reconheceram publicamente minha obra como uma tentativa de fazer justiça à contribuição judaica para civilização ibérica".[30] No prefácio à sexta edição portuguesa (1950), Freyre já havia mencionado o escritor e ativista Camille Honig (1905-1977) como um líder judeu que elogiou seu livro.[31] No caso de Honig, é verdade que se reconhece certa vontade de se inspirar por ideias próximas ao conceito freyreano de hibridação e miscigenação para sustentar que o povo judeu não era uma raça.[32] Importante mencionar também a hipótese de Peter Burke e Maria Pallares Burke, para os quais a obra de Freyre se encontra implicitamente presente nas páginas de *Brasil: um país do futuro* (1941), do célebre amigo e mentor de Honig, Stefan Zweig (1881-1942), a fim de mostrar quão longe o seu país de refúgio se encontrava dos exclusivismos nacionais e raciais do Velho Continente.[33] Em 1955, Freyre escreveu

---

israelita na América parece que desabrochou no Recife", para concluir de maneira mais integradora: "mas alguns ficaram, tornando-se catholicos e dissolvendo-se na massa brasileira. Ainda se encontram reminiscencias delles na população recifense" (FREYRE, Gilberto. "Os começos da literatura israelita na America". In: FALBEL, 2013, pp.117-119).

30 FREYRE, 1956, p. XIX.

31 "(…) Expressões de simpatia como a que lhe trouxe um líder israelita de Londres da autoridade do sr. Camile [sic] Honig" (FREYRE, 1956, p. 85).

32 E.g. HONIG, 1953. Agradeço ao meu amigo Arthur Kiron, curador da biblioteca Herbert D. Katz Centro de Estudos Avançados Judaicos, da Universidade da Pensilvânia, por ter-me facilitado o artigo.

33 Hipótese frágil, na verdade, se considerarmos o que Alberto Dines recordou ao apresentar um testemunho tardio do próprio Freyre, onde ele negou essa possibilidade, a partir de uma conversa que teve com o ensaísta austríaco, durante o qual Zweig nunca mencionou ter lido sua obra (DINES, 1981, p.248). Uma opinião similar pode ser encontrada em: KARSEN; RITTER, 1983, pp. 347-361. Sobre a relação entre Zweig e Honig, ver: DAVIS; MARSHALL, 2010, p. 198.

o prefácio do livro *O antissemitismo no Brasil: tentativa de interpretação sociológica*, de seu conterrâneo Vamireh Chacon. Embora, ao invés de tomar uma posição contra o antissemitismo, Freyre preferiu elogiar a maneira com que o jovem sociólogo pernambucano abordava uma questão "delicada e complexa", o certo é que a sua introdução, juntamente com o ensaio de Chacon, foram publicados pelo Clube Hebraica do Recife.[34] Atualmente, inclusive, há aqueles que minimizam as expressões preconceituosas na obra de Freyre, a fim de descrever o autor de *Casa-Grande & Senzala* como um pioneiro em reconhecer a influência positiva do "elemento semita" no Brasil e, particularmente, em seu Nordeste natal.[35] Tudo isso nos leva a constatar, com Jeffrey Lesser, o fato de que "(...) Gilberto Freyre, quem defendeu abertamente os judeus como um dos componentes da 'democracia racial' brasileira, estava profundamente influenciado por estereótipos negativos."[36]

3 — Como explicar, então, o que parece ser uma tensão ou contradição entre aqueles que identificam um "discurso antissemita" em *Casa-Grande & Senzala* e aqueles que enfatizam sua articulação "filossemita"? De acordo com Jeffrey D. Needell, essa dissonância vem da própria visão ambivalente do Freyre no que diz respeito à modernidade, que "simbolicamente" a associou aos judeus.[37] Por um lado, a modernidade alienante e esmagadora que Freyre criticava era dele,

---

[34] CHACON, 1955, pp. 5-6 (Gilberto Freyre, *Prefácios Desgarrados*. Organização do texto introdução e notas de Edson Nery da Fonseca, 2 vols., Rio de Janeiro: Cátedra, 1978, vol. I, pp. 508-509). Chacon virá a ser especialista em Freyre e um de seus porta-vozes mais entusiastas (e.g. CHACON, 1993; idem, 2001). Ver também prefácio similar sobre outra conferência proferida no Clube Hebraico de Recife em 1954, esta vez por ALCANTARA, 1956 (Gilberto Freyre, *Prefácios Desgarrados*, vol. I, pp. 510-512).

[35] MAIO, 1999, pp. 95-110; idem, 2000, p. 67-70; SOBREIRA, 2009; idem, 2010, p. 325-342.

[36] LESSER, 1995, p. 33.

[37] NEEDELL, 1995, pp. 51-77.

já que ele era um intelectual cosmopolita das classes urbanas.[38] Por outro lado, aquela foi também a de seu país, o Brasil urbanizado e industrializado do século XX. O caráter modernizador do "judeu" aparecia em sua obra como um gerador de dinamismos históricos, diante das tendências conservadoras da tradição de outros povos e culturas — seja no Portugal medieval, seja no Brasil colonial —, por meio de um processo generalizado de interação entre elementos opostos, a que ele chamou de "equilíbrio de antagonismos".[39] Em sua síntese inglesa, *Brazil: An Interpretation* (*Brasil: uma interpretação*, 1945), Freyre deu um exemplo concreto para explicar o que significava aquele "equilíbrio de antagonismos" no caso "dos judeus". Enquanto ele pensava ser um mal o antagonismo que "os judeus" criaram no Brasil, por terem propiciado uma economia de tipo escravocrata, resultava também em um fator benéfico para o progresso do país, como mostrou a então vigorosa indústria açucareira.[40] Podemos inferir com Needell e dizer que, na obra de Freyre, existiria uma visão metafísica e inquietante do judeu e do judaísmo (que incluiu suas "falhas" e "virtudes"), que no entanto se traduzia em positividade por ser polaridade dialética do devir histórico.

---

38 E.g.: "what emerges in the symbolic use of the Jew is a profoundly ambivalent and reactionary attitude toward much that he himself had been or was" (NEEDELL, 1995, p. 73).

39 NEEDELL, 1995, pp. 73-75. Assim, por exemplo, Freyre dirá: "considerada de modo geral, a formação brasileira tem sido, como já salientamos às primeiras páginas deste ensaio, um processo de equilíbrio de antagonismos. Antagonismos de economia e de cultura. A cultura europeia e a indígena. A europeia e a africana. A africana e a indígena. A economia agrária e a pastoril. A agrária e a mineira. O católico e o herege. O jesuíta e o fazendeiro. O bandeirante e o senhor de engenho. O paulista e o emboaba. O pernambucano e o mascate. O grande proprietário e o pária. O bacharel e o analfabeto. Mas predominante sobre todos os antagonismos, o mais geral e o mais profundo: o senhor e o escravo" (FREYRE, 2006, p.116).

40 No original: "This antagonism, however, must be regarded by the students of early Brazil history not only as an evil — for it was an evil — but also as a stimulus of differentiation and progress (…) but this antagonism was, in more than one respect, beneficial to Portuguese America. Urban Jews with a genius for trade made possible the industrialization of sugar-cane agriculture in Brazil and the successful commercialization of Brazilian sugar" (FREYRE, 1959, p 50).

Recordemos, porém, que imediatamente depois Freyre congratulou ("*fortunately for both Portugal and Brazil*") que esta modernização não pôs fim ao "amor antigo" que tinham "os chamados" ('*the so called*') "portugueses velhos" (sic) pela terra, que era "o elemento básico da colonização agrária do Brasil".[41] Aqueles que Freyre chamou de "portugueses velhos" eram camponeses do interior de Portugal que não se mesclaram com os judeus ou com os cristãos-novos, e que, por este motivo, conservavam o seu caráter "incontaminado". Naturalmente, Freyre concluiu que estes agricultores *ipso facto*, encontravam-se à mercê daqueles outros que, com as artimanhas e a voracidade especulativa dos judeus, exploravam os trópicos.[42] Creio que, à luz desses exemplos resulta necessário notar o fato de que Freyre afirma o caráter híbrido e miscigenado dos portugueses e dos brasileiros e, paralelamente, identifica a existência de grupos imunes à "influência semita". E mais, quando se refere aos primórdios da colonização referida no Brasil em *Casa-Grande & Senzala*, Freyre enumera um grupo heterogêneo de emigrantes, dentre os quais se encontravam os "cristãos-novos" (pp. 80-81). Em outra passagem, ele afirma que é provável que tenham vindo, entre os primeiros povoadores, numerosos indivíduos de origem moura e moçárabes, junto com cristãos-novos e portugueses velhos (p. 296). Como entender o que parece uma contradição entre uma narrativa mestiça, mas que no entanto reconhece a perpetuação de grupos etnicamente diferenciados?

4 — Para responder a isso, vou me referir a um assunto amplamente debatido entre os especialistas de Freyre: se o autor de *Casa-Grande & Senzala* foi consequente como pretendia em seu livro em relação com as diretrizes do seu mestre em Antropologia, Boas, sobre a relação entre raça e cultura (pp. 31-32, 34-35).[43] Sabemos que Boas

---

41 FREYRE, 1959, pp. 48-49.

42 No original: "The farmers with a deep love for the land and a thorough knowledge of agriculture were sometimes abused or exploited in Brazil by those of their fellow countrymen whose passion was for commercial adventure and for urban life-most of them probably Jews" (FREYRE, 1959, p. 50).

43 Por um lado, encontram-se os pesquisadores que afirmam fidelidade a Freyre em

negou a existência de características raciais fixas, devido à influência estruturadora da cultura e do meio ambiente. No caso dos judeus, chegou a questionar a acuidade para percebê-los como raça, dado que a sua dispersão geográfica extrema modificou a fisionomia e a personalidade de seus membros.[44] Em vez disso, em *Casa-Grande & Senzala* emerge um tipo muito definido do "ser judeu". Seguindo as interpretações sugestivas de Ricardo Benzaquen de Araújo, Marcos Chor Maio explicou que Freyre havia adotado uma percepção que era mais neo-lamarckiana que boasiana.[45] Esta interpretação parece

---

relação às tessituras Boas — as quais não eram por si mesmas dogmáticas —, depois de tê-las adaptados à realidade brasileira (e.g. LARRETA; GUCCI, *Gilberto Freyre*, pp. 453-463). Por outro lado, há aqueles que, como Luiz Costa Lima, denunciaram a inconstância metodológica de *Casa-Grande & Senzala* (LIMA, 1989, pp. 187-236). Eis aqui alguns exemplos de críticas recentes: "*despite Freyre's frequent emphasis on the importance of the distinction between race and culture, which he learned from Boas, his analysis depends on a conception of both cultural and biological mestizaje*"…"*Freyre's use of racial classifications often leads him to reintroduce racial hierarchies that supposedly have been eliminated from his analysis*" (CASTRO, 2002, pp. 59-60), "… *Freyre's achievement is to simultaneously write against race science and yet still lend the racist, colonial natural order of things an aura of scientificity*" (LUND, 2006, p. 170). No entanto, também foi dito que a confusão entre raça, cultura e meio ambiente eram provenientes do próprio Boas (PASSOS; COSTA E SILVA, 2006, pp. 45-67).

44 Assim, por exemplo, ao escrever que "as modificações por efeito possivelmente do meio, verificadas em descendentes de imigrantes – como nos judeus, sicilianos e alemães estudados por Boas nos Estados Unidos" (FREYRE, 2006, p. 35), Freyre se referia ao estudo realizado por Boas para o Senado norte-americano que debatia as políticas a tomar com respeito à imigração (BOAS, 1912, pp. 530-562). Cf. LARRETA; GUCCI, 2007, pp. 453, 460. Em um panfleto escrito para refutar o racismo nazista, Boas negou a ideia da existência de raças puras, devido à preponderância da cultura e do ambiente em que: language and customs are determined far more by the environment in which the child grows up than by its descent, because the physical attributes, so far as they have any influence at all, occur with extraordinary variety within every group" (BOAS, s.d., p. 11). Com respeito ao caso judaico, Boas dirá: "the difference in appearance of Jews of different countries is due not only to their varied descent but it is emphasized by the changes in bodily form brought about by different environment… the upright posture and restraint of movement set off the American educated Jews from those of the Ghetto" (BOAS, 1938, p. 18).

45 ARAÚJO, 2005, pp. 27-41; MAIO,1999.

válida no caso de africanos transplantados para o Brasil como escravos, como Freyre descreveu as características adquiridas durante o cativeiro e perpetuadas através das gerações (pp. 403-404). No entanto, quando ele trata dos judeus e cristãos-novos, resulta como se estes fossem portadores de características que resistem às mudanças culturais e ambientais. Assim, por exemplo, ao explicar que o desdém de muitos portugueses pelo trabalho agrícola provinha da influência "semita" (concebida como sinônimo de judaísmo), Freyre supôs que os colonos que vieram para o Brasil teriam preferido encontrar condições econômicas da Índia: "com que israelitamente comerciassem em especiarias e pedras preciosas", e não uma terra de "mero" potencial agrícola. No entanto, acrescentou, essa decepção inicial lhes forçou a adaptar aquele espírito comercial à situação brasileira, resultando na exploração do pau-brasil e depois do açúcar (p. 86). A partir disto podemos inferir que a tendência dos judeus ao comércio resultava no meio idôneo para sobreviver às mudanças ambientais e culturais, sem que suas características mais idiossincráticas fossem modificadas. Portanto, a versatilidade comercial não foi a expressão de uma aculturação, nem tampouco de uma miscigenação. Pelo contrário! Esta se revelava como o segredo da permancência dos judeus através do tempo e do espaço. Chor Maio também argumentou que a maneira freyrana de conceber o "judeu" era também tributária das tessituras de Max Weber. Porém, embora Freyre invocasse a autoridade deste sociólogo, em *Casa-Grande & Senzala* a tendência econômica judaica ao comércio e usura não emerge como resultado de certas condições sociais e históricas específicas. O fato de Freyre invocar a autoridade de Weber para discutir a transformação dos judeus em "técnicos da usura" que envolveram um "processo de especialização quase biológica" (p. 305), sem indicação de desde quando ou até quando, revela que, sob aparências circunstanciais e evolutivas, as características econômicas e físicas próprias do "semita" aparecem como geradas em um indeterminado "*illo tempore*" mítico e imutável. Diante desta reificação do "judeu", a miscigenação racial aparece como o único meio pelo qual se pode modificar as intensidades de suas características particulares (mas nunca a essência de suas tendências!), ao se diluírem com o resto da sociedade. É por isso que se pode compreender por que em *Casa-Grande & Senzala* se utilizou indistintamente os termos "judeus" e "cristãos-novos". Freyre não acreditava que a conversão religiosa fosse um fator real de transformação física ou comportamental. Assim, existiriam duas formas de articular o "judeu" no sistema freyreano de "equilíbrio de antagonismos". Por um lado, como grupo etnicamente diferenciado (e.g. os cristãos-novos) que interagiram com os outros (e.g. os "portugueses velhos") por "antagonismos" ou choques de características (e.g. a exploração econômica). Por outro lado, houve essas reminiscências "semitas" identificáveis nas sociedades portuguesa e brasileira, cujo "equilíbrio", entendido como harmonização, resultou das miscigenações passadas. Entre elas, indícios como ser "o próprio anel no dedo, com rubi ou esmeralda, do bacharel ou do doutor brasileiro e a hipótese, segundo a qual o uso obsessivo de título *doutor* no Brasil, "não será outra reminiscência sefardínica?" (p. 307). Daí pode-se inferir que, quanto mais miscigenações tenham sido produzidas, mais facilmente teria sido possível obter essas harmonizações ou equilíbrios. Como vimos, isto foi precisamente o que Freyre identificou como a essência própria da história de Portugal e do Brasil. Assim, mais do que neo-lamarckismo combinado com weberismo, a maneira pela qual Freyre tratou os judeus e cristãos-novos em seu livro converge com a visão dos apologistas das "leis da pureza de sangue" durante o início a Idade Moderna, com todas as contradições, imprecisões, negociações e flutuações que caracterizam o discurso "proto-racial".[46] No entanto, enquanto que para os antigos defensores da segregação dos conversos, a miscigenação era uma contaminação nefasta para a sociedade ibérica e para a religião católica, para o autor de *Casa-Grande & Senzala* aquela resultou em

---

[46] Sobre a evolução das "leis de pureza de sangue" em Portugal e no Brasil, ver, por exemplo: CARNEIRO, 1988; FIGUEIRÔA-RÊGO, 2011. Enquanto que a ideologia por trás da exclusão dos cristãos-novos descendentes dos judeus, sugiro comparar as posições historiográficas do passado, que via nas "leis da pureza de sangue" princípios contraditórios ao cristianismo primitivo que prenunciavam o antissemitismo racial dos séculos XIX e XX (SICROFF, 1960; YERUSHALMI, 1982) com uma forma atual de percebê-la como fenômeno pré-moderno e, portanto, menos sistemático (FEITLER, 2015; STUCZYNSKI, 2016, pp. 63-94).

um dos fenômenos mais significativos da formação do ser português e brasileiro. Isto nos conduz a mudarmos da antropologia para a história. Vou fazê-lo mediante uma análise da relação que Freyre tinha frente às posições historiográficas de seu maior mestre nestas matérias: João Lúcio de Azevedo.

5 — No prefácio à primeira edição da *Casa-Grande & Senzala*, Freyre confessou que durante a sua estadia em Portugal de 1930 até início de 1931, visitou Azevedo muitas vezes enquanto escrevia seu livro. De todos os intelectuais portugueses, Azevedo foi o único a ser elogiado como "mestre admirável" (p. 29) e nota-se sua influência em todo o livro (pp. 29, 48, 101, 120-124, 146, 226, 256-260, 270-274, 286-290, 297, 308, 311, 320, 324, 343-350, 355, 405, 484, 578, 592). Numerosos laços biográficos e historiográficos uniam Azevedo com o Brasil de Freyre. A partir dos dezoito anos, o jovem Azevedo deixou seu Portugal nativo para se radicar no Brasil: inicialmente como caixa da Livraria Tavares Cardoso em Belém e logo depois como proprietário da mesma. Foram durante esses 28 anos no Pará que iniciou as suas primeiras pesquisas históricas e que obteve a nacionalidade brasileira. Depois de voltar para a Europa, Azevedo manteve contatos epistolares com intelectuais e historiadores do Brasil. Some-se a isso o fato de que a história de Portugal e do Brasil estavam fortemente incorporados em sua própria produção historiográfica.[47] Houve também certa afinidade ideológica entre Azevedo e Freyre, já que ambos frequentaram o mesmo círculo de intelectuais conservadores incentivados pelo ensaísta lisboeta Fidelino de Figueiredo (1888-1967).[48]

Dentre todos os livros escritos por Azevedo, foi o seu *História dos cristãos-novos portugueses* (1922) que mais marcou a percepção histórica de Freyre em relação aos judeus e cristãos-novos. Através daquela obra, Freyre compreendeu a centralidade e a permanência da minoria judaica em Portugal, bem como o fato de que esta

---

[47] Cf. CORRÊA FILHO, 1955, pp. 425-431; BASTOS, 2013, pp. 271-276.
[48] LARRETA; GUCCI, 2007, pp. 208-209; DIMAS, 2011, pp. 141-145.

foi uma das características mais marcantes de sua história. Assim como Freyre fez mais tarde, Azevedo usou uma linguagem racista e carregada de estereótipos antissemitas, que também reconhecia a superioridade intelectual dos judeus, assim como sua extraordinária capacidade de adaptação.[49] Como Freyre, Azevedo também não havia visto qualquer alteração substancial gerado pelo "quimérico" batismo forçado dos judeus em 1497 e sua transformação em cristãos-novos.[50] Freyre coincidirá com Azevedo argumentando que o "problema judaico" manifestou-se na área econômica, "criado pela presença irritante de uma poderosa máquina de sucção operando sobre a maioria do povo" (p. 305).[51] A comparação feita por Azevedo na sua obra *Novas epanáforas* (1932) entre o que acontecia em Portugal, onde os cristãos-novos eram acusados "de se furtarem ao trabalho da terra", e no Brasil, que os havia transformado em agricultores, porque "a lavoura, além do Atlântico, era uma exploração industrial", foi elaborada em *Casa-Grande & Senzala, in more anthropologico*.[52] No entanto, existia um ponto essencial de discórdia entre o "mestre" e seu "aluno": a questão dos "antagonismos". De acordo com Azevedo, a história dos judeus e cristãos-novos foi uma sucessão de choques, porque "o antagonismo das origens étnicas e compreensão da divinidade" daquela "raça *extranha*" era um "fator

---

[49] Aqui estão alguns exemplos de estereótipos negativos: "astutos, pertinazes, e ousados, os adventicios possuiam já as qualidades das raças afeitas à adversidade (...) a usura, que sempre foi predilecta do povo hebraico (...) acrescente-se a tendencia ao proselytismo, e a petulancia características de uma gente que, através das maiores misérias, não decree nunca da protecção do seu Deus, nem dos altos detinos da sua raça (...) é que a gente hebraica possue qualidades hereditarias de tal modo vivazes, que nem o tempo nem as crueis vicissitudes lh'as conseguem obliterar (...) Por isso, emquanto sob a acção della, conserva indeléveis os traços que a distinguem dos povos occidentaes, e a assimilação é impossivel" (AZEVEDO, 1989, pp. 3-4, 15, 35-37).

[50] "(...) E o cristão-novo continuava a ser o mesmo açambarcador da riqueza, o mesmo impiedoso usurário, o mesmo especulador da miséria pública (...) para o qual foi uma quimera a pressuposição dos monarcas ibéricos que o batismo resolver o 'problema judaico'" (AZEVEDO, 1989, pp. 39, 53-54).

[51] AZEVEDO, 1989, p. 34.

[52] AZEVEDO, 1932, p. 140.

importante de desequilíbrio social."⁵³ Os judeus, lembrou Azevedo, haviam chegado a Portugal desde tempos imemoriais "pelo instinto nômade e pelo amor ao lucro",⁵⁴ sendo estranhos "à nacionalidade, cuja feição própria provinha dos elementos latino e godo".⁵⁵ O título do segundo capítulo de *História dos cristãos-novos portugueses* encapsula a sua visão sobre "Judeus em Portugal: antagonismo das raças". É por isso que o estabelecimento da Inquisição em 1536, ou o fortalecimento das "leis de pureza de sangue" na sociedade lusitana devem ser vistos como reações orgânicas por parte da maioria cristã diante da inassimilabilidade hostil da minoria judaica. Na verdade, acrescentava, estes foram meios relativamente moderados para canalizar a "indignação social", se comparados com os *pogroms* violentos que caracterizaram outras regiões do continente europeu. No entanto, aquelas "medidas de protecção social" não conseguiram impedir a penetração da "influência semita". De acordo com Azevedo, esta permeabilidade é vista na emergência de um messianismo português de manifesta tendência judaica, o sebastianismo,⁵⁶ ou através da participação ativa de cristãos-novos no comércio colonial. Freyre, porém, celebrou os "antagonismos" que Azevedo deplorava, porque, como vimos, produziam "equilíbrios" frutíferos. Inspirado pelo historiador liberal Alexandre Herculano (1810-1877), Freyre diz que a partir de suas próprias origens nacionais ("no fundo e no nervo da nacionalidade portuguesa"), Portugal foi constituído por uma mistura de sangue mouro e sangue cristão durante as guerras de "conquista" muçulmana e "reconquista" cristã (p. 286), para, em seguida, acrescentar: "o que sucedeu com os mouros, verificou-se também, até certo ponto, com os judeus" (p.293).⁵⁷ É verdade que os judeus

---

53 AZEVEDO, 1989, pp. IX, 1.

54 AZEVEDO, 1989, p. 2.

55 AZEVEDO, 1912, p. 67.

56 AZEVEDO, 1912, p.46. Em um estudo que Azevedo dedicou ao tema em 1916 dirá: "da esperança Judaica no Messias, amalgamada com vaticínios trazidos de Espanha, ultimamente aparecidos, e resíduos de lendas do ciclo arturiano, conservadas na tradição popular, veio a brotar o sebastianismo" (AZEVEDO, 1984, pp. 8-9).

57 Embora Herculano condenasse a Inquisição por ser uma instituição obscurantista e contrária ao espírito dos Evangelhos, ele não hesitou em descrever os judeus como um grupo "um tanto estranho ao meio" haviam abusado da tolerância que a maioria lhes concedeu, pela utilizacão inapropriada de seu "gênio mercantil". Daí vêm a instituição do Santo Ofício, que, segundo Freyre, foi menos criado pela "abominação religiosa do que pela completa falta de delicadeza de sentimentos, tratando-se de questões de dinheiro com os cristãos" (pp. 284-285). Dito isto, Freyre sustentou que, durante a Idade Média, os judeus tinham como aliados os monarcas, a nobreza e as ordens religiosas. Juntos se associaram para explorar o povo. Esta aliança de interesses econômicos terminou por gerar um processo de miscigenação entre as elites judaicas e elites cristãs: "o sangue da melhor nobreza em Portugal mesclou-se com a plutocracia hebraica pelo casamento de fidalgos ameaçados de ruína com filhas de agiotas ricos" (p. 305). O que explica a transformação de Portugal de ser "o antigo povo de reis lavradores no mais comercializado e menos rural da Europa" (p. 86). Assim, Freyre chegou a dizer que "na prosperidade dos judeus baseou-se o imperialismo português para expandir-se" (p. 306), incluindo a colonização do Brasil. Nada mais distante era o que afirmava seu "aluno" em *Casa-Grande & Senzala*, e o que "seu mestre" escrevera em *História dos cristãos-novos portugueses*.[58] Por tudo isso,

---

em Portugal como um grupo não foi grato à proteção e à tolerância das instituições lusitanas.Cf. HERCULANO, 1975, pp. 89-95, vol. I.

[58] Assim, Freyre expressou reservas sobre as interpretações de seu professor: "não nos parece aceitável, senão em parte, a interpretação etnocêntrica sugerida por João Lúcio de Azevedo do papel representado, no desenvolvimento português, pela aristocracia de fundo nórdico e pela plebe indígena, penetrada fortemente de sangue mouro e berbere. Porque em país nenhum, dos modernos, tem sido maior a mobilidade de uma classe para outra e, digamos assim, de uma raça para outra, do que em Portugal. Na história do povo português o fato que, ao nosso ver, se deve tomar na maior consideração é o social e econômico da precoce ascendência da burguesia, da qual cedo se fizeram aliados os reis contra os nobres. Destes, o prestígio logo empalideceu sob os dos burgueses. E quase toda a seiva da aristocrácia territorial, absorve-a onipotência das ordens religiosas latifundiárias ou a astúcia dos capitalistas judeus... não poucos aristocratas, dos de origem nórdica, foram buscar na classe media impregnada de sangue mouro e hebreu, moça rica com que casar. Daí resultou em Portugal uma nobreza quase tão mesclada de raça quanto a burguesia ou a plebe" (FREYRE, 2006, pp. 286-287).

não devemos nos surpreender se, apesar de veicular preconceitos antissemitas, Freyre se opôs a alguém como Mário Saa (1893-1971), quem pretendia importar ao mundo luso aquele ódio antissemita irrasível que se propagava na Europa naquela época (p. 304). Para Freyre, era completamente absurdo, inadequado e pernicioso, pretender aplicar os critérios raciais que Saa defendia em seu delirante *A invasão dos judeus* (1925), a fim de diferenciar entre aqueles que se identificaram como descendentes dos cristãos-novos e aqueles que ele acreditava serem antepassados dos cristãos-velhos, de acordo com suas características físicas e afinidades políticas.[59] Não se deve esquecer que, para Freyre, a concepção do Brasil como uma "democracia racial" ou sua descrição de Portugal como um país onde era "impossível concluir por estratificações étnico-sociais em um povo que se conservou sempre tão plástico e inquieto" (p.287), eram fatos que o historiador deve reconhecer e não projetos sóciopolíticos que deveriam se concretizar. Se é verdade que se pode reconhecer o "estoque(filo)semita" em *Casa-Grande & Senzala*, como afirma Chor Maio, lembre-se que este se manifestou enquanto produto da miscigenação.[60] Para Freyre, no entanto, o "estoque semita" foi ambivalente, porque incluía também aquela noção de "infiltração israelita" que seu "mestre" Azevedo defendeu (pp. 69, 120, nota 15). É por isso que escamotear, minimizar ou adoçar as suposições antissemitas a fim de saborear as felizes "mestiçagens filosemitas" não só atenta contra a complexidade daquela obra, mas também

---

59 Veja, por exemplo, esta anedota satírica que apareceu em 10 de dezembro de 1921 na revista *Ilustração Portuguesa*, onde se destaca o caráter ridículo e obsessivo do antissemitismo de Saa: "Mário Saa com a inocente mania de descobrir judeus e cristãos-novos em quantos se lhe aproximam. Vai às vezes na rua a conversar distraído, interessado, mas de repente para e exclama: — Lá vai outro judeu! — e já não há niguém que consiga desviar-lhe dali a atenção. Ha dias subindo o Chiado com um amigo, olha um sujeito que ia a passar, estaca, fita-o com atenção e afirma: — Até que enfim! Um godo! — Olha que é o Anahory do ABC... — diz-lhe o amigo. — Ah. sim? Bem me queria a mim parecer! Um gordo, um gordo, é que eu disse!" (apud MARTINS, 2010, p. 162). Agradeço ao meu amigo e colega Asher Salah por este testemunho saboroso.

60 MAIO, 1999.

implica em omitir o mecanismo paradoxal pelo qual Freyre construiu sua influente narrativa mestiça do ser lusitano e da *brasilidade*. Explicarei ao que esta constatação conduz através da comparação de *Casa-Grande & Senzala* com outro modelo quase contemporâneo de conceber a nacionalidade que a contribuição dos judeus e conversos contemplou. Refiro-me à interpretação da Espanha que Américo Castro defendeu (1885-1972).

6 — A proximidade entre Freyre e Castro se impõe nos níveis biográfico, historiográfico e morfológico. Castro nasceu no Brasil, filho de pais espanhóis. Apesar de ter regressado a Granada aos quatro anos de idade, a sua origem brasileira lhe facilitou a emigração para os Estados Unidos, depois de um período de incerteza na América Latina (e.g., em Buenos Aires) como exilado da Guerra Civil Espanhola. Em 1940 ele obteve a cadeira de professor de espanhol na Universidade de Princeton, e foi então que as suas interpretações mais inovadoras tornaram-no famoso. Mas desde a publicação de *O pensamento de Cervantes* (1925), ele havia adquirido uma certa notoriedade internacional.[61] Graças às pesquisas de Alberto Dines, sabemos que Freyre tentou, sem sucesso, obter um visto para Castro poder emigrar para o Brasil e assim contribuir para o florescimento cultural e científico do país.[62] Por ser um dissidente político antifranquista, ele não compartilhava da ideologia do governo Vargas, nem tampouco dos argumentos conservadores de Freyre. Mas foi um dos seguidores mais proeminentes da "geração de 98" na Espanha, cujos intelectuais, buscando a essência do "ser espanhol" depois da perda do império, redescobriram sua dimensão Ibérica. Assim, no *Idearium espanhol* (1897), Ángel Ganivet (1865-1898) havia proposto abandonar as interpretações eurocêntricas para reconhecer a contribuição dos árabes. Uma das maneiras pelas quais Freyre conheceu o pensamento pan-iberista foi durante a sua estadia em Lisboa em 1923, ao frequentar o ideólogo do integralismo lusitano, o escritor

---

61 GÓMEZ-MARTÍNEZ, 1975; KING, 1998, pp. IX-XV.
62 DINES, 1981, pp. 224-225

antissemita António Sardinha (1888-1925).[63] Através de Sardinha, Freyre descobriu um dos seguidores críticos da "geração de 98", o conservador Ramiro de Maeztu (1875-1936), quem em seu *Defesa da hispanidade* (1934), dirá: "o caráter espanhol formou-se na luta multisecular contra os mouros e os judeus".[64] No entanto, em *Casa-Grande & Senzala*, Freyre adotou um pan-iberismo do tipo de Ganivet, *a fortiori* esclarecendo que o português era ainda "mais cosmopolita" do que o espanhol, por ser "ou menos gótico e mais semita, ou menos europeu e o mais africano".[65] Isso tinha relação com o abandono de seus preconceitos contra o fenômeno da hibridação e miscigenação, graças aos ensinamentos de Boas (p.32).[66] O nome de Castro não aparecia nem em *Casa-Grande & Senzala* e tampouco em *Sobrados e Mucambos*. Somente depois da publicação das obras mais sugestivas de Castro, como *Espanha em sua história* (1948), *Aspectos da vida hispânica* (1947) e, particularmente, *A realidade histórica da Espanha* (1954), encontra-se o nome do hispanista de Princeton citado pelo autor de *Casa-Grande & Senzala*.[67] Como Freyre, naqueles livros, Castro confessou abandonar as tessituras eurocêntristas para depois argumentar que a Espanha não nasceu com a mera presença dos romanos e visigodos. A Espanha, segundo ele, foi o resultado de um processo de "convivência" gerado depois da invasão muçulmana no século VIII, que se cristalizou durante o reinado de Alfonso X "el Sabio" (1221-1284); quando este monarca cristão foi capaz de

---

63 FREYRE, 1979, pp. 277-278; LARRETA; GUCCI, 2007, pp. 204-210. Cf. MEDINA, 1989, pp. 45-122.

64 GÓMEZ-MARTÍNEZ, 1975, pp. 13-33.

65 FREYRE, 2006, pp.119-120.

66 Cf. BASTOS, 2003; CHACON, 2007.

67 Ambos os livros estão interligados. Por um lado, "España en su historia" estava pronta em 1946 e foi publicada dois anos mais tarde por motivos que estavam "fora do controle do seu autor" (CASTRO, 1983, p. 17). "Aspectos del vivir hispánico" foi concebida por Castro imediatamente depois, embora tenha surgido a partir de uma série de ensaios que ele escreveu em 1939, sob o título "Lo hispánico y el erasmismo" e que apareceram na *Revista de filología hispánica* durante os anos 1941-1942 (CASTRO, 1947, pp. 9-10)."La realidad histórica de España" foi a ampliação e a elaboração de ambos os livros. Utilizo a seguinte edição: CASTRO, 1962.

integrar a contribuição de muçulmanos e judeus, para criar uma consciência clara do "ser espanhol". A partir do século XV, a maneira tripla de unir o hispânico atingiu o seu apogeu político, religioso e cultural através da integração de valores "hispano-hebraicos" por parte da sociedade cristã, graças à mediação dos conversos.[68] Estas apreciações desencadearam ávidas controvérsias entre intelectuais de renome, como o filósofo José Ortega y Gasset (1883-1955), para quem a Espanha era tributária de seu passado visigodo, e em particular, com o historiador Claudio Sánchez-Albornoz (1893-1984), que, ao contrário de Castro, argumentava que "o espanhol" nasceu da rejeição do muçulmano e do judeu. Anos mais tarde, chegaram as reservas do filólogo Eugenio Asensio (1902-1996), que criticou a maneira arbitrariamente desproporcional de sobrestimar a contribuição de conversos ao catolicismo espanhol, à literatura e às artes durante a "Idade de Ouro".[69] No entanto, estas ideias resultaram instigantes para quem tinha celebrado a miscigenação e o "equilíbrio de antagonismos" como valores constitutivos da nacionalidade portuguesa e da *brasilidade*. Testemunho desta empatia são as anotações de Freyre no seu exemplar de "A realidade histórica da Espanha", onde se lê: *Casa-Grande & Senzala*.[70] Além disso, a partir do anos 1950 Freyre mencionou o trabalho de Castro para desenvolver os seus próprios pontos de vista, chegando a expandir seu conceito de "lusotropicalismo" para falar sobre "iberotropicalismo", por julgar que havia uma maneira ibérica de perceber o tempo, de longíquo substrato árabe-muçulmano.[71]

---

68 Um resumo das posições de Castro encontrada no prefácio à nova edição de "La realidad histórica de España" (CASTRO, 1962, pp. XI-XXVIII).

69 GÓMEZ-MARTÍNEZ, 1975, pp. 34-59; idem, l972, pp. 30l-320; ASENSIO, 1992; SICROFF, 1972, pp. 1–30.

70 Peter Burke & Maria Pallares-Burke, *Gilberto Freyre: Social Theory in the Tropics* Long Hanborough: Peter Lang, 2008, pp. 97, 226, nota 135.

71 E.g. FREYRE, Gilberto. "Ainda a propósito de Américo Castro". *O Cruzeiro*, Rio de Janeiro, 26 set. 1953; idem, "A propósito de hispanos". In FREYRE, 1971, pp. 80-83. Em 1961, Freyre apresentou na Universidade de Princeton sua intenção de criar um denominador comum entre as civilizações ibéricas sob os auspícios

No que diz respeito aos judeus e cristãos-novos, recordemos de que, ao contrário do que Castro afirmava em sua obra, aqueles não foram os principais protagonistas de *Casa-Grande & Senzala*, dado que apareciam como caracteres antagônicos ou como reminiscências. No entanto, acredito que, quando no prefacio a segunda ediçao inglesa, Freyre afirmou que as acusações iniciais de antissemitismo se transformaram em gratidão por valorizar a contribuição dos judeus para a civilização ibérica, ele estaria invocando um dos argumentos que Castro defendia a fim de eximir-se de uma acusação que lhe resultava particularmente infame depois dos horrores do nazismo.[72] Na realidade, a maneira como Castro interpretava a realidade histórica da Espanha diferia muito do modo como Freyre descrevia a formação da *brasilidade*. É verdade que ambos se basearam na interpretação de Oswald Spengler (1880-1936), de que toda cultura era um organismo vivo e totalizante. No entanto, enquanto Freyre evocou sua aparência ecossistêmica no trecho "Spengler salienta que uma raça não se transporta de um continente a outro; seria preciso que se transportasse com ela o meio físico" (p. 34), Castro inspirou-se no conceito spengleriano de "pseudo morfose" para argumentar que na Espanha havia estratos culturais sobrepostos e que um influenciava os outros.[73] Essas diferenças de perspectiva obedeciam o fato de que a abordagem sociológica e antropológica de Freyre não correspondiam à visão culturalista de Castro, tributária das *Weltanschauungen* do filósofo Wilhelm Dilthey (1833-1911).[74] Daí pode-se entender que, se para o primeiro, a análise da vida cotidiana mais rotineira e pueril (tal como: o trabalho, as relações sexuais ou a gastronomia) resultava na chave para compreender uma sociedade e, para o segundo, eram as obras literárias que melhor expressavam

---

de seu anfitrião, Américo Castro (FREYRE, 1969). Cf. CHACON, 2005, p.216; SCHNEIDER, 2012, p. 75-93.

72 FREYRE, 1956, p. XIX.

73 Assim Asensio exemplificou a "pseudomorfose" na obra de Castro, "que mística hispânica esta enxertada na islâmica, que a ascética e picaresca cresce sobre uma sensibilidade judaica" (1992, p. 36). A importância do conceito de "pseudomorfose" também foi reconhecida por simpatizantes de Castro, tais como: HORNICK,1965, p. 7.

74 PI-SUNYER, 1972, pp. 40-50.

os valores do grupo como "vivência" (*Erlebnis*) ou "autoconsciência da experiência direta de algo vivido" (*Selbstbesinnung*).[75] É por isso que Castro referiu-se aos cristãos, mouros e judeus como "castas" e não como raças, características idiossincráticas ou traços psicológicos como fez Freyre: "porque eles apontam para algo já fixamente dado, imóvel".[76] De acordo com Castro, a "casta" era aquele prisma de expressão étnica, social e cultural, através do qual cada grupo articulou sua própria "vivência" e a negociou com os demais. O resultado dessas interações "castiças" de vivências foi a especificidade histórica da Espanha, que, de ser uma "convivência" durante a Idade Média, passou por uma crise criativa durante os séculos XVI e XVII, depois da conversão em massa dos judeus e dos muçulmanos.[77] Durante esta "era conflitiva" houve uma interação dialética entre cristãos-novos e cristãos-velhos que lembra o "equilíbrio de antagonismos" de Freyre. No entanto, em vez de se falar de "miscigenação", "simbiose" aparece como a melhor maneira de Castro conceber a interação entre as castas.[78] Talvez "hibridação" seja um daqueles termos que se pode aplicar a ambos os autores, já que este conceito da moda tornou-se uma maneira conveniente para se referir a todo o comércio cultural e interação humana, sem ter de especificar os detalhes ou condições como se articulam os encontros, nem "o preço pago" para obtê-los.[79] Além disso, argumento que existiu

---

75 CASTRO, 1962, p. 141, n. 4. Cf. ASENSIO, 1992, p. 40; VILLANUEVA, 1988, p. 134.

76 Assim aparece em outro texto: "busquemos, portanto, a realidade histórica dos povos em sua consciência de existir forte e valiososamente, levem os antecedentes biológicos, isso que chamam de raça, ao zoológico, não para o que historicamente humano do homem, sempre fundado em uma consciência de estar-se fazendo, criando, em um sentido ascendente" (CASTRO, 1962, p.121).

77 CASTRO, 1962, pp. 54, 67; CASTRO, 1961.

78 CANTARINO, Vicente. "Américo Castro: un aspecto olvidado de la polémica". In: Ronald E. Surtz, Jaime Ferrán & Daniel Testa (eds.) *Américo Castro: The Impact of his thought. Essays to Mark the Centenary of His Birth*, Madison: The Hispanic Seminary of Medieval Studies, 1998, p. 198 & n. 8; BEVERLEY, John. "Class or Caste: A Critique of the Castro Thesis", idem, pp. 141-149.

79 Para uma crítica contra o uso indiscriminado do conceito de "hibridação", ver: KRAIDY, 2005.

um mecanismo análogo de conjugar a contribuição dos judeus e dos cristãos-novos. Embora seja verdade que em *Casa-Grande & Senzala* os "defeitos" e as "virtudes" dos judeus se manifestaram de forma impessoal, enquanto na obra de Castro eles surgem através de uma miríade de autores, obras literárias e ideologias específicas, a verdade é que, quando o estudioso espanhol quis mostrar a influência "hispano-hebraica", muitas vezes recorreu a pressupostos sobre o que deveria ser próprio do "judeu". De acordo com Asensio, estes apriorismos prevaleceram no caso dos conversos, porque: "o que [Castro] define como hebreu pode ser simplesmente subjetivo, universalmente humano ou comum ente europeu ou tão cristão quanto hebreu"[80] Assim, de acordo com este crítico, o abismo que parecia separar a imperante simpatia de Castro em relação ao "judeu" dos preconceitos antissemitas de Freyre, tinha um princípio comum. Em outras palavras: mesmo que Castro declare rejeitar as categorias estáticas da identidade, optando pelas noções existenciais, como "vividura" ou "disposição e modo de vida"[81], sua maneira de reconhecer o "hispano-hebreu", revela que "(...) apenas uma fé obscura na força do sangue justificaria o constante salto da mera constatação da raça e da alocação de gestos e modos de sensibilidade que se supõe serem típicos dos cristãosnovos".[82] Segundo Asensio, foi através desses paradoxos que Castro identificou na Inquisição e nas "leis de pureza de sangue" duas das inúmeras contribuições dos "hispano-hebreus". Partindo do pressuposto de que havia uma obsessão judaica com a linhagem e que a delação era usual nas comunidades judaicas medievais, Castro inferiu que os conversos haviam integrado aqueles elementos da experiência hebreia na sociedade majoritária, por meio de sua cristianização e adaptação institucional.[83]

---

[80] ASENSIO, 1992, p. 44.

[81] CASTRO, 1962, p. 110.

[82] ASENSIO, 1992, p. 60.

[83] E.g. "A pré-história dos procedimentos inquisitoriais deve ser rastreada nos bairros judeus de Castela e Aragão" (CASTRO, 1983, p. 519). Ver também o capítulo denominado: "Simbiosis cristiano-judaica. Limpieza de sangre y Inquisición" (CASTRO, 1983, pp.509-555). Assim explicou Asensio a respeito das implicações

Estas contribuições "judaicas" eram uma exceção na obra de Castro e talvez, por essa razão, foram as únicas a serem compartilhadas por Sánchez-Albornoz.[84] Isto implicou a associação de Castro com o seu detrator máximo por parte de dois eminentes historiadores do judaísmo sefardita: Yitzhak Baer (1888-1980) e Benzion Netanyahu (1910-2012).[85] Não só Castro e Sánchez-Albornoz pecariam por desconhecer profundamente as fontes hebraicas e pela maneira seletiva e arbitrária para inferir e interpretar sua contribuição histórica. Segundo Netanyahu, ambos se basearam na mesma imagem preconceituosa dos judeus e do judaísmo de Ernest Renan (1823-1892): "cuja famosa teoria de raças humanas contribuiu para o advento do antissemitismo moderno".[86] Para Castro e seus seguidores resultava injusto querer assimilar quem sustentou que o melhor do "ser espanhol" provinha do hispano-hebreu, com quem hostilmente afirmou que: "a contribuição dos judeus espanhóis à formação do hispânico foi muito diferente e sempre de caráter negativo, quero dizer que não transmitiu qualidades, mas provocou reações. Nada essencial da estrutura psíquica do povo judeu deixou marcas entre os espanhóis. Além disso, o hebreu e hispânico enfrentam uma indubitável oposição."[87] *Mutatis mutandis*, tanto Freyre quanto Castro foram acusados

---

daquelas potências: "também está presente, interligados com outros segmentos no deslumbrante paradoxo de que a Inquisição, com seus processos secretos, seus informantes e sua obsessão pela limpeza de sangue, é uma pseudomorfose dos procedimentos das aljamas, realizados por conversos perversos desta despiadada instituição, que se enfrenta com os hebreus usando as armas hebraicas tradicionais. A forma interna tem sido distorcida pela exterioridade, os moldes judaicos são preenchidos com conteúdo antijudaico, convertendo as vítimas em algozes" (ASENSIO, 1992, pp. 36-37).

84 E.g. "Hoje não há dúvidas de que a Inquisição foi uma satânica invenção hispano-hebraica" (SÁNCHEZ-ALBORNOZ, 1956, p. 255, vol. II). Cf. idem, pp. 285-292. Sobre o antissemitismo de Sánchez-Albornoz, ver: KAPLAN, 2014, pp. 356-368.

85 NETANYAHU, 1978-1979, pp. 397-457; idem, 1997, pp. 126-155; BAER, 1981, vol. II, pp. 655-663.

86 NETANYAHU, 1997, pp. 132-133; idem, 1978-1979, n.6, p. 399.

87 SÁNCHEZ-ALBORNOZ, 1956, vol, II, p. 164. Cf. VILLANUEVA, 1998, pp. 11-28; idem, "The Converso Problem: An Assesment". In: *Collected Studies in Honour*

de ser responsáveis por combinar o preconceito com a inclusão.

7 — Por esta razão, além de considerar a biografia intelectual de Freyre, com o objetivo de melhor compreender como o "antissemitismo" e "filossemitismo" convergiram em uma mesma obra, creio necessário conceber *Casa-Grande & Senzala* como pertinente ao mesmo gênero historiográfico que subscrevia Castro, por ambos insistirem na noção de hibridismo com o intuito de refutar os pressupostos essencialistas da historiografia nacionalista e etnocêntrica então dominantes. Vimos que em ambos os casos havia um paradoxo: afim de descrever o caráter híbrido das sociedades estudadas a partir de encontros com diferentes culturas e grupos humanos, ambos articularam pré-suposições do que era "o judeu". No caso de Freyre, aquela visão essencializada foi recorrente e não ocasional, como no caso de Castro, pois, juntamente com seu professor e mentor, Boas, não concebeu a minoria judaica dispersa como uma cultura em si, como no caso dos afro-americanos ou nativos americanos.[88] Sem ter uma dimensão civilizatória do judaísmo, nem sequer da ideia de "casta" que defendeu Castro, Freyre insistiu naqueles pressupostos idiossincráticos de moda que se referiam à uma mentalidade judaica, tendência econômica ou fisionomia própria.[89] Em um artigo publicado em 1923 no *Diário de Pernambuco* sobre a crescente presença judaica no Nordeste do Brasil, Freyre reconheceu que esta era "ao mesmo tempo uma vantagem e a sombra de um perigo".

---

of Américo Castros's Eightieth Year, 1965, pp. 317-333; SILVERMAN, Joseph H. "Américo Castro and the Secret Spanish War". In: *Américo Castro: The Impact of His Thought,* 1988, pp. 83-95.

88 Segundo Leonard B. Glick, esta posição teria a ver com a identidade judaica de Boas: "*contemplating Boas's career, then, in light of these considerations, the conclusion seems inescapable that the man who led the way to the establishment of cultural anthropology as a discipline could not, or would not, recognize some of the most fundamental determinants of his own perspective on culture, society, and identity — specifically, those elements that were profoundly influenced, if not definitively shaped, by his heritage as a Jew. That this very trait was characteristic of many Jewish immigrants of his generation adds a final note of irony*" (GLICK, 1982, p. 561).

89 GILMAN, 1991; NIRENBERG, 2013, esp. pp. 439-472.

Correspondendo plenamente com a radiografia que Hannah Arendt realizou do discurso pró-emancipatório dos judeus desde o final do século XVIII, Freyre afirmou que, enquanto o "exclusivismo" judaico poderia representar uma ameaça, não havia nenhum mal que se encontrassem nas cidades, "por serem um elemento "inteligente" e "pitoresco", com suas recordações dos *ghettos* medievais". Além disso, afirmava que existiam, aqueles que" se radicam ao país de sua nacionalidade ligando o sangue à terra". De acordo com Freyre, "os judeus desse tipo só podem representar vantagem para o país em cujo *Nós* nacional lhes dissolve o sangue sem preocupações exclusivistas". Como exemplo, ele citou o caso de Benjamin Disraeli (1804-1881): "que de tal modo se identificou com os destinos nacionais ingleses ao ponto de tornar-se por largos anos — já com o título de Lord Beaconsfield — a mais viva encarnação do espírito da Inglaterra e das suas mais íntimas tradições".[90] Ao ser *Casa-Grande & Senzala* um retrato da sociedade colonial, Freyre não contemplou naquele livro as possibilidades de tolerância e assimilação paternalista que o modelo pró-emancipatório de Estado-nação analisado por Arendt oferecia. Portanto, Freyre descreveu o modo pelo qual as idiossincrasias judaicas se integraram nas sociedades luso-brasileiras para criar as sementes daquela nacionalidade pré-estatal e mestiça. Por tudo isso, resisto em adotar o termo "allosemitismo" popularizado por Zygmunt Bauman, como um conceito que poderia aglutinar elementos filossemitas e antissemitas em um mesmo discurso, ao conceber os judeus como "alteridade radical".[91] Por um lado, nem no caso de Freyre, nem no de Castro, o judeu é uma alteridade, uma vez que a *lusitanidade*, a *brasilidade* e o "ser espanhol" não poderiam ser concebidos sem o seu aporte. Por outro lado, o "allosemitismo" elimina o mecanismo de combinar filossemitismo com o antisse-

---

90 SILVA, 2010, p. 69; ARENDT, 1976, pp. 56-57.

91 BAUMAN, 1998, pp. 143-156. Pessoalmente penso que, apesar do termo "allosemitismo" ser cômodo na sua utilização dada sua elasticidade inerente, ele facilmente induz ao erro, impedindo a identificação dos pressupostos paternalistas no seio do discurso filossemita, assim como a fascinação do antissemita pelo objeto de sua hostilidade.

mitismo, o que impede identificar uma morfologia específica para articular o preconceito e a integração naqueles discursos híbridos.

Finalmente, gostaria de sugerir que talvez tenhamos feito aqui um esboço "arqueológico" do papel "dos judeus" em certos discursos "progressistas" dos nossos tempos, que saúdam a contribuição daqueles "grandes homens" que foram capazes de abandonar o seu particularismo "ensimesmado" e "chauvinista" para contribuir para uma humanidade em comum (e.g. São Paulo, Baruch Spinoza, Karl Marx).[92] Quem celebra as "judo-gentilidades" mestiças ("judéo-gentils" *dicit* Edgar Morin) como hibridizações necessárias e benéficas em um mundo que aspira ser dessencializado por ser globalizado, depois do colapso do modelo Estado-nação, no entanto, mostra compreensão frente a outras alteridades, que, por serem reconhecidas como civilizações de alternativa, justificam sua sobrevivência em nome de um estado multicultural (provisório). Com isto, não pretendo dar Freyre a paternidade do problema que muitos judeus enfrentam em certos discursos alter mundialistas dos nossos tempos.[93] Apenas quis salientar a existência de possíveis afinidades "genealógicas" com *Casa-Grande & Senzala*. Peter Burke recentemente descreveu os tempos historiográficos em que vivemos em termos de uma conversão entusiasmada à narrativa hibridista:

> algumas pessoas que podem ser descritas como 'puristas' (*purists*) estiveram profundamente escandalizadas com os argumentos de Freyre, Castro e Toynbee, quando publicados pela primeira vez. Hoje, porém, muitos de nós estamos dispostos a encontrar em todos os lugares hibridação na história. Em uma época de globalização cultural, cuja força é, por vezes, exagerada — os historiadores estão cada vez mais sensibilizados por fenômenos semelhantes no passado."[94]

---

[92] BADIOU, 2005; MORIN, 2006.
[93] Cf. FINKELKRAUT, 2003; WISTRICH, 2007.
[94] BURKE, 2013, p. 9.

Compartilhando a satisfação historiográfica de Burke por ter escapado da quimera do essencialismo identitário, foi a minha intenção chamar a atenção para uma das possíveis derivações do "pensamento mestiço". Talvez não seja por acaso que, ao lado Freyre e Castro, Burke citou o nome do historiador britânico Arnold Toynbee (1889-1975) como figura pioneira da historiografia híbrida. Note-se que ao celebrar a diversidade humana para desafiar as identidades nacionais, políticas, religiosas e raciais, Toynbee concebeu a sobrevivência do povo judeu como um mero resquício fossilizado da história por pretendidamente não possuir as características das grandes e "generosas" civilizações.[95]

---

[95] BERKOVITS, 1956; ROTENSTRICH, 1963, pp. 76-121; RABINOWICZ, 1974. Cf. EISENSTADT, 1992.

OBRAS CITADAS

ALBUQUERQUE, Roberto Cavalcanti. *Gilberto Freyre e a invenção do Brasil* (prefácio Marcos Vilaça). Rio de Janeiro: José Olympio, 2000.

ALCANTARA, Marco Aurelio. *Aspectos da aculturação dos judeus no Recife,* Recife: [s.n.] 1956

ANDRADE, Manuel Correia de. "Gilberto Freyre e o impacto dos anos 30", *Revista USP,* 38, 1998, pp. 38-47.

ARAÚJO, Ricardo Benzaquén de. *Guerra e Paz: Casa-Grande & Senzala e a obra de Gilberto Freyre nos anos 30.* São Paulo: Editora 34, 2005.

ARENDT, Hannah. *The Origins of Totalitarianism.* Orlando: A Harvest Book — Harcourt, Inc., 1976.

ASENSIO, Eugenio. *La España imaginada de Américo Castro. Edición corregida y aumentada,* Barcelona: Editorial Crítica, 1992.

AZEVEDO, João Lúcio de. *A Evolução do Sebastianismo.* Lisboa: Editorial Presença, 1984.

_____. "Estudos para a história dos cristãos-novos em Portugal", *Revista de História,* vol. 2, 1912.

_____. *História dos cristãos-novos portugueses* Lisboa: Clássica Editora, 1989.

_____. *Novas Epanáforas: estudos de história e literatura.* Lisboa: Livraria Clássica de A. M. Teixeira, 1932.

BADIOU, Alain . *La fondation de l'universalisme.* Paris: PUF, 1997.

_____. *Circonstances 3: Portées du mot "juif"* Paris: Leo Schéer, 2005; MORIN, Edgar. *Le Monde moderne et la question juive.* Paris: Le Seuil, 2006.

BAER, Yitzhak. *Historia de los judíos en la España cristiana.* Traduzido do hebraico por José Luis Lacave. Madrid: Altalena, 1981, vol. II.

BASTOS, Ana Luiza Marques. "O historiador luso-brasileiro João Lúcio de Azevedo (1855-1933)". In ARRUDA, José Jobson de Andrade; FERLINI, Vera Lucia Amaral et al .(eds.). *De Colonos a Imigrantes: I(E)migração portuguesa para o Brasil.* São Paulo: Alameda, 2013, pp. 271— 276.

BASTOS, Elide Rugai. *Gilberto Freyre e o pensamento hispânico: entre Dom Quixote e Alonso El Bueno.* Bauru: Edusc, 2003; CHACON, Vamireh. *As ibérias em Gilberto Freyre.* Recife: Bagaço, 2007.

BAUMAN, Zygmunt. "Allosemitism: Premodern, Modern, Postmodern". In CHEYETTE, Bryan; MARCUS, Laura (eds.). *Modernity, Culture, and "the Jew".* Stanford: Stanford University Press, 1998, pp. 143-156.

BERKOVITS, Eliezer. *Judaism: Fossil or Ferment?* New York: Philosophical Library, 1956.

BOAS, Franz. *Aryans and non-Aryans.* Nova York: Information and Service Associates, s.d.

_____. "Changes in Bodily Forms of Descendants of Immigrants", *American Anthropologist, New Series,* vol. 14, 1912, pp. 530-562.

_____. "Is there a Jewish Type?". In: REISS, Lionel Samson. *My Models Were Jews: — A Painter's Pilgrimage to Many Lands. A Selection of One Hundred and Seventy-Eight Paintings, Water-colors, Drawings and Etchings by Lionel S. Reiss with Introductions by Franz Boas, Cecil Roth, John Haynes Holmes.* Nova York: The Gordon Press, 1938, pp. 15-18.

BURKE, Peter. *Cultural Hibridity*. Cambridge: Polity Press, 2013.

_____. "Gilberto Freyre e a Nova História", *Tempo Social*, vol. IX, n.2, 1997, pp. 1-12.

BURKE, Peter; PALLARES-BURKE, Maria Lúcia. *Gilberto Freyre: Social Theory in the Tropics* Long Hanborough: Peter Lang, 2008.

CARDOSO, Fernando Henrique. "Um livro perene". In FREYRE, Gilberto. *Casa-Grande & Senzala*. São Paulo: Global Editora, 2006, pp. 19-28.

CARNEIRO, Maria Luiza Tucci (ed.). *O antissemitismo nas Américas*. São Paulo: EDUSP, 2007.

_____. *O antissemitismo na era Vargas (1930-1945)*. São Paulo: Editora Brasiliense, 1988.

_____. *Preconceito racial: Portugal e Brasil-colônia*. São-Paulo: Editora Brasiliense, 1988.

CARVALHO, Maria Alice Rezende. "Casa-Grande & Senzala e o pensamento social brasileiro". In FREYRE, Gilberto. *Casa-Grande & Senzala*. Edição crítica. Guillermo GIUCCI, Enrique RODRÍGUEZ LARRETA e Edson Nery DA FONSECA, Paris: ALLCA XX, 2002, pp. 887-908.

CASTRO, Américo. *Aspectos del vivir hispánico. Espiritualismo, mesianismo, actitud personal en los siglos XIV al XVI*. Santiago de Chile: Editorial Cruz del Sur, 1947.

_____. *De la edad conflictiva*, Madrid: Taurus, 1961.

_____. *España en su historia: cristianos, moros y judíos*. Barcelona: Crítica, 1983.

_____. *La realidad histórica de España, edición renovada*. México: Editorial Porrua, 1962.

CASTRO, Juan E. *Mestizo Nations: Culture, Race, and Conformity in Latin American Literature*.Tucson: University of Arizona Press, 2002.

CHACON, Vamireh. idem, *A construção da brasilidade: Gilberto Freyre e sua geração*. São Paulo & Brasília: Marco Zero & Paralelo 15, 2001.

_____. *A Grande Ibéria: Convergências e divergências de uma tendência*. São-Paulo: UNESP, 2005.

_____. *Gilberto Freyre, uma biografia intellectual*. Recife & São Paulo: Fundação Joaquim Nabuco & Ed. Massangana, 1993.

_____. *O antissemitismo no Brasil: tentativa de interpretação sociológica*. Recife: Clube Hebraico, 1955.

CHIAVENATO, Julio José. *O Inimigo Eleito: os Judeus, o Poder e o Antissemitismo*. Porto Alegre: Mercado Aberto, 1985.

CLAREY, David. "Race, Nationalism and Social Theory in Brazil: Rethinking Gilberto Freyre". *David Rockefeller Center for Latin American Studies*. Cambridge Mass.: Harvard University, 1999.

CORRÊA FILHO, Virgílio. "João Lúcio de Azevedo: historiador luso-brasileiro", *Revista de História da Universidade de São Paulo*, vol. 24, 1955, pp. 425-431.

CUNHA, Euclides da. "Os Sertões". In *Obras Completas*. Rio de Janeiro: Aguilar, 1966.

DAVIS, Darién J.; MARSHALL, Oliver (eds.). *Stefan and Lotte Zweig's South American Letters. New York, Argentina and Brazil 1940-1942*, New York: Continuum, 2010.

DIMAS, Antonio. "Gilberto Freyre e Fidelino de Figueiredo", *Navegações*, vol. 4, 2011, pp. 141-145.

DINES, Alberto. *Morte no paraíso. A tragédia de Stefan Zweig*. Rio de Janeiro: Nova Fronteira, 1981.

EISENSTADT, Samuel Noah. *Jewish Civilization: The Jewish Historical Experience in a Comparative Perspective,* Albany: State University of New York Press, 1992.

FALBEL, Nachman. "Uri Zwerling e a literatura antissemita no Brasil". In: ZWERLING, Uri. *Os judeus na história do Brasil.* Rio de Janeiro. Outras Letras Editora, 2013, pp. 11-28.

FEITLER, Bruno. *Anti-Jewish Literature in the Portuguese Early Modern World (16th—18th Centuries).* Leiden & Boston: Brill, 2015.

FIGUEIRÔA-RÊGO, João. *A honra alheia por um fio. Os estatutos de limpeza de sangue nos espaços de expressão ibérica (sécs. XVI-XVIII).* Lisboa: Fundação Calouste Gulbenkian — Fundação para a Ciência e a Tecnologia, 2011.

FINKELKRAUT, Alain. *Au nom de l'Autre. Réflexions sur l'antisémitisme qui vient,* Paris: Gallimard, 2003.

FONSECA, Edson Nery (ed.). *Casa-Grande & Senzala e a crítica brasileira de 1933 a 1944.* Recife: Companhia Editora de Pernambuco, 1985.

FREYRE, Gilberto. "A propósito de lo hispano y de su cultura", *Cuadernos del Ateneo,* Buenos Aires: Librería del Ateneo, 1969.

_____. "António Sardinha", *Revista do Norte,* Recife, vol. 1, 1925, pp. 5-6.

_____.*Casa-Grande & Senzala. Formação da família brasileira sob o regime da economia patriarcal.* São Paulo: Global Editora, 2006.

_____. *Casa-Grande & Senzala. Formação da família brasileira sob o regime da economia patriarcal.* Rio de Janeiro: José Olympio, 1954.

_____. *Casa-Grande & Senzala. Formação da família brasileira sob o regime da economia patriarcal.* Edição crítica. Guillermo GIUCCI, Enrique RODRÍGUES LARRETA e Edson Nery DA FONSECA, Paris: ALLCA XX, 2002.

_____. *Conferências na Europa.* Rio de Janeiro: Ministério de Educação e Saúde, 1938.

_____. *New World in the Tropics: The Culture of Modern Brazil,* New York: Vintage Books, 1959.

_____. *O Luso e o Trópico: sugestões em torno dos métodos portugueses de integração de povos autóctones e de culturas diferentes da europeia num complexo novo de civilização: o Luso-Tropical.* Lisboa: Comissão executiva das comemorações do V centenário da morte do infante D. Henrique, 1961.

_____."Os começos da literatura israelita na America". In ZWERLING, Uri. *Os judeus na história do Brasil.* Rio de Janeiro: Outras Letras Editora, 2013, pp.117-119.

_____. *Sobrados e Mucambos. Decadência do patriarcado rural e desenvolvimento do urbano.* 1ª edição digital. São Paulo, Global: 2013. Disponível em: http://lelivros.online/book/baixar-livro-sobrados-e-mucambos-gilberto-freyre-em-pdf-epub-e-mobi/.

_____. *The Masters and the Slaves [Casa-Grande & Senzala]. A Study in the Development of Brazilian Civilization.* Tradução de Samuel Putnam. New York: Alfred A. Knopf, 1956.

_____. *Tempo de aprendiz: artigos publicados em jornais na adolescência e primeira mocidade do autor: 1918-1926.* São Paulo; Brasília: IBRASA — INL, 1979.

FREYRE, Gilberto; COLLIER, Maria Elisa (orgs.). *Seleta para jovens*. Rio de Janeiro: Livraria José Olympo Editora, 1971, pp. 80-83.

GILMAN, Sander. *The Jew's Body,* New-York & London: Routledge, 1991.

GLICK, Leonard B. "Types Distinct from Our Own: Franz Boas on Jewish Identity and Assimilation", *American Anthropologist, New Series,* vol. 84 (1982), pp. 545-565.

GÓMEZ-MARTÍNEZ, José Luis. *Américo Castro y el origen de los españoles: historia de una polémica.* Madrid: Editorial Gredos, 1975.

_____."Américo Castro y Sánchez-Albornoz: dos posiciones ante el origen de los españoles". *Nueva Revista de filología hispánica*, vol. 2l, l972, pp. 30l-320

GRUZINSKI, Serge. *La Pensée métisse.* Paris: Fayard, 1999.

HENRY, Jules. "*Review of* The Masters and the Slaves", *American Journal of Orthopsychiatry*, vol. 17, 1947, pp. 730-732.

HERCULANO, Alexandre. *História da Origem e Estabelecimento da Inquisição em Portugal.* Lisboa: Livraria Bertrand, 1975, vol. I, pp. 89-95.

HONIG, Camille. "Is there a Jewish Race?", *The California Jewish Voice,* 25 set., 1953, pp. 4-5.

HORNICK, Marcel P. "Introduction". In: Marcel P. HORNICK (ed.), *Collected Studies in Honour of Américo Castros's Eightieth Year,* Oxford: Lincombe Lodge Research Library, 1965, pp. 7-20.

ISFAHANI-HAMMOND, Alexandra (ed.). *The Masters and the Slaves: Plantation Relations and Mestizaje in American Imaginaries.* New York: Palgrave Macmillan, 2005.

KAPLAN, Yosef. "Between Yitzhak Baer and Claudio Sánchez-Albornoz: The Rift that Never Healed". In: *Jewish Culture in Early Modern Europe; Essays in Honor of David B. Ruderman. Edited by Richard I. Cohen, Natalie B. Dohrmann, Adam Shear, and Elchanan Reiner.* Pittsburgh: University of Pittsburgh Press, Cincinnati: Hebrew Union College Press, 2014, pp. 356-368.

KARSEN, Sonja P. Karsen; RITTER, Mark. "Stefan Zweig's and Gilberto Freyre's View of Brazil as Country of the Future". In: MOELLER, Hans-Bernhard (ed.). *Latin America and the Literature of Exile. A comparative View of the 20th-Century European Refugee Writers in the New World,* Heilderberg: Carl Winter Universitätsverlag, 1983, pp. 347-361.

KING, Edmund L. "Introduction". In: SURTZ, Ronald E.; FERRÁN, Jaime; TESTA, Daniel (eds.). *Américo Castro: The Impact of His Thought. Essays to Mark the Centenary of His Birth.* Madison: The Hispanic Seminary of Medieval Studies, 1998, pp. IX-XV.

KRAIDY, Marwan M. *Hybridity: the Cultural Logic of Globalization.* Philadelphia: Temple University Press, 2005.

LARRETA, Enrique Rodríguez; GUCCI, Guillermo. *Gilberto Freyre: Uma Biografia Intelectual. A Formação de um Intelectual Brasileiro: 1900-1936.* Rio de Janeiro: Civilização Brasileira, 2007.

LESSER, Jeffrey. "Metáforas de uma civilização". In CARNEIRO, Maria Luiza Tucci (ed.). *O Antissemitismo nas Américas.* São Paulo: EDUSP, 2007.

_____. *Welcoming the Undesirables: Brazil and the Jewish Question.* Berkeley: University of California Press, 1995.

LIMA, Luiz Costa. "A versão solar do patriarcalismo: 'Casa-Grande & Senzala'". In: *Aguarrás do Tempo,* Rio de Janeiro: Rocco, 1989, pp. 187-236.

MAIO, Marcos Chor. "Estoque Semita": A Presença dos Judeus em *Casa-Grande & Senzala*", *Luso-Brazilian Review*, vol. 36, 1999, pp. 95-110.

_____. "Os judeus no pensamento de Gilberto Freyre". In: QUINTAS, Fátima (ed.). *Seminário Internacional Novo Mundo nos Trópicos*. Recife: Fundação Gilberto Freyre, 2000, p. 67-70.

MARTINS, Jorge. *A República e os Judeus*. Lisboa: Nova Vega, 2010.

MEDINA, João. "António Sardinha antissemita", *A Cidade— Revista Cultural de Portalegre*, vol. II, 1989, pp. 45-122.

MICELI, Sérgio. *Intelectuais e classe dirigente no Brasil (1920-1925)*. São Paulo: Difel, 1979.

MILLER, Marilyn Grace. *Rise and Fall of the Cosmic Race. The Cult of "Mestizaje" in Latin America*. Austin: University of Texas Press, 2004.

NEEDELL, Jeffrey D. "Identity, Race, Gender, and Modernity in the Origins of Gilberto Freyre's Oeuvre", *The American Historical Review*, vol. 100, 1995, pp. 51-77.

NETANYAHU, Benzion. "Américo Castro and His View of the Origins of the Pureza de Sangre", *Proceedings of the American Academy for Jewish Research*, vol. 46-47, 1978-1979, pp. 397-457.

_____. *Toward the Inquisition. Essays on Jewish and Converso History in Late Medieval Spain*. Itahaca & London: Cornell University Press, 1997.

NIRENBERG, David. *Anti-Judaism: The Western Tradition*, New-York & London: W.W. Norton & Company, 2013.

PALLARES-BURKE, Maria. *Gilberto Freyre: um vitoriano dos trópicos*. São Paulo: UNESP, 2005.

PASSOS, José Luiz Passos; COSTA E SILVA, Valeria. "Gilberto Freyre's Concept of Culture in the 'Masters and the Slaves'". In: NAVA, Carmen; LAUERHASS, Ludwig (eds.) *Brazil in the Making: Facets of National Identity*. Lanham: Rowman & Littlefield, 2006, pp. 45-67.

PIETERSE, Jan Nederveen. *Globalization and Culture: Global Mélange*. Lanham: Rowman and Littlefield, 2003.

PI-SUNYER, Oriol. "The Historiography of Américo Castro: An Anthropological Interpretation". *Bulletin of Hispanic Studies,* vol. 49 (1972), pp. 40-50.

RABINOWICZ, Oskar K. *Arnold Toynbee on Judaism and Zionism: A Critique*. London: W.H. Allen, 1974.

RAHUM, Ilan. *The Dismantling of Brazil's Old Republic. Early Twentieth Century Cultural Change, Intergenerational Cleavages, and the October 1930 Revolution*, Lanham: University Press of America, 2016.

RIBEIRO, Darcy. "Prólogo". In: FREYRE, Gilberto. *Casa-Grande y Senzala*. Caracas: Biblioteca Ayacucho, 1977, pp. IX-XLII.

ROTENSTRICH, Nathan. *The Recurring Pattern: Studies in Anti-Judaism in Modern Thought*. London: Weidenfeld & Nicolson, 1963.

SÁNCHEZ-ALBORNOZ, Claudio. *España, un enigma histórico*, 2 vols., Buenos Aires: Editorial Sudamericana, 1956, vol. II.

SCHNEIDER, Alberto Luiz. "Iberismo e lusotropicalismo na obra de Gilberto Freyre", *Revista de História da Historiografia*, Ouro Preto, vol. 10, 2012, p. 75-93.

SCHWARCZ, Lilia Moritz. *O espetáculo das raças: cientistas, instituições e questão racial no Brasil, 1870-1930.* São Paulo: Companhia das Letras, 1993.

SCHWARCZ, Stuart B. "Gilberto Freyre e a história colonial: uma visão otimista do Brasil". In FREYRE, Gilberto. *Casa-Grande & Senzala*, Edição crítica. LARRETA; GUCCI, (orgs.). Lisboa, São Paulo: ALLCA XX, 2002, pp. 909-921.

STUCZYNSKI, Claude B. "Anti-rabbinic Texts and Converso Identities: Fernão Ximenes de Aragão's 'Catholic Doctrine'". In INGRAM, Kevin; SERRANO, Ignacio (eds.). *The Conversos and Moriscos in Late Medieval Spain and Beyond.* Volume Three: Displaced Persons. Leiden: Brill, 2016, pp. 63-94.

_____. "*Judaïcité et richesse dans l'apologétique des Conversos portugais: un argument contre-culturel*", Atalaya, 14, 2014. Disponível em http://atalaya.revues.org/1295.

SICROFF, Albert. "Américo Castro and his critics: Eugenio Asensio", *Hispanic Review*, vol. 40, 1972, pp. 1–30.

_____. "*Les controverses des statuts de pureté de sang en Espagne du XV au XVII siècle*". Paris: Didier, 1960.

SILVA, Sílvia Cortez. "O Discurso Antissemita na obra de Gilberto Freyre". In: CARNEIRO, Maria Luiza Tucci (ed.). *O Antissemitismo nas Américas.* São Paulo: EDUSP, 2007, pp. 323-350.

_____. *Tempos de Casa-Grande (1930-1940).* São Paulo: Perspectiva, 2010.

SILVERMAN, Joseph H. "Américo Castro and the Secret Spanish War". In: *Américo Castro: The Impact of His Thought*, pp. 83-95.

SKIDMORE, Thomas E. *Preto no Branco: Raça e Nacionalidade no Pensamento Brasileiro.* Rio de Janeiro: Paz e Terra, 1976.

SOBREIRA, Cesar. "Gilberto Freyre e o Judaísmo: reflexões sobre o Pathos Semítico no Judeu de Apipucos", *Ciência & Trópico, Recife,* vol. 34, 2010, p. 325-342.

_____. *Nordeste Semita: ensaio sobre um certo Nordeste que em Gilberto Freyre também é semita.* São Paulo: Global, 2009.

VASCONCELOS, José. *La Raza Cósmica.* Madrid: Agencia Mundial de Librería, 1925.

VILLANUEVA, Francisco Márquez. "Américo Castro y la historia", In: SURTZ, Ronaldo E.; FERRÁN, Jaime; TESTA, Daniel (eds.). *Américo Castro: The Impact of His Thought, Essays to Mark the Centenary of His Birth.* Madison: The Hispanic Seminary of Medieval Studies, 1988, pp. 127-139.

_____. "Presencia judía en la literatura española: releyendo a Américo Castro". In: *La sociedad medieval a través de la literatura hispanojudía. Coordinadores: Ricardo Izquierdo Benito, Ángel Sáenz-Badillos,* Cuenca: Ediciones de la Universidad de Castilla-La Mancha, 1998, pp. 11-28;

_____. "The Converso Problem: An Assesment". In *Collected Studies in Honour of Américo Castros's Eightieth Year,* pp. 317-333.

WISTRICH, Robert. *Antisemitism and Multiculturalism: The Uneasy Connection,* Jerusalém: Vidal Sassoon Center for the Study of Antisemitism, Hebrew University of Jerusalem, 2007.

YERUSHALMI, Yosef Hayim. *Assimilation and Racial Anti-Semitism: The Iberian and the German Models,* Nova York: Leo Baeck Institute, 1982.

As tribulações do malsim Simão Rodrigues da Fonseca

BRUNO GUILHERME FEITLER —— **UNIFESP / CNPQ**

1 – SIMÃO RODRIGUES DA FONSECA E AJS

"Santo Antônio José, *ora pro nobis*! Oremos, que remédio, amém." Com esta súplica, Alberto Dines encerra o primeiro livro de seu *Vínculos de fogo*, logo após descrever a execução de AJS, ou Antônio José da Silva, ou "o Judeu". Ali mesmo, depois de garrote e fogo aplicados ao protagonista, Dines menciona um doido, que "com mão sorrateira corta a alva", e para quem mesmo esse retalho chamuscado teria serventia.[1] O doido era Simão Rodrigues da Fonseca, o "malsim",[2] e a alva retalhada, os restos fumegantes do camisolão de linho branco com a qual eram vestidos os condenados à fogueira, o mesmo paramento "que vestiram a Cristo na casa de Herodes".[3] A história de Simão e da alva retalhada seria mais uma das "outras histórias da Inquisição em Portugal e no Brasil"[4] que Dines sabiamente deixou de fora do primeiro volume dos *Vínculos de fogo*, sem dúvida por querer se concentrar nos atores fluminenses da tragédia. Os processos inquisitoriais formam, com efeito, uma malha sem fim para o historiador. Faz-se necessário saber o que aproveitar e o que deixar para depois ou para outros. Um grande exercício de abnegação...

Simão Rodrigues da Fonseca, sua mãe Maria de Valença, e outros de seus parentes vindos da Paraíba, também julgados por judaísmo pelo tribunal da Inquisição de Lisboa entre 1731 e 1737, foram acolhidos pela família de AJS depois de reconciliados com a Igreja, e acabariam tendo um papel importantíssimo na segunda prisão dos parentes do Judeu. Não entrarei aqui em detalhes sobre o que aconteceu em Lisboa, na calçada de Santana, na casa de Antônio Froes, irmão de Páscoa dos Rios, cunhada de AJS, na tarde do dia 5 de outubro de 1737. Importa apenas dizer que foi Simão Rodrigues da

---

1 DINES, 1992, p. 127.

2 DINES, 1992. O malsim e suas relíquias também são mencionados à p. 91. O termo não aparece na documentação referente a Simão Rodrigues da Fonseca, mas era sinônimo dicionarizado de "delator". Para a etimologia hebraica da palavra ver p. 1004 e também AMIEL, 1987, pp. 297-310.

3 BLUTEAU, 1712, p. 304.

4 DINES, 1992.

Fonseca, recém-penitenciado pela Inquisição no auto da fé de primeiro de setembro daquele mesmo ano, o grande responsável pela verdadeira *blitz* inquisitorial que lá aconteceu, pegando vários parentes de AJS em plena celebração do Yom Kipur, o Dia Grande dos judaizantes[5]. Entre os presos por relapsia estavam o próprio Simão assim como sua mãe Maria de Valença e sua tia Guiomar de Valença.[6]

Simão não foi mandado preso para os cárceres secretos do tribunal da Inquisição de Lisboa, mas sim os da custódia e, em seguida, em 27 março de 1738, os da penitência. Ali no cárcere da penitência, ele pôde finalmente receber os sacramentos, inclusive a eucaristia, em recompensa pelo seu sincero arrependimento (privilégio dado a poucos)[7] e pelos serviços prestados.[8] O controle nesses cárceres era menos estrito do que o das prisões secretas, e apresentando-se a ocasião, os réus reconciliados que lá estavam deviam assistir aos autos da fé, o que era aliás a obrigação de todo católico que estivesse nos arredores do lugar onde fosse ocorrer a cerimônia. É então bem possível que Simão estivesse presente, enquanto espectador, ao auto público da fé do dia 18 de outubro de 1739, por entre a grande multidão que se acotovelava no caminho da procissão ou mesmo dentro da igreja de São Domingos para assistir à leitura da condenação à

---

5 Sobre a implicação de Simão na prisão da família de AJS, ver AZEVEDO, 1932, pp. 195-200.

6 Sobre esse grupo de paraibanos, remeto a meu livro, ver FEITLER, 2003.

7 FEITLER, 2013, pp. 199-228.

8 As pessoas reconciliadas por heresia com abjuração *in forma* ou *de vehementi* só podiam comungar (segundo o regimento de 1640) depois de pedido expresso do penitente e autorização formal da Inquisição. No documento datado de 27 de março de 1738 enviado pelos inquisidores ao Conselho Geral pedindo que se anuísse ao pedido de Simão, menciona-se que "confessou com sinais de arrependimento" e que depois de sua abjuração "denunciou nesta mesa de várias pessoas relapsas, e nos cárceres da custodia em que se acha, mostra o mesmo arrependimento, instando a pedir a admissão ao sacramento da eucaristia". Primeiro processo contra Simão Rodrigues da Fonseca. ANTT, IL, pc. 2919, fl. 34. Os fólios dos dois processos contra Simão (2919 e 2919-1) estão numerados sequencialmente. De modo a reduzir a quantidade de notas, preferi dar o número dos fólios dos processos no corpo do texto.

morte de AJS e de doze outras pessoas. Depois da longa cerimônia, durante a qual Simão pode ver de longe a sua tia Guiomar de Valença, que aguentara firme sem confessar depois dessa segunda prisão, mesmo sob tortura,[9] ele pôde também ter seguido o cortejo dos réus relaxados à justiça secular e assistido, em seguida, à execução do "Judeu". Nas cinzas ainda quentes, Simão teria subtilizado um sapato e pedaços da alva de AJS, guardando-os como a relíquias.

É o que se pode deduzir de uma primeira versão dos fatos, como também é possível, como Simão mesmo afirmou mais tarde aos inquisidores, que ele encontrara aqueles trapos calcinados nos cárceres da penitência... Em todo caso, ele os havia considerado por algum tempo como "relíquias de seus mártires", acrescentando ainda a suas orações, segundo testemunhas, a súplica "Santo Antônio José, *ora pro nobis*". O que se sabe com certeza é que Simão havia sido posto em liberdade em outubro de 1739 sem que os inquisidores chegassem a abrir um novo processo contra ele depois da redada da calçada de Santana, o que mostra claramente o seu papel na prisão daqueles que estavam na casa de Antônio Froes. Esse tratamento especial também aparece nos preparativos de sua saída dos cárceres da penitência.[10]

Em 30 de outubro de 1739 os inquisidores de Lisboa escreveram, em cumprimento da ordem que tiveram do inquisidor geral, terem informado a Simão "que o Santo Ofício o queria por em sua liberdade" não sem que ele antes assinasse um segundo termo de segredo (um primeiro foi assinado em 2 de setembro, no dia seguinte ao auto da fé no qual saiu penitenciado, fl. 32) sobre "tudo o que viu e ouviu e se passou com ele nesta Inquisição". Queriam que não houvesse nenhuma ambiguidade sobre a qualidade das informações que haviam conseguido de Simão depois do fim de seu processo. Eles ainda lhe deram a liberdade de escolher "o dia e hora em que queria sair". E avisaram que estava para partir a frota do Rio de Janeiro, de onde poderia tomar embarcação para outros portos.

---

9 Segundo processo contra Maria de Valença. ANTT, IL, pc. 4059-1.
10 Primeiro processo contra Simão Rodrigues da Fonseca. ANTT, IL, pc. 2919, fl. 32.

Simão aceitou os termos e disse que sairia naquele mesmo dia "pelas duas horas da tarde ou quando o Santo Ofício determinasse, e que queria que o mandassem para a sua terra." Assim se encerra o primeiro processo de Simão, sem que o segundo termo de segredo fosse anexado ao maço (fl. 36). Muita confiança tinham os inquisidores em Simão.

Simão deve ter ficado em Lisboa muito discretamente por temer uma retaliação de seus parentes e os da família Mendes da Silva até que se embarcou na nau de guerra Nossa Senhora da Glória, parte da frota do Rio de Janeiro que zarpou de Lisboa em janeiro de 1740. Esta preocupação com a segurança do informante revela-se com todas as letras no fim do seu segundo processo (que acabou por vir a ser aberto), no relato que os inquisidores fizeram em 10 de março de 1741 ao inquisidor geral de tudo o que veremos a partir de agora.[11]

2 – BLASFEMA LOUCURA

Certa noite, passados oito ou dez dias de viagem (fl. 49v), Simão — que tinha então 25 ou 26 anos — foi descrito como "homem pobre e humilde", por uma das testemunhas, como "triste e melancólico" (fl. 45) e ainda por outra como "pessoa trigueira ou parda, ou pelo que mostra em acidentes de índio ou filho deles" (fl. 42) — vai sentar-se na hora da ceia à mesa do capitão da nau, a qual tinham acesso apenas "o capitão de mar e guerra José Soares de Andrade com seus oficiais e mais pessoas de sua comitiva" (fl. 51). Alguns oficiais da armada tentaram demovê-lo e insurgiram-se contra o atrevimento, mas o tenente de cavalos e cavaleiro da Ordem de Cristo, Martinho Álvares Coelho, interveio a seu favor pensando poder tratar-se de "fome e necessidade", e Simão pôde finalmente ficar onde estava. Com efeito, Simão ao embarcar, pediu para ser "matriculado em ordem de ração" (fl. 47v), o que pôde implicar na falta de mantimentos próprios.

---

11 Segundo processo contra Simão Rodrigues da Fonseca. ANTT, IL, pc. 2919-1.

Ele comeu "descomportadamente" e envolto em seu capote "pouco limpo", com o capuz na cabeça, "o que por rústico se lhe permitiu".[12] Ao fim da refeição no entanto, no momento de dar graças a Deus, não só Simão não o fez como não tirou o capuz da cabeça. Perdendo totalmente a compostura, ele disse que não o fazia "porque era judeu e herege" (fl. 46), ou segundo outra testemunha, "porque era mulato e judeu" (fl. 44). A descortesia ao comandante do navio — foi assim que o inquisidor que o interrogou mais tarde chamou o episódio — não ficou por ali, pois começou a blasfemar.

> Simão, com o rosto inclinado para o chão — Arrenego.
> João André Dias, comissário de fazenda — Que dizer despropositado![13]
> Simão, em maus modos e alto — Arrenego!
> Custódio Vieira da Cruz — Arrenega do diabo?
> Simão, retirando suas contas do pescoço e lançando-as, já despedaçadas, sobre a mesa — Arrenego ao sangue de Jesus Cristo, arrenego da Santíssima Trindade, Padre, Filho, Espírito Santo, e que só o Diabo conheço por meu Senhor, a quem adoro! (fl. 45)

Segundo Manuel Fernandes de Araújo, homem de negócio então presente, ele ainda teria dito "que só o demônio era sua mulher, e que com ele estava casado" (fl. 43). E o tenente João Pinheiro do Vale, que ao lhe dizerem "que invocasse o nome de Maria Santíssima" ele teria dito: "esta é minha amiga" (fl. 51).

Os circundantes pensavam se tratar de um acesso de loucura ou de "vexação do inimigo comum" e tentaram imobilizá-lo, e o tenente Martinho Álvares fazê-lo calar tapando-lhe a boca com a mão. Mas em vez de se acalmar, Simão continuou a blasfemar e a pôr-se a

---

[12] Uma única testemunha, o tenente da nau João Pinheiro do Vale, menciona que a loucura de Simão foi tal que naquela ocasião que ele "com a própria sujidade e curso do seu esterco untou e besuntou o próprio rosto" (fl. 51v).

[13] Segundo Bluteau, "renegar ou arrenegar, em absoluto, sem mais nada, vale o mesmo que apartar-se da Fé de Cristo" (BLUTEAU, 1712, p. 247).

cuspir em todos que lhe dirigissem a palavra, e dizer que não queria invocar o nome de Jesus (fl. 51). Interveio então a pedido do tenente Martinho Álvares, frei Pedro de Squio, missionário capuchinho italiano. Este foi buscar estola e ritual dos exorcistas. Segundo alguns, frei Pedro tentou tocá-lo, durante o exorcismo, com uma relíquia do Santo Lenho, mas o religioso menciona em seu testemunho tê-lo tocado apenas com o cordão de São Francisco, "querendo de alguma sorte, pela virtude dele, afugentar ou confundir o demônio" (fl. 52). Mas a cerimônia não teve o efeito desejado, "donde conheceu [o frade] que não tinha demônio", visto Simão continuar a blasfemar. O pudor do veneziano o fez afirmar não se lembrar do que Simão dizia, mas várias outras testemunhas, como o jovem alferes Francisco da Silva e Araújo, relataram o acontecido. Simão disse ao frade, que por ser capucho italiano era conhecido no mundo português como 'barbadinho': "Vai-te embora, barbado, vá adorar os seus ídolos e estátuas!" Já o capelão da nau, padre Manuel Soares Batista, adiciona (ele é o único a fazer) uma curiosa menção mitológica, se não uma referência à peça de AJS de 1736 *Anfitrião ou Júpiter e Alcmena*: "Vá-se embora, barbado! Vá adorar os seus ídolos e estátuas de pau, que o meu deus é Júpiter!". Teria Simão assistido a alguma representação dessa ópera bufa, na qual Júpiter faz com que personagens falsamente acusados, e assim condenados à morte, conseguissem escapar à sentença?

Algumas testemunhas, como o familiar do Santo Ofício e homem de negócio Custódio Vieira da Cruz, depois dessa referência a "ídolos e estátuas de pau", ficaram de orelha em pé, entendendo que essas blasfêmias podiam não ser apenas coisa do demônio ou loucura, mas "eram força do seu mau sangue" (fl. 44), ou "fervência do seu mau sangue" (fl. 51v). Eles fazem aqui referência indireta ao conteúdo das sentenças lidas durante os autos da fé, e que relacionavam esse tipo de discurso contra "imagens de pau e pedra" como judaizantes. Ou seja, os viajantes começaram a "desconfiar da limpeza de seu sangue" (fl. 39v).

Simão foi posto em grilhões. De madrugada, o tenente João Pinheiro do Vale ficou encarregado da vigia do seu quarto e passou por Simão "a tempo que estava dizendo:

> Simão — Arrenego do sangue de Cristo, e de Maria Santíssima...
> João Pinheiro do Vale — Bruto! Arrenega de ti, de teu pai, e de tua mãe!
> Simão — De [minha] rica mãe não arrene[go], sim de [meu] pai e de [meus] parentes.
> E retomou a litania blasfema (fl. 51).

Já no dia seguinte o frade italiano, ao levantar-se, foi até o lugar onde Simão estava detido e lhe "disse algumas palavras espirituais, e a bem da sua alma, compadecido de sua miséria", mas Simão não lhe deu atenção e continuava a dizer "arrenego do sangue de Jesus Cristo" (fl. 52). O tenente João Pinheiro do Vale contou que, nessa mesma ocasião, Simão teria dito ao missionário, que estava rezando por um livro, "tira-te diante de mim, barbaças, que estás aí lendo? Bota isso fora, que não presta!" (fl. 51)

Fazendo jus ao estatuto de sacerdotes e aos cargos de capelães da nau, tanto o padre Manuel Soares Batista quanto o padre Antônio Pereira da Costa foram em diferentes momentos ter com Simão. Soares Batista instou-o a que "cuidasse de si e se confessasse satisfazendo a Deus e àquele povo a quem tinha escandalizado com as suas inauditas palavras, e rezasse pelas suas contas". A isso Simão respondera, pegando nas contas que trazia ao pescoço, "que aquilo não eram contas, e que eram confeitos [ilegível]". E continuando ele testemunha em fazer-lhe as mesmas admoestações, lhe respondeu em uma ocasião estas palavras: "Está-me logrando, padre? Olhe que o hei de acusar ao Santo Ofício!" (fl. 48). Pereira da Costa, por sua vez, "o admoestara a que se encomendasse a Deus e se pegasse com a Virgem Santíssima", e lhe mostrou uma imagem da Virgem num livro de horas, dizendo-lhe que se encomendasse a ela, mostrando-lhe "a sua figura". Simão, "com alguma ira [disse] que a tomara ele às mãos para a rasgar" (p. 50v). Depois de tantos desaforos, tanto um como o outro capelão, assim como os não-eclesiásticos do navio, deixaram de aproximar-se "aborrecidos dos seus disparates" (fl. 48).

Segundo o alferes Antônio Fernandes Álvares, a sanha iconoclasta de Simão revelou-se também em outros momentos. Estando em certa ocasião (não se entende se antes, se depois do surto na mesa do comandante) "com as suas horas na mão, onde se lê a inteireza e contrição da confissão iluminada, com a figura de penitente aos pés do confessor, e pintado também o demônio a impedir a perfeita confissão", tomou Simão "uma tesoura com que cortou a folha da dita pintura, e botando-a a seus pés, a picou". Os circundantes tendo-lhe estranhado o ato, ele respondeu "que pelo demônio o estar tentando a que judiasse, cortara a dita folha da pintura e a picara" afirmando ainda de modo (para nós) obscuro, "e que com mais força o havia de fazer se não lera umas certas palavras" (fl. 41). O mesmo alferes ainda conta que já depois do surto, passou por Simão um rapaz com um Jesus crucificado ao pescoço dizendo-lhe "que olhasse para o crucifixo como imagem de Nosso Redentor, ao que respondeu [Simão] cuspindo para ele, que atirasse com aquilo (que era a imagem) ao mar" (fl.41).

Os capelães do navio ainda relatam outros desrespeitos à prática religiosa dos viajantes. O padre Antônio Pereira da Costa conta que no dia seguinte à prisão de Simão, sendo horas de missa, "se entrou a celebrar, no qual tempo começou o dito Simão a cantar destemperadamente, e a dizer palavras malsoantes aos bons costumes e à nossa Fé, a modo de que queria impedir e estorvar a piedade católica de assistir a missa" (fl. 51). Já o padre Manuel Soares Batista relata que "por algumas vezes" ao se rezar a ladainha na nau, Simão se metia a dizer "Santo Antônio José *ora pro nobis*". Invocação que o ouvira repetir também outras vezes estando só, sem que fosse horas de orações (fl. 48v).

É claro que nesse então, a suspeita que alguns dos passageiros emitiram de que Simão fosse cristão-novo confirmou-se. O capitão, seja na noite da ceia, seja nos dias seguintes ao acontecido, mandou que inspecionassem as bagagens de Simão. O mestre da nau foi incumbido do inventário com o auxílio do escrivão da nau, Manuel Henriques de Barros, que relata (entre outras testemunhas) terem encontrado quatro objetos de nota dentro de sua caixa: 1) "um papelinho escrito em má letra" que dizia: "Se fores de Selorico, fardo, Costa ou Carvalho; confessa porque bem sabes o que deves a teus parentes" (fl. 48v); 2), "uns embrulhos em que vinham uns chinelos bem velhos; 3) e outro em que estavam uns trapos velhos untados de óleo ao parecer que mostravam ser pedaços de algum pano queimado, de que tinham sido cortados" e 4) o que sem dúvida era o termo de "ida e penitências" entregue a Simão, pois "mostrava tinha sido penitenciado pelo Santo Ofício em que tinha assistido nas Escolas Gerais" (fl. 47). Foi esse documento, que revelava a verdadeira identidade de Simão (ele embarcara sob um falso nome que não é mencionado pelas testemunhas) e que certificava ter sido ele penitenciado pelo Santo Ofício, que confirmou se tratar de um cristão-novo. Já o papelinho remete sem dúvida a uma desesperada comunicação entre os réus presos nos cárceres da Inquisição. O condicional indica que o remetente não sabia exatamente quem leria sua injunção, mas ele deveria saber haver pessoas dessas localidades e/ou famílias presas no cárcere. Nenhum desses objetos foi anexado ao processo, e os inquisidores não entraram em detalhes sobre a mensagem.

Voltando ao *ora pro nobis*, segundo o mesmo padre Manuel Soares Batista, tanto ele quanto "muitos mais" da nau, entenderam que aquela "deprecação" "aludia a um cristão-novo que morreu queimado pelo Santo Ofício de Lisboa chamado Antônio José, mui conhecido pela sua discrição [ou seja, "agudeza do engenho, que se mostra no falar e no escrever" segundo Bluteau] e talento".[14] Vemos assim que o capelão sabia muito bem quem era AJS, o que não parece ter sido o caso de todos. O nome de AJS também aparece vinculado aos famosos embrulhos que foram achados na caixa de Simão. A descrição feita pelo escrivão da nau, citada mais acima, é bastante notarial, sem entrar em interpretações. No entanto, é claro que o falatório foi grande por entre os passageiros, e os panos queimados foram rapidamente identificados com "pedaços de alva daquelas que morrem penitenciados ou queimados" (fl. 43). Para João Andrade Dias, assim como para outros passageiros, Simão havia dito que as "chinelas cobertas e cozidas em tafetá" eram as que ele mesmo usava nos cárceres, "ainda que todas as pessoas da nau se persuadiam a que eram relíquias dos da sua facção por mostrar que delas fazia

---

14 BLUTEAU, 1712, vol. 3, p. 244.

estimação" (fl. 45). Também o próprio escrivão disse que todos se persuadiram "que os conservava por relíquias do seu Antônio José cristão-novo que morreu queimado" (fl. 47). Já Martinho Álvares Coelho afirmou que o próprio Simão lhe havia dito que o embrulho com o sapato era "relíquia do seu martir", mas Martinho não devia ser um frequentador do Bairro Alto, pois esse mártir seria um "José de tal, ou José Mendes da Silva" (fl. 42v), mesclando o segundo nome de AJS com o patronímico do pai e de um dos irmãos do dramaturgo. A Antônio Fernandes Álvares Simão também teria dito que o sapato eram "relíquias dos seus mártires" (fl. 40v).

Simão tinha assim momentos de lucidez, e tentava ele mesmo entender o que estava acontecendo, e desfazer o quanto possível a tenebrosa imagem que passava de si nos momentos de furor. O alferes Francisco da Silva e Araújo conta que "algumas vezes se mostrava arrependido, dizendo que as suas más palavras eram nascidas de alguma doidice que padecia, e que enjoado do navio, ficava alienado de si" (fl. 46).

Esses momentos de lucidez fizeram com que mais de uma vez Simão tivesse buscado remédio espiritual para seu mal, ou em todo caso melhorar sua imagem e quem sabe até ser solto dos grilhões nos quais passou praticamente toda a viagem. Ainda frei Pedro de Squio relata que alguns dias depois do furor de Simão, este lhe pediu que o confessasse. O capuchinho, no entanto, "receando-se que não o acharia capaz", ou seja, que Simão não estaria preparado, contrito o suficiente, negou-se a fazê-lo. Frei Pedro, numa mistura de admoestação e de curiosidade, perguntou a razão de Simão ter proferido "aquelas blasfêmias hereticais, arrenegando do Sacratíssimo Sangue de Jesus Cristo. E que advertisse também que estava excomungado pelo cuspir a ele religioso com desprezo." Simão lhe pediu que o absolvesse da excomunhão, e explicou que as blasfêmias foram causadas por "suas misérias" (fl. 52v). Sem dúvida um momento de grande sinceridade de Simão, como aquele em que invocou o nome da sua "rica mãe", mas renegou os de seu pai e mais parentes. Frei Pedro Barbadinho (como era chamado na nau) não parece tê-lo absolvido.

Simão conseguiu, no entanto, a absolvição sacramental de um outro franciscano, este da comitiva do bispo de Angola, dom frei

Antonio do Desterro Malheiros, embarcado na nau Europa e parte do mesmo comboio. Esse franciscano passou pela nau Nossa Senhora da Glória quando Simão já estava com ferros, e este lhe disse que queria se confessar. O franciscano anuiu e ficou muito satisfeito com a confissão, "por lhe parecer se confessar contrito e arrependido de suas blasfêmias" (fl. 41). Compadecido de Simão, pediu ao comandante da nau que o soltasse, mas este não assentiu. Esse momento de bom cristão de Simão, no entanto, não durou muito. Depois da partida do incógnito franciscano, vários passageiros foram dar os parabéns a Simão por ter-se arrependido e confessado, porém, segundo o tenente João Pinheiro do Vale "ele respondeu com bom sossego, por não estar já tão furioso, estas palavras: eu não me confessei, estive judiando com o religioso" (fl. 51v). Nas palavras do padre Manuel Soares Batista, suas palavras foram um pouco diferentes: "porque eu confessei-me? Estive logrando ao padre". Simão teria ainda "dado logo uma risada muito grande" (fl. 48).

3 – "SEM EMBARGO DE SER UM POBRE PRESO E CRISTÃO-NOVO".

Em 1º de abril de 1740 a nau de guerra Nossa Senhora da Glória já se achava surta no porto do Rio de Janeiro, pois foi nesse dia que Antônio Fernandes Álvares, alferes da guarnição da nau, apresentou-se ao tesoureiro-mor da Sé do Rio e comissário do Santo Ofício Lourenço Valadares para denunciar do caso de Simão, nomeando também várias testemunhas que foram chamadas a depor. Ao todo foram ouvidos 11 homens (3 clérigos e 8 leigos) entre o dia 1º e o 29 de abril.

Logo que desembarcou, Simão foi levado em custódia ao aljube por ordem do tesoureiro-mor tendo em vista o "geral clamor contra ele" (fl. 53). Mesmo sem ter feito as requeridas ratificações dos testemunhos, Lourenço Valadares decidiu, com o apoio de um colega comissário (que não nomeia), mandar Simão de volta para Lisboa e para os inquisidores "por ser pobre e miserável" (fl. 54), mas também pelo próprio requerê-lo alegando "sua miséria". A carta de acompanhamento do comissário é datada de 20 de maio de 1740, e, no dia 13 de fevereiro de 1741, sem que se fizesse os habituais auto de entrega, planta do cárcere e inventário de bens (o que mostra mais uma vez o estatuto excepcional de Simão para a Inquisição), o preso já estava perante o inquisidor Francisco Mendo Trigoso confessando suas culpas (fl. 54). Mesmo sem os referidos autos iniciais, desta vez, e contrariamente ao que aconteceu depois da redada da calçada de Santana, abriu-se processo formal contra ele.

Ele conta que logo depois de sua abjuração no auto da fé de primeiro de setembro de 1737, começou a "sentir umas imaginações veementes que o perseguiram muito, as quais ele atribuiu a operação do demônio" (fl. 54v). A descrição que Simão faz de seus delírios, reais ou inventados, mergulha-nos no mundo da mitologia messiânico-portuguesa. Tenha ele realmente tido as alucinações que conta aos inquisidores ou não, seu relato teria que parecer ao menos verossímil tanto a ele quanto aos inquisidores, visto que Simão já devia ser bom conhecedor do andamento de processos por heresia.[15] Nessas "imaginações", vozes lhe diziam que ele estava em Portugal para se casar com uma princesa encantada, e que para obter sua mão, seria necessário que ele voltasse a "viver na Lei de Moisés que abjurara". Esse retorno à Lei de Moisés se daria por meio de um jejum judaico. O jejum foi feito no dia de Nossa Senhora da Conceição (8 de dezembro). Em 14 de janeiro, durante a travessia para o Rio, decidiu outra vez voltar ao catolicismo romano.

Nesse entretempo, nesse pouco mais de um mês, "foram crescendo as vexações do demônio e falas que lhe parecia que estava ouvindo", até que decidiu, uma noite, "furiosamente a ir-se sentar à mesa do capitão [...] embrulhado no capote com capuz na cabeça. Depois de ter comido desordenadamente como faria um doido, começou a blasfemar". Vê-se que seu relato não se diferencia em nada (ou quase) daquele dos que o denunciaram ao comissário carioca. Simão afirmou ter dito que

---

[15] Para a relação entre verdade e verossimilhança especificamente na documentação inquisitorial portuguesa, ver SALOMON, 1990, pp. 151-164. E também FEITLER, 2014-2, pp. 55-64.

não era cristão mas sim um mouro, e um judeu, que ele era filho de mouros, que arrenegava do sangue de Cristo e da hóstia consagrada que não era o corpo de Cristo mas sim um pouco de pão, e que não havia no mundo a Virgem Maria Nossa Senhora em quem os católicos creem, porque a Virgem Nossa Senhora era uma mulher encantada com quem ele havia de casar (fls. 54v-55).

Ele também relata ter quebrado suas contas e, com certo detalhe, a cerimônia de exorcismo que sofreu, mas que interpretou como uma diretiva do frade "a que continuasse as ditas blasfêmias e que o cuspisse." Ele assim o fez, e por várias vezes, apesar "de estar vendo e ouvindo que [o frade] lhe dizia que tal não fizesse". Depois disso foi preso, "alguns dias com algemas", até que uma tarde "lhe abriu Deus os olhos" e ele decidiu-se a abraçar novamente o catolicismo, e assim o fez dali em diante "não obstante as muitas tentações com que o demônio o tem perseguido" (fls. 54v-55).

No dia 25 de fevereiro de 1741, doze dias depois da sua primeira confissão, ao informar que não tinha nenhuma outra culpa que confessar, o mesmo inquisidor Francisco Mendo Trigoso submeteu Simão a um serrado interrogatório sobre suas visões pelo que tocavam suas causas, mas também uma curiosa dúvida sociológica ao conteúdo delas (fls. 56-60v). Transcrevo aqui seguindo a redação do notário do Santo Ofício:

> Inquisidor — De que lhe nasceram as imaginações que teve? A quê as atribuiu, e qual a causa delas?
>
> Simão — A causa delas era o demônio, porque não tem outra razão a que possa atribuí-las.
>
> I — Que moléstias e danos lhe causaram as ditas imaginações?
>
> S — Lhe causaram no corpo moléstia nenhuma. Alguma porém no espírito sim.
>
> I — Era costumado padecer imaginações semelhantes as que teve? Que efeitos lhe causavam? E de que lhe procediam?

> S — Estando preso nos mesmos cárceres que são os da penitência seis meses pouco mais ou menos antes de ter as imaginações que tem confessado, teve uma doença grave de sezões com grandes febres, e então se lhe representou na fantasia muito vivamente que estava vendo duas serpentes medonhas e horrorosas que o queriam tragar, e lhe durou esta vista imaginária por espaço de três dias, e dentro neles teve um medo das ditas feras tão grande, que não é explicável. Porém este se lhe foi diminuindo da mesma sorte que o foi a dita imaginação, mas ele não soube se seria esta imaginação efeito da doença, se castigo de seus pecados que Deus lhe dava.
> I — Depois que sarou das ditas imaginações, conheceu com evidência que as serpentes referidas não eram verdadeiras serpentes, senão uma representação falsa, fingida, sem fundamento da sua perturbada e ilusa fantasia?
> S — Depois que sarou e se lhe desterrou a dita imagem, se conheceu claramente que tudo o quanto ela lhe representara era fingido e fantástico.

Francisco Mendo Trigoso quis em seguida melhor entender se Simão havia realmente crido em princesas encantadas. Ele respondeu dizendo que apesar de ter ouvido casos semelhantes, em que certas pessoas se casavam com princesas encantadas, "nunca lhes tinha dado crédito, por conhecer que era tudo fingido e inventado para passatempo".

> I — Pois se ele tinha por fingido tudo o que tinha ouvido dizer de princesas encantadas, e não sabia que alguma delas verdadeiramente casasse, como creu o que lhe diziam as suas imaginações?
> S — Disse que a razão que teve para se capacitar como se capacitou foi por ter ouvido a dizer que o nosso rei d. Sebastião estava encantado, e que havia tornar a governar este reino, e que poderia ter alguma filha também encantada com a qual ele pudesse casar.

> I — Perguntado com quê merecimento se achava ele declarante para que no caso com que fosse verdade em que o dito rei era vivo e que estava encantado, e que tinha filhas, houvesse de casar com alguma delas, e em que fundava sua esperança?
> S — Disse que entendeu que Deus o tinha reservado para esta fortuna sem embargo de ser um pobre preso e cristão-novo, por assim lho dizer o seu pensamento.

Sobre as razões que o fizeram ir sentar-se à mesa do capitão, fazendo-lhe "uma grande e pública descortesia", Simão disse que naquele momento, e enquanto lhe duraram as "imaginações",

> lhe pareceu que fazia bem porque as vozes infusas ou imaginações que tinha lhe representaram que todos os que estavam assentados à mesa eram encantados do encanto El rei d. Sebastião, e que tanto que ele declarante se assentasse com eles, ou [sic] adotavam por filho, e foi tal a sua cegueira que mandando o capitão da nau pegar nele declarante por uns negros, mandando-lhe que o deitassem no mar, vendo que o mesmo capitão revogou o seu mandado, dizendo que o soltasse, o sentiu muito, porque tinha para si que em caindo no mar, logo o engolia uma fera e o ia vomitar no lugar aonde se achava a princesa com que havia de casar, e daqui lhe resultou o desespero de sorte que despedaçou as contas e proferiu as blasfêmias que tem declarado.

O inquisidor quis em seguida qualificar a possível relapsia de Simão. Teria ele realmente retornado ao judaísmo? Teria ele comunicado esse retorno a alguém? Na verdade o inquisidor, assim me parece, claramente estava querendo evitar abrir um processo em forma por relapsia, que terminaria — ainda mais com a confissão do réu — pela execução na fogueira.[16] Essa questão da publicidade da

---

[16] A mãe de Simão, Maria de Valença, por suas confissões, acabou por se encontrar na mesma posição, sem, no entanto, ter a desculpa da loucura. Foi necessário à

heresia era de suma importância, já que se ele não a tivesse comunicado com ninguém, e que ninguém soubesse que ele havia feito o tal jejum judaico (como diz que aconteceu), tratar-se-ia de heresia oculta, não tendo assim a mesma gravidade, podendo inclusive, segundo o Direito, ser absolvida sem processo judicial ou penitência pública.[17] Pelas perguntas que fez; por ter sublinhado nas denúncias todas as menções à insanidade, doideira, loucura ou melancolia de Simão, tentando ao mesmo tempo afastar as possibilidades de pacto com o demônio, possibilidade igualmente mencionada por algumas testemunhas e pelo próprio Simão, o inquisidor claramente mostra que sua tese predileta era a da loucura:

> I — Perguntado que conceito formava ele declarante do juízo e capacidade daquela pessoa que soubesse se tinha persuadido de tudo o que ele se persuadiu, que tinha crido tudo o que ele creu, e que tinha obrado tudo o que ele obrou enquanto lhe duraram as imaginações?
> S — Disse que havia de dizer que a tal pessoa estava louca.
> I — Perguntado se na realidade ele declarante o estava quando fez e creu tudo o que tem referido, e se o conhece assim?
> S — Disse que ele na realidade não estava louco no referido tempo, e assim o entende porque se lembra muito bem

---

Inquisição fazer recurso a Roma de modo a não relaxá-la ao braço secular e assim, à fogueira. Os Inquisidores, tendo em vista o arrependimento que qualificaram de sincero da ré, mantiveram-na presa até chegar resposta (positiva) da Congregação romana do Santo Ofício. Ela foi finalmente penitenciada no auto da fé de Évora (para onde havia sido transferida por conta do terremoto de 1755) de 20 de junho de 1756. Quase vinte anos nos cárceres da Inquisição! Sem contar o tempo do seu primeiro processo. ANTT, IL, pc. 1530-1.

17 O regimento da Inquisição de 1640 previa a apresentação por culpas ocultas *per accidens*, como seria o caso de Simão (ninguém soube que ele apostasiara e fizera um jejum judaico). Neste caso, "posto que os crimes totalmente ocultos não estejam sujeitos ao juízo da Igreja", os inquisidores mesmos deveriam absolver o apresentado e reconciliá-lo judicialmente, impondo-lhe penitências espirituais. Não foi o que aconteceu com ele. Cf. FRANCO; ASSUNÇÃO, 2004, p. 344.

de tudo o que passou, porém conhece claramente que estava cego pelo inimigo, e sem uso algum de razão.

O inquisidor quis afastar essa possibilidade de intervenção demoníaca e da relação do "inimigo" com a loucura, que para Simão parecia natural, como também demonstram as relações que ele fez entre sua loucura e a animalidade.

> I — Perguntado se crereria [sic] o que creu e se faria o que fez se estivesse com perfeito juízo com que agora se acha?
> S — Disse que de sorte nenhuma [...].
> I — Perguntado se esteve em algum tempo louco? [...]
> S — Disse que ele até o tempo que lhe principiaram as ditas imaginações sempre teve perfeito entendimento, e só depois que ela lhe principiaram o sentiu muito perturbado, e tanto que chegou, estando nestes cárceres a ladrar e a dar uivos como cão e a cantar como galo [...].
> I — Perguntado que peças eram umas que ele declarante levava na sua arca quando se embarcou? Com grande resguardo e estimação? E as estimou tanto?
> S — Disse que quando teve as imaginações lhe veio à cabeça que todos os que eram presos no Santo Ofício eram anjos do céu, e que todas as cousas de que usavam eram sagradas e santas, e dignas de veneração, e por esta causa arrecadou os sapatos velhos que achou no cárcere, e não sabe de quem foram, embrulhados de pano que achou dentro de uns buracos do mesmo cárcere, e os levou consigo tendo-os em grande estimação até que conheceu que isto mesmo era loucura.

No encerramento deste interrogatório, lido a Simão, o inquisidor aventa a possibilidade de ele ter inventado essas loucuras de modo a "encobrir e desculpar" sua relapsia, admoestando-o, como de costume, que confessasse inteiramente suas culpas (fl. 63v). Mas não se tratava mais do que uma fórmula, já que não muito tempo depois (cerca de duas semanas) a mesa de Lisboa dá por encerrado o processo.

No relato que fazem ao Conselho Geral em 10 de março de 1741, os inquisidores de Lisboa (Simão José da Silveira, Manuel Varejão e Távora e Francisco Mendo Trigoso) resumiram o caso, e assentaram "que ele esteve louco e delirante no referido tempo das culpas [...] sem dolo e sem malícia, e que não devia ser castigado por elas, mas solto e posto em sua liberdade". Eles também lembraram "o mesmo risco deste preso de o poderem matar pela denunciação que deu nesta mesa", e perguntaram que providências tomar quanto a isso (fl. 65-65v).

Os deputados do Conselho Geral ordenaram que os inquisidores absolvessem Simão *ad cautelam* "da excomunhão que poderá ter incorrido", ou seja: lavaram as mãos caso Simão tivesse realmente incorrido em heresia, sem, no entanto, relevarem que se poderia tratar não de um primeiro delito, mas de uma relapsia. Quanto à segurança do preso, ordenam apenas que os inquisidores o advertissem "do perigo que pode ter a sua vida" (fl. 65).

Simão assina o termo de segredo três dias depois, em 13 de março de 1741, e desaparece da documentação.

CONCLUSÃO

Segundo os regimentos inquisitoriais, as pessoas que denunciassem ao Santo Ofício casos sob sua jurisdição, o fariam para "descarregarem suas consciências". Na abertura das visitas inquisitoriais, o pregador escolhido para fazer o sermão de praxe deveria ensinar aos fiéis "o zelo e a caridade com que as pessoas devem denunciar os culpados nos crimes que o edital da fé declara". O texto do monitório inquisitorial menciona as "consciências carregadas" e o perigo de os fiéis ficarem "ilaqueados com as excomunhões que se fulminam nos ditos editais".[18] Ora, Simão, muito pelo contrário, demonstra ter ficado com a consciência mais do que "carregada" ao auxiliar a Inquisição a prender várias pessoas, inclusive sua própria mãe. Seus ataques de fúria no caminho para o Rio de Janeiro, segundo ele, teriam sido o resultado de suas misérias. Que misérias seriam estas? Mesmo sem ter que portar o sambenito, estar marcado pela infamante sentença inquisitorial? Estar a caminho de uma cidade desconhecida com uma mão na frente e outra atrás? Ter tido parte na execução, mesmo que de modo indireto (mas isso ele não podia saber de certeza), de AJS? Ter causado a prisão de sua mãe e daqueles que a haviam recolhido depois da primeira passagem deles pelos cárceres inquisitoriais?

O relato que o próprio Simão faz ao inquisidor poderia ser um prato cheio para uma análise psicológica bastante detalhada do personagem. A sacrílega oração a Santo Antônio José mereceria (mas aqui não é o lugar) uma contextualização mais ampla da noção de martírio por entre os cristãos-novos, a partir do belo estudo de Miram Bodian.[19]

---

18 Sobre a Inquisição portuguesa e a questão da consciência: FEITLER, Bruno, 2007, pp. 227-242. Uma análise mais abrangente no incontornável PROSPERI, 2014 (ed. original italiana: 1996).

19 A imagem que Simão transmite do martírio seria mais parecida com aquele "iletrado" do século XV do que com o erudito e argumentativo dos séculos seguintes. Cf. BODIAN, 2007.

Serpentes enormes; medo incomensurável; arrenegar do pai e dos parentes, mas não da sua "rica mãe"; ter pensado que os "encantados" de d. Sebastião, sentados à mesa na nau de guerra Nossa Senhora da Glória o teriam "adotado por filho"; achar que caso tivesse sido atirado ao mar, teria sido engolido por um monstro como o profeta Jonas; crer que os réus da Inquisição eram "anjos do céu", mas na verdade encará-los mais como mártires e santos; a própria deprecação "Santo Antônio José, *ora pro nobis*", todos esses elementos do processo de Simão Rodrigues da Fonseca são uma porta de entrada para a mentalidade de um vaqueiro cristão-novo do Desterro do sertão de Jaguaribe (que sabia ler e escrever),[20] lançado nos labirintos da Inquisição e nas angústias do sentimento de culpa, e para o seu universo cultural, entre relatos bíblicos, princesas encantadas, sebastianismo e quem sabe até as peças de AJS.

---

[20] Primeiro processo contra Simão Rodrigues da Fonseca. ANTT, IL, pc. 2919, fl. 17-20.

OBRAS CITADAS

AMIEL, Charles. "L'Inquisition et les mouchards". *Le genre humain*, 16/17, 1987, pp. 297-310.

AZEVEDO, João Lúcio de Azevedo. *Novas Epanáforas*. Lisboa: Livraria Clássica/ Editora A.M. Teixeira, 1932.

BLUTEAU, Raphael. *Vocabulario Portuguez e Latino...* Coimbra: No Collegio das Artes da Companhia de Jesus, 1712-1728 (8 vols). Disponível em http://dicionarios.bbm.usp.br/en/dicionario/1/a. Acesso em 03/03/2016.

BODIAN, Miriam. *Dying in the Law of Moses. Crypto-Jewish Martyrdom in the Iberian World*. Bloomington/ Indinapolis: Indiana University Press, 2007.

DINES, Alberto. *Vínculos de fogo. Antônio José da Silva, o Judeu, e outras histórias da Inquisição em Portugal e no Brasil*. São Paulo: Companhia das Letras, 1992.

FEITLER, Bruno. *Inquisition, juifs et nouveaux-chrétiens au Brésil. Le Nordeste, XVIIème-XVIIIème siècles*. Leuven University Press, 2003.

_____. "Le refus de la communion aux nouveaux-chrétiens. La tendance rigoriste de l'Inquisition portugaise sous la présidence du dominicain João de Vasconcelos (1640)", *Revue d'Histoire Ecclésiastique*, 108, 2013, pp. 199-228.

_____. *Nas malhas da consciência. Igreja e Inquisição no Brasil*. São Paulo: Phoebus/ Alameda, 2007.

_____. "Processos e práxis inquisitoriais: problemas de método e de interpretação". *Revista de fontes* 1, 2014-2, pp. 55-64.

Regimento do Santo Officio da Inquisição...(1640) Apud FRANCO, José Eduardo; ASSUNÇÃO, Paulo de Assunção. *As metamorfoses de um polvo*. Lisboa: Prefácio, 2004.

PROSPERI, Adriano. *Tribunais da consciência. Inquisidores, confessores, missionários*. São Paulo: EdUSP, 2014 (ed. original italiana: 1996).

Primeiro processo contra Simão Rodrigues da Fonseca. ANTT, IL, pc. 2919.

SALOMON, Herman Prins. "Les procès de l'Inquisition portugaise comme documents littéraires, ou du bon usage du fonds inquisitorial de la Torre do Tombo". In: Études Portugaises ("Homenagem a António José Saraiva"). ICALP/ Ministério da Educação: Lisboa, 1990, pp. 151-164.

Segundo processo contra Simão Rodrigues da Fonseca. ANTT, IL, pc. 2919-1.

Segundo processo contra Maria de Valença. ANTT, IL, pc. 4059-1.

Antônio José da Silva, "o Judeu", na historiografia e literatura ídiche
NACHMAN FALBEL

Eminências, todo tempo que estou perante vós e falo, todo o tempo em que ainda não sou um corpo queimado para vossa honra, mas poeta de comédias, Antônio José — pela graça de Deus — somos igualmente privilegiados para a morte, e, qualquer ser humano pode ser atingido por um raio. A mim vós não podeis queimar, eminências. Poderão queimar meu corpo, não a minha palavra, podeis queimar meu livro, não a minha palavra. Minha palavra se fixará nas mentes. Ela ecoará na quinta geração. Ela voará de lábios desconhecidos como um pássaro de fogo e provocará contra vós um incêndio.

Alter Kacyzne[1]

---

[1] KACYZNE, Alter. *"Dem yidns opere"*, (A ópera d' "o Judeu"), ato 3, cena 1 in *Gezamelte schriftn* (Textos reunidos) de Alter Kacyzne, vol. I, Tel Aviv, I. L. Peretz, 1967, p. 185. Na edição italiana, *L'opera dell'ebreo*. Traduzida do ídiche por Paola Oietti, Firenze, La Giuntina, 1993, p. 69.

Apesar da importância de Antônio José da Silva, "o Judeu", poucas referências encontramos sobre o mártir e dramaturgo marrano vítima da Inquisição portuguesa entre os historiadores e literatos de língua ídiche, em contraste com a volumosa e significativa bibliografia existente em português ou mesmo em outras línguas modernas. Possivelmente a razão para tanto seja o fato de sua obra literária, bem como as fontes primárias e secundárias sobre sua vida terem sido escritas em português, língua que de certa forma poucos estudiosos judeus que se expressaram em ídiche tiveram suficiente conhecimento para lerem suas obras assim como a documentação concernente a sua vida na língua original. Outro fator para esse desconhecimento seria o fato de não ter sido traduzido a outras línguas modernas, com exceção de duas traduções parciais feitas no século XIX.[2] Mais recentemente, como bem observa Philip Krummrich, a sua obra dramatúrgica passou a ser traduzida como uma verdadeira "descoberta" por estudiosos da literatura portuguesa.[3] Porém, poderíamos adicionar um outro fator, não menos decisivo para essa alienação, ou seja a limitada atenção dada a história dos cristãos-novos e a atuação da instituição inquisitorial no Novo Mundo nas obras dos consagrados historiadores judeus cujas obras serviram de pedras angulares para a formação de gerações de estudiosos que os sucederam. Me refiro às clássicas e fundadoras histórias do povo judeu de Heinrich Graetz (1817-1891), e seus pares da *Wissenschaft des Judentums* que escreveram em alemão, e em parte a de Simon Dubnov (1860-1941) que escreveu em ídiche — também em outras línguas — nas quais sequer se encontra um capítulo sobre o cripto-judaismo e judeus no continente além-mar, ainda que em seus monumentais trabalhos historiográficos se referem à Inquisição na

---

2 *A vida do grande D. Quijote*, traduzido ao francês por Ferdinand Denis e impresso na coleção "Oeuvres de Théatre Étrangeres" (o título correto é Chefs-d'oeuvre du théatre portugais — N.F.), Paris, 1823, pp. 365-496, e Ferdinand Wolf, *Dom Antônio José da Silva, der Verfasser der sogenannten "Opern des Juden"* (Operas d'"o Judeu"), Viena, 1860. Nessa sua obra F. Wolf traduziu extratos ao alemão.
(Disponível em https://www.fedora.phaidra.univie.ac.at/fedora/get/o:58608/bdef:-content/get). Acesso em 10 nov. 2015.

3 KRUMMRICH, 2010.

Península Ibérica e enfatizam a presença sefaradita na Holanda e outros lugares. A obra de Graetz, *Geschichte der Juden von den ältesten Zeiten bis am Gegenwart* (História dos judeus dos tempos mais antigos até o presente), publicada entre 1853-1875, refletia o movimento científico renovador da *Wissenschaft des Judentums* (Ciência do Judaísmo) e sua história erudita estava voltada à busca das fontes e raízes mais profundas do judaísmo antigo e medieval ainda que tenha também se dedicado à história moderna e contemporânea até o seu tempo. O notável tradutor ao hebraico da obra de Graetz, Saul Phinehas Rabbinowitz (*Shepher*, 1845-1910) procurou em muitos aspectos completar a obra do historiador ao tratar da Inquisição em Portugal chegando a mencionar a imigração judaica ao Brasil.[4] Por outro lado, Simon Dubnov, influenciado pela obra de Graetz, em sua obra *Veltgeschichte funem idischen folk* (História universal do povo judeu), composta por estudos iniciados ainda no final do século XIX e publicada mais tarde com esse título, revelava sua preocupação "sociológica" pelas correntes sociais, espirituais e culturais que se manifestaram no judaísmo europeu, assim como pelas instituições que modelaram a vida comunitária na história judaica, em particular na Europa central e oriental. Dubnov durante muitos anos se dedicara a elaborar monografias históricas sobre o movimento messiânico de Shabatai Zvi e de Jacob Frank, sobre o surgimento do hassidismo, sobre o Conselho das Quatro Nações (*Vaad Arba Aratzot*), temas que incorporaria em sua *Veltgeschichte*.[5] No entanto o meticuloso e

---

4 Graetz, Heinrich, *Divrei Iemei Israel* (História do povo de Israel), vol.VIII, pp.28-30. A tradução de Rabbinowitz, feita entre 1890-1899 além das muitas modificações, acréscimos e notas que fizera recebeu uma complementação de notas explicativas do sábio A. Harkavy. Utilizei-me da edição na qual consta no vol. I, M. Alapin, Varsóvia, 1916; vol.VII, HaMerkaz, Varsóvia, s/d; vol.VIII, Levin-Epstein, Varsóvia, 1908. Nos dois últimos volumes constam os capítulos referentes à Inquisição ibérica, a formação, a vida e a criatividade cultural dos centros dos sefaraditas oriundos da Península Ibérica da Holanda, Hamburgo e outros lugares. Do mesmo modo a fiel tradução ao ídiche da obra de Graetz sob o título *Di idische geschichte* (A História Judaica). Buenos Aires: Ed. S. Sigal, 1949, trás no volume 6, cap. 7, o título "Os marranos e sua época", pp. 7-41, sem qualquer menção de Antônio José da Silva.

5 A obra que seria publicada em 10 volumes em alemão em 1925-1929, em hebraico em 1923-1938, em russo 1934-1938, começaria a ser publicada em ídiche

prolífico historiador Dubnov continuou trabalhando até sua morte, atento às traduções e edições de suas obras, e incluirá em sua *Veltgeschichte* um preciso esboço biográfico sobre Antônio José da Silva.⁶ Eis o que escreve sobre ele:

Em uma das fogueiras elevou ao alto seu último suspiro o famoso dramaturgo Antônio José da Silva. Ele nasceu em 1705 no Brasil que pertencia a Portugal. Sua família era de ilustrados "anussim" que em segredo mantinham a crença judaica. Seu pai, um conhecido advogado no Rio de Janeiro, mantinha em severo sigilo o segredo da família. Mas a mãe Lourença era uma exaltada judia, era menos cuidadosa. Ela ficou sendo suspeita pela Inquisição. Em 1713 a prenderam e a levaram para Lisboa. O marido e os filhos a acompanharam. Em Lisboa mantiveram a mãe longos anos torturada na prisão, e os demais membros da família precisavam ser duplamente cuidadosos para que também não fossem presos. O jovem Silva estudou em uma escola portuguesa e se formou em direito canônico na Universidade de Coimbra. Em sociedade com seu pai dedicou-se a advocacia. Em 1726 a Inquisição o prendeu e o interrogou sob tortura sobre suas convicções religiosas. Mas ele suportou os tormentos e não confessou o terrível crime de guardar o judaísmo. Então o deixaram em liberdade. Logo Antônio Silva esperava que também libertariam sua mãe e pudesse estar presente também em seu casamento com uma "anuste" (convertida a força) que a inquisição também perseguiu. Antônio Silva começou a escrever em português dramas ou "óperas" que as imprimiam e encenavam no teatro de Lisboa. As "óperas" satíricas divertiam o público e traziam ao autor aplausos. Mas havia pessoas que viam em suas obras um espírito judaico e as denominavam "óperas judias". Certa vez quando Antônio estava junto ao seu círculo familiar e brincava com seus pequenos filhos "familiares" da inquisição entraram em sua casa e o levaram juntamente com sua

---

desde 1909 e o YIVO (Instituto Científico Judaico) em Vilna terminaria de publicar os últimos três volumes em 1938. Utilizei-me da edição do Congresso Mundial de Cultura Ídiche. Nova York-Buenos Aires, 1948-1956, 10 vols.

6 Encontra-se no volume VII, capítulo 4, item 41 *Anussim in lender fun inquizitzie* (Os marranos nos países da Inquisição), pp. 300-309.

grávida esposa à prisão (1737). Soube-se que uma escrava negra, a que ele castigou devido sua conduta de vida desregrada, o denunciou. Além dessa denúncia não havia contra ele nenhuma prova que pudesse comprovar que ele mantinha costumes judaicos. Mas os inquisidores sabiam bem como conseguir criar provas contra os seus aprisionados. Os espiões que espionavam os presos na própria prisão, testemunharam que em determinados dias ele não se alimentava, e que esses dias coincidiam com os dias de luto judaicos. As testemunhas em favor do acusado se sentiam impotentes. Seus amigos da sociedade cristã e mesmo os clérigos que asseguraram que ele frequentava a igreja e que praticava os rituais católicos. Os inquisidores sabiam que quanto mais os "anussim" procuravam exteriorizar sua religiosidade na igreja mais próximos à sinagoga suas almas se encontravam. Seu destino estava selado. Após dois anos de sofrimento na prisão, o tribunal da Inquisição o condenou a morte como devoto da fé judaica e como livre-pensador. O queimaram na fogueira de Lisboa em 19 de outubro de 1739. Estava com 34 anos de idade. Sua jovem mulher e velha mãe foram — por suas culpas pessoais — condenadas à prisão. Mas a mãe não sobreviveu à morte de seu filho: ela viria morrer três dias após. Uma das tragédias dentre as encenadas em Lisboa levou ao grande escritor francês Montesquieu escrever em sua obra *O espírito das leis*, que foi divulgada logo após (em 1748), um surpreendente capítulo que retrata a vileza, o horror da inquisição.

Dubnov acrescenta em nota de rodapé na página 307 nesse mesmo texto:

> Montesquieu diz (De l'esprit des lois, Livre XXV, chap. 13) que o impulso dado para ele escrever o capítulo lhe foi motivado pela morte na fogueira de uma jovem de 18 anos de idade em um auto da fé em Lisboa. Seus pensamentos ele formula como se fosse um trabalho de um escritor judeu, massem declinar o nome. O lutador pela liberdade de pensamento, Montesquieu, coloca na boca de um escritor judeu um magnífico discurso ao julgamento da inquisição.

Dubnov, a seguir, cita parte dos parágrafos do capítulo 13 de Montesquieu que traduziu ao ídiche:

> Professamos uma religião que vós mesmos sabeis que foi outrora querida por Deus: nós pensamos que Deus ainda a ama, e vós pensais que ele não a ama mais; e, porque vós pensais assim, fazeis passar pelo ferro e pelo fogo aqueles que se encontram no erro tão perdoável que é acreditar que Deus ainda ame o que já amou. Privais a vós mesmos da vantagem que a maneira como vossa religião se estabeleceu vos deu sobre os maometanos. Quando eles se vangloriam do número de seus fiéis, dizeis que a força os conseguiu e que estenderam sua religião pela espada: então, por que estabeleceis a vossa pelo fogo? Quando quereis fazer com que cheguemos até vós, nós vos objetamos uma fonte da qual vos vangloriais de descender. Respondei-nos que vossa religião é nova, mas divina; e o provais porque ela cresceu com a perseguição dos pagãos e com o sangue de vossos mártires; mas hoje vós assumis o papel dos Dioclecianos e fazeis com que assumamos o nosso. Mas se não quereis ser cristãos, sede pelo menos homens: tratai-nos como nos trataríeis se, tendo apenas estas fracas luzes de justiça que a natureza nos dá, não tivésseis uma religião que vos conduzisse e uma revelação para vos esclarecer. Se o céu amou-vos o bastante para fazer com que vejais a verdade, ele vos deu uma grande graça; mas será que os filhos que tiveram a herança de seu pai devem odiar aqueles que não a tiveram? Se detendes essa verdade, não a escondais de nós pelo modo como no-la proponeis. O caráter da verdade é seu triunfo sobre os corações e os espíritos, e não essa impotência que confessais quando quereis fazer com que ela seja recebida pelos suplícios. É preciso que nós vos previnamos de algo: é que, se alguém na posteridade ousar dizer que no século em que vivemos os povos da Europa eram policiados, vão citar-vos para provar que eram bárbaros; e a ideia que terão de vós será tal que

rebaixará vosso século e levará o ódio sobre todos os vossos contemporâneos.[7]

Dubnov encerra esse item do capítulo de seu livro com a narrativa histórica da mudança ocorrida, a partir de 1750, período de atuação do Marquês de Pombal que levaria a eliminar a distinção entre cristão-novo e velho em Portugal não esquecendo de mencionar a deliciosa história dos três chapéus por ocasião do encontro entre o rei José I e o Marquês; o terremoto de Lisboa em 1755 e a destruição do edifício em que se reunia o "Santo Ofício", até a eliminação formal da inquisição portuguesa em 1821.

Podemos aventar a hipótese de que a grande difusão da obra de Simon Dubnov no mundo judaico de língua ídiche deu aos seus leitores certo conhecimento sobre a figura de Antônio José da Silva, "o Judeu", e, possivelmente, inspirou poetas e escritores da diáspora asquenazita.

Porém, surpreendentemente, podemos constatar que na não menos monumental história da literatura judaica escrita em ídiche de Israel Zinberg (1873-1939) não há qualquer menção sobre nosso personagem.[8] Nela Zinberg, que lera a obra de Meyer Kayserling,[9] se refere à produção literária judaica na Holanda, assim como em outros lugares da diáspora sefaradita, de autores oriundos da Península Ibérica, cristãos-novos e seus descendentes que retornaram ao judaísmo. No sexto capítulo do quarto volume de sua obra faz referência ao centro cultural de Amsterdã e alguns de seus proeminentes pensadores de origem marrana, entre eles Isaac Aboab da Fonseca e Moshe Raphael de Aguilar, além de Menasseh Ben Israel e Spinoza, mas não se referirá a Antônio José da Silva.

Exceção, no entanto, ainda na historiografia do século XIX, é a obra do notável Meyer Kayserling (1829-1905) que em sua *História dos judeus em Portugal*, escrita em alemão e publicada em 1867,

---

[7] Adotei a tradução de Montesquieu ao português (MONTESQUIEU, 1996, pp. 495-498).

[8] Utilizei-me da edição *Di geschichte fun der literatur bei Yidn*. Farlag Moshe Schmuel Sklarski. New York: 1943, 10 vols.

[9] KAYSERLING, 2009.

dedica o último capítulo a algumas vítimas da Inquisição lembrando entre outros a Antônio José da Silva sobre o qual traça um ligeiro esboço biográfico até o auto da fé de 1739 no qual seria queimado. Kayserling interessado na história dos judeus na Península Ibérica assim como na diáspora sefaradita tinha o imprescindível instrumento linguístico para pesquisar e trabalhar com esses temas: o conhecimento da língua portuguesa, além de outras que igualmente dominava.

Assim, podemos entender que Antônio José da Silva,"o Judeu", modernamente, será estudado principalmente por historiadores de língua ídiche que dominavam a língua portuguesa, o que lhes daria acesso direto aos textos e as fontes bibliográficas sobre o genial dramaturgo. Portanto, não é de se estranhar que esses poucos historiadores eram imigrantes, oriundos da Europa oriental e portadores de uma cultura ídiche que ao se radicaram no Brasil puderam ter contato com a sua obra e lê-lo na língua do país em que viviam.

O primeiro historiador no Brasil a escrever em ídiche sobre Antônio José da Silva foi Jacob Nachbin (1900-1943), poeta, jornalista e interessado na história dos judeus no Brasil e Portugal, que soube valorizar a importância de sua obra literária e se sensibilizar com a trágica trajetória do cristão-novo e sua família. Nachbin tinha um bom conhecimento da língua portuguesa, e demonstraria no decorrer de sua vida um extraordinário talento para o aprendizado de línguas.[10] Ele publicou seu trabalho no *Idische Folkstzeitung* (Gazeta Israelita) em 2 de outubro de 1929, um periódico que saia à lume na cidade do Rio de Janeiro. O mesmo autor do artigo, tem um trabalho mais amplo sobre Antônio José que será publicado em forma de livro. Nesse mesmo ano de 1929 quando foi editada sua obra *Der letzter fun di groisse Zacutos* (O último dos grandes Zacutos) ele informava que já havia publicado em Buenos Aires em 1927 um trabalho sobre "o Judeu" sem que desse qualquer indicação adicional.[11]

---

10 FALBEL, 2013.

11 Vide no final de seu livro *Der letzter fun di groisse Zacutos*, Paris, 1929, p.128, a relação das "obras do mesmo autor". Não pudemos localizar o referido artigo publicado em Buenos Aires.

O artigo no periódico do Rio de Janeiro tinha como título "Antônio José da Silva" (para o 190º aniversário do poeta-mártir judeu português-brasileiro). Nele escrevia :

> "O Judeu", esse era o seu moralmente elevado nome. Sob esse nome era conhecido em todo Portugal, Brasil e também em outros países da Europa ocidental. Em Roma era um tema [preocupante] para a dinastia papal. Receava-se que seria mais uma vez um reavivador do já há muito tempo subjugado marranismo ("anussism"). E nos círculos liberais da França o consideravam um exemplo de emancipação pessoal. Em especial Montesquieu, um dos revolucionários franceses, citou "o Judeu" em sua luta contra o fanatismo da Igreja Católica.[12] E houve os que diziam se já não fosse Antônio José da Silva já denominado "o Judeu", poder-se-ia torná-lo um símbolo do judaísmo! E não foram judeus os que escreveram sobre as grandes virtudes de sua origem. Em seu nome "Judeu" expressaram sua história de vida, o martirológio judaico de sua família, a tragédia do judaísmo medieval da Península Pirenaica. Para eles "o Judeu" foi uma elevada renovação do gnosticismo (sic) judaico, um símbolo da descendência da nobreza patriarcal. Era isso um privilégio que "o Judeu" de nossos dias, com um "passaporte nacional", não teria o mérito de possuir. Não considerando a marcante característica de Antônio José da Silva como judeu é admirável como os pesquisadores de história e críticos de literatura portugueses o viram como o verdadeiro poeta do espírito nacional português. Essa avaliação se aplica "ao Judeu" por ele ter tido a sorte

---

[12] Na verdade, como vimos acima, Montesquieu não menciona o nome de Antônio José da Silva em seu livro *O espírito das leis*. Dubnov traz o texto de Montesquieu para fundamentar sua crítica a Inquisição. No entanto, a menção de Montesquieu no artigo de Nachbin talvez possa indicar que ele a lera em alguma edição da obra de Dubnov, ou, quem sabe, em algum dos autores de língua portuguesa que escreveram sobre o tema em questão.

de ter nascido em um tempo em que a literatura portuguesa passava por um período de decadência. Foi, então, ele, Antônio José, que a elevou e a expressou com seu vivo talento e com sua inspiração artística promoveu no povo uma nova tendência para aprimorar o gosto da linguagem e ritmo da herança artística portuguesa, em especial um novo olhar para a arte teatral. Mas para nós judeus "o Judeu" tem o direito de ser visto como o cavaleiro espiritual no tocante aos acontecimentos no judaísmo medieval.[13]

Nachbin passará, em continuação ao seu artigo, a lembrar em poucas linhas, o papel desempenhado pelos judeus em todos os setores da sociedade portuguesa durante sua história "medieval", na construção, na agricultura, literatura e arte, diplomacia; comparará a obra e prestígio de Antônio José a de Molière e outros poetas europeus;

> apesar das perseguições que sofria de parte das autoridades do país, além de ser judeu era um fiel e verdadeiro português e em nenhum momento demonstrou odiar a terra em que nasceu e foi queimado física e espiritualmente (sobre isso testemunham seus poemas e suas peças). Sua integridade pessoal se revelava em relação à tradição judaica ao mesmo tempo que mostrava o mesmo amor ao povo português não se levando em conta que sua modesta mãe se encontrava perseguida pelos inquisidores, que seu pai, um velho de 80 anos, se encontrava confinado nos cárceres do "Santo Tribunal", e apesar disso ele era apegado a santidade de sua Torá, ao sangue de seu povo, e pela qual ele de fato sacrificou no altar formado pelos corações de pedra das autoridades de Roma! Em sua personalidade encontrava-se a fraternal síntese entre ser judeu e português. Os senhores do reino poderiam ser o que eram, ele, no en-

---

[13] O conceito de "período medieval" em Nachbin abrange cronologicamente também o que é convencionado como período moderno.

tanto, amava os judeus e o povo que de fato o admirava e o trazia em seu coração como se o endeusassem. Ele vivenciava sua postura moral, imitava seus costumes... Falava-se sobre ele, se o representava, se o cantava e se o louvava com ilimitado entusiasmo e a semelhança de uma secular tradição folclórica suas obras passavam de mãos em mãos. Como uma canção secular eram passadas de boca a boca e tudo ao redor do amado "Judeu" vibrava com entusiasmo nacional — ao mesmo tempo em que a fumaça do auto da fé queimava seu coração com doloroso sentimento de revolta. Para termos uma ideia sobre a valorização nacional [dos escritos] atribuídos naquele tempo "ao Judeu" é interessante trazer uma citação do editor da obra de Antônio José, Francisco Luís Ameno, que ao preparar a publicação de seus escritos em 1744, entre outras coisas escreveu:

Para satisfazer o desejo do público em geral tomei a mim a tarefa de reunir todas as obras de Antônio José da Silva para publicá-las em forma de livro, a fim do público não precisar mais copiar as mesmas das representações que são encenadas no teatro com tal colossal frequência que é impossível calcular. Estou certo que minha iniciativa agradará em muito o leitor porque além de agradá-lo sirvo a pátria com a publicação da obra que por seu alcance e valor literário é a primeira do gênero que foi escrita em nossa língua. No entanto é hoje em dia pequeno o número de pessoas que tem um conhecimento da obra desse clássico dramaturgo — o mais popular que a literatura portuguesa teve até o seu tempo. Houve um tempo em que seus escritos foram publicados em várias edições mas hoje já são raras antiguidades, quase inencontráveis. O povo português o esqueceu e o moderno judaísmo o desconhece. Essa é toda memória que resta do mártir poeta judeu até o seu 190º aniversário de falecimento! Antônio José nasceu na capital brasileira do Rio de Janeiro sendo o mais jovem dos três filhos menores dos já então independentes. A atenção e o amor dos pais se concentrou no filho mais jovem Antônio no qual depositavam suas aspirações e esperanças, e que revelava ter admirável talento e vontade. Desse modo ele se livraria das atrocidades e poderia ficar protegido assim como eles desejavam. Mas a desgraça se insinuou e começou a opor obstáculos aos sonhos dos esperançosos pais. Primeiramente o "Santo Tribunal" arrestou sua mãe presa em correntes mortíferas, e João Mendes seguiu sua infeliz esposa levando consigo a Antônio José da Silva de 7 anos.[14] Isso ocorreu no final de 1712. Em Lisboa os inquisidores prenderam também o seu idoso pai e o talentoso jovem, que naquele tempo já tinha a fama de jovem genial [Nachbin emprega o termo hebraico *ilui* — N.F.]. Ele foi levado a Coimbra e o "Tribunal" o entregou a um seminário católico para ter uma educação cristã. Em Coimbra o jovem Antônio esteve cercado por "anussim" e judeus perseguidos que estudavam discretamente com ele Torá, Talmud e outras leis. E foi durante esses anos em que terminou o seminário se diplomou como advogado ao mesmo tempo em que também atingiu o nível de professor em estudos judaicos [usa a expressão hebraica *more horaá* — N.F.]. A notícia chegou aos seus aprisionados pais e eles disseram aos inquisidores: "Deus nos deu o que nos pertence e vocês podem tomar o que é vosso..."[15] No ano de 1726 Antônio José da Silva voltou a Lisboa para trabalhar como advogado junto ao seu pai o qual, naquele tempo, também foi libertado. Mas poucos dias puderam estar juntos pai e filho porque em 8 de agosto do mesmo ano puseram Antônio nos cárceres porque ele não soube responder a todas as questões relativas ao cristianismo quando foi interrogado. Mas, por fim, após muitos esforços, os inquisidores levaram em consideração seu "arrependimento" e libertaram o jovem "Judeu" Antônio José sob certas

---

14 Na verdade A.J. já estava com 8 anos de idade.

15 Certamente essa passagem no escrito de Nachbin é fruto de sua imaginação.

condições que deveriam evitar novas perseguições. Com isso o jovem poeta ficou tranquilo e se entregou ao seu trabalho literário que havia iniciado em Coimbra como seminarista. Desde esse tempo os historiadores da literatura portugueses calculam que o poeta viveu um período tranquilo durante 11 anos. Nesses 11 anos ele terminou os seguintes dramas que até hoje são apreciados: *A vida do grande D. Quijote*, *A vida de Esopo ou [Esopaida]*, *Os encantos de Medea*, *[Amphitrio] ou Júpiter e Alcmena*, *Os feitos do diabinho da mão furada*, *O labirinto de Creta*, *Guerras de Alecrim [e Manjerona]*.

A seguir Nachbin menciona outros títulos como sendo de autoria do "o Judeu" a saber: *Adriano em Syria*, *Semiramis*, *Filinto*, *Adolonymo*, *Ninpha Siringa*,[16] encerrando esse parágrafo com as palavras:

> e muitas outras óperas, poemas e sátiras que foram queimadas e outras que não foram publicadas.[17] No ano de 1734 ele casou-se com Leonor Maria de Carvalho, uma judia fiel que se salvou do auto da fé na Espanha e encontrou abrigo com os pais de Antônio José. Naquele tempo seu prestígio literário cresceu imensamente porque suas finas sátiras e sua contundente crítica contra os inquisidores encontraram eco nos sentimentos do povo. Dessa vez os

---

16 *Ninpha Siringa* ou *Os amores de Pã e Siringa* é uma ópera de Alexandre António de Lima.

17 Nachbin acrescentou esses últimos títulos devido a leitura do prólogo de Francisco Luiz Ameno na edição dos dois volumes de 1744 no qual prometia editar os planejados terceiro e quarto. No entanto, essas peças não eram de autoria de Antônio José, como bem explicita Varnhagen em seu artigo "Antônio José´da Silva": "Ameno na reedição de 1747 dos dois volumes publicados por ele três anos antes teve que mudar o que escrevera no prólogo que se referia as peças que havia prometido. No que de novo escreve diz que não pode dar as peças prometidas por haver d'estas autor vivo que não consentia que outro as imprimisse. Do que fica claro que não era seu autor Antônio José" (VARNHAGEN, 1847, p. 118-120).

inquisidores o aprisionaram com o objetivo de acabar com a vida do poeta e no dia 16 de outubro de 1739 toda sua família foi processada e condenada à morte pela fogueira. Dois dias após, em 18 de outubro eles foram levados da igreja do convento de São Domingos em Lisboa tristemente acompanhados pelos sons dos sinos sanguinolentos da igreja. Entre os julgados estavam o poeta, sua mulher e sua mãe (o pai já havia falecido na prisão), juntamente com outras almas infelizes. As labaredas os engoliram sob o testemunho de escondidas preces que de algum lugar lamentavam a expirada alma do "Judeu" e sua família. E após 190 anos o genial Antônio José da Silva sobreviveu apenas como um documento histórico ficando esquecido para os dois povos para os quais ele se sacrificou.

Nachbin, nessa fase de sua atividade jornalística, pouco dominava a metodologia da pesquisa histórica, o que viria acontecer anos após abandonar o Brasil e se integrar como arquivista, e também professor, na Northwestern University de Illinois.[18] Na verdade seu amadurecimento intelectual dar-se-ia gradativamente nos anos em que esteve vinculado a vida acadêmica americana atuando como arquivista e professor de línguas românicas e com os seus estudos sobre os Lucidários publicados na Europa. Porém, no artigo em questão, sobre Antônio José da Silva, Nachbin ainda se mostra o poeta-jornalista que dá largas à sua imaginação na forma de escrever que supre a falta de precisão e nenhum rigor em relação aos dados, fatos e conteúdo histórico. Por vezes seu ídiche é extremamente rebuscado a ponto de se tornar incompreensível e quem pretende traduzi-lo por vezes se vê obrigado a "reescrevê-lo" para tornar o texto

---

18 Mesmo em seu livro *Der letzter fun di groisse Zacutos* ainda mostra graves deficiências no tocante a metodologia da pesquisa histórica a começar do modo de citação das fontes históricas. O historiador e escritor Itzhak Raizman, que valorizou seu trabalho pioneiro já havia criticado esse aspecto da obra de Nachbin. Veja Raizman, I. *Idische sheferishkeit in lender fun portugalischen loschen* (Critividade judaica nos países de língua portuguesa), Muzeum LeOmanut Hadfus, Safed, 1975,pp. 263-266.

compreensível.[19] No entanto, devemos reconhecer, o quão admirável foi em sua intuitiva captação e abordagem de temas importantes da história dos judeus no Brasil que como seu verdadeiro pioneiro.

Seguindo as pegadas de Nachbin, o historiador Itzhak Z. Raizman (1901-1976), que viveu durante muitos anos no Brasil, escreveu, entre outros trabalhos, em ídiche, sobre Antônio José da Silva, "o Judeu". Raizman que deu uma importante contribuição à história da imprensa ídiche-brasileira, também se ocupou de certos aspectos pontuais da história dos judeus no Brasil e de Portugal.[20]

Em seu livro *Geschichte fun yidn in Brazil* (História dos judeus no Brasil), ele intitula o último capítulo "Antônio José da Silva", apresentando sobre o personagem uma pequena síntese biográfica.[21]

---

19 Aron Kaufman, fundador do jornal *Dos Idische Vochenblat* (O Semanário Israelita), em suas Memórias (*Zichroines um Dertzeilungen*) manuscritas, queixava-se do estilo de Nachbin que se comprazia em usar termos de significado inacessível. Kaufman escreve: "No tocante ao conteúdo, ele podia despertar o interesse do leitor, mesmo que por vezes não se estivesse de acordo com suas posições. Mas via como necessário, porém, de utilizar-se de um vocabulário especial de palavras "intelectualizadas" bem como de expressões que apenas ele mesmo era dotado de entendimento para decifrá-las, explicá-las e compreendê-las. A língua materna popular que usava instintivamente na sua expressão verbal e na escrita, o ídiche, revirava-a de tal modo a ponto de acabar obscurecendo o seu conteúdo." (FALBEL, 2013 p. 56).

20 Ver *A fertl yohrhundert idische presse in Brazil, 1915-1940* (Um quarto de século de imprensa judaica no Brasil, 1915-1940). *Muzeum Le Omanut Hadfus*, Safed), 1968. Raizman complementaria seu trabalho estendendo-o cronologicamente até o ano de 1955. Vide "Quarenta anos de imprensa judaica no Brasil 1915-1955". In: Falbel, N., *Judeus no Brasil, Estudos e notas*, EDUSP-Humanitas, São Paulo, 2008, pp. 761-777.

21 RAIZMAN,1935, pp. 133-144. Raizman (Isaac Z.) publicará em português com o mesmo título *História dos Israelitas no Brasil*, Editorial Buch-Presse, São Paulo, 1937. O autor traduzirá ao ídiche as resenhas críticas sobre o livro na imprensa brasileira na coletânea de sua autoria intitulada *Idische sheferishkeit*, pp. 377-395, sobre a qual nos referimos mais acima. Na *Geschichte* ele seguiu a ordem dos capítulos mas modificou o último da edição em ídiche denominando-o "As famílias judaicas que ficaram no Brasil" (pp.89-93) no qual se refere resumidamente ao número de brasileiros condenados e queimados pela Inquisição nos diversos autos da fé e ao se referir ao auto da fé de 21 (sic) de outubro de 1739 omite o que havia escrito sobre Antônio José da Silva na longa versão em ídiche. Sobre o dramaturgo ele apenas dirá: "Nesta última data [21 de outubro de 1739], incluído nesse número

A sua elaboração segue muito de perto o que Nachbin havia escrito anteriormente em seu artigo mas procurando fundamentar historicamente o que escrevia. Raizman, assim como Nachbin, carecia de uma escolaridade formal como historiador e nesse tempo dava seus primeiros passos no conhecimento da história dos judeus no Brasil. Conhecia a língua portuguesa o suficiente para ler os autores brasileiros e portugueses a saber: Varnhagen, *História geral do Brasil*; Lúcio d'Azevedo, *História dos cristãos-novos portugueses*; Solidonio Leite Filho, *Os judeus no Brasil*; Camilo Castelo Branco, "o Judeu"; Viriato Corrêa, *O Brasil de meus avós*, os quais cita em sua obra. Em sua *Geschichte* ele de fato demonstra ter lido uma ampla literatura histórica em português a fim de fundamentar a redação dos capítulos abordados em sua obra. Nesse último capítulo não acrescenta nenhuma informação adicional ao que já se havia escrito sobre o dramaturgo a não ser alguns equívocos ou erros.[22]

> De Gil Vicente até Antônio José, que costumeiramente, em Lisboa, era denominado "o Judeu", não há nenhuma obra nacional na literatura cênica portuguesa, que mereça ser destacada. Por isso é compreensível com que entusiasmo o povo recebia toda representação jocosa e popular de suas comédias. Até Antônio José, dominava em toda Portugal a ópera italiana, que o rei apoiava generosamente; também o sério drama espanhol que entusiasmava a intelectualidade e frequentemente partes do povo assim como o teatro de marionetes, que costumava divertir e arrancar gargalhadas nas amplas massas populares. Em um tempo de total falta de apresentação de um teatro nacional, surgiu

---

[12 vítimas], morre queimado em praça pública o grande dramaturgo Antônio José da Silva."

[22] À exemplo do nome do pai de Antônio José que ele denomina José Mendes da Silva em lugar de João Mendes da Silva, ou ainda o ano de viagem da família à Portugal, após o aprisionamento de sua mãe, que ele indica ser 1713, em lugar de 1712. Também se equivoca na data do auto da fé no qual foi queimado, afirmando ter se dado em 21 de outubro em vez de 18 de outubro de 1739.

Antônio José com seus trabalhos e rapidamente tornou-se o mais querido das multidões. Em 1729 ele termina seus estudos em Coimbra e se dedica à literatura cênica. Inesperadamente ele brilha no negro horizonte do teatro nacional e se torna logo o liberal animador da alma nacional. Sua linguagem popular, sua viva apresentação da vida do povo, dos sentimentos e traços característicos do povo, e o tom humorístico de suas peças teatrais, que desperta um riso fraternal sobre todas as situações desagradáveis da vida. Enquanto tais situações eram expressas com elevado e arrogante tom nas peças de Gil Vicente, ele as satiriza, e é justamente isso que o tornou amado pelo povo. Por isso as noites em que eram encenadas suas peças nos teatros do "Bairro Alto" e na "Mouraria" passavam a ser verdadeiros momentos de festividade popular. O sucesso do jovem dramaturgo, "o Judeu", e sua adoração por parte do povo despertou o ódio dos inquisidores, e como ele parecia se confrontar com todas as forças obscuras seu espírito satírico judaico criava no teatro uma peça trás a outra e na boca de seus personagens populares sempre encontrava a ocasião de introduzir expressões que de vários modos protestavam contra as injustiças e arbitrariedades dos poderosos sem que fossem penalizados, enquanto, naquele tempo, frequentemente, um homem do povo pagava por isso com sua vida. O povo começou a vê-lo como o poeta popular nacional que está inteirado de todas suas alegrias e mostra-se estar ao seu lado em todos os momentos difíceis. Mas os inquisidores olhavam com maus olhos os seus trabalhos, sua popularidade, e somente aguardavam uma ocasião para tê-lo em suas garras. Essa ocasião de fato surgiu quando ele encenou sua nova comédia *Os dois Anfitriãos* (sic), que praticamente encerrou seu destino. Antônio José se deixou levar pelo esquecimento, avaliando exageradamente o poder do povo e sua popularidade frente a sede de sangue da Inquisição. Em sua lembrada comédia (*Os dois Anfitriãos*) coloca na boca de seu herói os versos:

Sorte tirana, estrela rigorosa,
que maligna influis com luz opaca
rigor tão fero contra um inocente!
Que delito fiz eu, para que sinta
o peso desta aspérrima cadeia
nos horrores de um cárcere penoso,
em cuja triste, lôbrega morada
habita a confusão e o susto mora?
Mas, se acaso, tirana, estrela ímpia,
É culpa o não ter culpa, eu culpa tenho;
mas, se a culpa que tenho não é culpa,
para que usurpais com impiedade
o crédito, a esposa e a liberdade?[23]

Pareceu ser muito evidente para a Inquisição seu tom acusador e dessa vez suas estrofes soaram muito fortes para que se o perdoasse. Mas como não tinham nenhum motivo para inculpar o amado poeta popular encontraram uma escrava que o denunciou ao tribunal da Inquisição confirmando que ele guardava a fé judaica. Dessa vez Antônio José mostrou-se cauteloso. Aceitou ser verdadeira a acusação perante os inquisidores e como eles somente o culpavam de se identificar com o povo judeu [religião judaica — N.F.], ele, por essa via procurou se livrar de suas garras e lutar como um leão por sua vida. Trás testemunhos ao seu favor personalidades proeminentes naquele tempo, como os frades: Antônio Coutinho, José da Câmara, Diogo Pantoja, o clérigo Bruno de Almeida, clérigos, e o juiz Dr. Jeronimo da Silva Araujo. Todos testemunham em favor de Antônio José, mas os inquisidores não o deixam escapar de suas garras e ele fica retido nos cárceres da Inquisição sob observação e ali os inquisidores o colocam sob a vigia de um réprobo, Bento Pereira, que mais tarde dará tes-

---

23 *Obras Completas de A. José da Silva*, Coleção Clássicos de Sá. da Costa, p.213. Disponível em: HTTP://www.unesp.br/Home/Pesquisa/GruposdePesquisa/Dramaturgia-GPD/O Judeu.

temunho ao tribunal da Inquisição, com desavergonhado cinismo e evidente falsidade, isto é, que Antônio José ria quando se mencionava o nome de Cristo; que ele não dizia corretamente as orações; que jejuava na segunda-feira e quinta-feira e jogava fora a comida que se lhe traziam nos dias de luto judaicos [*taanit* — N.F.]. Esse testemunho do réprobo Bento Pereira pesou mais do que o testemunho dos que queriam salvar Antônio José da fogueira e também inutilizou o grande trabalho de salvação de seus amigos, em especial a do influente Conde de Ericeira, que empregou todos os meios para salvá-lo. E, em 11 de março de 1739, ele finalmente foi julgado como incrédulo, herético e condenado a pena máxima — a fogueira. Nenhum meio e nenhuma apelação o ajudou e em 21 de outubro do mesmo ano Antônio José, "o dramaturgo judeu" brasileiro foi levado à fogueira que os inquisidores lhe prepararam no "Campo dos carneiros"(sic),[24] como vingança tomada por aquelas frases agressivas de seu herói na peça *Dois Anfitriões*. Não contentes apenas com sua morte, os inquisidores obrigaram sua velha mãe de 70 anos, sua esposa dona Leonor Maria de Carvalho e sua pequena filha de quatro anos estarem presentes na execução. Assim elevou-se da fogueira a alma de um dos mais talentosos filhos do povo judeu, que certamente, em sua consciência, manteve em sua obra o elevado sentimento judaico de moral e verdade, os quais ele e outros milhares de mártires pagaram com suas vidas.

Podemos supor que Nachbin, assim como Raizman, teve uma primeira iniciação na história dos judeus no Brasil com a leitura do

---

[24] Raizman traduziu ao ídiche a expressão ou nome "Campo de Lan" que se encontra na p. 95 da obra de Solidonio Leite Filho, mencionada na nota abaixo, como "Campo dos carneiros". Teófilo Braga explica que "desde 1713 deixaram de se fazer as fogueiras dos autos de fé no Rossio, passando para o Campo da Forca ou Terreiro de Lã (hoje Terreiro do Trigo)." (BRAGA, 1983, p.107).

livro de Solidonio Leite Filho publicado em 1923.[25] Em sua obra, Solidonio Leite Filho, dedicou um capítulo sobre a Inquisição no Brasil.[26]

Mais tarde Raizman publicaria um novo trabalho sobre Antônio José da Silva, "o Judeu" na coletânea de sua autoria intitulada *Idische sheferischkeit in lender fun portugalischen loshen: Portugal un Brazil* (Criatividade judaica nos países de língua portuguesa: Portugal e Brasil).[27] Diferentemente do que escreveu no capítulo de seu livro sobre a história dos judeus no Brasil referente ao nosso dramaturgo procura ser mais exato com os dados e informações históricas, corrigindo erros que havia cometido anteriormente.[28]

De início, no *Idische sheferishkeit*, Raizman manifesta sua convicção de, apesar do grande volume de estudos sobre o dramaturgo, os seus "biógrafos não se detiveram efetivamente no aspecto judaico de sua vida e de sua obra". Mais adiante dirá: "Em todo caso não

---

25 À diferença de Nachbin, que em seu artigo não cita fontes bibliográficas (com exceção da edição da coletânea das obras do "o Judeu" publicada por Ameno em 1744), Raizman explicita a bibliografia utilizada na *Geschichte fun ydin in Brazil* em todos os seus capítulos incluso o sobre Antônio José da Silva. Solidonio Leite Filho, *Os judeus no Brasil*, Editores J. Leite, Rio de Janeiro, 1923. Sua obra foi anunciada no periódico *Dos Idische Vochenblat* (O Semanário Israelita), do qual Nachbin foi por certo tempo redator, nos números: 36, 18/7/1924, p.12; 37, 25/7/1924, p.12;38, 1/8/1924, p.12;39, 8/8/1924, p.12. O livro do autor e respeitado intelectual brasileiro teve certo eco entre os imigrantes judeus daquele tempo, dos que podiam lê-lo em português, assim como entre os interessados na história dos judeus no Brasil.

26 Capítulo VII, "A Inquisição: sua influência no Brasil", pp. 79-98. Nas pp. 94-96 encontra-se a narrativa sobre Antônio José da Silva e sua família. Raizman chega a traduzir literalmente ao ídiche certas passagens do capítulo sobre Antônio José da Silva assim como de outros capítulos do livro de Solidonio Leite Filho.

27 Muzeum Le Omonut Hadfus betzfot (Safed), 1975, pp. 213-227.

28 Entre os erros mencionamos o aprisionamento e o envio da mãe do dramaturgo em 10 de outubro de 1712 à Lisboa durante o período do governador bispo Francisco de São Jerônimo. Mas, assim mesmo erra na data de sua abjuração dizendo ser também a de sua libertação, dando a data de 12 de outubro em vez de 13 de outubro (abjuração) sem mencionar a de 23 de outubro (data de sua libertação) de 1726. Também mantém o anterior erro sobre a data do auto da fé em que Antônio José foi queimado como sendo 21 de outubro de 1739.

podemos provar, que ele, a semelhança dos marranos, mantinha costumes judaicos, mesmo que se note em suas obras um peculiar acento judaico, sobre o qual muito pouco, ou quase nada foi lembrado nos trabalhos dos diversos autores". Pouca coisa Raizman acrescentará sobre Antônio José da Silva e sua família ao que já dissera anteriormente em sua *Geschichte*, mas enfocará fundamentalmente, em seu novo estudo, a obra literária do dramaturgo. Sob esse aspecto ele repetirá o que já havia escrito sobre o teatro em Portugal, a começar de Gil Vicente, seu desenvolvimento e o momento inovador com a obra de Antônio José da Silva, estendendo-se mais amplamente e com novas observações sobre o tema:

> A grande realização de Antônio José da Silva está no fato de ter expurgado o estranho inculto repertório e extrair das profundezas o tesouro popular, o modo de viver, o vestuário, o comportamento, os costumes, o humor, o fértil folclore e a maneira de pensar em geral do povo que o levaria a criar o teatro nacional em Portugal.[29]

Raizman passará a se referir em traços gerais ao conteúdo de algumas de suas peças, a saber *A vida do grande Don Quixote de La Mancha e do gordo Sancho Pança* (1733), *As guerras de Alecrim e Manjerona* (1737) bem como à peça *Esopaida* (1734) na qual se deterá um pouco mais.

Podemos afirmar que nesse estudo Raizman revela-se mais como escritor interessado nos aspectos literários do que nos históricos e,

---

29 p. 221. Raizman já havia publicado um artigo em inglês sob o título "Antônio José da Silva, The Jew", (RAIZMAN, 1951, pp. 325-332). Outros artigos sobre a temática judaico-brasileira também publicou na revista *Judaica* de Buenos Aires, a saber "Fernando de Noronha, arrendatário judio del Brasil" (1937, pp. 220-222); "Las comunidades judias del Brasil en los siglos XVI y XVII" (1957, pp. 51-64). Na documentação do escritor e jornalista Mendel Osherowitch (1888-1965),YIVO, New York, Subseries 5: Manuscripts by Others, 1924-1961, Box 12, 3.76 também encontra-se o texto de Raizman "Antônio José da Silva, The Jew", que publicou em 1951.

tudo indica, seu interesse nos escritos de nosso dramaturgo o levou a uma ampla leitura sobre a literatura portuguesa assim como o fez com a obra de Antônio José da Silva.[30] De fato fundamenta esse conhecimento com Silvio Romero, *História da literatura brasileira* (Rio de Janeiro, 1943), Mendes dos Remedios, *Subsidios para o Estudo da literatura portuguesa* (Coimbra, 1905), Mendes dos Remedios, *História da literatura portuguesa* (Coimbra, 1930), Teofilo Braga, *Manual da história da literatura portuguesa*, (Lisboa, 1910), Ferdinand Wolf, *Le Brésil Littéraire*, (Berlin, 1863) além da obra do clássico padre Manuel Bernardes, *Armas da Castidade*, (Lisboa, 1737). Vale lembrar que Raizman também escreveu uma obra literária ficcional *Lebns in shturem* (Vidas tempestuosas) na qual a trama tem como fundo a vida judaica no Brasil.[31]

No final de seu artigo Raizman publica uma relação da obras de Antônio José da Silva na ordem cronológica em que forem divulgadas ou encenadas no teatro do Bairro Alto em Lisboa. Também lembra que sua recuperação se deve ao achado de dois manuscritos, na Biblioteca Nacional em Lisboa e o outro na Academia de Ciências da mesma cidade. Sobre eles dirá:

> Afora os dramas que são parte desses manuscritos esses foram escritos na forma de pensamentos filosóficos e ao nosso ver nesses textos encontra-se o credo de A.J., daí a extraordinária importância desses documentos. O manuscrito da Biblioteca Nacional estava preservado no setor das obras reservadas sob o número 3087 e sob o nome "Obras do diabinho da mão furada". O manuscrito da Academia de Ciências apesar do conteúdo ser o mesmo do anterior, tem uma outra denominação: "O padrezinho da mão furada". Os manuscritos possuem cinco partes que em um original são chamados de "Folhetos" que pode ser enten-

---

30 Cita SILVA, 1957.

31 Editora Measef Israel, Tel Aviv, 1965. Resenhas críticas em órgãos de imprensa em ídiche, e a de autoria de Borwin Frenkel encontra-se na própria coletânea de Raizman *Idische sheferishkeit*, pp. 338-341 e pp. 352-354.

dido como folhas — e no segundo as partes são chamadas: "Folegos", que pode significar "tomar fôlego".

Após uma curta descrição dos mesmos manuscritos Raizman escreve:

> Nós nos afastaríamos em muito [do escopo deste trabalho] se tentássemos transmitir o conteúdo dos assuntos e as cenas nesses manuscritos, que lembram por muitas vezes os pensamentos de A. J. e como ele os levou à cena através das falas de seus heróis em seus dramas. Na introdução e no especial prólogo dirigido aos leitores, apresentamos o que se pode considerar "o credo" do autor. Assim inicialmente se dirige ao leitor: "Interessado leitor, nas fábulas transmito a você as decepções das aspirações e os sofrimentos, que chegam como um castigo. A fim de você fugir dos primeiros e se precaver dos segundos; a fim de você encontrar no cômico algo útil, se de fato quereis se interessar pelo ensinamento que eles te revelam e acatar a lição moral do profano com que se reveste toda a encenação em nossos dias, e que certamente é de tão mal gosto que tende a ser mais danosa do que útil.

Finalizando Raizman observará que a introdução é escrita com conteúdo semelhante e reproduz o seu final: "... desconhecidos são os caminhos do destino que levam o homem à felicidade. Dos lugares mais humildes desponta, por vezes, o espírito mais elevado e o mais nobre e rico, que, por muitas vezes, finaliza em uma incomparável desgraça." Raizman ainda nos diz que A. J. termina com os seguintes pensamentos pessoais:

> Para que servem as fábulas que os poetas do passado criaram, senão nelas encontrar uma moral católica? Por isso a conclusão moral da fábula é profanada, porque se procura nela um motivo que se desvia do verdadeiro sentido e que prejulgam os maus costumes e condutas daqueles que as-

sim o fazem sem ofender os sentimentos daqueles que se comportam segundo o que lhes dita seu bom senso.³²

Porém o estudo mais importante sobre Antônio José da Silva, "o Judeu", escrito em língua ídiche foi feito pelo notável historiador e incansável pesquisador Elias Lipiner (1916-1998). Advogado formado no Brasil com pleno domínio da língua portuguesa, assim como do ídiche, revelou em seus trabalhos seguro conhecimento da metodologia de pesquisa histórica. Lipiner passou muitos anos pesquisando os processos e a documentação da Torre do Tombo em Lisboa assim como de outros arquivos e bibliotecas portuguesas. Daí seus estudos que se caracterizam antes de tudo por claro rigor científico permanecerem como pedras angulares para os interessados nas temáticas que abordou. Ele, ainda que autodidata, certamente, serviu de paradigma acadêmico para pesquisadores posteriores que passaram a se interessar pela história da Inquisição portuguesa e sua atuação no Brasil. Sua múltipla e longa atuação como jornalista na imprensa ídiche e em periódicos de língua portuguesa o tornou um experiente estilista em ambas línguas, ídiche e português. Lipiner, possuidor de uma formação tradicional judaica associada com um saber sobre a história do povo judeu e sua literatura pôde produzir obras importantes tanto na área dos estudos sobre os cristãos-novos e a instituição inquisitorial quanto na dos estudos judaicos propriamente ditos publicados em ídiche, hebraico e português que abrangem aspectos da história dos judeus em Portugal e Brasil, messianismo, cabala e filologia, entre outros. ³³

O estudo que fez sobre Antônio José da Silva, "o Judeu" encontra-se na rica coletânea intitulada *Tzvischen marranentum un schmad* (Entre o marranismo e a conversão), capítulo 22, *Der yid vos iz farbrent gevoren in der eigenem gelechter*". (O judeu que foi queimado

---

32 Idische sheferischkeit in lender fun portugalischen loschen, Muzeum LeOmanut Hadfus, Safed, 1975, pp. 226-227.

33 Sobre Elias Lipiner e sua produção intelectual e histórica vejam FALBEL; MILGRAM; DINES, 1999, em especial o levantamento bibliográfico de MILGRAM, pp. 15-23.

em seu próprio riso").³⁴ Nesse artigo Lipiner, que traça um ligeiro esboço biográfico sobre o dramaturgo, tem a intenção de se defrontar com a questão — que ainda continua sendo polêmica entre historiadores de nossos dias — a qual formula como subtítulo de seu estudo: "Teriam as comédias de Antônio José da Silva tido parte em seu trágico fim?" ³⁵

Devido o aporte que Lipiner deu sobre a polêmica questão, julguei interessante e necessário para conhecer sua visão sobre a mesma traduzi-lo na íntegra, excluindo apenas a parte introdutória que culmina com breve descrição biográfica de Antônio José da Silva e sua família.

Lipiner escreve:

> A maliciosa manipulação para conseguir forçosamente extrair a condenação à morte em contradição às provas do volumoso processo é uma evidente indicação da decisão predeterminada dos inquisidores para se livrar da vítima. Seu duvidoso judaísmo foi o meio, a justificativa para sacralizar essa decisão. A verdadeira razão foi o medo do talento sarcástico do autor de comédias que poderia abalar o domínio absoluto e ilimitado da Igreja naquele tempo. O crítico português Teófilo Braga que se esforça para em especial configurar a personalidade do "o Judeu" no panorama social de seu tempo, e argumenta que as perseguições contra a família do poeta foram a causa para o desenvolvimento de seu talento cômico-satírico, escreve: "Antônio José da Silva, mais conhecido na tradição popular pelo nome de "Judeu", representa na história do teatro português o primeiro esforço para levantar a comédia da estreiteza acanhada dos divertimentos dos bonifrates e fazê-la competir com a magnificência da Opera italiana, que explorava o gênio perdulário de dom João V. Era uma empresa audaciosa no reinado aterrador do Santo Ofício.

---

34 Ed. I. L. Peretz, Tel Aviv, 1973, pp. 457-475.

35 Mais recentemente a questão também foi abordada em STUCZYNSKI, 2007, pp. 213-235.

Antônio José sabia fazer rir a multidão, por esse fato tornou-se criminoso: a gargalhada acordava o povo do medonho pesadelo dos inquisidores, e estes entenderam que merecia a morte aquele que ousava distrair as imaginações do assombro fúnebre dos autos de fé. Era preciso procurar-lhe um crime, inventar um pretexto para descarregar sobre o poeta a espada flamejante do fanatismo, vingar sobre ele a dívida em aberto deixada por Gil Vicente.[36] Com a biografia d' "o Judeu" e sua obra se ocuparam romanistas, historiadores, poetas, literatos e críticos teatrais. Todos igualmente lamentam seu sacrifício e elogiam seu papel fundamental como verdadeiro renovador na história do teatro português. Mas eles se dividem na questão se suas comédias contribuíram para a sua condenação a morte.

As divergências quase se ordenam segundo critério cronológico: os mais velhos (antigos), do século passado, como Varnhagen, Fernandes Pinheiro, Costa e Silva, Castelo Branco — argumentam que sim, e eles até apontam nas passagens das comédias, quais foram as que despertaram contra ele o ódio; enquanto que os modernos, de nosso século encabeçados pelo historiador Lúcio de Azevedo negam veementemente essa hipótese afirmando categoricamente o contrário, que o poeta-cômico foi morto exclusivamente devido seu judaísmo. Em um ensaio publicado em 1847 escreveu o lembrado Varnhagen: "Os inquisidores porém descobriram de certo alguma liberdade de pensamento nas grandes verdades que o filósofo dramático denuncia debaixo do envoltório do estilo picaresco. "Toda justiça acaba em tragédia" faz ele dizer a Sancho".[37]

---

[36] Teófilo Braga, "O mártir da inquisição portuguesa Antônio José da Silva, "o Judeu", Lisboa, 1910, pp. 5 e 7 citado por Elias Lipiner, *Tzvischen marranentum un schmad*, op. cit., nota de rodapé 1, p. 474. Certamente equívoco de Lipiner uma vez que a citada passagem consta somente na página 5.

[37] Da peça *A vida de Don Quijote...*, parte II, cena IV, in Elias Lipiner, *Tzvischen marranentum un schmad*, op. cit., nota de rodapé 3, p. 474.

Lipiner acrescenta nessa nota que os literatos portugueses e críticos de teatro Teófilo Braga e Camilo Castelo Branco argumentam que em tais cenas dessa ópera o autor sarcasticamente riu da justiça eclesiástica.

> E a ninguém melhor servia a carapuça que aos inquisidores. Também é possível que pretendessem achar no 'Amfitrião' alguma revelação dos tratos que passara nos cárceres.[38] (...) Em outro lugar de seu mencionado trabalho [1847], trás Varnhagen os versos seguintes que "o Judeu" colocou na boca de Amfitrião, um herói da ópera de mesmo nome mitológico: "Sorte tirana, estrela rigorosa..."[39]
>
> (...) Escrevendo sobre toda a cena na qual o fragmento acima faz parte e que contém insinuações sobre o tormento do dramaturgo nos porões do cárcere durante seu aprisionamento em 1726, argumenta Castelo Branco: "aqui se fala em cárceres, em bárbaros juízes, em patíbulos, em polés. Antônio José não estudara a filosofia do anexim: 'não falar de corda em casa de carrasco'. A palavra polé ia vibrada ao camarote dos frades, que — digamo-lo em honra da arte — estava sempre empilhado deles".[40]
>
> (...)O mencionado Teófilo Braga, de sua parte, interpretando os sentimentos que poderiam ter inspirado as

---

[38] Elias Lipiner remete a "Antônio José da Silva", *Revista do Instituto Histórico e Geográfico do Brasil*, Rio de Janeiro, 1847, IX, pp. 114-124, *Tzvischen marranentum un schmad*, op. cit., nota de rodapé 4, p. 475.

[39] *Tzvischen marranentum un schmad*, op. cit., p. 462.

[40] *Tzvischen marranentum un schmad*, op. cit., p. 463, citado do "o Judeu", 4ª. edição, Lisboa, 1919, II, p. 118, nota de rodapé 7, p. 475. António Baião, *Episódios dramáticos da Inquisição portuguesa*, Seara Nova, Lisboa,1953, 2ª. ed.,vol.II, pp. 205-230, dedica um capítulo, "o Judeu" à perseguição sofrida por ele e seus familiares. Em continuação, pp.231-237, tece uma crítica a obra de Camilo Castelo Branco sobre "o Judeu" apontando que não lera os três processos "e como a sua poderosa imaginação supriu esse conhecimento", além de pouco conhecer a organização inquisitorial, "porque só depois da publicação dos nossos trabalhos sobre a Inquisição portuguesa a organização do Santo Oficio tem ficado suficientemente esclarecida."

palavras de Amfitrião, escreve: "Isto é um sublime grito de alguém que pede justiça, e não a encontra sobre a terra. Os versos não harmonizam com o divertido espírito de toda a comédia. A alma do poeta cansou-se dos esforços para alegrar a outros, e caiu em profunda decepção de alguém que vê de antemão como a desgraça caminha fatalmente em sua direção".[41] (...)A ópera *Amfitrião ou Jupiter e Alcmena* que foi representada no teatro do quarteirão no Bairro Alto de Lisboa no mês de maio de 1736, talvez não tenha tido pequeno papel no repentino e renovado interesse de parte dos clérigos pela pessoa de seu autor, que foi arrestado pela segunda vez à prisão em 5 de outubro de 1737. Lúcio de Azevedo que está a testa dos modernos, que, por assim dizer, pertencem à corrente dos mais objetivos na exegese da obra d' "o Judeu", se desembaraça, como antes foi lembrado, da hipótese que o conteúdo de algumas passagens nas comédias se encontrariam entre as causas para processar o seu autor: "Só com excessiva violência aos textos — escreve ele — se pode encontrar nas comédias de Antônio José, em que por vezes a intenção crítica se ajunta com a graça nativa, linha ou frase capaz de incitar a procedimento os Inquisidores."[42] Com maior ênfase defende o lembrado historiador sua posição em outro trabalho dedicado inteiramente à sua biografia na qual se esforça em demonstrar "De onde se pode induzir quanto anda em erro a crítica sutil, que pretende ver em alguns passos do comediógrafo alusões satíricas aos frades e à Inquisição." Segundo alguns testemunhos do processo — argumenta ele, primeiramente — fica claro que "o Judeu", que já havia sido condenado anteriormente por observar judaísmo, e se arrependeu perante o tribunal eclesiástico, mais tarde procurou mostrar-se fiel aos seus sentimentos católicos; e essas suas tendências defensivas seriam o suficiente para

---

[41] Lipiner, op. cit., p. 463, e nota de rodapé 8, p. 475.

[42] Lipiner, op. cit., p. 464, e nota de rodapé 9, p. 475: Lúcio de Azevedo, *História dos cristãos-novos portugueses*, Lisboa, 1922, p. 344.

se proteger dos ataques da Inquisição. Um segundo importante argumento trás o mesmo historiador: de todas as figuras que aparecem no processo d' "o Judeu" — e também nos diversos processos colaterais — denunciadores, testemunhas, inquisidores, acusados, não lembram o seu talento literário. Isto é uma demonstração — conclui ele — que o conhecimento sobre suas comédias que foram difundidas e representadas anonimamente, mesmo quando já se encontrava na prisão, não chegaram a mesa do tribunal. Daí se depreende que os escritos não poderiam influenciar na condenação de seu autor.[43]

Ambos argumentos de Azevedo, não são muito convincentes, e ainda a tradicional exegese sobre os textos de Antônio se mostra correta. É preciso não mais do que aprofundar a velha interpretação e reformulá-la, como far-se-á a seguir: "Verdade, que no auto da fé de 13 de outubro de 1726 o poeta escritor de comédias se arrependeu na qualidade de confesso e se retratou como penitente, e é ciente, quem comete o mesmo pecado pela segunda vez é condenado à morte. Por isso poder-se-ia concordar com Azevedo que, após esse lembrado ato solene o acusado deveria tomar extremo cuidado para não irar os inquisidores com atos perceptíveis. Devido a isso, no entanto, não seria ele, em sua mais profunda intimidade obrigado — ou conseguido — sufocar sentimentos incontidos e recordações de subirem à tona para serem expressos em seus escritos em situações e conteúdo próximos aos seus próprios sofrimentos nos dias em que esteve preso. A descrição dessas situações, se não representam uma direta relação — como entendem os velhos intérpretes das obras d' "o Judeu" — podem no entanto representar um reflexo subconsciente de sentimentos, os quais gravaram-se em seu interior durante aqueles pesados dias. A velha aflição e o antigo desespero passaram inconscientemente ao texto de suas óperas.

---

43 Lipiner, op. cit, nota de rodapé 10, p. 475: Novas Epanáforas, Lisboa, 1932, pp. 184, 189, 191, 192 e 193.

Está, por exemplo, registrado no processo que após a confissão de seus pecados de judaísmo foi levado a câmara de tortura para que dele extraíssem dele uma denúncia de sua própria mãe. O torturador não o conseguiu, mas, devido a isso, a vítima saiu com os membros quebrados. Esse insuportável medo e essa experiência de mortal pavor tiveram que ficar incrustadas em sua memória como profundas reminiscências de longas e contínuas reflexões, do mesmo modo que podiam deixar incrustado profundas marcas de tristeza na expressão de seu semblante. Como consequência disso, não é nenhuma novidade que situações semelhantes, retratadas em suas obras, ainda que elas concernem a outros casos concretos, preservam, no entanto, de um modo abstrato determinado uma relação com aquela longínqua vivência e são seu reflexo estilístico.

A fim de descobrir esse novo significado do estilo não é necessário — assim como argumenta Azevedo — violentar o texto, mas é suficiente a ele aplicar uma análise histórico-psicológica. Por meio de sutis instrumentos exegéticos, e por vezes mesmo por uma quase mecânica substituição de palavras e conceitos, descobre-se facilmente a relação entre a frase exterior e seu conteúdo interior, que se encontra embutido no outro lado do sentido literal.

Poesia é a álgebra dos sentimentos e não a sua matemática. Por isso, entende-se que quando vimos desvelar no estilo do poeta as manifestações de seu inconsciente, não esperamos nenhum achado preciso e coincidências, mas apenas nos contentamos com a interelação em linhas gerais. Por meio da aplicação dos mágicos meios exegéticos, que tecem um processo de abstração, de se desvincular do caso concreto, — descobre-se no estilo do "Judeu" o tremor e o gosto do inferno que ele mesmo sentiu, e o mortífero suor que o encharcou quando pensava sobre os tormentos que sua mãe e irmão passaram na prisão; e o que, tanto ele quanto eles se comprometeram em um solene documento com o notário da Inquisição de jamais revelar ao exterior.

A relação entre as generalizadas, superficiais e inocentes caracterizações e a sátira secreta contra os atos criminosos dos clérigos não é nenhuma novidade nos escritos dos autores marranos, que o destino não lhes reservou a feliz sorte de poderem fugir de Portugal e abrirem a boca em algum lugar de um país livre. Também o grande poema "Os ratos da Inquisição" do marrano Antônio Serrão de Castro, que viveu no século XVII, em seu tempo foi interpretado como uma trágica peça literária marrana. Nem sempre, na obra d' "o Judeu", é a crítica contra os malévolos atos dos clérigos tão visível como no citado fragmento da ópera *Amfitrião*. Mas não é raro encontrar em muitas outras cenas, ainda que se vinculem aos heróis da mitologia pagã ou da medieval, encobertas por meio de recursos divergentes semânticos, as impostas torturas processuais que o poeta e seus familiares tiveram que suportar. A seguir apontamos algumas dessas passagens agrupadas em partes segundo seu conteúdo:[44]

    A. Medo dos instrumentos de tortura
    Ai, que estou tremendo!
    Ai que já me agarra!
    Oh, como estende a garra!
    Vai-te monstro horrendo!
    Tem dó do pobre Sancho
    recolhe o duro gancho
    que já me faz tremer.
    (*A vida do grande Don Quixote e do gordo Sancho Pança*, ato 1, cena 5)

    Ingrata, não sei porquê
    podendo eu ser feliz,
    fazes com teu rigor
    que chegue a enlouquecer!
    (*A vida de Esopo*, ato 2, cena 3)

---

[44] Utilizei-me das *Obras Completas de A. José da Silva ("o Judeu")*, prefácio de Prof. José Pereira Tavares. Lisboa, Livraria da Sá da Costa Editora, 1957-1958.

Sabes tu quem me atormenta?
De mansinho, aqui em segredo:
É...mas ai, que tenho medo!
Ora eu digo resoluto:
és tu mesma ingrata, tu...
Tu fabricas este enredo
aos meus olhos, que lamentam
o rigor daquele monstro,
que anda cego, nu e crú!
(*Ibidem*, cena 4)

Que injusto tormento!
Que fero rigor
de um mal tão violento,
que alívio não tem!
(*Os encantos de Medeia*, ato 1, cena 3)

Sorte minha cruel, fado inumano,
até quando, tirano,
cessará o rigor de tuas iras,
pois que vejo conspiras
a uma alma em triste abismo
o susto, a dor, a mágoa, o paroxismo!
(*Ibidem*, ato 2, cena 5)

Já que em tanto tormento não alcanço
alivio neste apócrifo delito,
a quem recorrerei mísero amante?
A quem recorrerei? A quem Alcmena,
senão ao puro arquivo de meu peito, onde os
extremos meus e os meus suspiros,
finalmente exilados,
poderão comover as duras penhas e ásperos rochedos?
Que talvez nessa barbara aspereza
ache menos rigor, menos dureza!
(*Amfitrião*, ato 2, cena 2)

Na prisão, afastado da família
Qual leoa embravecida,
Que se vê destituída
do filinho tenro e caro,
que com fúrias e bramidos
fere a terra e rompe o ar
assim eu, sem velocino
ando louco, estou sem tino,
pois que um vil pirata avaro
deste bem me fez privar."
(*Os encantos de Medeia*, ato 2, cena 1)

Tirana ausência,
que me roubaste,
e me levaste
da alma o melhor,
se ausente vivo
já sem alento,
cesse o tormento
de teu rigor.
Ai de quem sente
de um bem ausente
a ingrata dor!
(*Amfitrião*, ato 1, cena 2)

Vem, ó monstro, a lacerar-me
vem cruel a devorar-me;
porém não ofendas
com fúria inumana
a bela Ariadna
que dentro em meu peito
se ostenta feliz.
Se morto me vires,
só quero que entendas
que tu me não matas;
Amor, isso sim.
(*O labirinto de Creta*, ato 2, cena 2)

Previsão da própria morte
Que linda pilhage(m)
Num fogo selvage(m)
que lambe voraz!
Não temo quem tenta.
Não temo essa chama
Que é fogo de amor.
(*As guerras do alecrim e manjerona*, ato 1, cena 4)

Sem culpa ao suplício
me leva um rigor
....
Que eu morro inocente
vós,deuses,sabeis.
(*As variedades de Proteo*, ato 2, cena 2)

Fúria e desejo de vingança
Donde te esconderás de meus furores,
fementido traidor? Mas não te ocultes,
que ainda que te sepultes
nas côncavas cavernas desse abismo,
e em triste paroxismo
entre as sombras do Averno te disfarces
lá mesmo encontrarás o teu castigo,
Ó pérfido inimigo.
(*O precipício de Faetonte*, ato 1, cena 3)

O seu rancor contra as longas e esgotantes inquirições do tribunal eclesiástico o poeta-escritor de comédias expressou em diversas situações, pondo na boca de seus heróis frases satíricas tais como: "quem tanto pergunta é candidato a inquisidor" e "eu nunca tive o talento de um inquisidor".[45]

---

[45] Lipiner, op. cit., pp. 470-471 e nota de rodapé 11, p. 475: *Amfitrião*, parte I, cena 5, "As variedades de Proteo", parte II, cena 2.

Em outra sátira a qual se lhe atribui intitulada "A história do diabinho" (sic), o herói teve uma surpreendente visão "um grande fogo em profundo abismo, e um grande número de clérigos divididos em grupos, e à testa os mais velhos e superiores prelados, acompanhados de inteiras legiões de demônios que os atacaram de modo cruelmente com insuportáveis torturas." Os clérigos receberam tal castigo "porque se imiscuíram excessivamente na vida de outros" e porque "eles são as piores criaturas do mundo com exceção de alguns que são bons".

Até agora foram considerados os motivos porque o primeiro argumento de Azevedo — que não aparecem nas inquirições da Inquisição qualquer menção da obra d' "o Judeu" — não convence. Agora é a sequência do segundo argumento, ou seja, que devido o anonimato das óperas d' "o Judeu" a Inquisição em geral não tinha nenhum conhecimento sobre sua existência. Também esse argumento não é convincente. Em primeiro lugar, porque uma alusão sobre a atividade literária do acusado judeu de fato encontra-se no processo. O frade Diogo[Domingos] Pantoja, um testemunho de parte da defesa, declarou que conhece pessoalmente o acusado "devido as composições que escrevia tanto no lugar Bairro Alto, na casa de um irmão da testemunha quanto na própria casa do acusado, em que ele, a testemunha, costumava visitar".[46]

Em segundo lugar, mesmo que no processo não houvesse a informação sobre os escritos d' "o Judeu", possuíam os inquisidores todos os instrumentos possíveis para tirar o nome do poeta do anonimato. É, de fato, inacreditável que um tribunal que se tornou famoso pela crueldade de suas detalhadas investigações da vida privada dos aprisionados não teria a capacidade de descobrir que um deles era o autor das comédias de duplo sentido representadas

---

[46] Lipiner, op. cit., p. 471

com grande sucesso em um conhecido teatro da cidade. Então, o que ocorria? A aparente indiferença, no processo, em relação as composições satíricas d' "o Judeu" é uma falsa postura que esconde a maliciosa intenção de processá-lo justamente por isso, mas sem que o gigantesco público frequentador do teatro, que se deliciava com as sátiras, pudessem se rebelar por que queimaram o seu herói.

Essa interpretação tem para si um adicional para reforçá-lo justamente na trágica biografia de da Silva, ou seja, no fato de como ele foi tratado por seu contemporâneo Barbosa Machado autor da famosa obra bibliográfica *Biblioteca Luzitana*: "Dois anos antes de ser publicado o primeiro volume da *Biblioteca* — escreve um biografo d' "o Judeu" — foi queimado o famoso judeu Antônio José, no auto da fé do ano de 1739. Não levando em conta, escreve simplesmente Barbosa Machado, que ele era originário do Rio de Janeiro, que se ocupava com advocacia em Lisboa, e que era dotado de talento para escrever comédias. Sobre sua morte nenhuma só palavra."[47] O silêncio do bibliógrafo contemporâneo, evitando lembrar a morte d' "o Judeu" na fogueira do fanatismo, se explica somente através do medo de chamar a atenção do poderoso e terrível tribunal. E aqui é preciso fazer uma comparação: assim como o tribunal deixou de lembrar as comédias d' "o Judeu", e justamente devido a elas castigá-lo com a morte para não chamar a atenção dos frequentadores de teatro que o amavam — esse silêncio de Barbosa Machado tem como objetivo informar os leitores sobre a existência do maior escritor de comédias no século XVIII, e, desse modo, se manter distante da Inquisição.

Escrevendo sobre o processo de da Silva, Mendes dos Remédios também coloca a questão: "Tiveram as óperas de Antônio José alguma influência na condenação?" e respon-

---

[47] Lipiner, op. cit., p. 472, e nota de rodapé 12, p. 475: introdução de Castelo Branco ao *Os ratos da Inquisição* de Antônio Serrão, Porto, 1883, p. 12.

de: "em nenhuma parte do processo encontra-se sobre isso a mínima indicação. Ele foi culpado de ser judaizante, e como judaizante foi queimado."[48] Na verdade se analisarmos o primeiro processo de 1726, movido contra o escritor de comédias, e ao mesmo tempo os processos contra seus pais, irmãos, esposa e outros membros da família, se chega a conclusão que, ainda que de modo frágil, ele estava ligado em segredo a fé judaica. Por esses pecados, que ele confessou, ele foi naquele tempo julgado. Por isso, durante o segundo processo, de 1737-1739, ele de modo absoluto negou ter continuado a ter ligação com o ritual judaico, e os juízes também não puderam comprovar, senão através de falsas provas que eles mesmos fabricaram. Por isso é forçoso concluir que não outra causa senão as frases e as passagens de suas óperas que nelas continham insinuações críticas sobre a instituição eclesiástica, e o temor, principalmente, dos clérigos que as insinuações em seu desenvolvimento não se tornassem mais agudas — tiveram papel fundamental em sua morte. Essa é a opinião de quase todos os velhos biógrafos, que são mais confiáveis dos que os modernos, porque estiveram mais próximos à vítima, no tempo e no espaço.

Um deles, José Maria da Costa e Silva, argumenta: "É natural que a Inquisição tivesse em vista o poeta, pelas censuras que aventurava nas suas peças, contra o relaxamento do clero, e por tal, ou qual trecho do *Amphitrião*, em que parece aludir ao mau tratamento que recebera nos cárceres." Em outro lugar escreve o mesmo biógrafo: "A Inquisição extinguiu a vida de Antônio José; a censura fez esquecer o seu nome, não consentindo que ele se estampasse à frente de suas óperas; o povo que as estimava, e aplaudia só as designava pelo nome de Comédias

---

[48] Lipiner, op. cit., pp. 472-473, e nota de rodapé 13, p. 475: *A história dos judeus em Portugal*, II, p. 415, Coimbra, 1928.

d' "o Judeu".⁴⁹A condenação a morte em base a uma ação jurídica durante a qual os juízes eclesiásticos avaliaram com leviandade os testemunhos favoráveis de quatro intelectuais católicos, e aceitaram a denúncia de uma escrava doméstica, aplicmentada ainda com declarações de esploes de aluguel — só pode ter atrás de si uma falsa intenção. É notória a orientação da Igreja em sacrificar homens talentosos e populares pelo perigo de pessoas do povo serem influenciadas por eles com ideias de liberdade de opinião. O clero provavelmente viu-se personificado nos extravagantes personagens da mitologia grega ou da fanática Idade Média que costumavam figurar nas óperas d' "o Judeu". Temeram que a atualização da cômica frivolidade dessas figuras fornecesse matéria para os contadores de chistes e humoristas dentre os frequentadores do teatro e repetissem na rua e em casa as perorações cômicas , à custa das hipócritas classes da sociedade da época.Ninguém melhor do que "o Judeu" com seu alegre satírico repertório poderia ridicularizar os costumes hipócritas, intenções escusas, falsas posturas naquele tempo, e "sobre a cabeça dos clérigos queimava o chapéu", isto é, servia a carapuça.⁵⁰ Por isso "o Judeu" foi queimado, não na fogueira propriamente dita, mas no seu próprio riso.

A leitura do estudo de Lipiner nos leva a concluir que o notável historiador claramente se identificava com a visão dos historiadores que viam nos escritos do dramaturgo a causa decisiva para sua condenação à morte.

---

49 Lipiner, op. cit., p. 473, e nota de rodapé 14, p. 475: *Ensaio biográfico-crítico sobre os melhores poetas portugueses*, vol. X, pp. 332 e 370, Lisboa, 1855. Sou grato a Ana Cristina Dudziak, bibliotecária da Biblioteca Central da Universidade de São Paulo pela imensa ajuda na localização dos textos originais para confrontá-los com a tradução ao ídiche citados no artigo de Elias Lipiner.

50 Traduzi literalmente o ditado popular em ídiche *Oifn ganev brent dos hitl* (Sobre a cabeça do ladrão queima o chapéu) que Lipiner jocosa e sutilmente substituiu a palavra "ganev" (ladrão) para *galakh* (clérigo, no plural "galokhim").

Sabemos que não somente historiadores mas também dois importantes literatos de língua ídiche tiveram certa informação sobre a história de Antônio José da Silva e escreveram peças tendo como tema central a tragédia pessoal do poeta-dramaturgo. O primeiro deles foi o talentoso poeta, escritor, dramaturgo e extraordinário fotógrafo Alter Kacyzne (1885-1941) que escreveu a peça teatral *Dem yidns opere* (A ópera d' "o Judeu") baseada na vida de Antônio José da Silva.[51] Segundo sua filha Shulamit Kacyzne-Reale seu pai a terminou em 1938 sendo um de seus últimos escritos, porém não pôde encená-la antes da Segunda Guerra Mundial.[52] Kacyzne foi assassinado em Tarnopol em 7 de julho de 1941.[53] A peça foi encenada pela primeira vez em Buenos Aires em 1948 sob a direção de Moshe Lipman e em 1958 por Ida Kaminska no Teatro Estatal de Varsóvia, sendo mais tarde adaptada ao rádio além de ser traduzida ao italiano.[54]

A obra de Kacyzne, igualmente a outras que escreveu, tem como elemento central o martírio judaico e, nesse sentido, reflete o olhar do autor no contexto de suas vivências pessoais com "o Judeu" e ser

---

51 Alter Kacyzne,*Gezamelte schriftn* (Textos reunidos), vol. I, Tel Aviv, I. L. Peretz, 1967, pp. 115-218. Como fotógrafo foi encarregado em 1921 pelo jornal ídiche-americano *Forverts* de documentar com imagens a vida judaica na Polônia. Com a Segunda Guerra Mundial seu enorme arquivo pessoal se perdeu mas o arquivo do periódico preservou parte de seu extraordinário trabalho profissional. Vejam Alter Kacyzne, *Poyln, Jewish Life in the Old Country*. New York, Metropolitan Books, Henry Holt and Company, 1999.

52 Dov Sadan em sua introdução ao segundo volume do *Gezamelte Schriftn*, p.19, escreve que Kacyzne, em 1940, era redator do setor do radio judaico e diretor de arte do teatro judaico em Lemberg (Lwow) e estava se ocupando com uma nova versão da peça *Dem yidns opere* (A ópera d' "o Judeu").

53 Um confiável resumo biográfico encontra-se no item Alter Kacyzne na edição online da *The YIVO Encyclopedia of Jews in Eastern Europe*. O mesmo também no *Lexikon fun der naier idischer literatur*. Congresso Mundial de Cultura Judaica, New York, 1981, vol. 8, pp.117-119.

54 Shulamis Kacyzne,"A por verter vegn Alter Kacyznes 'Dem yidns opere'" (Algumas palavras sobre a peça de Alter Kacyzne "Dem yidns opere), in *Yddische Kultur* , Ykuf, n.9-10, september-october, 1994, p.30. Na mesma publicação, p.30 ss. encontra-se publicado o terceiro ato da peça.

humano na Europa contemporânea. Sob esse aspecto ela expressa sua *weltanschauung* e a "profissão de fé" judaica pessoal do autor, que também, como uma premonição do que lhe iria acontecer, sofrerá o martírio nas mãos de seus algozes nazistas e ucranianos. Essa "profissão de fé" também foi comungada por boa parte da *intelligentsia* judaica da Europa Oriental desde a segunda metade do século XIX até as vésperas da Segunda Guerra Mundial. Ela se mostra em uma passagem da peça em questão em um diálogo de A. J. com seu pai que o lembra que arriscou a vida pelo seu judaísmo:

> Meu judaísmo. Você sabe, pai, que da religião estou afastado. Eu oro ao alto melhor com um poema da natureza. Mas o mundo é mau, pai, e todo perseguido trás em si a semente de sua verdade. Condoer-se com os perseguidos é: sofrer pela verdade, e nessa verdade se encontra o meu judaísmo. Pai, o judaísmo, que diz que Deus está lá — onde há amor. Meu judaísmo. Se acaso acontecesse que judeus preparassem fogueiras e nelas queimassem cristãos, meu coração estaria com eles, com os cristãos. Esse é meu judaísmo.[55]

O texto do *Dem yidns opere* se destaca pelo alto nível artístico de sua composição teatral e pela bela expressão dos ideais humanos que perpassam como fio dourado através da trama, desde o início até o seu dramático final. Lamentavelmente não podemos nos limites de nosso trabalho nos deter sobre o mesmo porém dar apenas

---

55 *Dem yidns opere*, (A ópera d' "o Judeu"), ato 3, cena 1, In *Gezamelte schriftn* (Textos reunidos), op. cit., p. 142. Na primeira página do manuscrito lemos: "Drama histórico sobre a vida dos marranos portugueses (primeira metade do século XVIII). Isto é um drama sobre a vida do poeta cômico português, o marrano Antônio José da Silva. O drama foi escrito de acordo com as fontes autenticas bem como também os fragmentos poético-dramáticos do próprio da Silva." Idem, p. 117. Aproveito para agradecer ao meu amigo Abrahão Gittelman, diretor da biblioteca ídiche do Arquivo Histórico Judaico Brasileiro em São Paulo pela sua habitual gentileza de localizar os volumes da obra de Alter Kacyzne no rico acervo pelo qual é responsável. A ele devo o acesso ao texto do *Dem yidns opere*.

uma ideia da elaboração de Kacyzne com a tradução de algumas passagens de sua obra sedimentada e fruto — como ele mesmo o diz — de uma leitura sobre fontes originais e de escritos de Antônio José da Silva. Já no poema inicial lemos:

> Do sangue e fúria surgirá uma saudável e livre geração, e o homem compreenderá o que ele pode e não pode fazer. Porquê do sangue e fúria e coerções a liberdade virá ao mundo. Os homens estenderão uns aos outros suas mãos, e surgirá o que falta. Virá a igualdade ao mundo.[56]

Em dada cena vemos João Mendes da Silva, pai de Antônio José, junto ao Conde de Ericeira e lhe diz:

> Eis aqui perante vós um ancião cristão-novo, um marrano que espera a vinda do novo tempo. Vós me conheces, Conde, e Deus também me conhece. Para vós ambos não tenho segredos. Ao longo de minha vida escrevi comédia, Conde, podendo, por sorte, dançar ao mesmo tempo em dois casamentos: o judaico e o cristão. Para quê? Por quê? Para que o pavio da vida se mantivesse acesso. E uma voz se me elevou e ordenou: "viva Mendes, viva a todo preço. Pois seu pai, assim como seu avô viveram, e você legará ao mundo tua descendência a alguém: teu filho, teu neto chegarão ao novo tempo". É um ato heroico morrer na fogueira? Um ato heroico, Conde, é também poder viver. E eis, Conde, o resultado de meu heroísmo, meu filho — ele me superou. Ele faz comédias bem melhores. Ele as faz em alto estilo. E o tipo de comédia... — morte e vida (...).[57]

---

[56] Na op. cit., na cena 19 do primeiro ato, p.138 consta que os dois torturadores visitam a A.J. e contam que ele compôs a poesia e os ensinou a cantar enquanto estava preso. Estas linnas aparecem também no segundo ato p. 175.

[57] Ato III, 2º. quadro, cena 12, p. 204.

Em outra cena vemos Antônio José como se estivesse se confessando:

> O jogo cênico é minha máscara. Como vive um povo cerca de dois mil anos sob a máscara de um jogo sangrento? Mas o jogo não é apenas uma máscara, é também um escudo para que o veneno dos tempos não empesteie nossos seres. O que poderá resistir senão o escudo, que é mais fino do que a seda e mais forte que o aço?

No terceiro ato da peça quando Antônio José se encontra angustiado sob a ameaça da condenação à morte pelo tribunal composto de três inquisidores que procuram convencê-lo que nem o rei, que prometeu estar na inauguração da apresentação de sua peça, poderá protegê-lo, pois a Inquisição está acima do poder secular, ele reunirá forças e dirá: "Vejo que quereis iluminar vossa justiça com a queima de meu corpo. Por isso acendem uma fogueira contra a minha comédia".[58]

> O 3º. inquisidor responderá: "Com fogo deve-se desenraizar o mal, com fogo. Quanto mais cedo, mais salutar. Na medicina aprendemos: queimar a ferida no devido tempo, a fim de manter o corpo vivo!"[59]

Desde o início de sua peça Alter Kacyzne saberá dramatizar a complexa polaridade da psiquê cristã-nova como a cena em que Lourença caindo de joelhos sob a cruz pendurada na sala de sua casa e implora: "Ajude-nos, crucificado. Pela honra de teu Pai, contra quem nunca nos revoltamos, ajude. Talvez, você tenha brigado com teu Pai? Mau, Leonor. Quando dois deuses brigam o ser humano então é esmagado até virar pó."

Para finalizar ainda devemos lembrar que também o renomado poeta e escritor Moyshe Broderzon (1890-

---

58 Ato III, 1º. Quadro, cena 1, p. 183.
59 Idem.

1956) escreveu uma curta peça intitulada *Auto da fé* na qual enfoca a figura de Antônio José da Silva. Broderzon destacou-se como prolífero escritor e fez parte da geração que procurou introduzir modelos inovadores na literatura ídiche.[60] Ambos pertencem a mesma geração de escritores e, mais do que isso, eram amigos próximos.[61]

O *Auto da fé* foi publicado em uma coletânea de doze peças compostas de um ato no qual o autor dramatizou a vida e o pensamento de marcantes personalidades judias através dos tempos.[62] O estudioso da obra de Broderzon, Gilles Rosier, observa que a maioria das peças foram escritas nos anos 1930, isto é, no período de ascensão do nazismo na Alemanha e a intensificação do antissemitismo na Polônia, o que de certo modo explica a seleta que compõe o conjunto dos textos, entre eles o sobre Antônio José da Silva, "a maioria deles sobre os perigos de ser judeu em um meio não-judaico."[63]

---

60 O escritor Menashe Halperin (1871-1960), que em 1918 juntamente com Daniel Tsharni, Gershon Broyde e Moyshe Broderzon fundaram o círculo de escritores judeus em Moscou, imigrou ao Brasil em 1926 e no capítulo de seu livro *Parmetn* (*Pergaminhos*, São Paulo, 1952, p.322) faz referencia a isso. Em 1929 Halperin publicava a pedido da HICEM, um relato intitulado *Di yidn in Brazilie* sobre a comunidade judaica no Brasil no periódico *Di Idische Emigratzie*, órgão da Associação Emigdirect, redigido por Arie Tcherikover e David Tcharni, Berlim, n. 6-8, outubro-novembro, 1929, pp. 328-336. Sobre Halperin e Broderzon vide o *Lexikon fun der neier idischer literatur*, New York, 1960, vol.3, pp.2, 9-30, e vol.1, pp. 429-432, respectivamente; ainda sobre Broderzon na edição online da *The YIVO Encyclopedia of Jews in Eastern Europe*.

61 Vide a bela foto em Alter Kacyzne, *Gezamelte schriftn*, op. cit., vol.2, p .20, na qual figuram os escritores: Alter Kacyzne, Peretz Markish e Moyshe Broderzon.

62 A coletânea intitulada *Forshtelungen* (Representações) foi publicada em Lodz, em 1936 e a peça *Auto da fé* encontra-se nas pp. 54-64. Utilizei-me da versão digitalizada do National Yiddish Book Center — Steven Spielberg Digital Yiddish Library. Como personagens centrais das peças temos Sansão-Dalila, Belshazar-Daniel, Pilatos, Yehuda Halevi, Shylok, Spinoza, Moisés Mendelsohn, Heinrich Heine, entre outros.

63 Gilles Rozier,"Moyshe Broderzon" na acima mencionada *The YIVO Encyclopedia of Jews in Eastern Europe*.

Broderzon introduz o escrito com uma pequena nota explicativa sobre Antônio José queimado no auto da fé (erroneamente dá como o ano de 1742) por judaizar em segredo, em praça pública na presença do Rei, inquisidores, clérigos, carrascos e a massa popular que acorre ao espetáculo hediondo. O diálogo inicial se dá entre o Rei que procura dissuadir o condenado a se arrepender a fim de evitar seu terrível castigo: "Pela derradeira vez peço a você, eu rei de Portugal, teu senhor e autoridade — um rei, tu sabes, não pede mas ordena, e eu — peço a você, que te arrependas".[64] Antônio José responderá:" Não tenho do que me arrepender, não sou culpado de nada, e nada devo a alguém".[65] O monarca prossegue em sua tentativa de poupar sua vida mas o condenado firmar-se-á em sua fé o que levará a um dos carrascos a dizer: "a fé no demônio, enredado em suas garras, e não há nela sinal de fé!".[66]

Antônio José:

> — Vedes, magnânimo Rei, ouvis, majestade, como o carrasco se transforma em pregador e como ele fala — ele fala! Este infeliz, meu aparente concorrente poeta. Nas chamas da inveja ele se move! No entanto, e nesse ínterim ele se transformou em um carrasco e queima a mim e minha obra, tendo a certeza que, após esse feito seu nome será lembrado e apreciados serão seus livros![67] (...) Triste é o povo de um país em que o carrasco tem a liberdade de agir! E mais triste ainda é a fé quando carrascos são encarregados de estabelecer a paz entre os homens! Ó, majestade, do espírito apagar-se-á o sol, a lua e as estrelas, e nesse tempo esmaecerão todas as luzes — homens ilustres, pensadores, artistas, poetas, tempo esse em que os carrascos se tornaram juízes![68]

---

[64] Moyshe Broderzon, "Auto-da-fé" in *Forshtelungen* (Representações), op. cit., p. 54
[65] Ibid., p. 55
[66] Idem, p. 55
[67] Ibid., pp. 55-56
[68] Ibid., p. 56.

O Rei ainda dirá "que elevará seu nome e o cobrirá de ouro e prata... do contrário seu corpo arderá nas chamas mescladas de sangue, na mais terrível das mortes, a morte pela fogueira.[69]

A resposta de A. J. surpreende o Rei:

> — Não temo a morte pelo fogo! Estou livre desse temor por herança: desde que em vosso ódio e sua impureza meus avós e meus antepassados foram torturados nas chamas em grandes fogueiras e mortos com dores e tormentos terríveis!...
> Desde que minha mãe Lourença, pomba silenciosa encarcerada que foi nos cárceres com instrumentos de tortura por causa de vossa ilimitada selvageria e por vosso odioso e sanguinário tribunal![70]

Assim, como vimos na obra de Alter Kacyzne, igualmente no *Auto da fé* de Moyshe Broderzon, o tema *kidush hashem*, o autossacrifício do judeu santificando a Deus com sua própria vida está fortemente presente na ação dramática que sela o destino de Antônio José. Do mesmo modo a crítica ao clero — à Inquisição — tem um peso significativo nas falas do condenado pouco antes de ser martirizado e que expressa a contradição existente entre a lógica da verdade apregoada pela religião cristã e a prática inquisitorial. Tocante é a longa fala, quase uma peroração:

> Confesso a minha pertença e fidelidade ao meu Deus e ao meu povo! Ó, vós mesmos, meus senhores e autoridades, dizeis que a minha fé foi dada por Deus! Vós mesmo dizeis que Deus a amava — então, como ele poderia mudar seu pensamento e de súbito começar a odiá-la?! (...) Estou convicto que Deus é fiel em seu amor, que por nada

---

[69] Ibid., p. 57
[70] Idem.

ele mudaria seu pensar, desde a criação... e não entendo como se pode amar o próximo e eliminar o pecado com as chamas das fogueiras (...) Lembram as perseguições que sofreram os primeiros cristão? Certamente, que lembrais os terríveis tormentos, os sofrimentos nos porões e celas, o desprezo e a humilhação infligidos pelos brutais pagãos que os expuseram às bestas selvagens. (...) E agora, em nome do amor ao Altíssimo vós mesmos comportam-se do mesmo modo em relação a nós?! (...) Somente a verdade pode ter domínio sobre a alma humana. Seu fundamento é a bondade! E se vós sustentais a verdade por meio da crueldade, com a mentira, com instrumentos de tortura, com a espada e o fogo, sinal é que não credes em vossa verdade, que sóis servidores de ídolos e que estais afastados de Deus![71]

No final da peça ouve-se uma gargalhada sair da fogueira que queima o corpo de A. J. acompanhada de uma frase tragicamente irônica saída da boca do autor de comédias: "Ha-Há...agora sei como os judeus se utilizam do sangue no *Pesach* (Páscoa judaica)".[72] Com esse trágico final as luzes se apagam e surge um novo cenário: a praça do Teatro de Lisboa onde se encontra o monumento de Antônio José da Silva no qual há uma inscrição e suas últimas palavras são: "...Não ficais surpresos, se os europeus em nosso tempo ainda se mostram selvagens, bárbaros obscurantistas!"

Diferentemente das posturas e concepções "científicas" dos historiadores, judeus e não judeus, os poetas-escritores-dramaturgos de língua ídiche, acima de tudo, viram Antônio José da Silva como um símbolo paradigmático da fé de Israel e através de sua criativa percepção artística unificaram o passado e o presente na milenar história de seu povo.

---

[71] Ibid., pp. 60-62

[72] Ironia sobre a acusação de assassinato ritual do qual os judeus eram frequentemente inculpados durante a Idade Média e, por vezes, também em tempos posteriores.

OBRAS CITADAS

AZEVEDO, Lúcio de. *História dos cristãos-novos portugueses*. Lisboa: Livraria Clássica Editora, 1974, 2ª.ed.

BAIÃO, António. *Episódios dramáticos da Inquisição portuguesa*.Lisboa: Seara Nova, 1953, 2ª. ed.

BRAGA, Teófilo. *História da literatura portuguesa*, (Os Árcades). Lisboa: Imprensa Nacional-Casa da Moeda, 1983.

BRODERZON, Moyshe. *Forshtelungen* (Representações). Lodz: 1936 (versão digitalizada National Yiddish Book Center-Steven Spielberg Digital Yiddish Library).

DUBNOV, Simon. *Di velt-geschichte fun idischen folk*, (A história universal do povo judeu). New York-Buenos Aires: Congresso Mundial de Cultura Ídische, 1948-1956,10 vols.

FALBEL, Nachman. *Jacob Nachbin: Os primórdios da historiografia judaica no Brasil*. São Paulo: Humanitas, 2013.

FALBEL, Nachman. *Judeus no Brasil, Estudos e notas*. São Paulo: EDUSP-Humanitas, 2008.

FALBEL, Nachman; MILGRAM, Avraham; DINES, Alberto (orgs.). *Em Nome da Fé — estudos in memoriam de Elias Lipiner*. São Paulo: Perspectiva, 1999.

FILHO, Solidonio Leite .*Os Judeus no Brasil*. Rio de Janeiro: Editores J.Leite, 1923.

GRAETZ, Heinrich. *Divrei Iemei Israel* (História do povo de Israel). Trad. S.P.Rabbinowitz e notas de A.A.Harkavi. Varsóvia: M.Alapin-Merkaz-Levin-Epstein,1916, 8 vols.

GRAETZ, Heinrich. *Di idische geschichte* (A História do povo judeu, em ídiche). Buenos Aires: Ed. S.Sigal, 1949, 10 vols.

KACYZNE, Alter. "*Dem yidns opere*", (A ópera d' "o Judeu"), ato 3, cena 1 in *Gezamelte schriftn* (Textos reunidos) de Alter Kacyzne, vol. I, Tel Aviv, I. L. Peretz, 1967. Na edição italiana, *L'opera dell'ebreo*. Traduzida do ídiche por Paola Oietti, Firenze, La Giuntina, 1993.

KACYZNE, Alter. *Poyln, Jewish Life in the Old Country*. New York: Metropolitan Books, Henry Holt and Company, 1999.

KAYSERLING, Meyer. *História dos judeus eM Portugal*. São Paulo: Perspectiva, 2009.

KRUMMRICH, Philip. "The recent boom in translations of Antônio José da Silva, "o Judeu". In: *1611 -Revista de Historia de la Traducción/AJournal of Translation History*, n. 4, 2010. Disponível em: www.traduccionliteraria.org/1611/art/krummrich2.htm.

KACYZNE, Shulamis "A por verter vegn Alter Kacyznes "Dem yidns opera" (Algumas palavras sobre a peça de Alter Kacyzne "Dem yidns opera"). Paris: *Yddische Kultur*, Ykuf, n.9-10, september-october, 1994.

LEXIKON fun der naier idischer literatur. New York: World Jewish Congress, 1981. 8 vols.

LIPINER, Elias. *Tzvischen marranentum un schmad* (Entre o marranismo e a conversão). Tel-Aviv: Editora I.L.Peretz, 1973.

MONTESQUIEU, Charles-Louis de. *O Espírito das Leis*. Martins Fontes: São Paulo 1996.

NACHBIN, Jacob. *Der letzter fun di groisse Zacutos* (O último dos grandes Zacutos). Paris: Gráfica Voltaire, 1929.

RAIZMAN, Itzchak. "*Idische sheferishkeit in lender fun portugalischen loschen*" (Criatividade judaica nos países de língua portuguesa). Safed: Muzeum LeOmanut Hadfus, 1975.

_____. *Lebns in shturm* (Vidas tempestuosas). Tel Aviv: Editora Measef Israel, 1965.

_____. "*A fertl yohrhundert idische presse in Brazil*", 1915-1940, (Um quarto de século de imprensa judaica no Brasil, 1915-1940). Safed:Muzeum LeOmaut Hadfus, 1968.

_____. "*História dos Israelitas no Brasil*". São Paulo: Editorial Buch-Presse, 1937.

RAIZMAN, Itzchak. "Antônio José da Silva, The Jew", no *Jewish Social Studies*, XIII, 4, 1951, pp. 325-332.

_____. "Fernando de Noronha, arrendatário judio del Brasil", *Judaica*, 1937, pp. 220-222.

_____. *Geschichte fun yidn in Brazil: fun der andekung bizn sof fun der holendischer herschaft* (História dos judeus no Brasil: da descoberta até o final do domínio holandês). São Paulo: Farlag Buch un Presse, 1935, pp. 133-144.

_____. "Las comunidades judias del Brasil en los siglos XVI y XVII", *Judaica*, 1957, pp. 51-64.

SILVA, A. José. *Obras Completas de A.José da Silva ("o Judeu")*. Lisboa: Livraria da Sá da Costa Editora, 1957-1958.

_____. *Obras Completas de A. José da Silva*, Colecção Clássicos de Sá. da Costa, edição digitalizada HTTP://www.unesp.br/Home/Pesquisa/GruposdePesquisa/Dramaturgia-GPD/O Judeu.

STUCZYNSKI, Claude B. "António José da Silva "o Judeu" and the Inquisition: History and Memory". In: *Hispania Judaica Bulletin*, Jerusalém, n. 5, 5767/2007, pp. 213-235.

VARNHAGEN, F. Adolfo. "Antônio José da Silva", *Revista do Instituto Histórico Geográfico*, 1847, p. 118-120.

WOLF, Ferdinand. *Dom Antônio José da Silva, der Verfasser der sogenannten "Opern des Juden* (Operas d' "o Judeu), Viena, 1860.(HttP://www.fedora.phaidra.univie.ac.at/fedora/get/o:58608/bdef:content/get).Acesso 10/novembro/2015.

YIVO, The Yivo Encyclopedia of Jews in Eastern Europe, (internet).

ZINBERG, Israel. *Di geschichte fun der literatur bei Yidn* (A história da literatura judaica). New York:Farlag Schmuel Sklarski, 1943, 10 vols.

Contos Orientais: o sentimento
e o poder. Estratégias de solidariedade
dos judeus no Mediterrâneo
(séculos XVI-XVII)

JOSÉ ALBERTO RODRIGUES DA SILVA TAVIM

Os mais conhecidos *Contos Orientais* a Ocidente são, na atualidade, os da galardoada escritora francesa Marguerite Yourcenar. Essas *Nouvelles Orientales* (de 1938) — conforme consta o título original — são, na realidade, pequenas parábolas sobre gente simples ou poderosa, deuses ou homens temíveis. O Oriente apodera-se estranhamente do Ocidente, em diferentes narrativas sobre o desejo e o poder. Na verdade, o protótipo narrativo mergulha exemplarmente na *Legende Dorée* — mas é o oposto do martirológico instrutivo do Medievo Europeu.

O modelo edificante não deixou de perpassar a prosa dos judeus ibéricos, estabelecidos fora de Espanha e Portugal, e neste os poderosos judeus marroquinos e turcos tiveram um lugar destacado, como se fossem pequenos êmulos dos grandes senhores orientais que serviam, ou em cujos reinos viviam.

1 — OS CONTOS MARAVILHOSOS

O prolixo rabi de Amsterdã, Menasseh ben Israel (1604-1657), não deixou de os mencionar na sua produção literária — quer aquela que funcionava como *agenda* para a reabilitação da imagem interna da comunidade, quer a outra que procurava comprovar factualmente, para o exterior, as virtudes seculares do povo judeu. No primeiro caso, não deixa de mencionar na sua obra *Spes Israel, Esto es, Esperança de Israel*, de 1650, os casos de Iahacob Aben Jaes (Jacob ben Ya`ish), que foi governador de Tiberíades, e de Ioseph Nassi (Joseph Nasci), também na Turquia, de quem diz: "pues que grandeza se puede cōparar a la que tuvo el señor don Ioseph Nassi, há circa de 100 años, quien no sabe, que fue Duque de Naccia, señor de Milo, y de las siete islas". Também não esquece, em Marrocos, os casos dos Rute, que foram xeques em Fez e Tarudante, e de Samuel Palache, que foi embaixador de Mawlay Zidan junto dos Estados Gerais, e a cujo funeral assistiram o príncipe Maurício de Nassau e a nobreza holandesa (p. 104). No segundo caso, também de 1650, no panfleto *To His Highnesse The Lord Protector of the Common-Wealth of England, Scotland, and Ireland. The Humble Adresses of Israel, A Divine, and Doctor of Physic, in behalfe of the Jewish Nation*, de 1650, em que tentava convencer Lord Cromwell das virtudes dos judeus, para que estes fossem readmitidos em Inglaterra, não deixa igualmente de salientar os mesmos exemplos para demonstrar, de forma particular, as famosas faculdades destes senhores, mesmo em reinos islâmicos.[1]

Também na *Nomología o Discursos Legales*, obra publicada em Amsterdã em 1629 mas terminada em 1625, Imanuel Aboab (c.1555–1628), que vinha em defesa da tradição oral contra os seus detratores — normalmente os recém-imigrados cristãos-novos[2]— não deixa de elogiar os membros da família Nasci, famosos na Turquia, que protegeram os sábios defensores da *Halah´á* no século XVI:

> Quasi en el mismo tiempo gozó nuestra Nación de la liberidad de outra generosíssima matrona, que fue la muy ilustre señora doña Gracia Nasí, de cuyas excelentes virtudes y nobles echos, se podian escrivir los libros de mucho exemplo. No quiso dar su ilustre y única hija por muger, à muy ricos Condes, y Marquezes, que de otras Gentes se la pedían. Diole el Señor por yerno à su mismo sobrino, el ilustríssimo, y digno de immortal fama, señor don Joseph Nasí, meretissimo Duque de Nacsia, corona honradíssima de los Hebreos Portuguezes.[3]

Discurso idêntico apresentará um dos autores mais produtivos da comunidade portuguesa de Amsterdã, e seu porta-voz poético — Miguel ou Daniel Levi de Barrios (1625-1701) — na obra *Historia Universal Judayca* (circa 1684, p. 5).

Esta cadeia de panegíricos tem os seus seguidores até aos séculos XIX e XX, em contextos diferentes mas cujo objetivo último é uma história positiva, e também positivista, que tenta segregar a

---

[1] ISRAEL, 1901, pp. 6-7.
[2] ORFALI, 2002, pp. 31-41
[3] ABOAB, 2007, p. 313

exemplaridade da vivência dos judeus para demonstrar que estes sempre formaram uma Nação sem Pátria. Acontece que, neste período, com o exacerbamento dos sentimentos nacionalistas, muitas destas obras pretendem sobretudo revelar o contributo específico dos judeus para o desenvolvimento de uma nação específica, no contexto da *Haskala* (Iluminismo Judaico) e da Ciência do Judaísmo.[4]

Um destes exemplos é Moïse Franco (1865-1907), autor do famoso *Essai sur l´Histoire des Israélites de l´Empire Ottoman depuis les origines jusqu`à nous jours*, obra originalmente publicada em Paris, em 1897. Franco pertencia à primeira geração de judeus turcos educados em Paris, mais propriamente na École normale israélite orientale, de Paris (ENIO). Regressado ao Leste, foi professor em várias escolas da Alliance Israélite Universelle.[5] É neste contexto que escreve dois títulos dedicados especificamente a "dona Gracia Mendezia (1510-1568)" e a seu sobrinho e genro "dom Joseph Nassy". Acerca da primeira, Franco considera que ela achava insuportável a vida que levava em Antuérpia, pois não obstante a sua posição social necessitava de esconder a sua fé original, à qual, no seu interior, estava certa de pertencer. Contudo, não deixa também de salientar que dona Gracia continuou à frente dos negócios da família,[6] o que se reporta ao ideal de demonstrar, na diacronia, o papel dos judeus para o desenvolvimento social e econômico da Turquia. De dom Joseph, Moïse Franco oferece ao público leitor a imagem de um "pequeno sultão" — uma espécie de líder passado, com projeções no futuro do povo judeu: "Dans sa nouvelle patrie, Nassy vécut en grand seigneur, grâce à sa richesse, son talent diplomatique, ses manières distinguées et son savoir".[7]

O professor universitário Abraham Galante (1873-1961) teve uma posição fundamental na defesa da causa da identidade turca dos judeus que continuavam a viver na Turquia (Kalderon). Foi

---

4 COHEN; STEIN, 2010, pp. 349-354.
5 LASKIER, 1983, pp. 147-171.
6 FRANCO, 1897, pp. 53-55.
7 FRANCO, 1897, p. 5.

também um dos intelectuais judeus turcos influenciados pelo movimento da *Haskala* e, como historiador, por motivos de preservação patrimonial, também investia numa evocação nostálgica do "paraíso perdido".[8] É assim que o historiador "moderno", na sua obra maior *Histoire des Juifs de Turquie*, a par de breves biografias da "Senhora" (dona Grácia) e de dom Joseph — sobretudo como personagens do Império Otomano — não deixa também de publicar, e de traduzir do turco para francês, documentos que projectam informações fundamentais sobre ambos.[9] Aliás, a sua colecção de recolhas documentais sobre os judeus da Turquia — seis entre 1912 e 1958 —[10] mostra bem esse desejo de preservação da memória destes antepassados ilustres, quando se pretende salientar que os judeus da Turquia são indubitavelmente cidadãos turcos. É no entanto a *Don Joseph Nassi Duc de Naxos* que ele dedica uma biografia mais sólida, certamente devido ao maior número de documentos recolhidos sobre esta personagem, pois acrescenta em subtítulo: *d'après de nouveaux documents* (1913). Em 1913 publicaria ainda outra importante biografia sobre dom Salomon ibn Ya`ish, o famoso português Álvaro Mendes, designado "Duc de Mételin", que ele retrata como um homem bem considerado pelos sultões e pela rainha Isabel I de Inglaterra.

Perspectivas semelhantes verificavam-se mais a Ocidente. Meyer Kayserling (1829-1905), rabi asquenaze interessado na história e na literatura dos judeus da Península Ibérica e discípulo de Leopold van Ranke, foi dos primeiros a catapultar dados sobre aqueles com base em grande erudição documental e bibliográfica. Em 1867 publicou a sua *História dos judeus em Portugal* (*Geschichte der Juden in Portugal*). Os fundamentos e o propósito principal do seu livro são elucidados claramente no "Prefácio do autor": "Das fontes usadas neste livro não é preciso tratar pormenorizadamente, pois foram especificadas com exatidão e minúcia nas notas e no apêndice". E mais à frente: "Possa ele contribuir para que os muitos exemplos de

---

8 BENBASSA; RODRIGUE, 1993, p. 203.
9 GALANTE, 1985, vol. 5, pp. 148-156; vol. 9, pp. 58-64
10 KALDERON, 1983, pp. 87-92.

lealdade à fé, aqui descritos, estimulem a geração presente".[11] Neste contexto de empirismo exemplar toda a informação disponível devia ser apresentada. No capítulo sexto da segunda parte, designado "Peregrinações dos judeus portugueses", Meyer Kayserling, a par de Benvenida Abravanel, interessa-se por dona Gracia como cripto-judia "ideal". É assim que no contexto de uma minuciosa descrição da vida da "Senhora", se refere acerca da sua vivência em Antuérpia:

> Apesar da posição que desfrutava nesse próspero centro comercial, não se sentia feliz. Também aí teve de negar sua verdadeira crença, observando diariamente ritos da Igreja que desprezava do fundo do coração! Não suportando o fingimento que lhe era imposto, como a todos os cristãos-novos, almejava um domicílio onde não precisasse manter em segredo essa religião.[12]

Não chegaram até nós fontes que permitam atestar esse sofrimento e esse desejo de libertação de dona Gracia enquanto Beatriz de Luna. Mas o objectivo de Kayserling era "revelar" a libertação da conversa em relação ao meio opressor que não lhe permitia ser livremente judia.

Foi o historiador inglês Cecil Roth (1899-1970) que escreveu os dois panegíricos maiores das duas personagens, dona Gracia e dom Joseph, onde sublinha a sua áurea de mecenato e de caridade para com os correligionários, também na Turquia: respectivamente *Doña Gracia of the house of Nasi,* de 1948; e *The House of Nasi: The Duke of Naxos*, do mesmo ano. Na verdade, trata-se de dois desenvolvimentos da sua panorâmica *A History of the Marranos*, de 1932, em que aqueles ex-marranos da Turquia, revelados como governantes iluminados, se transformam em parábolas do exercício do poder, tal como em alguns contos de Yourcenar. Não é o que se induz das suas palavras, quando escreve que dom Joseph era considerado, durante

---

11 KAYSERLING, 1971, pp.XXI-XXII.
12 Ibid., p. 225.

algum tempo, o dirigente do Império Turco e um dos homens mais poderosos da Europa[13]?

2 – O SENTIMENTO E O PODER

2.1. A tradução da relevância social

A família Nasci foi das que melhor conseguiu projetar uma imagem senhorial, graças ao poder econômico e social dos seus membros. Beatriz de Luna, que adotou o nome de dona Gracia Nasci na Turquia, adquiriu Tiberíades em 1560 — uma cidade que possuía um importante capital simbólico para os judeus. Devido a este e outros fatos, o seu nome ecoou no Médio Oriente, onde alguns judeus portugueses se haviam estabelecido. Estes, contatados nos anos sessenta do século XVI por frei Pantaleão de Aveiro, chamaram-lhe "A Senhora".[14] O seu famoso sobrinho João Micas, mais conhecido nos círculos otomanos como dom Joseph Nasci, obteve também Tiberíades em 1561 do sultão Süleyman I, e o ducado de Naxos e das Cíclades em 1566, de Selîm II. Em 1559, depois de uma bem-sucedida missão junto do ainda príncipe Selîm, o sultão Süleyman agraciou dom Joseph com o título de "Muteferik", isto é, "nobre, distinto", e de "Frenk bey oylou", ou seja, "Príncipe Europeu", conforme expresso na sua carta dirigida por aquele ao rei Carlos IX de França, em 1565.[15] O próprio dom Joseph intitulava-se, em 1577, "*Josephus Naci Dei Gratia Dux Segi Pelagi, Dominus Andrei, etc*".[16]

Teria esta imagem "funcionado" em Portugal? Aparentemente sim, se tivermos em conta certa informação. Por exemplo, Pêro Dias, uma testemunha no processo inquisitorial de Tomé Pegado da Paz, de 1578, referiu que aquele havia servido dom Joseph na Turquia,

---

13 ROTH, 1990, p. 161.
14 AVEIRO, 1927, p. 473.
15 GALANTE, 1913, p. 27.
16 Ibid., pp. 14-15.

chamando-o "João Micas" e designando-o "Grande Judeu". Outra testemunha no mesmo processo — João Fernandes — chamaria a dona Gracia a "Grã-Judia de Constantinopla". Esta adjetivação estabelece desde logo uma equivalência com o maior inimigo da Cristandade, ou seja, o sultão otomano, designado na documentação portuguesa coeva como o "Grão Turco". Equivalência essa que apresentava duas facetas: o poder temporal e o poder do mal, como senhores infiéis[17]. Acerca do famoso Álvaro Mendes, ou seja, dom Salomon ibn Ya`ish enquanto judeu estabelecido no Império Otomano, os seus servidores não deixaram de espalhar uma áurea de poder. Por exemplo, em 1594, Juda Serfatim, ao escrever ao Conselho Privado da Coroa Inglesa, salientou que o sultão Murad III, estando nos seus jardins com o padixá Tchagal Oglou, logo mandou chamar ibn Ya´ish, "Duc de Métilli [Mitilene], et grand commerçaire de sa Magesté" para o aconselhar e indicar um itinerário num mapa-múndi que trazia consigo. Tal como dom Joseph, o próprio D. Salomon alimentou a sua áurea, ao intitular-se "Don Sallomo" numa missiva enviada a Isabel I de Inglaterra em 1592. Por sua vez, altas individualidades do Ocidente não deixaram de "alimentar" por interesse este desejo de afirmação social do converso imigrado: Isabel I de Inglaterra designa-o "Cavaleiro", em atenção ao seu estatuto de "Cavaleiro da Ordem de Santiago"; e Lord Burghley, tesoureiro de Inglaterra, dirigir-se-ia a ele como "Most Magnificent Sir" e "Illustris et Magnifice Domine".[18]

Aliás, a forma de estar diferente destes grandes senhores anunciou-se logo quando das suas entradas triunfais no Império Otomano. Cerca de 1557, o autor da *Viaje de Turquia* diria que a Senhora entrou na cidade rodeada de um cortejo de quarenta cavalos, e que do seu séquito, que se deslocava em quatro carros triunfais, fazia parte um conjunto de damas e criadas espanholas. dona Gracia conseguiria ainda do sultão que os seus criados não usassem a tradicional touca mas gorros, e que se vestissem à veneziana (p. 451). Um ano depois, em 1554, João Micas, aquele que viria a

---

17 TAVIM, 2004, p. 280.
18 TAVIM, 2010, pp. 229-231; 2013, p. 474.

ser dom Joseph Nasci depois de circuncidado, entraria na Sublime Porta também de forma magnífica, rodeado de vinte servidores, todos vestidos como senhores, e envergando ele próprio vestes de seda guarnecidas de zibelina.[19] Quanto a Álvaro Mendes, Salo Wittmayer Baron, baseando-se em documentos do Archivio di Stato de Venezia afirma que Süleyman I solicitou às autoridades venezianas, em 1564, uma embarcação e escolta para que o seu pai e restante família viajassem seguros até Ragusa, com o objetivo de ingresso no Império Otomano (p. 101).

Quando se estabeleceram no Império Otomano, embora assumindo uma conveniente identidade judia, estes senhores não só se vestiram a ocidental, como eram tratados como ocidentais pelos sultões — como vimos atrás — residindo à parte dos outros judeus. De fato, dona Gracia e seu sobrinho dom Joseph não viveram nos bairros judaicos de Istambul. Alojar-se-iam em Gálata, no meio da colônia europeia, em palácio suntuoso, no quarteirão de Kuruçesme, formando dona Gracia uma comunidade exclusiva de servidores da sua Casa, que por isso mesmo tomava o nome de "Cema`at-t Sinyora".[20] Não obstante o interesse simbólico e prestígio social pelo arrendamento de Tiberíades, nem os Nasci nem dom Salomon ibn Ya´ish pretenderam trocar as suas moradas perto do Serralho por essa cidade quase abandonada e frequentemente assolada pelas tribos beduínas. Na verdade, dona Gracia tinha conseguido "comprar" a cidade por uma soma considerável e pagava um tributo anual perpétuo de 1.000 cruzados de ouro.[21] Em troca recebeu o "ilitzam" ou seja, o direito local de colectar impostos.[22] Segundo Cecil Roth, quer dona Gracia, quer dom Joseph, tinham ainda o direito de impor a corveia nessas terras.[23] Contudo, não há provas que ambos tenham visitado Tiberíades. Embora frei Pantaleão de Aveiro relate que os

---

[19] GRUNEBAUM-BALLIN, 1968, p. 70.
[20] ROTH, 1948, pp. 160-186; YERASIMUS, 1995, pp. 113, 118, 129.
[21] AVEIRO, 1927, pp. 471-472.
[22] ROZEN, 2002, p. 240.
[23] ROTH, 1948, p.110.

judeus da Palestina esperavam a vinda próxima do Messias, devido à resolução da Senhora em se estabelecer em Tiberíades, com toda a sua família e judeus que a pretendessem seguir,[24] não há provas que o tenha feito. Quanto a dom Joseph, devido à necessidade de uma presença constante junto da corte, enviou para Tiberíades, para agir em seu nome, o fiel delegado Joseph ben Ardut ou Joseph Pomar.[25] Também dom Salomon ibn Ya´ish, embora tenha recebido de Murad III a concessão de Tiberíades e sete aldeias vizinhas nunca permaneceu aqui, tendo entregue a sua administração ao filho Francisco (Jacob), que aí construiu um castelo e várias casas.[26] Mas Francisco foi apontado por seu pai como um idealista louco, muito preocupado com a sua alma,[27] pelo que podemos depreender que, quem almejava relevância social devia habitar na capital do Império Otomano.

Nicolas Vatin chamou a atenção que a situação sociopolítica destes senhores no Império Otomano era diferente daquela que pretendiam fazer transparecer no Ocidente. Na verdade, segundo a lógica administrativa otomana, dom Joseph Nasci era senhor do arquipélago das Cíclades sem que tal implicasse soberania: ao substituir o italiano Giacomo Crispi seria "entendido" pelas autoridades otomanas sobretudo como um arrematador da cobrança dos impostos. Em relação a dom Salomon ibn Ya`ish, Vatin chamou a atenção que o seu estatuto no Império Otomano não se podia sequer comparar ao de dom Joseph, pois que a ilha de Lesbos albergava um *sandjak bey* (um representante local da autoridade otomana). Acrescenta ainda que não conhece qualquer documento turco que atribua a D. Salomon o título ducal, pressupondo que, sendo judeu e também arrematador de impostos, pretendeu realçar o seu prestígio atribuindo a si mesmo aquela designação, que de fato havia sido outorgada a dom Joseph Nasci. Mas ao contrário do que acontecia entre as

---

[24] AVEIRO, 1927, p. 472.
[25] ROTH, 1948, pp. 112-113.
[26] GALANTE, 1936, pp. 20-21.
[27] GALANTE, 1936, pp. 20-21; ROTH, 1948, p.134.

autoridades otomanas, para quem até o título de duque possuía um significado muito fluido mas certamente fiscal,[28] no Ocidente, de uma forma ou de outra, dom Joseph e dom Salomon eram considerados pessoas poderosas. Em 1571, desagradado pelo fato do sultão não o ter nomeado rei-vassalo da Ilha de Chipre, João Micas enviou um memorial a Filipe II de Espanha, pedindo perdão pela sua apostasia e um salvo-conduto para entrar nos seus domínios. Mas Filipe II acentuou que não lhe devia ser enviado o salvo-conduto ou escrita alguma carta, sem que fossem bem certificados os seus intentos.[29] Também em 1589, cidadãos eminentes de Goa queixavam-se a dom Filipe I de Portugal que "os da nação" são ali os mais prejudiciais, entre os quais um Henrique Mendes, "sobrinho de Álvaro Mendes, judeu, que está em Turquia, [e] é de sua criação, e amizade".[30]

Já verificamos, contudo, que nem os contemporâneos nem os panegiristas judeus posteriores os percepcionavam assim: para estes, o seu poder não exalava perfídia ou simples arrogância, porque enquadrado por uma auréola de mecenato e de salvação.

Falta uma dimensão cronística similar para os senhores judeus de outro dos grandes destinos da Diáspora Ibérica: Marrocos. Eles são desenhados pelos panegiristas judeus portugueses do século XVII sobretudo como personagens influentes junto do poder e pouco se tece acerca da sua ação de auxílio ou de mecenato junto dos correligionários necessitados. Mas como veremos, esta transparece em alguma documentação.

Normalmente, os senhores das grandes casas judaicas das praças portuguesas de Marrocos tinham autorização para visitar Portugal, fazendo-se acompanhar de criadagem. Por exemplo, logo em 1509, dom Manuel concedeu uma carta de privilégio a Isaac Benzamerro, judeu de Safim, para que pudesse vir a Portugal negociar a sua fazenda, trazendo consigo um criado também judeu, "para com ele estar e andar", gozando dos mesmos privilégios do seu senhor. O próprio rabi-mor da cidade, Abraão Rute, fazia-se acompanhar dos

---

[28] VATIN, 2004, pp. 74-75.
[29] ARCE, 1953, pp. 271-273.
[30] TAVIM, 2013, p. 459.

seus criados. Mas o seu inimigo figadal, e que seria também rabimor de Safim após a morte daquele, em 1537 — Abraão Benzamerro — é talvez um dos casos mais retumbantes. Em 1524 foi agraciado por dom João III com a autorização de vir a Portugal com dois criados judeus. Ainda nesse ano o soberano privilegiava-o com a possibilidade de enviar ao Reino um seu servidor, o qual por sua vez podia trazer um criado. Também em 1524, dom João III correspondia ao pedido de Abraão Benzamerro, isentando-o e à sua família e criados do poder judicial de rabi Abraão.[31] Embora em 7 de Fevereiro de 1537 dom João III reiterasse como imprescindível o uso de um sinal identificativo para os judeus que entrassem em Portugal — uma estrela de pano vermelho, cosido no ombro direito, na capa ou no pelote[32] — sabemos pelo anônimo *Ditos portugueses dignos de memória* que o rei o eximiu de tal obrigação: "Andando em Lisboa um judeu chamado Abraão Benzamerro, a quem el-rei dom João, por ser mercador muito rico e muito discreto, deu licença que andasse sem sinal…".[33] De fato, como senhor de posses e com proeminência social, a exclusão do uso vexatório do sinal levava-o mais que a confundir-se com a restante população portuguesa ou judia com autorização para visitar Portugal, sobretudo a posicionar-se no mesmo patamar social de muitas personalidades abonadas deste país e de Marrocos. É por isso que no processo levantado pela Inquisição de Lisboa contra a sua amante Leonor Mendes, em 1537, os inquisidores anotaram na sua margem: "nom trazia sinal nem por Judeu era conhecido".[34] Podemos mesmo imaginá-lo no reino, envergando aljaravia e calçando sapatos de Córdova, como consta na carta que dom João Coutinho, capitão de Arzila, escreveu ao rei em 1538, e rodeado pelos serviçais mouros e judeus, dando um destes pretexto a observações de dom João III e Fernão Cardoso, feitor da Casa da Mina:

---

31 TAVIM, 1997, pp. 389-391.
32 LEÃO, 1987, p.122.
33 DITOS, p. 160.
34 TAVIM, 1993, p. 127.

Andando neste reino um judeu rico chamado Abraão Benzemerro, trazia em sua casa e serviço muitos mouros e judeus, e um judeu tornou-se-lhe mouro. Perguntando el-rei a Fernão Cardoso o que pensava daquilo, respondeu-lhe ele: — Senhor, que não desdirá, porque é tinto sobre azul.[35]

Esta "exposição" da criadagem dos senhores marroquinos tem o seu equivalente na Casa Nasci, na Turquia, como vimos atrás. De notar, contudo, que tal como acontecia com Abraão Benzamerro, há provas que dom Joseph se fazia acompanhar por servidores muçulmanos, o que significa que o seu estatuto social lhes permitia, no quadro das sociedades islâmicas em que viviam, ultrapassar as questões de segregação social. Por exemplo, quando João Micas tentou regressar à Península Ibérica nos anos setenta do século XVI, pediu no memorial enviado a Filipe II de Espanha que lhe fosse emitido um salvo-conduto para poder entrar naquele país, mas acompanhado de mais de setenta pessoas, entre judeus e turcos — ou seja, uma verdadeira corte, visto que ele pretendia que o rei espanhol o entronizasse no sempre pretendido "reino de Chipre".[36]

Devemos contudo precisar que nem todas estas pessoas da "Casa" eram criados no sentido estrito do termo. Em redor destes grandes senhores da elite judaica gravitavam os seus feitores. Conhecemos, por exemplo, três dos feitores de Abraão Benzamerro: Yehuda Abudarham, que representava o seu senhor como pagador dos soldos em Santa Cruz do Cabo de Guer; Jacob Daroque, que foi rendeiro das alfândegas de Azamor e de Mazagão; e David Cint, que agia em Lisboa e levava roupa do seu senhor para vender a Mawlay Ibrahim, senhor de Xexuão.[37]

---

35 DITOS, p.157.
36 ARCE, 1953, pp. 273, 280-285.
37 TAVIM, 1997, p. 391.

Dona Gracia sempre soube rodear-se de agentes poderosos e eficientes, para além de seu sobrinho dom Joseph, sobretudo aquando da sua estada no Império Otomano. O caso dramático de Ancona é o retrato mais trágico desta realidade. O porto papal de Ancona tinha uma comunidade judaica, assim como um grupo próspero de cristãos-novos portugueses, que observariam alguns preceitos judaicos — ou foram acusados de o fazer. Com a ascensão do papa Paulo IV em 1555, os ventos da Contra-Reforma começaram a soprar na cidade, tendo aquele ordenado a prisão dos cristãos-novos e enviando 24 deles para a fogueira. Alguns conseguiram escapar para Pesaro, pedindo um boicote para o porto de Ancona e a dona Gracia que intercedesse por eles, o que aconteceu. Por sua influência, o sultão Süleyman I, o Magnífico, escreveu ao papa para que os prisioneiros fossem libertados. Para além das questões humanitárias, devemos recordar que alguns dos perseguidos eram seus agentes, e que seis destes tinham sido mortos. Paulo IV ainda entregou aos Nasci as propriedades do seu agente Jacob Mosso, queimado na fogueira. E embora o boicote a Ancona tenha falhado, sobretudo devido à oposição dos chefes de algumas comunidades, como rabi Josué Soncino de Istambul, que defendia que os cristãos-novos eram os responsáveis pelos seus atos, visto que escolheram a Itália e não o Império Otomano como seu destino, a áurea dos Nasci como protetores dos cristãos-novos e dos judeus continuou incólume.[38] Outros dos seus feitores agiam de forma eficaz em Ragusa, cidade que dona Gracia e sua filha haviam visitado em 1552, antes de se estabelecerem em Istambul. Provavelmente observando as potencialidades vitais de Ragusa nesse período breve, dona Gracia enviou aí os feitores Abner Alfarin e Isaac Ergas, através dos quais requereu uma política fiscal que lhe fosse mais favorável.[39] De acrescentar que o próprio autor da *Consolação às tribulações de Israel*, de 1553 — Samuel Usque — talvez tenha estado ao serviço de dona Gracia, visto que defendera

---

38 ROTH, 1948, pp. 145-183; BIRNBAUM, s/d, pp. 126-139; TOAFF, 1974, pp. 261-280; SEGRE, 1985, pp. 130-233.
39 BURDELEZ, 1992, pp. 190-197; ORFALI, 2002, pp. 191-194; BIRNBAUM, s/d, pp. 93-101.

os interesses do seu cunhado Diogo Mendes e de sua irmã Brianda de Luna.[40]

Também dom Joseph Nasci, seu sobrinho, se rodeou de uma rede importante de agentes e feitores para administrar os seus negócios. Sabemos que o seu administrador do ducado de Naxos era o cristão-novo Francesco Coronello.[41] Os seus agentes, entre os quais se contavam mercadores eslavos e judeus, encontravam-se ao seu serviço em Corfú, Dalmácia e Veneza.[42] Na verdade, há provas que aqueles estavam presentes também em Belgrado, Sarajevo, Ferrara e Ancona (como já verificamos), em Lyon e na Polônia.[43] A sua rede de informadores era também bastante extensa, com extremos fortes na Itália, a Ocidente, e na Índia, a Oriente. Sabemos que os conversos Antônio da Fonseca, residente em Roma, e João Ribeiro, de Veneza, se prestavam a informá-lo acerca das pretensões da Cristandade contra o Turco. E que do Oriente, da Índia Portuguesa, recebia informações do mesmo teor, de judeus como o filho de Sem Tob Espanha, e de cristãos-novos como o médico Simão Correia e o mercador Jácome de Olivares.[44] Mas a áurea de placidez que perpassa na documentação hodierna e para a posteridade é, de fato, contornada por alguma informação que revela que Joseph Nasci atuava de forma incisiva e necessária em caso de traição. Por exemplo, quando Tomé Pegado da Paz, um converso tornado judeu na Turquia, entrando ao serviço de Joseph Nasci desobedeceu às suas ordens para prender Matias Bicudo — espião ao serviço das autoridades portuguesas, que viajava disfarçado em trajes de muçulmano — informando-o inclusivamente que devia regressar ao Cairo, logo o duque ordenou a sua prisão em Skopia.[45]

É no contexto da atividade da elite dos judeus de Marrocos que surgem as notícias de "comportamento mais violento". Em 4 de

---

40 GUERRINI, 2001, pp. 83-89.
41 GALANTE, 1913, pp. 14-15; ROTH, 1948, pp. 87-96.
42 BURDELEZ, 1992, p. 194.
43 GALANTE, 1913, pp. 13-14; ROTH, 1948, pp. 46-48; INALCIK, 1988, pp. 132.
44 TAVIM, 2003, pp. 209-215.
45 TAVIM, 2004, pp. 276-277; TAVIM, 2013, p. 468.

setembro de 1635, o catecúmeno Juan do Prado, antes Frayme, apresentou-se perante a Inquisição de Lisboa. Era natural de Marrakech e viajara há cerca de um mês até Mazagão, na companhia de seu amo Moisés Palache, secretário do rei de Marrocos. Receando o comportamento do amo por ter derramado certa quantia de vinho, refugiou-se numa igreja, sob o pretexto que queria ser cristão. De fato Moisés era um homem poderoso, sobrinho do famoso Samuel Palache, que continuava a projeção desta família como interlocutora das relações entre os xarifes de Marrocos e alguns países da Europa. Nascido em Amsterdã, Moisés Palache havia se estabelecido como intérprete e tradutor oficial, na corte de Marrakech. A documentação holandesa mostra que continuou empenhado num negócio tradicional da família — o das pedras preciosas, assinando igualmente a tradução espanhola da ratificação do tratado de 1638, entre Carlos I de Inglaterra e o xarife Muhammad al-Shaik al-Sajir.[46] Frayme, ainda como catecúmeno, acabou por declarar à Inquisição de Lisboa que afinal não pretendia ser cristão e esta ordenou a um Familiar do Santo Ofício que o acompanhasse até embarcar para Marrocos.[47] De qualquer forma este episódio denota o poder social destes judeus "grandes" de Marrocos, que se comportavam em relação a outros judeus da mesma forma que os *caides* e outros senhores tratavam os seus subordinados. Afinal, o famoso Samuel Palache não foi também, comprovadamente, um corsário?[48]

2.2. A tradução da solidariedade social

Minna Rozen considera que famílias proeminentes no mundo negocial e junto da corte otomana, como os Hamon, os Nasci, os de Segura e ibn Ya`ish, não se encontravam no cimo da escala social

---

[46] GARCÍA-ARENAL E WIEGERS, 2006, pp. 140, 142, 145-147; GARCÍA-ARENAL, RODRÍGUEZ e EL HOUR, 2002, pp. 44-45.
[47] TAVIM, 2008, pp. 354-255.
[48] GARCÍA-ARENAL E WIEGERS, 2006, pp. 133-152.

judaica mas acima desta.⁴⁹ Para estar no cimo da sociedade judaica, segundo rabi Moisés Almosnino, judeu nascido em Salônica, de raiz sefardita, era necessário possuir conhecimentos e ser virtuoso [honrado⁵⁰]: eram estes os indícios de superioridade que regiam ainda a avaliação social e moral dos judeus de origem ibérica.⁵¹

A família Nasci foi a que melhor tentou conciliar "grandeza" de origem, riqueza, influência junto da corte e, ao mesmo tempo, e transversalmente, mostrar sinais de virtuosismo ao proteger as artes e os homens de religião. Tentou assim estar junto do poder e mostrar-se digna de valorização no contexto da sociedade sefardita turca. Lembremos que o próprio Moisés Almosnino tece considerações de louvor ao "señor don Yosef Nasí" na sua aljamiada *Crónica de los Reyes Otomanos*, onde descreve não só o poder temporal deste como duque de Naxos, e o seu potencial econômico, como também a sua íntegra conduta:

> De todo lo dicho y relatado se muestró ser este nuestro señor, que el Dio guarde y prospere su estado, de muy sutil ingênio y muy generoso, amador de la virtud y de justicia y muy misericordioso en sumo grado de perfección, como se requiere ser en tan gran señor de tan gran estado, que muchos años posea y vaya en contino aumento, amén.⁵²

Lembremos ainda que Moisés Almosnino lhe dedicou o *Tratado de los Sueños*, de 1564, em que descreve o seu sonho passado no palácio da família Nasci, de Belvedere. Segundo Moisés, nesse sonho, na festa de *Sukkot*, aí estão sentados dom Joseph e dom Samuel, seu irmão, assomando também dona Gracia, sua filha Reina e sua sobrinha Beatriz. Nos lugares reservados aos sábios encontra-se Almosnino, pressagiando a palma e a cidra presentes, respectivamente, a vitória

---

49 ROZEN, 2002, p. 211.
50 BEN-NAEH, 2005, pp. 19-50.
51 ALMOSNINO, 1998, p. 223.
52 Idem.

e a descendência. Neste sonho premonitório, Almosnino assegurava a continuidade favorável de tão ilustre família, dentro dos valores sefarditas da época.[53] Aliás, sabemos que o próprio dom Joseph escreveu uma obra designada em português (traduzida para o hebraico pelo seu amigo, o rabi Isaac Onqueneira) *Ben porat Yosef*, em 1577, em que critica, como era prática da elite culta da época, o exercício da astrologia judiciária, ao mesmo tempo que tenta demonstrar a superioridade da religião judaica em relação à cristã.[54] A importância dada à linhagem, no contexto dos pressupostos genealógicos judaicos[55] e da Sociedade de Ordens hispânica[56] (que aliás se cruzavam) levou mesmo Abraham Bendanan Serfatim — membro da mesma família Benveniste, convertido ao Cristianismo em Portugal no início do século XVII com o nome de João Baptista d`Este — a utilizar a estratégia de evidenciar o seu *yhus* ou linhagem (virtuosa) para conseguir um lugar de destaque na sociedade de adoção, como servidor dos interesses raciais essencialistas da Inquisição e do poder régio.[57])

Um dos alicerces que alimentava o *yhus* destas famílias era o auxílio aos correligionários necessitados, mormente, no que respeita à Península Ibérica, a ajuda aos cristãos-novos que pretendiam assumir uma identidade abertamente judaica no exterior ou, no mínimo, providenciar auxílio às comunidades de raiz ibérica aí estabelecidas.

É verdade que este auxílio ultrapassa, por vezes, as fronteiras étnicas, que eram menos espessas do que anacronicamente por vezes se assume, e sobretudo bastante fluidas em relação às comunidades islâmicas.[58] Sabemos que Samuel Palache tentou entrar num negócio de corso nas costas do sul de Espanha com ajuda dos mouriscos

---

53 ROMEU FERRÉ, 2004, pp. 159-193.
54 Ibid., p. 165.
55 NIRENBERG, 2002, pp.1-41.
56 KALLENBENZ, 1970, pp. 49-54; SHORSCH, 1994, pp. 71-92; BOER, 2002, pp. 95-112.
57 TAVIM, 2011, pp. 181-186; GRAIZBORD e STUCZYNSKI, 2011, p. 126.
58 VALENSI, 1997, pp. 251-269; MATAR, 1998, p. 29.

estabelecidos em Marrocos.⁵⁹ Mas os Palache são também sintomaticamente acusados em 1607 de seguirem uma rota de fuga dos mouriscos que serão expulsos de Espanha em 1609, ou seja, através de Saint-Jean-de-Luz. De fato, os Palache viajaram de Saint-Jean-de-Luz para os Países Baixos,⁶⁰ mas personagens da comunidade de conversos portugueses aí estabelecida foram também acusadas de ajudar os cristãos-novos e os mouriscos a levar moeda, metais preciosos e outra fazenda para a Turquia, assim como pólvora e armas pertencentes a estes últimos (neste caso também para Tunís). Foram ainda acusadas de se corresponder com judeus de Veneza para enviar cartas dos procuradores dos mouriscos a Tunís e a Istambul.⁶¹ (Dadas as necessárias e estimulantes relações com a Turquia, para as quais contribuíram as ajudas aos mouriscos fugitivos, não será por acaso que os portugueses de Saint-Jean-de-Luz tenham "arrendado" os serviços de um rabi oriundo de Istambul, no princípio do século XVII.⁶²

Mesmo na Península Ibérica verificaram-se relações pontuais entre judeus e mouriscos. Por exemplo, em Lisboa, em 15 de Julho de 1658, Antônio de Andrade de Oliveira, guarda-mor da Barra, revelaria ao Santo Ofício que Jacob Mexias, judeu de sinal pertencente a uma família com autorização de residência em Ceuta, lhe pedira que embarcasse três mouras (mouriscas, na realidade): duas, criadas na casa do conde de Aveiro; e outra, idosa, que fora criada na casa de D. Francisco Barrabás. Estas ofereceram dinheiro ao judeu para as transportar até à "Berberia", e por sua vez Jacob tentou aliciar Antônio com dez mil reais para o seu frete. O guarda-mor ficou atônito pois as mouras haviam-se tornado católicas. Mas Jacob Mexias respondeu que elas continuavam a ser mouras "na crença", chamando água de batismo "água de bacalhau", ou seja, água poluída. Este exemplo é revelador de uma "simpatia" sociocultural por aqueles que mantinham outra religião e com quem conviviam, na diferença,

---

59 GARCÍA-ARENAL e WIEGERS, 2006, pp. 115-116.

60 Ibid., pp. 13, 101.

61 GARCÍA-ARENAL e WIEGERS, 2006, pp. 100-101; BERNABÉ PONS, pp. 309-314)

62 TAVIM, 2005, p. 328.

nas terras de origem. De fato, Jacob Mexias não deixou de manifestar empatia e explicar ao guarda-mor a decisão das mouriscas, ao sublinhar a importância da sua identidade primeira. Considerou Jacob que sendo as mouriscas antes de cristãs, mouras, não seria falta de escrúpulos facilitar-lhes a fuga.[63]

Mas, como veremos de seguida, este auxílio tinha mais uma dimensão étnica, o que é lógico devido ao frequente trânsito de cristãos-novos para o universo judaico normativo, por motivos religiosos, negociais e sociais.

Os exemplos são abundantes. Só em relação ao Marrocos, e durante o século XVI, contamos com cinco casos de judeus de sinal deslocados em Portugal que ajudaram os cristãos-novos no seu processo de fuga. O mais conhecido é Jacob Rute, intérprete de Safim e filho do rabi Abraão Rute. Em 1539 diria a Pedro de Santa Maria — judeu marroquino convertido ao Cristianismo — que já passara quatro ou cinco cristãos-novos para o Norte de África. Entre estes encontravam-se Rui de Mascarenhas, judeu que viera de Fez e se tornara cristão, dois moços e um bombardeiro, sendo este último, certamente, o famoso mestre João. Dos quarenta e sete casos de entradas de judeus de sinal marroquinos em Portugal, apurados para o século XVI, em nove verificou-se influência religiosa sobre os cristãos-novos.[64] Entre 1525 e 1526, onze destes judeus vieram a Portugal no contexto específico da presença, aqui, do famoso David Reubeni, judeu do Oriente que se apresentou como embaixador de seu irmão o rei Salomão, no sentido de influenciar dom João III para uma campanha de conquista de Jerusalém e dos lugares santos, e que foi amplamente apoiado por aqueles, a vários níveis.[65].

O caso de Leonor Mendes e do seu abnegado amante Abraão Benzamerro permite desmontar uma rede social de apoio devido à abundância excepcional de documentação. Leonor Mendes parecia ser cristã-velha e desfrutar de uma posição social importante, pois fugira dos cárceres do Santo Ofício, em 1540, com a ajuda dos

---

63 TAVIM, 2009, p. 371.
64 TAVIM, 1997, pp. 494-519.
65 ELIAV-FELDON, pp. 301-316; TAVIM, 2004, pp.683-715.

criados do arcebispo do Funchal, dom Martinho de Portugal. Mais interessante ainda foi o fato de, tendo sido condenada a quatro anos de prisão, ver a sua pena comutada e ser libertada no mesmo ano da condenação, ou seja, 1544. Mas sendo amante do judeu Abraão Benzamerro tentou fugir para o Norte de África quando ainda se encontrava presa. O esquema de fuga estava montado com minúcia, prevendo-se que iria em sua companhia o cristão-novo Fernão Rodrigues, a quem Abraão Benzamerro havia entregado seguros com chancelas do rei de Fez e dos alcaides e outros senhores marroquinos, por cujas terras teria que passar. Aquele transportava também cartas de Abraão Benzamerro para os seus parentes a acolherem em Marrocos até ele partir de Portugal. Além disso, Leonor levava também alguns bens e dinheiro. Para despistar, os fugitivos deviam dirigir-se à Arrábida, fingindo que iam em romaria. Mais tarde, em Setúbal, embarcariam para Tavira, e dali para o Norte de África, numa nau que Abraão Benzamerro tinha fretado. Contudo, os fugitivos foram presos na ermida de Nossa Senhora da Arrábida, sendo o próprio rei informado da ocorrência. Leonor Mendes foi de novo presa mas, até à sua morte, em 1540, Abraão Benzamerro fez tudo para a libertar, através de um homem de confiança cristão-novo.

O mais interessante é sabermos quem eram os intervenientes em jogo e como o esquema de fuga podia ter sido bem-sucedido. O mestre do navio era Afonso Vaz, homem de confiança dos cristãos-novos em fuga, pois acabaria por ser preso pelo Santo Ofício, acusado de os levar a "terras de mouros". As cartas que Fernão Rodrigues levava estavam escritas em caracteres hebraicos e uma em caracteres árabes. Esta última devia conter os seguros das chancelarias do rei de Fez e dos outros senhores muçulmanos. Entre as cartas escritas em hebraico havia uma, de Salomão Cint, com um sobrescrito que dizia "Senhor habrão cabeça" — um poderoso judeu marroquino que vivia junto da corte do xarife, em Marrakech. Nela, Abraão Cabeça ficava informado que Cint havia escrito a rabi David Bensusan para abrigar em sua casa o portador da carta. Quem levava as cartas era de fato Leonor Mendes, pois os inquisidores descobriram que a palavra portador apontava para esta mulher em fuga. Outra missiva era dirigida especificamente a rabi David Bensusan e nela Salomão Cint insistia para que cuidasse da portadora da carta e lhe desse morada, confiando-a sobretudo à "senhora dona Ester". Abraão Benzamerro também recorreu ao auxílio monetário do famoso banqueiro florentino Lucas Giraldes para as esmolas a conceder a Leonor Mendes e a Fernão Rodrigues; e ao serviço de outro judeu que andava no reino — O Palençano — para sustentar a sua amada enquanto permanecia no cárcere.[66]

Independentemente do insucesso da empresa podemos verificar que existia uma quase horizontalidade de poderes que se não ultrapassava as fronteiras religiosas permitia uma base para os planos de acolhimento de fugitivos, pretendidos por estas figuras gradas dos meios judaicos marroquinos. Abraão Benzamerro contava com o auxílio em Marrocos, não só de outras personalidades eminentes do meio judaico, como também dos meios muçulmanos, entre os quais o próprio rei de Fez. Neste contexto, trazer uma pessoa da Ibéria cristã para Marrocos revela não só uma poderosa base de sustentação social mas também que a concretização (neste caso impossibilitada) destes atos de fuga seria mais um acréscimo à valorização das famílias judaicas eminentes

Outro caso extraordinário, desta vez relacionado com a Turquia, é o de João Bezerra. Foi na situação de *hazan* (cantor) da sinagoga da casa de dom Joseph Nasci, em Istambul, que João Bezerra, dito nascido e criado no Cairo, mas de fato João, português de Lamego, contataria em Portugal cristãos-novos que tinham parentes na Turquia, e que enviavam esmolas para as sinagogas desse país através de David Cohen, de Salônica, e de David Pimoslino. Ambos andavam nesta "carreira", e *"cada anno hum vay e outro vem"*[67], no dizer do deponente, levando as referidas esmolas.

Bezerra, com processo na Inquisição de Lisboa de 1574, informou também que, sendo ele *hazan*, um homem que cortou a barba — de fato o converso Abraão Arrobas, irmão de Isaac Arrobas, de Salônica — enviou de Portugal para a Turquia trezentos cruzados

---

[66] TAVIM, 1993, pp.123-124.
[67] TAVIM, 1997, pp. 494-519.

para a esmola da *sedaca* (caridade): concretamente duzentos para a *sedacá* dos pobres, e cem para casar as orfãs. Esmolas foram ainda enviadas para quem dizia a *Taphylaá* [*Tefillah* ou *Shah`rit* (oração da manhã)], para quem varria a sinagoga, para quem acendia as lâmpadas, e para quem servia Deus na "sinagoga de dona Gracia sogra de Johão Micas, em Constantinopla", sendo nesta apregoadas por João Bezerra,"cazam da escola que dizia a oraçam da Taphila". Mais tarde, tendo perguntado aos "portugueses judeus que estavam na esnoga da casa de Joam Micas" que nome cristão tinha Abraão Arrobas em Portugal estes escusaram-se a dizer, confirmando, contudo, que tinha um "ofício de renda d'el-Rei, a seu parecer em que ganhava muito", enviando sempre uma parte dos rendimentos como esmola para a referida sinagoga. Bezerra também apregoou na sinagoga de João Micas que um José Lindo, morador em Lisboa, enviou para a *sedaca* de Salônica e Safed, através de seu irmão Isaac Lindo, o qual vivia na Turquia, uma esmola de cem cruzados. Outro que enviou esmola para a mesma *sedaca*, no valor de cem cruzados, foi o confeiteiro José Aboab, através de seu irmão Isaac Aboab, que de Portugal se foi circuncidar na sinagoga de João Micas. O "duque", ou seja, dom Joseph Nasci, pretendeu contudo que a esmola fosse entregue a uma órfã portuguesa judia que morava em Istambul. Aliás, o "duque" é retratado como pessoa poderosa e ligado à "corte": quando os irmãos Salomão e Isaac Sahadia, de Lisboa, se foram circuncidar na Turquia, levando consigo mais de vinte casais de cristãos-novos pobres — o que revela a sua riqueza e abnegação — João Micas não se escusou a oferecer um grande banquete para comemorar tão memorável evento, convidando para este o grande-almirante Piyâle Pasha, genro do "Grão-Turco". Abraão Sahadia, mercador avultado da rua Nova de Lisboa, e irmão dos anteriores, quedou-se em Portugal mas para remissão enviou duzentos cruzados para a *sedaca* de Salônica e Safed. A sua dádiva foi apregoado por João Bezerra como sendo de "Abrahão Sahadia", o qual "esta christão forçado no catiueiro de Portugal".[68]

Três temas perpassam neste importante rol de notícias. Por um lado a constituição de uma sub-reptícia cadeia de relações entre a

---

[68] CUNHA, 1995, pp.66-68; TAVIM, 2014,pp. 179-186.

Península Ibérica e a Turquia, que permitia o sucesso de dom Joseph nesta tarefa fundamental da ajuda a todos os correligionários — cristãos-novos e judeus — tal como aconteceu no caso anterior de Abraão Benzamerro. Segundo que neste período muitos cristãos-novos de posses pensavam correntemente no Império Otomano como destino alternativo — tanto que muitos se estabeleceram ali — e daí a necessidade de assegurarem o seu prestígio na margem oriental do Mediterrâneo, mesmo quando não podiam, ou pretendiam, vogar para Istambul ou Salônica. Terceiro, que nesta "agenda" de prestígio era fundamental a caridade para com o próximo: o preço a pagar por um futuro incerto... mas possível.

Os exemplos estendem-se no espaço e no tempo. Por exemplo, o judeu converso Pedro de Santa Maria recordou-se em 1543, perante a Inquisição de Lisboa, de um cristão-novo de Arzila, que estando doente, enviou azeite à sinagoga de Fez. Outro judeu converso — Antônio de Barcelos — também se recordou nos anos oitenta do século XVI de um velho mercador de Lisboa, que nascera em Arzila ou Safim e já fora judeu, de lhe confessar que almejava "varrer a Zara que é a porta de fora da Sinagoga".[69] Logicamente que esta dádiva e esta pretensão também deviam ser anunciadas em alguma sinagoga de Marrocos. Mas talvez o mais interessante seja o fato de dom Joseph convidar uma figura grada do Serralho para o banquete comemorativo da circuncisão dos cristãos-novos poderosos e do seu auxílio aos irmãos pobres. Num contexto diferente, recorda o apoio concedido pelo rei de Fez e outras personalidades marroquinas ao poderoso Abraão Benzamerro: os senhores locais, tanto em Marrocos como na Turquia, muito teriam a lucrar com mais estas entradas de gentes de posses nos seus reinos. Por outro lado, numa época em que, como assevera Martha C. Howell, as dádivas eram ainda o "combustível" das relações sociais, alimentando desde as relações familiares às alianças diplomáticas, a extensa liberalidade aqui analisada pode traduzir-se, como também assinala a autora, numa "materialização da honra".[70] Na realidade, estes episódios

---

69 TAVIM, 1997, p. 103.
70 HOLWELL, 2010, pp. 145-207.

transformaram-se num enorme dispositivo não só de materialização da honra, mas também da exposição da mesma, a vários níveis, dependendo da posição social do interveniente, mas em que sobressai em primeiro lugar, no caso do exemplo turco, dom Joseph Nasci, que pretendeu chamar para a cerimónia uma pessoa do poder, como ele, mas ainda "com mais poder" por ser uma figura do quadro militar da Porta e genro do sultão.

Neste âmbito, os cenários aqui traçados assemelham-se de fato a contos orientais: a manifestação quase exuberante do sentimento pelo próximo não pode deixar de ser um ato de poder e vice-versa. Por exemplo, a "sultana-madre" Sâfiye não deixou de enviar uma missiva a dona Reina, viúva de dom Joseph Nasci, em 1595, para que esta continuasse a enviar presentes a seu filho, o sultão Mehemed III (1595-1603), tal como soubera dar a seu marido, o sultão Murad III (1574-1595).[71]

• Agradeço a Luis F. Bernabé Pons, da Universidade de Alicante, a disponibilização do seu artigo, mesmo antes de este estar publicado.

• Estudo elaborado no âmbito do projeto PTDC/HIS-HEC/104546/2008, "Muçulmanos e Judeus em Portugal e na Diáspora: Identidades e Memórias (século XVI-XVII)", co-financiado pela Fundação para a Ciência e a Tecnologia e pelo FEDER.

---

[71] TAVIM, 2003, p. 208.

OBRAS CITADAS

ABOAB, Imanuel. *Nomología o Discursos Legales* (ed. de Moisés Orfali). Salamanca: Ediciones Universidad de Salamanca, 2007.

ALMOSNINO, Moisés. *Crónica de los Reyes Otomanos* (ed. crítica de Pilar Romeo Ferré). Barcelona: Tirocinio, 1998 [1567].

ARCE, A. "Espionaje y ultima aventura de José Nasi (1569-1574)". *Sefarad*, vol. 13, fasc. 2, 1953, pp. 257-286.

AVEIRO, Frei Pantaleão de. *Itinerário da Terra Santa e suas particularidades* (ed. de António Baião). Coimbra: Imprensa da Universidade, 1927 [1593].

BARON, Sallo Wittmayer. *A Social and Religious History of the Jews*. Nova York: The Jewish Publication Society of America,1969.

BARRIOS, Don Miguel de. *Historia Universal Judayca* (circa 1684). Amsterdã: Hets Haim/ Livraria Montezinos, 2F9.

BOER, Harm den. "Las múltiplas caras de la identidad. Nobleza y fidelidad ibéricas entre los sefardíes de Amsterdam". *Familia, Religión y Negocio. El sefardismo en las relaciones entre el mundo ibérico y los Países Bajos en la Edad Moderna*. Ed. Jaime Contreras, Bernardo J García García e Ignacio Pulido. Madrid: Fundación Carlos Amberes, 2002, pp. 95-112.

BEN-NAEH, Yaron. "Honor and Its Meaning among Ottoman Jews". *Jewish Social Studies*,vol. 11, fasc. 2, 2005, pp. 19-50.

BENBASSA, Esther e RODRIGUE, Aron. *Juifs des Balkans: espaces judéo-ibériques (XIV-XXe siècles)*. Paris: Éditions la découverte, 1993.

BERNABÉ PONS, Luis F. "Notas sobre la cohesión de la comunidad morisca más allá de su expulsión de España". *Al-Qantara*,vol. 29, fasc. 2, pp. 307-332.

BIRNBAUM, Marianna. *A Longa Viagem de Gracia Mendes*. Lisboa: Edições 70, s/d.

BURDELEZ, Ivana. "The Role of the Ragusan Jews in the History of the Mediterranean Countries". *Jews, Christians, and Muslims in the Mediterranean World after 1492*(Ed. Alisa Meyhuas Ginio). Portland: Frank Cass, 1992, pp. 190-197.

COHEN, Julia Phillips; STEIN, Sarah Abrevaya. "Sephardic Scholar Worlds: Toward a Novel Geography of Modern Jewish History". *The Jewish Quarterly Review*, vol. 100, nº3 (Summer 2010), pp. 349-384.

CUNHA, Ana Cannas da. *A Inquisição no Estado da Índia. Origens (1539-1550)*. Lisboa: IANTT/Torre do Tombo — Divisão de Publicações, 1995.

DITOS Portugueses Dignos de Memória. (Ed. de José Hermano Saraiva). Lisboa: Edições Europa-América, s.d.

ELIAV-FELDON, Miriam. "Portugal, Prester John and the Lost Tribes of Israel". *Vasco da Gama. Homens, Viagens e Culturas. Actas do Congresso Internacional*(ed. Joaquim Romero Magalhães). Lisboa: CNCDP, 2001, pp. 301-316.vol. I.

FRANCO, Moïse. *Essai sur l'Histoire des Israélites de l'Empire Ottoman depuis les origines jusqu'à nous jours*. Paris: Librairie A. Durlacher, 1897.

GALANTE (Galanté), Abraham (Abrahão), *Don Joseph Nassi Duc de Naxos d'après de nouveaux documents*. Constantinople: Établissements J. & A. Fratelli Haim, 1913.

_____.*Don Salomon Aben Iaeche, Duc de Metelin*. Istanbul: Societe Anonyme de Papeterie et d'Imprimerie (Frateli Haim), 1936.

_____. *Histoire des Juifs de Turquie*. Istambul: Isis Press, 1985 [1940], vols 5 e 9.

GARCÍA-ARENAL, Mercedes; RODRÍGUEZ, Fernando Mediano; EL HOUR, Rachid. "Introducción". *Cartas Marruecas. Documentos de Marruecos en los Archivos Españoles (Siglos XVI-XVII)*. Madrid: CSIC, 2002.

GARCÍA-ARENAL, Mercedes; WIEGERS, Gérard, *Un hombre en tres mundos. Samuel Pallache, un judío marroquí en la Europa protestante y en la católica*. Madrid: Siglo XXI de España Editores, 2006.

GRAIZBORD, David; STUCZYNSKI, Claude B. "Introduction". *Jewish History*,vol. 25, fac. 2, 2011, pp. 121-127.

GRUNEBAUM-BALLIN, Paul. *Joseph Naci, duc de Naxos*. Paris: Mouton, 1968.

GUERRINI, Maria Teresa. "New Documents on Samuel Usque, the author of the *Consolaçam as tribulaçoens de Israel*". *Sefarad*,vol. 61, nº 1, 2001, pp. 83-89.

HOWELL, Martha C.*Commerce before Capitalism in Europe, 1300-1600*. Cambridge: Cambridge University Press, 2010.

INALCIK, Halil. *The Ottoman Empire. The Classical Age, 1300-1600*. Londres: Phoenix, 1988.

ISRAEL, Menasseh ben. *Spes Israel.Esto es,Esperança de Israel*.Amesterdão: na Impressão de Semuel ben Israel Soeiro, 1650.

_____. *To His Highnesse the Lord Protector of the Common-Wealth of England, Scotland, and Ireland. The Humble Adresses of Menasseh ben Israel, a Divine, and Doctor of Physick, in behalfe of the Jewish Nation*, In *Menasseh ben Israel's Missiom to Oliver Cromwell, being a reprint of the Pamphlets published by Menasseh ben Israel to promote the Re-admission of the Jews to England 1649-1656*. Ed. Lucien Wolf. Londres: Jewish Historical Society, 1901.

KALDERON, Albert E. *Abraham Galante. A Biography*. Nova York: Sepher-Hermon Press, Inc., 1983.

KALLENBENZ, Herman. "Tradiciones nobiliarias de los grupos sefardíes". *Actas del primer simposio de estudios sefardíes*(ed. Iacob Hassan). Madrid: CSIC, 1970, pp. 49-54.

KAYSERLING, Meyer. *História dos Judeus em Portugal*. Trad. da edição original em alemão, de 1867, de Gabriele Borchardt Corrêa da Silva e Anita Novinsky. São Paulo: Livraria Pioneira Editora, 1971.

LASKIER, Michael L. "Aspects of the Activities of the Alliance Israelite Universelle in the Jewish Communities of the Middle East and North Africa". *Modern Judaism*, vol. 3, nº 2, maio de 1983, pp. 147-171.

LEÃO, Duarte Nunes de.*Leis Extravagantes e Reportório das Ordenações* (reprodução fac-símile da edição "princeps" das Leis Extravagantes, impressa em 1569). Lisboa: Fundação Calouste Gulbenkian, 1987.

MATAR, Nabil. *Islam in Britain, 1558-1685*. Cambridge: Cambridge University Press, 1998.

NIRENBERG, David. "Mass Conversion and Genealogical Mentalities: Jews and Christians in Fifteenth-Century Spain". *Past and Present*, vol. 174, 2002, pp. 1-41.

ORFALI, Moises "Doña Gracia Mendes and the Ragusan Republic: The Successful Use of Economic Institutions in 16th-Century Commerce". *The Mediterranean and the Jews. Society, Culture, and Economy in Early Modern Times II*. Ed. Elliot Horowitz e Moisés Orfali. Ramat-Gan: Bar-Ilan University Press, 2002, pp. 175-202.

_____. "Introducción". ABOAB, Imanuel. *Nomología o Discursos Legales* (ed. Moisés Orfali). Salamanca: Ediciones Universidad Salamanca, 2007.

ROMEU FERRÉ, Pilar. "El sueño premonitório de Moisés Almosnino sobre Yosef Nasí en el *Tratado de los sueños* (Salônica, 1564)". *Sefarad*, vol. 64, fasc. 1, 2004, pp. 159-193.

ROTH, Cecil. *Doña Gracia Nasi of the House of Nasi*. Nova York: The Jewish Publication Society of America, 1948.

_____.*The House of Nasi: The Duke of Naxos*. Nova Iorque: Greenword Press, 1948.

_____. *Histoire des Marranes*. Trad. do inglês de Rosy Pinhas-Delpuech, Paris: Liana Levi, 1990 (título original — *A History of the Marranos*). Filadélfia: Jewish Publication Society of America, 1932.

ROZEN, Minna. *A History of the Jewish Community in Istambul. The Formative Years, 1453-1566*. Leiden-Boston: Brill, 2002.

SHORSCH, Ismar. "The Myth of Sephardi Supremacy", 4. In: *From Text to Context. The Turn to History in Modern Judaism*. Ismar Schorsch (Ed.). Hanover: Brandeis University Press, 1994, pp. 71-92.

SEGRE, Renata. "Nuovi documenti sui Marrani d`Ancona (1555-1559)". *Michael IX. On the history of the Jews in the Diaspora* (ed. Daniel Carpi e Shlomo Simonsohn). Telaviv: The Diaspora Research Institute, 1985, pp. 130-233.

TAVIM, José Alberto R. Silva. "Abraão Benzamerro, ´judeu de sinal, sem sinal, entre o Norte de África e o reino de Portugal". *Mare Liberum*,vol. 6, 1993, pp. 115-141.

_____. "Amesterdão em terras de França? Judeus de Marrocos em Saint-Jean-de-Luz". *D´Aquém, D`Além e D`Ultramar. Homenagem aAntónio Dias Farinha*. (ed. Francisco Contente Domingues, José da Silva Horta e Paulo David Vicente). Lisboa: Centro de História — Faculdade de Letras da Universidade de Lisboa, vol. 1, 2015, pp. 319-335.

_____. "David Reubeni: um 'embaixador' inusitado (1525-1526)". *D. João III e o Império. Actas do Congresso Internacional comemorativo do seu nascimento* (ed. Roberto Carneiro e Artur Teodoro de Matos). Lisboa: CHAM-CEPCEP, 2004, pp. 683-715.

_____."Diásporas para o Reino e Império. Judeus conversos e sua mobilidade. aproximações a um tema". *Temas Setecentistas. Governos e Populações no Império Português*. (ed. Andréa Doré e Antônio Cesar de Almeida Santos). Curitiba: UFPR/ SCHLA — Fundação Araucária, 2009, pp. 369-388.

_____. "Jews in the diaspora with *Sepharad* in the mirror: ruptures, relations, and forms of identity: a theme examined through three cases", *Jewish History*, vol. 25, fasc. 2, 2011, pp. 175-205.

_____.*Judeus e Cristãos-Novos de Cochim: História e Memória (1500-1662)*. Braga: Edições APPACDM Distrital de Braga, 2003.

_____."La 'Materia Oriental' en el trayecto de dos personalidades judias del Imperio Otomano: João Micas/ D. Yosef Nasí, Álvaro Mendes/D. Shelomó Ibn Ya'ish". *Hispania Judaica*, vol. 7, 2010, pp. 211-232.

_____."Negociação de identidades — o jogo dos afectos. Judeus do Mediterrâneo em Portugal e seu Império (séculos XVI-XVII)". *Minorias étnico-religiosas na Península Ibérica. Períodos Medieval e Moderno*. (ed. Maria Filomena Lopes de Barros e José Hinojosa Montalvo). Lisboa: Colibri, 2008, pp. 349-380.

_____. "O auxílio que vem do 'exterior': a tsedaqa dos cristãos-novos portugueses em Marrocos e no Império Otomano durante o século 16 — alguns exemplos" *Journal of Sefardic Studies*, vol. 2, 2014, pp. 168-191.

_____."O 'Aviso' anónimo sobre João Micas na Colecção de S. Vicente". *Anais de História de Além-Mar*,vol. 5, 2004, pp. 253-282.

_____.*Os judeus na Expansão Portuguesa em Marrocos durante o século XVI. Origens e actividades duma comunidade*. Braga: Edições APPCDM Distrital de Braga, 1997.

_____. "Sephardic Intermediaries in the Ottoman Empire", *Oriente Moderno*, vol. 93, 2013, pp. 454-476.

TOAFF, Ariel. "Nuova luce sui Marrani di Ancona (1556)". *Studi sull'Ebraismo Italiano in memoria di Cecil Roth*(ed. Ariel Toaff). Roma : Barulli, 1974, pp. 261-280.

VALENSI, Lucette. "Inter-Communal Relations and Changes in Religious Affiliation in the Middle East", *Comparative Studies in Society and History*, vol. 39, nº 2, abr. 1997, pp. 251-269.

VATIN, Nicolas, "Îles grecques? Îles ottomanes? L'insertion des îles de l'Égée dans l'Empire ottoman à la fin du XVIe siècle",*Insularités ottomanes*,(ed. Nicolas Vatin e Gilles Veinstein). Paris: Maisonneuve & Larose, 2004, pp. 71-89.

Viaje de Turquía (La odisea de Pedro de Urdemalas), ed. Fernando García Salinero. Madrid: Cátedra Letras Hispânicas, 2000.

YERASIMUS, Stéphane. "La Communauté Juive d'Istambul à La Fin du XVIe Siècle". *Turcica*, vol. 27, 1995, pp.101-133.

YOURCENAR, Marguerite. *Contos Orientais*. Trad. do original *Nouvelles Orientales* por Gaëtan Martins de Oliveira. Lisboa: Publicações Dom Quixote, 1996.

CAPÍTULO 3

STEFAN ZWEIG

LUIS SÉRGIO KRAUSZ
Stefan Zweig entre nostalgia e a utopia

LEONARDO SENKMAN
Recepção do suicídio de Stefan Zweig no campo intelectual argentino: indiferença e desaprovação

Stefan Zweig entre nostalgia e a utopia
LUIS SÉRGIO KRAUSZ

Stefan Zweig (1891-1942), judeu austríaco que se suicidou em Petrópolis, era um escritor que via a si mesmo como um europeu antes de qualquer outra coisa. A identidade cosmopolita que ele buscou para si durante toda a sua vida era também uma questão de escolha particular: Zweig supunha que uma forte identidade europeia seria um antídoto efetivo contra as tendências nacionalistas beligerantes que levaram à destruição do Império Austro-Húngaro, sua pátria de nascença, e que conduziram a Europa às duas catastróficas guerras mundiais do século XX. O cosmopolitismo de Zweig, porém, tornara-se algo inteiramente anacrônico na Europa da década de 1930, numa época em que os únicos que ainda pareciam interessados em ser europeus eram os judeus: todos os demais grupos étnicos e nacionais enfatizavam suas identificações com as ideias nacionais de seus países de nascença e pertencimento, colocando o nacionalismo à frente de quaisquer sistemas de valores que contemplassem a Humanidade como um todo.

O cosmopolitismo de Zweig também está diretamente associado à herança católica do seu país de nascença — católica no sentido de que o Império Austro-Húngaro via a si mesmo como o legatário da cultura e da religião do Sacro Império Romano-Germânico, um Império fundamentado em doutrinas cristãs e constituído sobre o pressuposto de que os valores espirituais que o embasavam tinham um significado redentor para a Humanidade como um todo, isto é, que tinham um valor perene e universal, *kat'holos*. Como escreve Arnold Bauer:

> A França era, no século XIX, um Estado nacional e a Prússia um Estado territorial dinástico, mas a Áustria-Hungria era um Estado de muitos povos e sua capital era um cadinho no qual, ao lado dos alemães, que davam o tom da cidade, viviam pessoas de muitas outras nacionalidades, que imprimiam sua marca à cidade. As naturezas húngara, eslava e latina se encontravam em Viena. (...) De um modo geral, a classe superior, cultural e social, era cosmopolita...[1]

---

[1] BAUER, 1961, p.7.

Os austríacos de língua alemã desempenhavam o papel de líderes neste Estado multinacional, mas coexistiam, em maior ou em menor grau de harmonia, com húngaros, tchecos, eslovenos, eslovacos, italianos, poloneses, ucranianos, romenos, croatas — além de judeus que, após a Emancipação de 1867, mesmo não pertencendo a nenhuma destas diferentes nacionalidades, rapidamente passaram a se integrar à vida vienense com crescente sucesso e que formaram, na Viena da passagem do século XIX para o XX, a segunda maior comunidade judaica de toda a Europa, cuja população alcançava a casa dos 10% da população da cidade e que era superada em número somente pela comunidade judaica de Varsóvia.

A partir da segunda metade do século XIX, os judeus passaram a desempenhar papéis cada vez mais significativos na vida econômica, artística e social de Viena, então capital do maior e mais importante Império do continente europeu. Eram médicos, advogados, jornalistas, músicos, artistas plásticos, escritores, banqueiros, industriais. Nomes como os de Sigmund Freud, Arthur Schnitzler, Gustav Mahler e Arnold Schönberg são apenas os mais evidentes em meio a este contexto.

Seguidor fiel da crença no progresso e na ciência, que adquirira na Viena dos tempos de juventude de Zweig, o estatuto de uma nova religião, ele acreditava firmemente que o Império Austro-Húngaro e a Europa como um todo se encaminhavam rapidamente para uma era de paz inabalável, uma era de prosperidade duradoura, graças ao avanço da razão e do conhecimento científico, que necessariamente haveriam de superar todos os ódios e toda a irracionalidade. As luzes da civilização tinham adquirido, para Zweig e para sua geração, o significado de uma nova redenção para a Humanidade como um todo.

Em seu livro de memórias escrito em Petrópolis, intitulado *O mundo de ontem,* Zweig narra que, em seus anos de formação, acostumou-se a acreditar que o progresso estava destinado a curar a humanidade de todos os seus males, e que o progresso era uma via aberta e segura em direção à salvação:

> Agora, porém, seria apenas uma questão de poucas décadas até superar os últimos resquícios do mal e da violên-

cia e essa fé no 'progresso' ininterrupto e irrefreável tinha, para aquela época, a força de uma verdadeira religião: já se acreditava mais nesse progresso do que na Bíblia e seu evangelho, parecia estar sendo evidenciado de maneira inconteste pelos milagres diariamente renovados da ciência e da técnica.[2]

A juventude de Zweig em Viena transcorreu sob a égide do que ele mesmo denominou, em *O mundo de ontem,* como "a época áurea da segurança" (*Das goldene Zeitalter der Sicherheit*). A monarquia habsburga existia havia quase mil anos e a ilusão de que o Império Austro-Húngaro estava destinado a durar para sempre marcava todos os aspectos da existência dos súditos do *Kaiser* Franz Joseph I.

Os palácios, os monumentos e os edifícios públicos erigidos em Viena nas últimas décadas do século XIX expressam, por meio da arquitetura, este ímpeto no sentido da durabilidade e mesmo da eternidade. A ilusão de que a história e seus acidentes poderiam ser evitados por meio do avanço da civilização, da cultura e da ciência predominava numa sociedade que via a si mesma como a sociedade definitiva. Assim, Zweig escreve em *O mundo de ontem*:

> Tudo na nossa monarquia austríaca quase milenar parecia estar fundamentado na perenidade, e o próprio Estado parecia ser o avalista supremo dessa estabilidade. Os direitos que concedia aos seus cidadãos eram assegurados por escrito pelo Parlamento, a representação livremente eleita pelo povo, e cada dever era delimitado com precisão. Nossa moeda, a coroa austríaca, circulava na forma de brilhantes peças de ouro, avalizando, assim, a sua imutabilidade. Cada um sabia quanto possuía ou a quanto tinha direito, o que era permitido e o que era proibido. Tudo tinha sua norma, tinha medida e peso bem determinados.[3]

---

2 ZWEIG, 2014, p. 21
3 Ibid., p. 19.

Neste mesmo livro, Zweig escreve que "a Áustria era um Estado velho, dominado por um imperador idoso, regido por ministros velhos, um Estado sem ambições que apenas ansiava por se manter incólume no espaço europeu ao rechaçar qualquer transformação radical."[4]

O projeto de superar a história e seus acidentes era mantido por meio de uma política de conciliação e de acordo, e os súditos do Império acreditavam que, ao cabo de poucas décadas, todas as tendências à violência seriam superadas no âmbito da civilização. "Acreditava-se tão pouco em retrocessos bárbaros, como guerras entre os povos da Europa, quanto em bruxas ou fantasmas. Nossos pais estavam obstinadamente imbuídos da confiança na infalível força aglutinadora da tolerância e da conciliação."[5]

No que diz respeito à situação dos judeus, Zweig afirma que apenas a Espanha do Século de Ouro poderia ser vista como um paradigma para se compreender o que se passava em Viena à época da sua juventude. Ele se referia à Andaluzia dos séculos XI e XII, uma era de florescimento artístico e de criatividade intelectual, e de fertilidade poética e filosófica, na qual os judeus se beneficiaram do intercâmbio cultural e intelectual com seu entorno, assim como seus vizinhos cristãos e muçulmanos, e absorveram os paradigmas da cultura clássica, então preservados em língua árabe, e que desempenharam o papel de fundamentos para o desenvolvimento de uma cultura humanística.

Não é coincidência que o paradigma espanhol seja um tema frequente na literatura judaico-alemã do século XIX, e também um tema frequente no universo da pesquisa acadêmica judaica neste mesmo período, uma vez que representa uma era de exuberância cultural, durante a qual a paz, o sossego e um lar para os judeus pareciam garantidos. O Século de Ouro da Andaluzia foi também um período no qual os judeus ocuparam posições sociais importantes, participando na vida política, cultural e social de seu país.

---

[4] Ibid., p.47
[5] Ibid., p.22

Zweig construiu sua identidade como austríaco e como europeu, e como um homem do século XIX, inspirado nas ideias grandiloquentes do Iluminismo e do Humanismo alemães, e baseado nas garantias aparentemente inabaláveis oferecidas por um Estado que via a si mesmo como perene.

*

A história da vida madura de Zweig, de seu exílio e de sua morte no Brasil é também a história do desmantelamento de todas crenças fundamentais à sua identidade.[6] A loucura nacionalista que desmembrou o Império Austro-Húngaro entre 1914 e 1918 fez com que as ideias de tolerância e de conciliação que fundamentavam a visão de mundo defendida por Zweig cedessem espaço ante o avanço das diferentes formas de fanatismos nacionalistas que despertaram e proliferaram na Europa do século XX. Nada poderia estar mais distante da realidade europeia dos anos 1930 e 1940 do que aquela "Época áurea da segurança" que Zweig rememora nostalgicamente no livro de memórias que escreveu em Petrópolis, pouco antes de sua morte. Numa carta ao escritor judeu francês André Maurois (1886-1967), escrita na Inglaterra, onde Zweig se refugiara do nazismo antes de emigrar para a América do Sul, em 1939, ele escreveu: "Você agora está começando sua vida no exílio. Você verá como o mundo renuncia a seus expatriados. Você conhecera uma vida que já não é mais a nossa vida — uma vida que, talvez, nem mesmo valha a pena ser vivida.".[7]

Zweig começou a ver a si mesmo e aos valores éticos sobre os quais construíra sua visão de mundo como anacronismos. "Vamos nos tornar homens privados de um lar", ele escreveu a Maurois. "Não somos nada além de fantasmas e de memórias." Em *O mundo de ontem,* Zweig rememora o instante em que deixou a Áustria com as seguintes palavras: "E no momento em que o trem transpôs a

---

6 Cf. DINES, 2012.
7 ZWEIG apud PROCHNIK, 2014, p.10

fronteira, eu sabia, como o patriarca Ló da Bíblia, que tudo atrás de mim era pó e cinza, era o passado convertido em sal amargo."[8]

Esta nostalgia desolada aproxima Zweig de outro romancista judeu do Império Austro-Húngaro: Joseph Roth, que era seu amigo íntimo e cuja obra literária é, sobretudo, uma longa e melancólica meditação sobre o desaparecimento do universo seguro e bem ordenado do Império Austro-Húngaro, e sobre aquele Império como o repositório de valores transcendentes que seriam esquecidos no século XX.

Tanto Roth quanto Zweig eram incapazes de aceitar a bancarrota moral da Europa e o triunfo do fanatismo e do nacionalismo sobre os valores da civilidade e da humanidade que eram parte do legado da tradição judaico-cristã. O darwinismo social que substituiu as regras de coexistência entre os diferentes grupos nacionais e religiosos foi visto por Zweig tanto quanto por Roth como uma catástrofe, e como a contrapartida, no âmbito da moralidade, do triunfo de uma nova classe social cujo poder era derivado, exclusivamente, do exercício da violência. Conforme Roth escreveu num artigo de jornal publicado em 1937, a Europa, no decurso de pouco tempo, descreveu uma trajetória que a levou da humanidade para a nacionalidade e da nacionalidade para a bestialidade.

Roth via o século XX como o século da catástrofe moral da humanidade, como o século da tragédia do homem moderno e do colapso de todas as certezas éticas, filosóficas, políticas e econômicas que tinham servido, por séculos, de guias para a humanidade. E o rastro desta catástrofe era, para Roth, nada além do que ruínas, pó e cinzas.

A *Austria Felix* (Áustria bem-aventurada) representada naquelas obras de Roth e de Zweig que dizem respeito aos tempos do Império Austro-Húngaro deve ser compreendida como uma espécie de refúgio metafísico concebido por dois escritores que se viram diante do desespero no momento em que o seu lar nacional foi tomado pelo nazismo. A agonia de um mundo frequentemente desencadeia visões nostálgicas sobre o passado, que nem sempre são realistas.

---

[8] ZWEIG, 2014, p.358.

Ainda assim, estas idealizações são sempre reveladoras das distorções e das aberrações do presente. Zweig e Roth tornaram-se os criadores daquilo que Claudio Magris denominou de "o mito habsburgo" e suas memórias do mundo perdido de suas origens tendem a representar este mundo como uma espécie de paraíso perdido. Os romances austro-húngaros de Roth e de Zweig também podem ser compreendidos como santuários portáteis e como repositórios de valores espirituais perdidos. Segundo Magris, "Para Roth e para Zweig, que viram o surgimento de uma nova Europa, dominada pelo ódio racial, a antiga monarquia habsburga parecia ser um lar ideal, muito embora não estivesse livre do defeito do antissemitismo — um lar que oferecia uma vida serena e tranquila. É por este motivo que foram eles os autores que escreveram as mais apaixonadas e emocionadas memórias do velho Império.[9] Efetivamente, o antissemitismo na Viena da passagem do século XIX para o século XX tornara-se uma força significativa, que sustentou, por exemplo, a plataforma eleitoral de Karl Lueger, presidente da Câmara de Viena de 1897 a 1910, e de seu Partido Cristão-Social. No entanto, Zweig abstém-se de mencionar este fenômeno em suas memórias, preferindo apresentar um retrato um pouco mais edulcorado da capital austríaca.

O desespero de Roth e de Zweig nos últimos anos de suas vidas — Roth morreu em Paris, de problemas decorrentes do alcoolismo, em 1939, e Zweig cometeu o suicídio em Petrópolis em 1942 — não pode ser separado de seu apego a este lugar perdido e idealizado, e à sua incapacidade de aceitar seus próprios exílios.

*

Não surpreende, portanto, que, em *Brasil: um país do futuro,* livro publicado em 1941, Zweig não cesse de elogiar a harmonia na qual, supostamente, descendentes dos nativos e imigrantes de todos os países do mundo viviam no país sul-americano que ele escolheu como refúgio da destruição da Europa:

---

9 MAGRIS, 2000, p.317

> Como conseguir em nosso mundo uma convivência pacífica entre as pessoas apesar da diversidade de raças, classes, cores, religiões e convicções? Esse é o problema com que toda comunidade, todo país sempre volta a se defrontar. A nenhum outro país senão ao Brasil ele se impôs em uma constelação tão complicada, e nenhum outro país — e é como grato testemunho disto que escrevo este livro — conseguiu resolvê-lo de maneira tão feliz e exemplar como o Brasil. Uma maneira que, na minha opinião, não requer apenas a atenção, mas também a admiração do mundo.[10]

Foragido do fratricídio na Europa, Zweig acreditava ver, na suposta cordialidade da sociedade brasileira dos anos 1940, a continuação de uma história de otimismo cuja origem estava nas imagens, memórias e idealizações que ele trouxera consigo da Áustria imperial. Assim, ele escreve:

> Da maneira mais simples, o Brasil — e a significação deste grandioso experimento me parece exemplar — tornou absurdo o problema racial que complica o nosso mundo europeu, simplesmente ignorando seu suposto valor. Enquanto, no nosso velho mundo, prevalece a loucura de se querer criar pessoas de "raça pura", como se fossem cavalos de corrida ou cães, a nação brasileira se baseia há séculos unicamente no princípio da mistura livre e sem entraves, a total emancipação entre negros e brancos, morenos e amarelos.[11]

Às idealizações a respeito da docilidade da vida austríaca, assim, passem corresponder, de alguma maneira, as idealizações acerca de uma suposta harmonia racial e social no Brasil.

Ao lado de *O mundo de ontem*, de *Brasil: um país do futuro*, da novela *A partida de xadrez*, do romance *Clarissa* e de sua biografia

---

10 ZWEIG, 2013, p.17.
11 Ibid., p. 18.

de Balzac, Zweig também trabalhou, durante seus anos brasileiros, num livro que, até o momento, tem recebido pouca atenção dos estudiosos, talvez por ter sido deixado inconcluso à época da morte do escritor, tendo chegado ao nosso tempo em forma de fragmento. Este livro é intitulado *Montaigne*. Trata-se de um ensaio biográfico a respeito do filósofo francês Michel de Montaigne cujo espírito se aproxima do de tantos outros romances históricos que fizeram a fama mundial de Zweig, como *Fernão de Magalhães, Balzac, Maria Antonieta* e *Erasmo de Rotterdã*.

Na França do século XVI, Michel de Montaigne agiu como um mediador nos sangrentos conflitos que opuseram católicos e huguenotes, causando milhares de mortes. Um homem em busca de si mesmo, que viveu em tempos de destruição, ódio e massacres, Montaigne era alguém com quem Zweig se identificava durante seu exílio em Petrópolis. Na realidade, conforme afirma Zweig no capítulo que abre este livro, seu encontro com o filósofo francês foi quase casual.

Zweig e sua segunda mulher, Lotte Altmann, alugaram uma casa em Petrópolis e no porão da casa ele encontrou uma edição das obras completas de Montaigne, autor a quem ele já conhecia da Europa, mas que nunca tivera a oportunidade de ler de maneira apropriada.

Montaigne foi o último livro de Zweig, escrito em meio a uma era de fanatismo, como uma espécie de consolação e de testamento espiritual, e como uma confirmação da fé de Zweig nos valores da conciliação e da tolerância. Michel de Montaigne passou os anos de sua maturidade isolado no interior do seu próprio castelo, rodeado de livros, em busca constante pela sabedoria, e acabaria por tornar-se um exemplo e um paradigma para o isolamento de Zweig em Petrópolis. Assim como Zweig, ele era um homem que lutava para preservar sua liberdade e sua lucidez numa era de caos e de escuridão. Os paralelos entre a história da França do século XVI e a história europeia do século XX pareciam bastante evidentes a Zweig.

Numa carta à sua primeira esposa, Friederike, que se refugiara nos Estados Unidos, onde era membro do grupo de intelectuais alemães que lutavam do estrangeiro contra a Alemanha nazista, ele escreveu: "Sinto-me seduzido a escrever sobre Montaigne, cujas obras tenho lido com muita intensidade e com muito prazer. Montaigne é um outro Erasmo, um Erasmo melhor, um espírito muito consolador...." [12]

Em novembro de 1941, como presente por seu 60º aniversário, Zweig recebeu de Friederike, por correio, em Petrópolis, uma série de livros a respeito do filósofo francês, e imediatamente começou a trabalhar nesta sua biografia inconclusa. Este último livro de Zweig também pode ser visto como uma tentativa de recomeçar sua carreira, voltando a trabalhar num gênero que fizera dele um dos mais conhecidos autores da literatura mundial na primeira metade do século XX.

Em dezembro de 1941, Zweig também teve a oportunidade de encontrar-se, no Rio de Janeiro, com Fortunat Strowski, um conhecido crítico literário francês, autor de uma edição dos *Ensaios* de Montaigne, que visitava a capital brasileira, numa época em que os intelectuais franceses ainda predominavam no estudo das Humanidades no Brasil, tendo sido responsáveis pela criação das mais importantes universidades do País.

Segundo Zweig, a questão crucial para Montaigne é saber como preservar a dignidade interna perante os ataques do mundo exterior, e como manter intacta a "cidadela interior", a respeito da qual Goethe fala em suas obras. Montaigne renuncia ao mundo exterior, recolhe-se ao interior da sua biblioteca e às suas meditações, investiga seu mundo interior e assim acaba por desempenhar um papel central na pacificação da França, uma nação dilacerada pelos sangrentos conflitos entre católicos e huguenotes.

Os horrores da história europeia na década de 1940, porém, e os sentimentos de isolamento e de abandono que Zweig e sua mulher enfrentaram durante seu exílio em Petrópolis, a casa da rua Gonçalves Dias, o levaram a desistir da vida. Aos sessenta anos de idade, ele se sentia velho demais para dar início a uma nova existência no Brasil,

---

[12] BECK, Knut. "Nachbemerkung" In ZWEIG, Stefan. *Montaigne*. Frankfurt am Main: Fischer Taschenbuch Verlag, p. 95. "Montaigne e a liberdade espiritual" In *O mundo insone e outros ensaios*. Org. e textos adicionais: Alberto Dines. Tradução de Kristina Michahelles. Rio de Janeiro: Zahar, 2013.

enquanto que um retorno à Europa, naquele momento, era algo impossível.

Zweig deixou a vida voluntariamente em fevereiro de 1942 e deixou inconcluso seu *Montaigne*. O otimismo com relação ao Brasil que ele expressa de forma tão eloquente em *Brasil: um país do futuro* evidentemente contrasta com o fato, certamente conhecido por Zweig, de que enquanto ele escrevia este livro, representações diplomáticas brasileiras recusavam vistos de entrada a dezenas de milhares de refugiados judeus na Europa, obedecendo à infame Circular Secreta de 1937, do Ministério das Relações Exteriores do governo de Getúlio Vargas, que proibia expressamente a concessão de vistos de imigração a judeus.

As únicas exceções a esta determinação eram, como se sabe, concedidas aos detentores de capitais expressivos ou a outros judeus que pudessem servir aos interesses nacionais. Zweig também deixou de levar em consideração em *Brasil: um país do futuro* o fato de que, até 1888, sete anos depois de seu próprio nascimento, os negros ainda eram escravizados no Brasil. Um fato histórico que, de imediato, coloca sob o signo da dúvida a ênfase que ele dá à suposta harmonia entre as raças vigente no país, harmonia esta que, sendo inexistente em nossos próprios dias, certamente o era, ainda mais, na década de 1940.

Os opositores políticos de Zweig, dentre os quais se encontravam muitos dos líderes da intelectualidade brasileira que se opunha ao regime de Getúlio Vargas, o acusaram de colaborar com o governo protofascista e suspeitaram que seu livro fosse o resultado de uma espécie de barganha, tendo supostamente sido escrito em troca de um visto permanente. Por meio deste negócio, o regime Vargas se aproveitaria do renome internacional de Zweig para criar no exterior uma imagem positiva do Brasil.

Na realidade, o governo de Getúlio Vargas estava muito interessado no livro que, por causa do prestígio internacional de Zweig, poderia vir a ser instrumentalizado como propaganda do próprio regime. Como se sabe, Zweig recebeu apoio do governo para viajar pelo país, e a publicação do livro também contou com apoio oficial.

As ideias austríacas de conciliação e de entendimento, trazidas do velho Império, que Zweig projetou sobre a realidade brasileira, estavam consideravelmente distantes daquilo que realmente acontecia no Brasil, ao menos no que dizia respeito à obstrução à vinda dos refugiados judeus da Europa.

Mas, apesar disto, a discussão que Zweig faz em torno da questão racial no Brasil poderia ser compreendida como uma tentativa de recuperar sua pátria perdida, nos trópicos. Não deveríamos esquecer que Petrópolis, o último lugar de residência de Zweig neste mundo, foi também, até poucas décadas antes da chegada de Zweig a essa cidade, a sede do palácio de verão do Imperador Pedro II. Tampouco deveríamos esquecer que Pedro II, um humanista que fora deposto do trono apenas 53 anos antes da chegada de Zweig ao Brasil, era o filho de Leopoldine von Habsburg, tia-avó do *Kaiser* Franz Joseph I, o arcano da "Era dourada da segurança" da juventude vienense do escritor.

Ainda assim, o sonho que Zweig alimentava, de encontrar no Brasil um novo lar espiritual para si mesmo, onde fosse possível reconstruir os valores perdidos, trazidos da velha monarquia habsburga, desvaneceu-se em pouco tempo. Deprimido, pessimista quanto ao futuro da Europa, ele cometeu o suicídio ao lado de Lotte Altmann no carnaval de 1942.

OBRAS CITADAS

BAUER, Arnold. *Stefan Zweig.*Berlin: Colloquium Verlag, 1961.

BECK, Knut. "Nachbemerkung". In ZWEIG, Stefan. *Montaigne*. Frankfurt am Main: Fischer Taschenbuch Verlag, 1996, p. 95. "Montaigne e a liberdade espiritual" in *O mundo insone e outros ensaios*. Org. e textos adicionais: Alberto Dines. Trad. Kristina Michahelles. Rio de Janeiro: Zahar, 2013.

DINES, Alberto. *Morte no paraíso: a tragédia de Stefan Zweig*. 4ª ed. ampliada. Rio de Janeiro: Rocco, 2012.

MAGRIS, Claudio. *Der habsburgische Mythos in der modernen österreichischen Literatur.* Viena: Paul Zsolnay Verlag, 2000.

PROCHNIK, George. *The Impossible Exile: Stefan Zweig at the End of the World.* Londres: Granta, 2014.

ZWEIG, Stefan. *Brasil: um país do futuro*. Trad. Kristina Michahelles. Porto Alegre: L&PM, 2013.

_____.*Autobiografia: o mundo de ontem*. Trad. Kristina Michahelles. Rio de Janeiro: Zahar, 2014.

_____.*Montaigne*. Frankfurt am Main: Fischer Taschenbuch Verlag, 1996.

_____.*O mundo insone e outros ensaios*. Alberto Dines (org.). Trad. Kristina Michahelles. Rio de Janeiro: Zahar, 2013.

Recepção do suicídio de Stefan Zweig no campo intelectual argentino: indiferença e desaprovação

LEONARDO SENKMAN

A notícia do suicídio de Stefan Zweig em Petrópolis, no dia 23 de fevereiro de 1942, repercutiu na Argentina por meio de uma comovente carta-testemunho da poeta chilena Gabriela Mistral, destinada ao diretor do caderno literário do jornal *La Nación*, Eduardo Mallea, que a publicou em 3 de março do mesmo ano.[1] O presente artigo se propõe a investigar a falta de resposta pública de Mallea aos principais questionamentos e perplexidades que tanto perturbaram Gabriela Mistral, à época cônsul chilena no Brasil e moradora de Petrópolis, que pôde, dessa maneira, testemunhar os corpos de Stefan Zweig e sua mulher Lotte, ambos amigos da poeta, logo após o ocorrido.

Longe de se tratar de uma exceção ou de um caso particular, o silêncio de Mallea, atitude também compartilhada por vários membros da revista *Sur* — o mais prestigioso grupo argentino do campo intelectual liberal pró-Aliado —, parece ter sido sintoma da indiferença frente ao drama do Holocausto, sofrido naqueles infelizes anos pelos admirados escritores e artistas judeus refugiados na América Latina.

No início de sua carta, Gabriela Mistral relembra a Mallea a última vez em que havia sido convidada à casa dos Zweig, e as preocupações que angustiavam o escritor exilado. Entre elas, estava o alarde por certos sinais do "perigo que era, na América Latina, iniciar-se uma perseguição aos alemães". A poeta também alude aos "últimos acontecimentos" na região, consequência da III Reunião de Consulta entre os Ministros de Relações Exteriores nas Repúblicas Americanas, convocada pelo subsecretário de Estado dos Estados Unidos, Summer Weller, entre os dias 15 e 28 de janeiro de 1942, no Rio de Janeiro. Seu propósito político foi romper de forma coletiva as relações diplomáticas e comerciais, entre outras, com os países do Eixo. A entrada prévia dos países centro-americanos e caribenhos na guerra aumentou os alardes também no sul da América Latina. Mistral escreve:

---

[1] MISTRAL, Gabriela. "Carta de Gabriela Mistral a Eduardo Mallea". *La Nación*, Suplemento Literário, 3 mar. 1942.

> Penso, sem pretensões de adivinha, que as últimas notícias da Guerra deixaram-no terrivelmente deprimido e, em especial, o começo da guerra entre o Caribe, o náufrago dos barcos sul-americanos(...) Precisamos adicionar a última informação que recebeu, aquela sobre os ocorridos no Uruguai. Isso também se parecia tremendamente com o ocorrido na Europa, ainda que seja doloroso confessá-lo.[2]

A preocupação com o avanço da guerra na Europa e as notícias alarmantes que Zweig via no continente americano o aborreciam: "parecia que ele não as ouvia, mas sim era tocado por elas no mesmo instante em que as escutava, e lhe recaía sobre o rosto uma tristeza sem limites, capaz de envelhecê-lo subitamente."[3]

Se o pesar com a Guerra atravessa todo o testemunho da poeta chilena, por outro lado, as referências à condição de judeu de Stefan Zweig não aludem em nada à tragédia judaica do Holocausto. No entanto, em comentários de sua carta, Gabriela Mistral recorda dois traços sobre o retrato preconceituoso partilhado entre os intelectuais liberais e os nacionalistas daquela época, como Eduardo Mallea.

Por um lado, Mistral se adianta na reprovação do suicídio feita por alguns intelectuais, que atribuem a Zweig falta de fé e "covardia" judaica:

---

[2] MISTRAL, 1942. Trechos da reprodução da carta que apareceu na *La Nación* e na revista *Cultura*. Sexta-feira, 17 de fevereiro de 2012, sob o título "La despedida de la poeta chilena, íntima amiga de Zweig".

[3] *La Nación*, revista Cultura, op. cit. Anos depois, no final de 1953, Mistral recordaria em uma entrevista de Santiago del Campo que três fatores diferentes deprimiram fortemente Stefan Zweig: "A primeira coisa foi a notícia dos fulminantes ataques nazistas, que acabaram por destruir a Europa. A segunda, os grupos hitleristas que o perseguiam com insultos anônimos no Brasil. Por último, a imagem do carnaval brasileiro, onde o povo transborda as ruas e as transforma em um enxame de gritos e paixões. Para alguém, que como ele, se sentia exilado de seu mundo europeu, perseguido pelo rancor, sem a possibilidade de voltar e edificar sua existência anterior, aquele frenesi animal das noites carnavalescas foi o símbolo dos instintos triunfantes sobre a inteligência derrotada". Ver DEL CAMPO, 1953.

> Meu amigo: já sei que os simplórios, para condená-lo, dirão que Zweig nos devia isso, e que sua fuga à tragédia que lhes é comum fora uma grande fraqueza. E muito mais será dito. Falarão da sua falta de fé no sobrenatural e talvez da **famosa covardia israelita**. [grifo do autor].

Por outro lado, Mistral reconhecia uma virtude do judeu liberal: seu patriotismo e sua entrega à Nação. Aos olhos da poeta, a cautela e a contenção do exilado judeu apátrida ao se abster das críticas à Áustria e à Alemanha parecia uma virtude: **nobreza.**

> Sua sobriedade para julgar sua pátria me pareceu completa: nunca uma injúria, nem mesmo uma palavra condenatória; a continência verbal **fazia parte de sua nobreza**. (**O tipo de nariz não era judeu**; lembrava ao espanhol, inglês ou francês). [grifo do autor].

Finalmente, Mistral remonta em sua carta o "louvor comovido" de Zweig à mestiçagem, "o índio, o negro e as pessoas misturadas", além de suas "belas observações do temperamento no que diz respeito à piedade e ao equilíbrio passional". Não relembra somente que o novo refúgio brasileiro, para o expatriado, acabou se tornando um verdadeiro lar "e lhe rendeu um livro exemplar sobre território, história e povo"; mas também que "para ele eram importantes todos os povos, e estava muito apegado aos nossos. Estava prestes a ir ao Chile a convite de Austín Edwards".[4]

No entanto, não é por acaso que a carta de Mistral termine com uma advertência para que não se julgue o suicídio: "e renunciem ao simplório exercício de dar, aos cadáveres da dupla de fugitivos, uma lição (...) que acaba por empobrecer a humanidade". Também não é por acaso que a poeta chilena, ao declarar que "não podemos fazer mais nada por ele além de amá-lo", pareça não somente confessar sua impotência ao ajudar aquele judeu expatriado, mas que, além disso, Mistral sugira a seu colega argentino uma mea-culpa.

---

4 MISTRAL, Gabriela. Carta de Gabriela Mistral a Eduardo Mallea, op.cit.

Seis dias depois, a carta de Gabriela Mistral foi publicada no *El Mercurio*, de Santiago, em 9 de março de 1942. O mesmo texto apareceu no *Repertorio Americano*, de San José, na Costa Rica.[5] Somente em 1978, este importante testemunho da poeta-cônsul chilena seria incorporado à seleta de prosas variadas de Gabriela Mistral, organizada por Alfonso Calderón.[6]

Três meses depois da publicação da carta, o jornal *La Nación* publicaria aos poucos a novela *Américo*, de Zweig, entre os dias 17 de maio e 21 de junho de 1942.[7] No entanto, não surgiu nenhuma alusão a essa verdadeira interpelação de Gabriela Mistral a Eduardo Mallea, destinatário de sua carta-testemunho. Surpreende o silêncio do escritor argentino sobre a morte de Zweig, que tanto comovera a poeta chilena.

O silêncio de Mallea é sintomático, e explorarei algumas das hipóteses plausíveis. Ainda que não tenha havido correspondência epistolar Zweig-Mallea logo que se conheceram no Congresso Internacional do Pen Club, em Buenos Aires, entre 5 e 16 de setembro de 1936 — do qual também participaram Victoria Ocampo e Eduardo Mallea —, a novela do argentino *Todo verdor perecerá*, publicada em 1941, poucos meses antes do suicídio, recebeu uma elogiosa carta de Stefan Zweig ao autor. Mallea não tomou conhecimento imediato, mas a publicou em 1952, na ocasião de sua edição espanhola, pela editora Aguilar.[8]

Entre os fragmentos elogiosos do escritor austríaco ao autor argentino, destaca-se um aspecto partilhado entre eles: a sensibilidade de ambos para narrar e descrever em suas ficções a alma atormentada e os impulsos e anseios das mulheres em crise. Agata Cruz, a

---

5 MISTRAL, 1942, pp 177-8.

6 Reproduzida no livro MISTRAL, 1978, pp. 369-76.

7 O romance aparecerá na forma de livro durante os mesmos anos, ver ZWEIG, 1942; segunda edição, 1951.

8 A primeira edição de *Todo verdor perecerá* foi publicada em Buenos Aires, 1941, pela editora Espasa-Calpe Argentina; ver a carta de Stefan Zweig na segunda edição espanhola (MALLEA, 1952), prólogo de Guillermo de Torre e carta de Stefan Zweig ao autor.

atribulada protagonista de *Todo verdor perecerá*, inspira o autor de *Coração impaciente* a fazer a seguinte confissão:

> A leitura me emocionou verdadeiramente (...) Essa vida da mulher corriqueira que padece das mesmas atribulações que poderíamos encontrar em milhares de lares acaba por ser tão pulsante em sua austeridade que é impossível fugir de sua agonia moral (...) Desconheço de obra recente, dentro da literatura latino-americana, que seja comparável a isso...[9]

Mas não surpreende somente o silêncio individual de Mallea frente à morte de Zweig: é também impactante o silêncio da revista *Sur*, publicação dirigida por Victoria Ocampo, amiga e confidente de Gabriela Mistral,[10] e na qual Mallea exerceu o papel de líder cultural.[11] No entanto, o silêncio nos surpreende muito menos quando comprovamos que, na realidade, a única colaboração do grande escritor austríaco na *Sur* — a revista que mais publicava textos de autores europeus traduzidos na Argentina — foi à ocasião da primeira visita de Zweig a Buenos Aires para participar do Congresso Internacional dos Pen Club, quando Eduardo Mallea e Victoria Ocampo se encontraram.[12]

> Na *Sur*, ao longo o ano de 1942, não há nenhum referência ao suicídio, e somente em 1958 aparecera uma breve resenha bibliográfica de um livro de Stefan Zweig, assinada

---

9 Carta de Stefan Zweig a Eduardo Mallea, em *Todo verdor perecerá* (MALLEA, 1952, p. 8). Reproduzida parcialmente na contracapa da edição do Editorial Sudamericana, Buenos Aires, 1967.

10 MISTRAL; OCAMPO, 2007.

11 Sobre a centralidade da figura de liderança de Mallea na revista *Sur* e a incondicional veneração pelos intelectuais do grupo, ver MONEGAL, 1970, pp. 250-1.

12 ZWEIG, 1936, pp. 16-39; ver também a relação de Victoria Ocampo e os intelectuais europeus logo da Guerra Civil Espanhola e antes da Segunda Guerra Mundial, em SITMAN, 2003.

por Alicia Jurado.[13] Durante o ano de 1942, a única revista literária importante do campo liberal que publicou um obituário de Zweig foi a *Nosotros*, dirigida por Roberto Giusti e Alfredo Bianchi.[14] Além disso, a *Argentina Libre*, publicação antifascista liberal, fez menção ao falecimento do autor.[15]

Obviamente, o suicídio apareceu em publicações da comunidade judaica argentina. Dois exemplos ilustrativos são as reflexões na revista *Judaica*, do publicitário e ensaísta A.S. Juris e do escritor e editor Enrique Espinosa.[16] De sua parte, Alfredo Cahn, tradutor e representante literário de Zweig na Argentina, imediatamente após o falecimento do autor se apressou em oferecer ao diário ilustrado *Ahora* prévias da autobiografia *O mundo de ontem*.[17]

É um fato conhecido que sua famosa autobiografia, finalizada em Petrópolis no começo de novembro de 1941, seria publicada primeiramente em castelhano, em Buenos Aires, antes mesmo do que em alemão. De fato, Alfredo Cahn enviou sua tradução para o castelhano de *Die Welt von gestern Erinnerungen eines Europäers* à editora Claridad, que a publicou em junho de 1932, dois anos antes da edição alemã da Bermann Fisher.[18] A segunda edição em castelhano da editora Claridad foi lançada dez meses depois, em abril de 1943.[19]

---

13 JURADO, 1958, pp.79-80.

14 SAGLIO, 1942, pp. 202-4.

15 SOTO, 1942.

16 JURIS, 1942, pp. 49-55; ESPINOZA, 1942, pp. 123-124.

17 DORNHEIM, 1994, pp. 68-69.

18 ZWEIG, 1944. O contrato de edição entre a editora Claridad e Alfredo Cahn, como responsável pelos direitos de Zweig, para a publicação de *El mundo de ayer*, foi assinado em 25 de dezembro de 1941. Ver o documento n. 44, no *Boletin de Literatura Comparada*, número especial, Actas Coloquio Internacional "Stefan Zweig y la literatura de exilio", op.cit., p. 221.

19 ZWEIG, 1942; 1943. Em 1947 e em 1955, o livro foi reeditado também com a tradução de Cahn em Barcelona, Hispano Americana de Ediciones. Também seria editado em Cuba anos mais tarde: *El mundo de ayer: autobiografia de Stefan Zweig*.

Uma carta de 10 de dezembro de 1941 de Zweig a Alfredo Cahn revela que o escritor pediu que seu tradutor censurasse dois capítulos. Um deles, "Eros matutinus", foi completamente eliminado. Segundo Nicolas Dorheim, a autocensura de Zweig se devia ao fato de que "a relação entre os sexos ali descrita em 1900 seguia vigente na América Latina"; em outro capítulo, decidiu censurar alguns quadros sobre a Guerra Civil Espanhola, "que poderiam dificultar a circulação do livro na Espanha de Franco".[20]

A RECEPÇÃO DÍSPAR DAS VISITAS DE STEFAN ZWEIG À ARGENTINA: AMBIGUIDADES NO CAMPO LIBERAL

As duas visitas de Stefan Zweig à Argentina, em 1936 e 1940, despertaram uma repercussão díspar em dois setores bem-demarcados do público. Por um lado, uma entusiasta frente de leitoras femininas que acolheram massivamente suas conferências e aparições, alguns meios antifascistas, como o *Claridad*, e ainda a comunidade judaica argentina. Por outro, chama a atenção o setor liberal de escritores e intelectuais do grupo *Sur* — do qual pertencia Mallea —, que não se interessou em recebê-lo de maneira personalizada.

Se celebridades intelectuais como Jacques Maritain, Jules Romains, Alfonso Reyes, Emil Ludwig, Giuseppe Ungaretti, Mario Puccini, George Duhamel e outros despertaram a atenção do campo liberal e progressista durante a primeira visita de Zweig à Argentina em 1936,[21] sua segunda visita, de caráter mais privado e muito mais extensa (de 26 de outubro a 15 de novembro de 1940), programada

---

Tradução de Alfredo Cahn. Havana: Colección Testimonio, Instituto del Libro, 1969. O grande interesse pelo livro surgiu na década de 1990; ver as dezenas de futuras edições na Espanha, onde seria publicado com nova tradução, assinada por Joam Fontcuberta e A. Orzeseszek, com o título alterado: *El mundo de ayer. Memorias de un europeo*. Barcelona: Acantilado, 2001.

20 DORNHEIM, 1994, p.68.

21 MANZONI, 2010-2011. Disponível em http://americo.usal.es/iberoame/sites/default/files/Seminario%20de%20Investigacion%2010-%2011%20Manzoni.pdf. Acesso em 20/2/2016.

por Alfredo Cahn, revela a ausência de importantes escritores do campo liberal na agenda de encontros. Por um lado, no jantar de homenagem oferecido pela Sociedad Argentina de Escritores (SADE), em 31 de outubro de 1941, marcaram presença figuras célebres do liberalismo intelectual argentino: Ezequiel Martínez Estrada, Roberto Giusti, Luis Emilio Soto e, também, Eduardo Mallea. No entanto, esses importantes escritores não se manifestaram ao longo de 1942 sobre a morte de Zweig. Poucos dos presentes na homenagem da SADE escreveriam sobre o autor nos anos que se seguiram.[22]

No informe que Alfredo Cahn enviou a Friderike Zweig em 5 de maio de 1944, com os encontros de seu ex-marido durante as visitas entre 1936 e 1942,[23] evidencia-se a total ausência de escritores do campo liberal; por outro lado, em sua agenda se destacam escritores vinculados ao grupo *Claridad*, seu diretor e editor, Antônio Zamora, o poeta e jornalista Cesar Tiempo, o diretor da editora Espasa-calpe, Ernesto Alemann, o editor do jornal antinazista em alemão *Argentinishes Tageblatt*, os diretores do Colegio Libre de Estudios Superiores, que cedeu espaço para suas quatro conferências em Buenos Aires, além de membros do Pestalozzi-Schule e do British Community Council.

Por iniciativa própria, Zweig dedicou tempo de sua agenda para falar em círculos da comunidade judaica, não somente do *Hilfsverein Deutschsprechender Juden*, onde leu fragmentos de sua novela inédita *El candelabro enterrado*, mas também para os judeus asquenazes, imigrantes do Leste Europeu. Assim, em sua visita à cidade de Santa Fé, falou em 8 de novembro no Círculo Israelita local, que depois ofereceu um jantar a seu ilustre hóspede. Na cidade de Rosário, logo

---

22 VERBIZKY, Bernardo. "Stefan Zweig: valor de su testimonio", *Comentario*, n. 31, 1962, pp. 11-27; SOTO, Luis Emilio. "Recordando a Stefan Zweig — Biografia y conocimiento del hombre", *Comentario*, n. 31, 1962, pp. 3-10; KORENBLIT, Bernardo. "Stefan Zweig o la política del espíritu", *Davar*, n. 112, 1967, pp. 7-12.

23 Em abril de 1944, Alfredo Cahn enviava a Friderike Zweig cópia de treze das numerosas cartas que Zweig lhe escreveu durante a extensa relação profissional de tradutor e representante na Argentina. Sua ex-esposa lhe havia solicitado materiais sobre a atividade desenvolvida pelo escritor durante as duas visitas à Argentina a fim de incluí-lo na biografia que estava preparando, publicada em Estocolmo, em 1947: *Stefan Zweig: wie ich ihn erlebte*. Ver CAHN, 1994, pp. 185-195.

depois da conferência organizada pelo Centro Español de Unión Republicana, no teatro La Opera, em 9 de novembro, as instituições centrais da comunidade hebreia de Rosário ofereceram outro jantar. O contato com escritores da província foi quase nulo, mas alcançou uma enorme convocatória pública. Na visita à Córdoba, organizada pelo Jockey Club e o Círculo de la Prensa, falou para um público que lotava o teatro Rivera Indarte, a ponto de ser necessária a instalação de alto-falantes para escutar seu discurso sobre "América frente ao futuro espiritual do mundo". Em sua passada pela cidade de La Plata, a conferência do famoso escritor foi programada em uma casa de espetáculos, o Teatro Argentino da capital da província de Buenos Aires.[24]

No entanto, a nível estritamente pessoal, a mais importante gratificação que experimentou em sua segunda visita a Buenos Aires foi o recebimento, em 5 de novembro de 1940, de seu visto permanente para residir no Brasil, do qual recebeu a notificação oficialmente no Consulado-General brasileiro. No dia 9 de novembro, ainda durante a viagem de Rosário a Buenos Aires, escreveu a sua ex-esposa Friderike sobre a notícia de que o Brasil lhe outorgara um visto permanente, fato que lhe proporcionou a satisfação "de haver pelo menos um país onde já não precisará mais mendigar por um visto".[25]

Continua desconhecida a reação dos escritores argentinos sobre o difundido fato de que, de todos os países latino-americanos, o Brasil tenha sido o único a conceder ao escritor exilado o esperado visto permanente, muito menos se sabe da recepção argentina do livro *Brasil: país do futuro*, lançado em português no Rio de Janeiro, em 1942, junto com edições em vários idiomas e países durante 1941: em português (Brasil e Portugal), em alemão (por uma editora sueca), em francês (pela editora La Resistencia, em Nova York). A edição argentina demorou vários meses, até que saiu em 1942.[26]

---

24 CAHN, 1994, pp. 190-191; 194-195.

25 FRIDERIKE apud SCHWAMBORN, 1994, pp. 20-1.

26 ZWEIG, 1942. Apesar das numerosas edições do livro (em 1965, Espasa Calpe Argentina lançava a 18ª edição), é bastante escasso o número de comentários em relação às bibliografias de outros romances e biografias de Stefan Zweig. Ver DORNHEIM; CARTOLANO, 1991, pp. 225-37.

Foi bastante severa e crítica a recepção nas imprensas carioca e paulista de *Brasil: país do futuro*, livro que Stefan Zweig começou a escrever logo de sua primeira visita ao Brasil, em 1936, fascinado pela sociedade miscigenada, a mestiçagem e o mito da "democracia racial brasileira".

Ingrid Schwamborn discute a difundida hipótese de que o livro tenha sido escrito como uma dívida de gratidão ao ditador Getúlio Vargas pelo recebimento do visto permanente. Ela relembra que *Brasilien: ein Land der Zukunft* fora escrito em Nova York, e, de acordo com uma carta ao editor Koogan, do Rio, Zweig já havia concluído o livro em março de 1941.[27]

Algumas das críticas adversas de caráter político tiveram eco também na Argentina, um exemplo foi o livro de Alicia Ortiz Oderigo de 1945. A escritora antifascista relembra que a ditadura brasileira durante o Estado Novo encarcerava brasileiros revolucionários como Luís Carlos Prestes, desmitificando, assim, o idealizado "modelo de convivência humana" descrito por Zweig em *Brasil: país do futuro*.[28]

O SILÊNCIO DE MALLEA E A DESAPROVAÇÃO DE FRANCESCHI: ATITUDES DE DOIS INTELECTUAIS ARGENTINOS FRENTE À MORTE DE ZWEIG

No entanto, apesar da escassa recepção nas revistas do campo intelectual liberal antifascista, como a *Sur* e a *Nosotros*, o silêncio de Eduardo Mallea na esfera pública deve ser compreendido naqueles anos como sintoma da reação preconceituosa frente aos refugiados e apátridas que fugiam do Terceiro Reich. Enquanto se estudou a solidariedade e ajuda de Victoria Ocampo com intelectuais franceses antinazistas perseguidos, e a favor de intelectuais espanhóis exilados,[29] muito pouco se investigou sobre a atitude de outros expoentes culturais argentinos da *Sur* e do *La Nación*.

---

27 SCHWAMBORN, 1994, pp. 24-5.
28 DINES, 2009; ODERIGO, 1945, p. 151.
29 MEYER, 1990.

Um caso paradigmático foi Eduardo Mallea. A paixão metafísica pela "argentinidade" de Mallea se chocava com as antípodas da condição de exílio absoluto de um Stefan Zweig sem pátria durante seu refúgio brasileiro em Petrópolis. O deslocamento e a desterritorialidade do escritor judeu-austríaco apátrida, depois de fugir e perder sua nacionalidade, vivendo exilado do mundo cultural e linguístico vienense, não poderiam ter despertado nem compaixão nem solidariedade em Mallea. Ideologicamente influenciado pelos intelectuais franceses paradigmáticos do nacionalismo integral — Charles Maurraus e Charles Péguy —, o autor de *Historia de una pasión argentina* desconfiava dos liberais europeus desterrados e apátridas, como Zweig.[30]

Fica evidente que o ideário do par de opostos "Argentina visível versus Argentina invisível", sobre os quais Eduardo Mallea escreveu suas ficções e ensaios, se deve a uma genealogia conhecida: o par de opostos do nacionalismo integral de Charles Maurras, "país legal versus país real", assim como o par de Péguy, "país de antes versus país de agora".[31]

Contraposta ao nacionalismo de Mallea, Gabriela Mistral se sentiu uma "autoexilada" *sui generis*, tal como ela mesma definia, ainda que não tenha sido uma refugiada perseguida nem fora nem dentro de seu país.[32] Em seu perspicaz ensaio, *Gabriela Mistral: o projeto de Lucila*, Ana Pizarro acerta ao desvelar um sentimento comum de estrangeirismo compartilhado entre a poeta chilena e cônsul em Petrópolis com o escritor judeu de Viena exilado.[33]

Indagando profundamente os últimos anos de apátrida de Zweig até seu suicídio, presenciado por Mistral por poucas horas após o ocorrido, Pizarro transcreve um fragmento-chave de *O mundo que eu vi (Minhas memórias)*, onde o autor expressava: "O indivíduo sem

---

[30] SENKMAN, 1994, pp. 32-46.

[31] STERNHELL, 1978; ver a caracterização ideológica e influência do nacionalismo integral em Mallea: PASTERNAC, 2003.

[32] Sobre as viagens geográficas e deslocamentos simbólicos de Gabriela Mistral, que eram vividos como "autoexílio", ver NUNES, 2009.

[33] PIZARRO, 2005, pp. 40-1.

pátria tem um novo sentido, se torna livre, e só quem não está preso a alguma coisa, não necessita mais respeitar coisa alguma".[34] Nada mais distante da sensibilidade nacionalista e "reterritorializada" de Mallea.

Figuras genéricas de refugiados e exilados aparecem nas novelas Mallea conotados de um inequívoco desprezo pelas vítimas europeias de uma guerra percebida como "alheia", que lhes parece totalmente distante e estranha, tal como afirma Agata, personagem central do romance *Todo verdor perecerá*. Além disso, para Agata, parece odioso o "sarcasmo, fúria, veemência e negação" com que os estrangeiros e argentinos discutiam apaixonadamente, em um bar de Bahía Blanca, a favor ou contra "os triunfos e os desastres" de uns remotos contentores.

> Mas o que ela teria a ver com isso? A guerra não vai acabar nunca? Por que esse destrate exterior a irrita? Morte, sim, mas tão estranhas. Se ao menos fosse alguém por quem tivesse apreço, alguém próximo, alguém que lhe faça falta... Mas tudo alude a uma coisa remota, incrivelmente distante...[35]

O autor de *Historia de una pasión argentina* e *La bahía de silencio*, que romanceia uma concepção existencial de um nacionalismo integralista argentino, foi perspicazmente caracterizado pela crítica. Apesar de ter idealizado a argentina invisível para contrastá-la ao visível e espúrio país materialista de imigrantes e estrangeiros, Mallea precisou reterritorialzar-se no corpo da pátria e, assim, poder diferenciar nele os nativos de sua terra daqueles estrangeiros imigrantes, não naturais.[36]

---

[34] ZWEIG apud PIZARRO, 2005, p. 41 (edição brasileira, Rio de Janeiro: Delta, 1960, p. 211). Para uma análise lúcida sobre a perda do sentimento de pertencimento, o trauma de lugar e língua subtraídos e a radical crise de identidade durante o exílio de Zweig, além das implicações de deslocamento espacial e desposse cívica: PROCHNIK, 2014.

[35] MALLEA, 1967, p. 177.

[36] SARAVIA, Leonor Arías "Desterritorialización— reterritorialización: parámetro identitario de la argentinidad", In *El pensamiento alternativo en la Argentina del*

Significativamente, a poeta chilena e amiga de Zweig chegara a caracterizar Mallea de maneira semelhante em 1937 para criticar seu telurismo passional. Gabriela Mistral estava convencida de que o escritor argentino exibia um vínculo amoroso-passional com sua terra natal, e lhe era sedutor metaforizá-la com figuras femininas:

> (...) Comovem, ou seja, emocionam, as páginas de Mallea que chamaremos de amor corporal pela Argentina, de forte amor físico para com a pátria construída que surge quando por ela caminha, navega ou apenas a contempla ao longo de sua extensão eterna de ceibas... Alude à Argentina carnal, rica em aspecto geológico, fluvial e vegetal.[37]

Contudo, tal visão apaixonada do "insílio" telúrico e irracional de Eduardo Mallea opõe-se essencialmente ao sentimento de autoexílio e deslocamento de Gabriela Mistral. A poeta viajante, longe de seu país, e que está sempre de partida, escreve em seu diário pessoal sobre a experiência de desapego:

> Poucos entenderão que balbucio ao me locomover entre duas costas, a ponto de, por fim, desprender-me deste lado e me debruçar no batente da Pátria. **Vivo entre o ir, no puro desejo de ir** [grifo do autor].[38]

Desapego de viajante e também de "exilada mística", a poeta Gabriela Mistral viveu a experiência de desapropriação e de ser também uma humilde forasteira com sensibilidade camponesa em suas travessias urbanas pela Europa, e residente nômade e isolada nos Estados Unidos:

---

siglo XX, Hugo E. Biagini — Arturo A. Roig (directores), Buenos Aires: Biblos, 2004, p. 275.

37 Ver MISTRAL, 1961, p. 125. O texto originalmente apareceu no jornal *Argentina Libre*, 1937.

38 MISTRAL, 2002, p. 224.

Y baldias regresamos
tan rendidos y sin logro
balbuceando nombres de patrias
a las cuales nunca arribamos.
Y nos llaman forasteras
y nunca hijos, y nunca hijas (...)[39]

Essas duas visões tão diferentes, o telurismo irracional de Mallea e o autoexílio de Mistral, foram muito bem analisadas por Giulia Nuzzo em uma ampla cartografia onde posiciona antagonicamente as concepções divergentes dos dois escritores.[40] Quando a grande poeta chilena pôde compreender o drama do exílio de Zweig a partir de sua própria experiência de vida como intelectual nômade, cônsul viajante e mulher forasteira, que lhe proporcionou a escrita de versos inesquecíveis sobre o exílio místico, tomou distância crítica do nacionalismo telúrico de Mallea.

Em síntese, o silêncio de Mallea frente à carta-testemunho de Mistral aportaria uma prova adicional do profundo mal-estar e incompreensão de numerosos membros do campo liberal pró-Aliados sobre o drama dos refugiados intelectuais europeus da Guerra. Diferente de sua colega chilena, Mallea ignorou a trágica desilusão de Stefan Zweig nos anos do Holocausto, exilado nos trópicos brasileiros.[41]

Mais ainda: seu silêncio frente ao suicídio de Zweig foi um prelúdio revelador da censura de Mallea para publicar textos antinazistas de Heinrich Mann durante 1944 e 1945, em sua posição de diretor do suplemento literário do jornal *La Nación*, alegando que eram "textos políticos, não literários".

---

39 MISTRAL, 2001, p. 529.

40 NUZZO, 2011, pp. 345-406.

41 No ano do suicídio de Stefan Zweig, Gabriela Mistral escreveu o prólogo a uma coletânea de poemas bilíngue espanhol-francês do "Heimatlos" (apátrida) do escritor germano-francês, Fedor Ganz, exiliado no Brasil. Ver MISTRAL, 1942. Sobre a relação epistolaria de Gabriela Mistral com Fedor Ganz, e a prévia gestão da cônsul chilena para outorgar vistos a refugiados judeus em 1939 em Nice (França), ver AIZENBERG, 2016, pp. 113-160.

Na verdade, em um bilhete de condolências enviado por Eduardo Mallea a Alfredo Cahn, datado de 30 de abril de 1945, uma semana depois da rendição incondicional da Alemanha nazista, em 8 de maio de 1945, o diretor do suplemento literário do *La Nación* se desculpa ao representante de Heinrich Mann na argentina por considerar inapropriado o texto político antinazista de Mann, que há anos tentava publicar no grande jornal liberal pró-Aliados. Mallea escreve a Cahn:

> Como o artigo de Heinrich Mann evidentemente não cabia à seção literária, tratando-se de material de todo político, o enviei à direção para sua leitura. Esta, conforme me responderam hoje, não foi favorável.[42]

O fato de Mallea não publicar no *La Nación* textos "não políticos" de intelectuais alemães antinazistas começou três anos do início da Guerra. Já em maio de 1936, o ofuscado Heinrich Mann responde Mallea, por meio de Cahn, nos seguintes termos:

> Se me é permitido escrever "artigos para suplementos literários", não sei o que isso significa. Não há um único processo no âmbito espiritual que não seja também político. O senhor pode informar ao *La Nación* um fato digno de conhecimento: a "visão de mundo" é, atualmente, uma maneira de governar.[43]

De sua parte, lembremos que o mesmo Stefan Zweig teve muitas reservas e temores frente a uma proposta de 1933 e 1934 levada por seu representante literário argentino para apoiar a criação de uma editora de autores antinazistas em língua alemã, alegando que não

---

[42] Ver o texto do bilhete de condolências de Eduardo Mallea em "Legado Alfredo Cahn", analisado por Regula Rohland de Langbehn, e publicado em seu artigo "Proyecto político de un traductor: Alfredo Cahn a comienzos de los años 30" (LANGBEHN, 1994, p. 88).

[43] LANGBEHN, 1994, pp. 89; 102, nota 38.

desejava se dedicar a "uma atividade extraliterária". No entanto, o escritor mudou sua opinião às vésperas de seu suicídio. Em uma das últimas cartas enviadas de Petrópolis ao seu agente em Buenos Aires, vê-se que Zweig impulsionava o projeto ambicioso de Cahn de buscar na Argentina uma editora para publica um *Jahrbuch der deustchen Emigration* [Anuário da emigração alemã]. A projeção organizativa e o valor editorial do projeto de publicar em Buenos Aires literatura de exílio intelectual em alemão desmentiria a suposição de que o angustiado escritor vienense estivera planejando seu suicídio há muito tempo.

Na verdade, Zweig sugeria Herman Kesten como editor do *Jahrbuch*, como distribuidor, o *Aufbauverlag*, em Nova York, e sugeria os nomes, entre outros, de Thomas Mann e Franz Werfel para o conselho editorial. Significativamente, Zweig pensava lucidamente sobre as vantagens de se escolher a sede do *Jarhbuch* em Buenos Aires e não no Brasil.

> A Argentina tem menos empecilhos para a impressão e distribuição que o Brasil, porque de um lado tem acesso direito à costa ocidental, Chile, Colômbia, Califórnia, e do outro também, pela costa oriental, para o Rio e Nova York.[44]

Se o silêncio foi a reação que caracterizou Mallea, a resposta ao suicídio de Stefan Zweig para o principal intelectual católico argentino, o monsenhor Gustavo G. Franceschi, foi a desaprovação. Suas tardias reflexões foram publicadas na *Criterio*, a prestigiosa revista católica que dirigia, órgão oficioso da hierarquia da Igreja.[45] A primeira parte apareceu como editorial, em abril de 1944, com o título "¿Hacia donde ir?", justamente no ano da segunda edição

---

44 Regula Rahland de Langbehn, "Proyecto político de un traductor: Alfredo Cahn a comienzos de los años 30", op. cit., p. 84, nota 29, p. 99.

45 Sobre a influência da *Criterio* e o protagonismo intelectual e político na esfera pública argentina, ver GHIO, 2007; sobre os vínculos e diferenças entre Gustavo Franceschi e o grupo de nacionalistas que aderiam a um fascismo cristão, ver FINCHELSTEIN, 2010, pp. 118-137.

das memorias de Zweig, *O mundo de ontem*, publicado pela editora Claridad, de Buenos Aires, em abril de 1943, cuja leitura, confessa, o comoveu.[46]

O objetivo do editorial era ir mais a fundo no "drama que desgarra a alma deste homem que não era cristão nem judeu praticante e ortodoxo. E que, no momento atual, há milhares de homens e mulheres como Zweig que na sabem o que fazer com suas vidas". Antes de estourar a Guerra, na série de seis artigos publicados entre junho e julho de 1939 na *Criterio*, intitulada "El Problema Judio", Franceschi se pronunciara rechaçando a entrada de refugiados judeus na Argentina, baseando-se não nas considerações raciais do fascismo local (como as revistas *Crisol* ou *Bandera Argentina*), mas nos fundamentos teológicos tomistas e também nos preconceitos nacionalistas profiláticos, a fim de evitar a "criação de um problema nacional" no país.[47] Em seus extensos artigos sucessivos, em 1944, o intelectual católico, longe de uma mea-culpa, tentará mostrar que o problema de Zweig não era de índole racial, mas sim de falta de fé. Primeiramente, lhe surpreende a ingenuidade de Zweig por não ter compreendido que a euforia cosmopolita da Viena pós-Primeira Guerra Mundial não era baseada na paz, mas sim em uma trégua provisória. Em segundo lugar, recorda que "na atmosfera agradável e na tolerância espiritual em que floresceu Zweig, até o momento trágico de dar-se conta da noite para o dia que havia vivido em um mundo de ilusões", intelectuais judeus "de alto nível como Zweig" atacavam os sociais-cristãos do nível de Karl Lueger. Reprovava que "em um país onde os cristãos constituem a imensa maioria, não era certo que os hebreus se instalassem em quase todos os lugares".[48] Tal advertência pastoral, segundo o monsenhor Franceschi, não havia sido escutada atentamente por Zweig, nem por Oscar Strauss, Max

---

46 FRANCESCHI, Gustavo G. "¿Hacia dónde ir?". *Criterio* XVII, n. 840, 6 abr. 1944, pp. 317-321; e *Criterio* n. 841, 13 abr. 1944, pp. 380-393.

47 SENKMAN, 1991, pp. 137-139; sobre a posição da *Criterio* e a questão judaica antes e durante a Segunda Guerra, ver DROR, 2003.

48 FRANCESCHI, Gustavo G. Franceschi. "¿Hacia dónde ir?", *Criterio,* n. 841, 13 abr. 1944, p. 390.

Reinhardt, Sigmund Freud ou Arthur Schnitzler. De súbito, a guerra pulverizou "a ilusória crença dos intelectuais da Europa de que eram cidadãos do mundo, crentes no internacionalismo cultural e social do Progresso". Sobrava para ele somente sua condição de "judeus desprezados", deixando "os grandes europeus sem chão". Nesse momento, segundo Franceschi, não sobraria a Zweig outro recurso, "ainda que incompleto", de retornar a seu rebanho:

> A voz profunda da raça se deixou ouvir em sua alma, e se manifestou solidário a todos os judeus perseguidos no mundo, mesmo quando não compartilhava da crença de todos eles. E tenho a impressão de que, como nunca, seu coração participou nos textos que escreveu. Estava entregue, de corpo e alma, à imensa legião de perseguidos.[49]

Mas a tal solidariedade de rebanho percebida pelo diretor da revista católica *Criterio* não fora um antídoto eficaz para evitar no ilustre fugitivo judeu "sua evasão na morte voluntária".

Aqui começa a meditação espiritual cristã do Monsenhor para justificar por que lhe pareceu "uma debilidade" o ato conjunto do suicídio de Zweig e de sua mulher. Esse ato de "evasão fácil da morte" era "próprio de quem carece de fé de resistência frente à destruição do mundo em que sempre vivera". Porque à diferença da fé dos judeus convertidos, o suicídio de Zweig, aos olhos de Franceschi, era nocivo e oposto a "condutas exemplares".

A primeira "conduta exemplar" teria sido a resistência do "ilustre Bergson", que o diretor da revista *Criterio* descreve nos seguintes termos:

> Este homem havia chegado às portas do catolicismo, mas em sua hora extrema manifestou que não podia abandonar aos seus, aos perseguidos, e pediu ao arcebispo que, apesar de morrer no judaísmo, pudesse rezar, se possível,

---

[49] FRANCESCHI, Gustavo G. Franceschi. "¿Hacia dónde ir?", *Criterio*, n. 841, 13 abr. 1944, p. 391.

um responso sob seu túmulo, posto que sua alma aceitava a divindade de Cristo.[50]

O segundo caso de conduta exemplar era a de "seu dileto amigo", o professor Gino Arias, destituído por ser judeu da Universidade de Roma, e que, à luz das leis raciais, se refugiou na Argentina como catedrático de duas universidades nacionais. Em 1939, escreveu artigos para a *Criterio* sobre a concepção católica da economia.[51] Os outros exemplos de refugiados usados por Franceschi para contrastar à covardia do suicida Stefan Zweig eram os assim chamados evadidos, para os quais nenhum sofrimento fora em vão, sempre e quando foram capazes de macerar-se em "uma fé robustíssima de um cristianismo inabalável".[52]

Evidentemente, Gabriela Mistral não cometera nenhum equívoco ao prever em sua carta-documento de fevereiro de 1942 que condenariam o suicídio de Zweig. Porque sua "fuga à tragédia comum" não era apenas uma "grande fraqueza", mas era também própria "da famosa covardia israelita".

---

50 FRANCESCHI, Gustavo G. Franceschi. "¿Hacia dónde ir?", *Criterio*, n. 841, 13 abr. 1944, p.392.

51 FRANCESCHI, Gustavo G. Franceschi. "¿Hacia dónde ir?", *Criterio*, n. 841, 13 abr. 1944, p. 393. Sobre o economista convertido Gino Arias (1879-1940), que encontrou refúgio na Argentina como catedrático de Economia política corporativista nas universidades nacionais de Tucuman e Córdoba, ver OTTONELLI, 2013, pp. 1032-1070.

52 FRANCESCHI, Gustavo G. Franceschi. "¿Hacia dónde ir?", *Criterio*, n. 841, 13 abr. 1944, p. 393.

OBRAS CITADAS

AIZENBERG, Edna. *On the Edge of the Holocaust. The Shoah in Latin America Literature and Culture*. Massachusetts: Brandeis University Press, 2016, pp. 113-160.

CAHN, Alfredo. "Carta Informe de Alfredo Cahn a Friderike Zweig, 6 de mayo de 1944". Introdução, tradução do alemão e notas de Ana Maria Cartolano. *Boletin de Literatura Comparada*, número Especial. Actas Coloquio Internacional "Stefan Zweig y la literatura de exilio", ano XIX, Universidad Nacional de Cuyo, Mendoza, 1994.

DEL CAMPO, Santiago. "Conversaciones con Gabriela Mistral", segunda parte, *El Mercurio*, 15 de novembro de 1953.

DINES, Alberto. *Stefan Zweig no país do futuro — a biografia de um livro*. Rio de Janeiro: Casa Stefan Zweig, Fundação Biblioteca Nacional, EMC Edições, 2009.

DORNHEIM, Nicolas J.; CARTOLANO, Ana M. "Fuentes para el estudio de la recepción de Stefan Zweig en la Argentina. Una introducción bibliográfica", *Boletin de Literatura Comparada*, ano XII-XV, Universidad Nacional de Cuyo, Mendoza, 1991.

DORNHEIM, Nicolás J. "El epistolario argentino de Stefan Zweig. Cartas a Alfredo Cahn, 1928-1942", *Boletin de Literatura Comparada*, Numero especial Actas Coloquio Internacional "Stefan Zweig y la literatura de exilio", ano XIX, Universidad Nacional de Cuyo, Mendoza, 1994.

DROR, Graciela Ben. *Católicos, nazis y judíos. La Iglesia argentina en tiempos del Tercer Reich*. Buenos Aires: Lumiere, 2003.

ESPINOZA, Enrique. "Despedida de Stefan Zweig", *Judaica*, n. 106, 1942, pp. 123-124.

FINCHELSTEIN, Federico. *Trasatlantic Fascism. Ideology, Violence and the Sacred in Argentina and Italy, 1919-1945*. Durham: Duke University Press, 2010, pp. 118-137.

FRANCESCHI, Gustavo G. "¿Hacia dónde ir?" *Criterio* XVII, n. 840, 6/4/1944, pp. 317-321.

_____. "¿Hacia dónde ir?", *Criterio*, n. 841, 13/4/1944, pp. 380-393.

GHIO, Jose Maria. *La Iglesia Catolica en la politica argentina*. Buenos Aires: Prometeo Libros, 2007.

JURADO, Alicia. "Stefan Zweig: un caso de conciencia", *Sur*, n. 250, jan-fev 1958, pp.79-80.

JURIS, A. S. "Zweig: Una triple tragedia", *Judaica*, n. 104-105, 1942, pp. 49-55.

KORENBLIT, Bernardo. "Stefan Zweig o la política del espíritu", *Davar*, n. 112, 1967, pp. 7-12.

LANGBEHN, Regula Rohland. "Proyecto político de un traductor: Alfredo Cahn a comienzos de los años 30", *Boletin de Literatura Comparada*, número especial Actas

Coloquio Internacional "Stefan Zweig y la literatura de exilio", ano XIX, Universidad Nacional de Cuyo, Mendoza, 1994.

MALLEA, Eduardo. *Todo verdor perecerá*, Buenos Aires: Sudamericana (1a. ed.1941), 1967.

_____. *Todo verdor perecerá*. Madrid: Aguilar, 1952, p.8.

MEYER, Doris. *Victoria Ocampo. Against the Wind and the Tide*. Austin: University of Texas Press, 1990.

MISTRAL, Gabriela. "Carta de Gabriela Mistral a Eduardo Mallea", *La Nación*, Suplemento Literario, 3 de março de 1942.

_____. "El regreso". In:_____. *Poesias completas*. Estudo preliminar e referências cronológicas de J. Quezada. Santiago: Ed. Andres Bello, 2001.

_____. "Hay misticisimo eslavo en la obra de Mallea". In: GRIEBEN, C. F. *Eduardo Mallea*. Buenos Aires: Ediciones Culturales Argentinas, 1961.

_____. "La muerte de Stefan Zweig. Ultima conversación con el escritor", *Repertorio Americano*, San José de Costa Rica, tomo XXXIX, 20 de junho de 1942, pp. 177-8.

_____. "Prólogo de Gabriela Mistral". In: GANZ, Fedor. *Entre ser y no ser*. Rio de Janeiro: Estabelecimento Gráfico "Apollo" Luiz D. Fernandes, 1942.

_____. *Bendita mi lengua sea. Diario íntimo*. Compilação, prólogo e notas de Jaime Quezada. Santiago: Planeta-Ariel, 2002, p. 224.

_____. *Materia, Prosa inédita*. Selección y prólogo de Alfonso Calderón. Santiago: Universitaria, 1978, pp. 369-76.

MISTRAL, Gabriela; OCAMPO, Victoria. *Esta América nuestra: correspondencia 1926-1956 Gabriela Mistral-Victoria Ocampo*. Compilação, introdução e notas de Elizabeth Horan e Doris Meyer. Buenos Aires: El cuenco de plata, 2007.

MONEGAL, Emir Rodriguez. *Narradores de esta America*. Montevidéu: Alfa, 1970.

NUNES, Clarice. "(Des)encantos da modernidade pedagógica: uma releitura das trajetórias e da obra de Cecília Meireles (1901-1954) e Gabriela Mistral (1889-1957), Relatório de Pesquisa, Niterói, maio/junho de 2009.

NUZZO, Giulia. "*Geografia del esilio. Gabriela Mistral versus Eduardo Mallea*", *Donne in Movimiento*, Eliana Guagliano (coord.), Centro Studi Americanistici, Cicola Amerinliano, 2011, pp. 345-406.

ODERIGO, Alicia Ortiz. *Stefan Zweig*. Buenos Aires: Ed. Nova, 1945.

OTTONELLI, Omar. "Dealing with a dangerous golem: Gino Arias's corporative proposal", *The European Journal of the History of Economic Thought*, vol. 20, n. 6, 2013, pp. 1032-1070.

PASTERNAC, Nora. *Sur: Una revista en la tormenta 1931-1944*. Buenos Aires: Pardiso Ediciones, 2003.

PIZARRO, Ana. *Gabriela Mistral: el proyecto de Lucila*. Santiago: Lom, 2005.

PROCHNIK, George. *The impossible exile. Stefan Zweig at the end of the World*. New York: Other Press, 2014.

SAGLIO, Nelly Vera Saglio, "La muerte de Stefan Zweig", *Nosotros*, n. 71, fev. de 1942, pp. 202-4.

SCHWAMBORN, Ingrid. "Atracción fatal — Stefan Zweig y el Brasil", *Boletin de Literatura Comparada*, número especial Actas Coloquio Internacional "Stefan Zweig y la literatura de exilio", ano XIX, Universidad Nacional de Cuyo, Mendoza, 1994, pp. 20-1.

SENKMAN, Leonardo. "Mallea y el malestar del campo intelectual liberal argentino durante la década de 1930", *Reflejos, 3*, Universidad Hebrea de Jerusalén, 1994, pp. 32-46.

SENKMAN, Leonardo. *Argentina, la Segunda Guerra Mundial y los Refugiados Indeseables, 1933-45*, Grupo Editor Latinoamericano, 1991, pp. 137-139;

_____. "Mallea y el malestar del campo intelectual liberal argentino durante la década de 1930", *Reflejos*, 3, Universidad Hebrea de Jerusalén, 1994, pp. 32-46.

SITMAN, Rosalie. *Victoria Ocampo y Sur: Entre Europa y América*. Buenos Aires: Lumiere, 2003.

SOTO, Luis Emilio. "Recordando a Stefan Zweig-Biografia y conocimiento del hombre", *Comentario*, n. 31, 1962, pp. 3-10.

_____. "Stefan Zweig", *Argentina Libre*, 5 de mar de 1942.

STERNHELL, Zeev. *La droite revolutionnaire, 1885-1914 — Les origines francaises du fascism*. Paris: Seuil, 1978.

VERBITZKY, Bernardo. "Stefan Zweig: valor de su testimonio", *Comentario*, n. 31, 1962, pp. 11-27.

ZWEIG, Stefan. *O mundo que eu vi (Minhas memorias)apud* PIZARRO, Ana. *Gabriela Mistral: el proyecto de Lucila*. Santiago: ed. Lom, 2005, p. 41, edição brasileira, Rio de Janeiro: Delta, 1960, p. 211.

_____. *El mundo de ayer: autobiografia de Stefan Zweig*. Tradução de Alfredo Cahn. Havana: Colección Testimonio, Instituto del Libro, 1969.

_____. "Resurrección, de Jorge Federico Haendel", *Sur*, n. 24, set. de 1936, pp. 16-39.

_____. *Américo Vespucio — Historia de una inmortalidad a la que América debe su nombre*. Buenos Aires: Editorial Claridad, 1942. (2ª edição:1951).

_____. *Brasil, País do Futuro*. Prólogo de Afranio Peixoto. Buenos Aires: Espasa Cape Argentina, 1942.

_____. *Die Welt von gestern* Erinnerungen eines Europäers. Franckfurt am Main: Bermann Fisher, 1944.

_____. *El mundo de ayer. Memorias de un europeo.* Tradução de Joam Fontcuberta e A. Orzeseszek. Barcelona: Ed. Acantilado, 2001.

_____. *El mundo de ayer*. Tradução de Alfredo Cahn. Buenos Aires: Claridad, 1942. (2ª edição: 1943).

CAPÍTULO 4

"O CANTO DOS EXILADOS"

AVRAHAM MILGRAM

Julian Tuwim – infortúnios de um poeta polonês-judeu no exílio

FÁBIO KOIFMAN

Calvário de Emeric Marcier:
o processo de permanência no Brasil
(1940-1946)

ANAT FALBEL

O nacional e o estrangeiro
na historiografia da arquitetura brasileira

MARCIO ORLANDO SELIGMANN-SILVA

Para uma filosofia do exílio: Anatol Rosenfeld e Vilem Flusser sobre as vantagens de não se ter uma pátria

Julian Tuwim – infortúnios de um poeta polonês-judeu no exílio

AVRAHAM MILGRAM

(…) Entre tantas incertezas, o exílio é o mais severo de todos desarraigamentos, e o mais penoso. O teu país, mesmo quando te rejeita, ainda é a tua terra natal. Mesmo quando você se afasta dela para sobreviver, algo permanece com você, sutil, mas tenaz. Pois teu país é você, é a tua juventude, a primeira mulher que você amou, tua casa e as sombras que brotam em tua memória; é o ritmo doce do hábito, a carne da tua carne...

(*Sylvia Lombroso*, Gênova, 2 de fevereiro de 1939)

Julian Tuwim, poeta polonês de origem judaica preencheu papel fundamental na *avant-garde* literária polonesa da primeira metade do século XX. Do seu *milieu* faziam parte poetas e literatos ilustres como Antoni Slonimski,[1] Jan Lechoń, Kazimierz Wierzyński e Jarosław Iwaszkiewicz, cofundadores do grupo de poesia Skamander do qual Tuwim era seu expoente. Ele introduziu na poesia polonesa entre-guerras uma configuração metropolitana inovadora, com suas ruas, cabarés, cinemas, bares, cafés e o homem comum da cidade grande, e como tal tornou-se muito popular no período entre guerras.

Nos estudos publicados sobre Tuwim destacam-se aspectos sobre sua identidade polonesa-judaica, do seu lugar na cultura e política da Segunda República polonesa, 1918-1938, e temas referentes às tensões inerentes à escritores que se encontravam entre dois mundos, o polonês e o judaico, o universal e o particular, e da interseção da política e poesia. Mais frequentes são os estudos que tratam de Tuwim e do obstinado antissemitismo etnonacionalista polonês.[2]

Quando a Polônia foi invadida em setembro de 1939, Tuwim teve que fugir e se exilar por todo o período da Segunda Guerra. Esta condição existencial, que ficou à margem dos estudos mencionados, será objeto deste artigo.

Tuwim cresceu numa família judaica assimilada de Lodz, se radicou em Varsóvia onde estudou direito e filosofia e lá publicou seus primeiros poemas. Tuwim incorporou a cultura e língua polonesas sem jamais negar a origem judaica e tampouco sentir-se parte deste *milieu*. "Sou um judeu polonizado, 'judeu-polonês', e não me importa o que um ou outro [judeus e poloneses] pensam sobre isto. Eu cresci na cultura polonesa e minha alma é inconscientemente ligada ao polonismo",[3] declarou ao *Nasz Przegląd* (Nossa Revista), jornal polonês-judaico sionista em 1924. A historiadora de cultura

---

1 Neto de Haym Zelig Slonimski, propulsor do iluminismo (*haskalá*) judaico polonês no século XIX. BAUER, 2015, pp. 70-90.

2 KRYNSKI, 1973, pp. 3-33; MICHLIC, 2010, pp. 131-147; POLONSKY, 2002, pp. 119-143; Idem, 2005, pp. 209; BAUMAN, 1992, pp. 273-299; SHORE, 2010, pp. 414-426; KARREN, 1991, pp. 253-261; SANDAUER, 2005; SHORE, 1977. SHENFELD,2002, pp. 291-308 (hebraico).

3 MICHLIC, 2010, p. 136.

e política Marci Shore aludiu aos textos críticos de Tuwim contra os ortodoxos e a burguesia judaica com expressões de auto-ódio[4] ao passo que estas atitudes tinham menos a ver com os judeus como tais e mais com o isolacionismo e a obstinação deles à cultura universal. Em contraposição, Antony Polonsky destaca, no marco das ambiguidades judaicas de Tuwim, motivos de identificação com o destino dos judeus à exemplo do poema Żydek ("judeuzinho"): "E cada um de nós seguirá seu caminho/ Um caminho triste e enlouquecido/ E jamais encontraremos paz ou descanço/ Judeus estrepitosos, judeus perdidos".[5] No entanto, atitudes críticas aos judeus vindas por parte de Tuwim e de outros como Slonimski, que se fundavam no iluminismo judaico, não eram bem vistas nos meios judaicos considerando o antissemitismo desenfreado daqueles anos. Paralelamente, e possivelmente de acordo com postulados iluministas, Tuwim era simpático ao sionismo conforme declarou numa entrevista em 1927,[6] e aos diários de Leib Jaffe que logo nos referiremos. Porém, os grandes problemas de Tuwim não tinham tanto a ver com os judeus porém com setores poloneses etnocêntricos. Esta dupla condição, polonês de origem judaica, era considerada ilegítima numa sociedade com fortes tendências étnicas homogêneas, xenófobas e antissemitas. Naquele ambiente, Tuwim foi severamente atacado e se viu envolvido em polêmicas literárias, políticas que vieram à lume devido a sua origem para desacreditá-lo.[7] Ser poeta polonês era condição que as correntes nacionalistas polonesas lhe negariam. Para aqueles meios, Tuwim era *outsider* negativo, um intruso que injetava veneno no corpo saudável da nação, além de ser liberal, cosmopolita, laico, socialista e judeu.[8] Acima de tudo era sarcástico com as direitas que ele as ridicularizava e afrontava sem temor.[9] Exemplo paradigmatico

---

[4] SHORE, 1977, p. 417.

[5] Traduzi do inglês as últimas linhas do poema citado em POLONSKY, 2002, pp. 126-127.

[6] SHORE, 1977, p. 420.

[7] KRYNSKI, 1973, pp. 5-7; BAUMAN, 1992, pp. 273-282.

[8] KARREN, 2005, p. 259.

[9] MICHLIC, 2010, pp.135-140; KRYNSKI, 1973, p. 5-6.

é o poema "A bola na ópera" de 1936, texto excepcionalmente severo face às tendências fascistas e antissemitas dos grupos políticos que tomaram o poder após a morte de Pilsudski — o carismárico chefe de estado e herói nacional — em 1935. O poema era uma afronta que a censura não tolerava. Foi somente após a guerra, no regime comunista, que ele foi publicado na íntegra.[10]

O clima antinacionalista e antissemita do pré-Guerra agravaram a situação financeira, a saúde e a neurose de Tuwim resultante da aceitação-rejeição pelo polonismo. Paradigmática deste período foi a recusa sistemática da sua candidatura para a Academia de Letras polonesa a ponto da imprensa nacionalista ameaçar queimar seus livros à maneira do auto de fé do espírito que Goebbels havia orquestrado na Alemanha em 1933. O ódio que sentiam poloneses daquela estirpe a Tuwim não diminuiu com a invasão e a conquista da Polônia.[11] Nos anos que precederam a Segunda Guerra o antissemitismo atingiu o auge. Eram leis proibindo o corte de gado segundo preceitos judaicos, *pogroms*, estudantes judeus obrigados a sentarem-se separados nas universidades, ultrajes, política de empobrecimento e um mal estar geral sem perspectivas. O ânimo de Tuwim não poderia estar pior conforme escreveu Czesław Miłosz.[12]

> Tuwim, apaixonado pela literatura polonesa, sentia-se polonês em tudo. Mas também se sentia judeu em tudo. Na primeira década da Segunda República, [1918-1939] parecia haver espaço na Polônia para judeus polonizados e para poloneses de origem judaica. Na segunda década, as vozes da imprensa e da totalidade dos poloneses negaram-lhe este lugar. Este era o dilema que enfrentavam todos aqueles judeus que se sentiam poloneses. E isto foi par-

---

10 Apud POLONSKY, 2002, pp. 119-143.

11 Meio ano após a conquista da Polônia, conforme anotou Emmanuel Ringelblum, o historiador do gueto de Varsóvia, "poloneses queriam bater em Rusinek [escritor] porque ele queria recitar um poema-parábola do Tuwim, pois é judeu" (RINGELBLUM, 1992, p. 97).

12 Poeta polonês laureado com o Nobel em literatura em 1980. Citado em POLONSKY, 2002, pp. 129-130.

ticularmente sentido por Tuwim, que idolatrava o idioma polonês, o mais importante de sua vida, e agora era rejeitado por aqueles a quem ele pretendia servir. Sua sensibilidade, a de um homem sem pele, o expos à dura dor cada vez que abria o jornal matutino.[13]

Nos meados dos anos 30 começou uma amizade entre Julian e Stefania Tuwim e Leib Jaffe que desde 1926 era codiretor do Fundo Nacional (*Keren Hayessod*) sionista, função de grande importância como alavanca financeira da Organização Sionista Mundial. Jaffe viajava muito visitando comunidades judaicas em diversos países, inclusive o Brasil em 1923,[14] e na Polônia com frequência, visto lá se encontrar a maior comunidade judaica da Europa. Ele nasceu em 1876 em Grodno (Império russo) e na adolescencia se infuenciou pelos militantes do movimento sionista *Hovevei Tzion* (Amantes de Sião), que deram início ao retorno dos judeus à terra de Israel após longo exílio de dois mil anos. Jaffe demonstrou habilidades para tarefas de organização, proselitismo, propaganda e paralelamente exibiu talentos literários, amor aos livros, ao estudo e à escrita. Era poeta, escritor, editou vários jornais em russo, ídiche e hebraico antes de tornar-se codiretor do Fundo Nacional sionista.[15]

Tudo leva a crer que foi Leib Jaffe quem teve a iniciativa de contatar os Tuwim bem como outros expoentes da cultura polonesa à exemplo de Józef Wittlin, escritor pacifista de origem judaica. Jaffe, além de arrecadar fundos e divulgar o sionismo entre os judeus tinha interesse em conhecer e compartilhar de suas ideias com a *intelligentzia* polonesa: escritores, poetas, músicos, artistas, altos funcionários, politicos, homens de negócios, periodistas e outros, inclusive antissemitas convictos, para explicar-lhes o projeto sionista. Este grupo heterogêneo da cultura e política polonesa ansiava por conhecer os progressos do renascimento judaico na Palestina Britânica. Alguns por que apoiavam a causa, outros menos e havia aqueles que

---

13 Apud POLONSKY, 2002, pp. 129-130.
14 JAFFE, 1968, pp. 101-103; FALBEL, 2008, pp. 373-393.
15 KLING, 1971, pp. 411-442.

tinham simpatia instrumental com o Sionismo, principalmente pela oportunidade que se avizinhava para se desembaraçar de parte dos cidadãos judeus que a seus olhos afligiam a Polônia.

Não podemos precisar quando exatamente começou a amizade de Tuwim com o sionista Jaffe, mas sabemos que Tuwim tinha planejado visitar a Palestina em 1935, planos que ele adiou pela morte do pai e pela doença mental que apareceu em sua mãe, ambos ocorreram em 1935.[16]

Historiadores questionaram quando e em que circunstâncias ocorreu a "volta" ou a "reaproximação" de Tuwim com os judeus. Segundo Antony Polonsky, Tuwim jamais deixou de ser judeu, sentimento que ele manifestou e se identificou ininterruptamente.[17] Para Joanna Michlic, historiadora polonesa-britânica, a propaganda obstinada e intransigente dos etnonacionalistas católicos *Endeks* (nacional-democratas) contra Tuwim foi cardinal para sua aproximação aos judeus.[18] Que peso teria os laços de amizade dos Tuwim com Jaffe neste avizinhamento? Outros estudiosos,[19] talvez a maioria, tendem a considerar os últimos anos do exílio e da guerra como condicionantes na reviravolta identitária judaica de Tuwim conforme veremos no final do artigo.

Quando Jaffe visitou os Tuwim em sua residência, ele se impressionou com o elevado grau de assimilação do casal e com o estado doentio de Tuwim, o que não lhe impedia de escrever poemas, de preparar um livro de teoria literária, de traduzir Pushkin além de organizar duas antologias: uma de literatura polonesa antiga e outra de poesia romana. Tuwim se queixava que ganhava pouco, que mal lhe dava para viver, angústia que ele compartilhou com Jaffe:

---

16 Julian Tuwim a Leib Jaffe, 19/9/1935, Arquivo Sionista Central, A 13/249 (doravante ASC).

17 POLONSKY, 2005, p. 197.

18 MICHLIC, 2010, p. 146; Tamara Karren, menos explícita que Michlic, também sugere este caminho, 2005, p. 258.

19 Por exemplo, Marci Shore, "The Holocaust had made the great Polish poet Julian Tuwim love the same 'black Hasidic rabble' who had once repulsed him", op. cit., p. 423; Chone Szmeruk, no prefácio a Julian Tuwim, *We, Polish Jews*...Varsóvia, Fundacja Shalom, 1993, p.36.

"Preciso criar um fundo para mim", no entanto, "os poloneses não me ajudarão por ser judeu e os judeus porque sou polonês".[20] O sionismo, os progressos e problemas da Palestina eram assuntos que sempre vinham à baila entre eles. Tuwim lhe dissera que "seu pai ficaria feliz se soubesse que ele estava conversando sobre a Terra de Israel". Mas, em contraposição ao pai, Tuwim sentia-se alienado ao sionismo e sem querer iludir seu amigo disse-lhe "não ter inclinação espiritual alguma por aquela terra".[21] Distanciamento e curiosidade não se contradiziam e não descarto a possibilidade dos planos de Tuwim visitar à Palestina, bem como a de Józef Wittlin, se deviam em grande parte aos encontros de ambos com o energético Jaffe.[22]

Tuwim e Jaffe eram dois opostos. O primeiro, assimilado, cosmopolita, antinacionalista e patriota da língua e cultura polonesa. Jaffe, sionista, pertinaz batalhador pelo lar nacional judaico na Palestina e antiassimilacionista ferrenho. Jaffe sentia desdém pelos judeus assimilados e ao mesmo tempo pesar. Ele não concebia como judeus assimilados não compreendiam o absurdo da condição de rejeitados, para não falar do ódio que sentiam contra eles, quando tanto contribuíam à Polônia. Para Jaffe, encontrar-se com judeus assimilados era deparar-se com "uma tragédia de desenraizados e assimilados falidos", conforme anotou no seu diário.[23] Contudo, a simpatia e amizade que Jaffe e Tuwim nutriam um pelo outro eram mais significativas que os caminhos que eles decidiram seguir ou dos universos culturais e ideológicos que os diferenciavam e separavam.

No final de 1938, Jaffe se reencontra com os Tuwim em Varsóvia. Ele, otimista e entusiasmado com as primazias da terra de Israel, contrapondo a realidade da Palestina com a situação dos judeus na Europa, apesar da revolta árabe que lá ocorria há mais de dois anos. E quanto ao pessimismo de Tuwim, não faltavam-lhe motivos. O ano de 1938 foi fatídico para os judeus do Reich agrandado com a anexação da Áutria e dos Sudetos tchecos, com a radicalização

---

20 JAFFE, 1968, p. 185.
21 Idem.
22 Ibid., p. 182.
23 Ibid., p. 194.

da política antijudaica de Hitler e a capitulação das potências democráticas face o expansionismo alemão. O número de refugiados aumentava a cada dia assim como as desgracas e as tragédias humanas. No mês de outubro, cerca de 17 mil judeus de origem polonesa tinham sido expulsos da Alemanha para a Polônia que não os queria receber. Pairava no ar um clima de guerra. "Como te invejo", disse-lhe Tuwim na tarde de 1º de dezembro de 1938. "Você tem por que viver. Você constrói e cria".[24]

Em setembro de 1939, pouco menos de um ano, os exércitos alemães invadiam a Polônia. O intenso bombardeio aéreo provocou a fuga de milhares de pessoas em direção ao leste, aos territórios anexados pelos soviéticos. Poucos escolheram o caminho de fuga para o sul, à Romenia, entre eles se encontravam Julian Tuwim, Antoni Slonimski e Uri Tzwi Grinberg, um dos grandes poetas hebraicos do seculo XX. Grinberg, depois de haver vivido quase uma década na Palestina, retornou à Polônia no início dos anos 1930 devido a diatribes que havia sofrido com o movimento trabalhista e sua liderança que dominavam o *Yishuv* (a estrutura do pré-estado judaico até 1948). Em Varsóvia ele editou periódicos sionistas revisionistas na linha do seu mentor ideológico, Zeev Jabotinsky: o *Di Velt* (O mundo) e o *Der Moment* (O momento), até estourar a guerra. Tzwi Grinberg era dos poucos judeus afortunados, que sendo cidadão da Palestina Britânica, podia entrar livremente nela. Este não era o caso da maioria dos refugiados que não tinham para onde ir. Tzwi Grinberg encontrou Tuwim na Romênia e lá ficou sabendo que tinha sido recusado pelo cônsul britânico e que a Romênia impedia a entrada dele no país.[25] Naquela hora crítica Tuwim buscou maneiras para emigrar à Palestina, o que era impossível na falta de certificado britânico. Urgia-lhe informar a Leib Jaffe sobre sua situação o que foi possível com o regresso de Tzwi Grinberg à Palestina.[26]

---

24 JAFFE, 1964, p.164.

25 STEC, 1963, pp. 202-203. Agradeço a gentileza de Yoel Roizman, membro do Kibutz Mishmar Haemek, pela tradução deste e de outros textos do polonês ao hebraico.

26 Ao retornar a Palestina Uri Tzwi Grinberg transmitiu o que sabia ao escritor e tradutor Shimshon Meltzer, que por sua vez informou por escrito à Yehuda Yaari,

Mesmo em tempos anormais, contaminados por excesso de nacionalismo e xenofobia como era o caso da Polônia pré-guerra, Tuwim jamais pensaria nas vantagens do sionismo herzliano ou abrigo na pura acepção da palavra. Via de regra foi o antissemitismo desenfreado que estimulou escritores de origem judaica e assimilados a se posicionar face o sionismo e o renascimento nacional judaico. Isto ocorreu após a Primeira Guerra, quando o liberalismo — o fundamento do judaismo na modernidade — ruía a olhos vistos pela ação nociva do exclusivismo étnico e nacionalista. Os mais afligidos, na visão de Theodor Herzl, Max Nordau, Jacob Wassermann e outros foram os judeus emancipados que processos de aculturação e integração à sociedade europeia os afastou do judaismo sem haver sido plenamente aceitos a exemplo do que escreveu Arnold Zweig:

> Hoje em dia falamos diversas línguas, pensamos de forma diferente, vivemos outro judaísmo, comemos pratos diferentes, julgamos de acordo com outros padrões, e negociamos parte de nossa alma com a Europa, renunciando a parcelas de nossa identidade judaica. Por cerca de cinco gerações este destino europeu — com sua liberdade, novo clima, valores maravilhosos e artísticos, com halo integrador e libertador — nos moldeou. E então foi necessária a mais explícita das crises [antissemitas — A.M.] para nos abrir os olhos: crise do coração, da memória e da aparência.[27]

E o que pensavam escritores assimilados e antinacionalistas contemporâneos de Tuwim, como Joseph Roth e Stefan Zweig, a respeito do sionismo? Para Roth, o sionismo concretizava o retrocesso histórico dos judeus na história. Uma ação que faria despencar os judeus do patamar do progresso civilizatório à profundidade da pobreza espiritual nacionalista:

---

secretário do Fundo Nacional (*Keren Hayessod*) em Jerusalém. ASC, A 13/249.
27 ZWEIG, Arnold, 2004, p. 1-2.

> Em toda a desgraça milenar em que vivem os judeus, tiveram até agora um único consolo que foi não possuir uma tal pátria. Se alguma vez houver uma História justa, então será reconhecido o mérito aos judeus por terem tido o bom senso de não possuir uma "pátria" numa época em que todo o mundo se entregava à loucura patriótica.[28]

Ciente das ambiguidades e ilusões que a emancipação falaciosamente oferecia aos judeus dos países ocidentais e da impossibilidade dos judeus do Leste concretizarem a tão almejada igualdade de direitos, ainda assim, Roth colocou em dúvida a sensatez dos sionistas em transformar os judeus numa nação com atributos soberanos e territoriais iguais às outras nações. Crítico e profético quanto aos desafios e dilemas que os judeus enfrentariam na Palestina, Roth compreendeu, sem concordar, a necessidade histórica deles possuirem seu próprio estado, considerando a inevitabilidade dos vícios e crimes inerentes ao nacionalismo. O sionismo era "uma necessidade dolorosa", diria Roth, e a opção mais consensual naquele beco sem saída histórico em que se encontravam os judeus após a queda dos grandes impérios:

> Não têm nenhuma pátria, os judeus, mas cada um dos países em que vivem e em que pagam os seus impostos exige deles patriotismo e morte heróica, acusando-os de não estarem dispostos a morrer. Nessa situação, o sionismo é realmente a única saída: já que se tem de ser patriótico, entao mais vale sê-lo pelo próprio país.[29]

O antisemitismo virulento que Roth testemunhou na Europa Central paralelamente a fragilidade do judeu ocidental emancipado, à diferença do judeu do Leste — destituido de complexos e armado de instrumental histórico, cultural, religioso e político para enfrentar desafios existenciais, atenuaram a percepção crítica de Roth sobre o

---

28 ROTH, 2013, pp. 45-46.
29 Idem.

nacionalismo judaico. O mesmo pano de fundo nacionalista e antissemita levou Stefan Zweig a reconsiderar seus axiomas positivistas em relação aos judeus e seu futuro. No que tange ao sionismo, Zweig foi mais ambivalente que Roth:

> Certamente é um imenso benefício que uma nova pátria tenha sido criada hoje para milhares de pessoas expulsas, uma benção para todos aqueles que não querem viver mais sob a opressão do ódio e do desprezo e da degradação, e que almejam a propriedade de uma terra própria para seus filhos e netos. [contudo] (...) um grande ideal, mas nao é onivalente, nao é válido para toda pessoa. Pois para alguns de nós pode parecer um retrocesso, como uma língua que se tornou estranha para nós, uma volta a um país que nos conquista com mil lembranças mas já não é mais pátria, volta a um novo nacionalismo quando no fundo esperamos que a ideia do nacionalismo mesquinho e fechado acabe, dando lugar a uma nova época do pan-humanismo.[30]

Julian Tuwim foi mais circunspecto que Joseph Roth e Stefan Zweig, expressou humildemente simpatias pelo renascimento nacional judaico e teria se refugiado na Palestina não fossem as dificuldades com as quais se deparou na Romênia. Apesar destes contratempos, representantes da legação polonesa tiveram o cuidado de protegê-los assim como a outros refugiados da elite cultural polonesa.[31] Era tradição no Ministério das Relações Exteriores da Polônia convidar escritores, intelectuais e artistas da primeira linha para encontros e eventos nas chancelarias ou dar-lhes a devida proteção. E Tuwim, apesar das diatribes a que era alvo em sua pátria, continuava *persona grata* que dignificava consulados e legações no exterior. Os Tuwim permaneceram pouco tempo em Bucareste. A legação polonesa se preocupou por eles e presenteou o casal com duas passagens

---

30 ZWEIG, 2013, p. 242.
31 SHORE, 2010, p. 420.

de trem a Paris em primeira classe.³² Tuwim era refugiado, porém categorizado. Eles chegaram a Paris em 24 de setembro de 1939 e logo enviaram um telegrama a Leib Jaffe para que lhes enviasse ajuda monetária, e ele não titubeou, enviou-lhes vinte pounds.³³ Tuwim sentia-se bem e otimista na capital francesa. Estava feliz por haver fugido da Polônia e escapado das garras da Gestapo. E havia o lado afetivo. Irena, a irmã de Tuwim e o cunhado se encontravam em Paris bem como vários amigos escritores de Varsóvia: Antoni Słonimski, Józef Wittlin, Jan Lechoń, Kazimierz Wierzyński, Maria Kuncewiczowa e Zygmunt Novakovski, expressiva presença do escol literato polonês exilado em Paris.³⁴

Aparentemente as coisas andavam bem, mas Tuwim andava preocupado com a mãe, que já não mais se encontrava em Varsóvia porém em Otwock, pequena localidade próxima a Varsóvia, num hospital para doentes mentais conhecido por Zofiówka. O destino da mãe desamparada devido a saída inesperada e às pressas de Tuwim da Polônia era motivo de inquietação. Tuwim recorreu a Jaffe para enviar dinheiro ou encontrar ajuda de alguma entidade filantrópica judaica, da Suíça ou de outro país neutro, para aliviar as dificuldades da mãe.³⁵ E em Paris, pela primeira vez, Tuwim se referiu à angústia do exilado, a seu estado mental que voltará a se equilibrar uma vez que retorne à Polônia.³⁶

Tuwim tinha planos para ir aos Estados Unidos e não só para desobrigar-se do marasmo em que vivia em Paris como pela expectativa de ganhar dinheiro, atuar nos meios judaicos poloneses e em outros meios pelo futuro da Polônia. Ele esperava encontrar lá públicos que eventualmente teriam prazer em ouvi-lo.³⁷ Emigrar para os Estados Unidos tornara-se uma ideia fixa, possibilidade de

---

[32] STEC, 1963, pp. 202-203.

[33] Julian Tuwim à Leib Jaffe, Paris, 3/11/1939, ASC, A. 13/249.

[34] Idem.

[35] Idem.

[36] Idem.

[37] Stefania Tuwim à Leib Jaffe, Paris, 16 nov. 1939 e Tuwim à Jaffe, Paris, 3 dez. 1939, ASC, A.13\249.

levar uma vida estável e não efêmera como em Paris. Ele julgava haver reencarnado a alma de Ahasver, o místico judeu errante.[38]

O impasse de sua vida não era questão de procedimentos normais, pelo contrário. Em maio de 1940 os exércitos alemães invadiam a França e uma vez mais os Tuwim, os Slonimski, Józef Wittlin e outros se viram obrigados a fugir. Pessoas ilustres porém migalhas no meio das centenas de milhares de refugiados que lotavam trens, carros e estradas em direção aos Pirineus para cruzar a fronteira com a Espanha. Entre os fugitivos se encontravam outros escritores famosos como Lion Feuchtwanger, Erich Maria Remarque e Alfred Döblin.

No dia 14 de junho, em Bordéus, os casais Tuwim e Slonimski obtiveram vistos de entrada para Portugal com a ajuda do cônsul português Aristides de Sousa Mendes.[39] A maioria dos beneficiários do cônsul não tinha noção de seu procedimento irregular em contra dos regulamentos e ordens de Salazar que proibia a entrada de estrangeiros, apátridas e outros, principalmente judeus indocumentados. Julian e Stefania Tuwim se refugiaram no Porto e logo no dia seguinte, sem recursos, informaram a Leib Jaffe que estavam em Portugal,

> pela segunda vez refugiados no decorrer deste ano e que pretendem viajar aos Estados Unidos (...) e como conseguiremos dinheiro para passagens?... Sei que você particularmente não dispõe de dinheiro, do contrário te pediria e tenho certeza que não me negarias... Por favor, dirija-se a Emanuel Tuwim [primo de Tuwim, engenheiro, residente em Haifa — A.M.] e a outros para reunir a quantia necessária.[40]

Tuwim, como a maioria dos refugiados, ansiava emigrar para países além-mar, de preferência, como dissemos, para os Estados Unidos da América. A possibilidade de uma invasão alemã aos países da

---

[38] Tuwim à Jaffe, Paris, 3 dez. 1939, ASC, A.13\249.

[39] AFONSO, 1995.

[40] Tuwim à Jaffe, Porto, 26 jun. 1940. ASC, A.13\249.

Península Ibérica, apesar de neutros, era real, expectativa da qual muitos refugiados compartilhavam. A maioria deles, com paciência, perseverança, sorte e ajuda das organizações judaicas, JOINT e HIAS-HICEM, que Salazar autorizou agir de Lisboa para efetuar o escoamento das massas de refugiados para fora do país acabaram transmigrando a outros países.[41] Antoni Slonimski com a esposa bem como Irena Tuwim com o marido já tinham ido a Londres. A certa altura em Portugal, Tuwim perdera esperanças de obter vistos para os EUA conforme escreveu a sua irmã Irena: "Somente a fraqueza do meu carácter não me deixa atirar-me ao oceano pelo qual os consulados da América democrática não me deixam passar". (TUWIM, 1968).[42] Dias mais tarde, segundo testemunho de Mieczesław Lepecki,[43] Tuwim lera no Diário que Olegário Mariano, escritor e poeta brasileiro, se encontrava em Lisboa para representar o Brasil nos badalados festejos ufanistas organizados por Salazar para comemorar os oitocentos anos de Portugal. Tuwim sem titubear telefonou-lhe para pedir ajuda e ele não se decepcionou. De acordo com Lepecki, Olegário Mariano enviou seu automóvel para trazer Tuwim à chancelaria brasileira e naquele dia lhe outorgaram os vistos para entrar no Brasil.[44] Este episódio tem fundamento. Em 1943,

---

[41] MILGRAM, 2010, pp. 171-191.

[42] Creio não ter sido acaso a publicação na Polônia das cartas de Tuwim em 1968, no auge dos expurgos de judeus poloneses cometidos pelo regime comunista. As cartas expressando nostalgia e saudade pela Polônia, seriam usadas manipulativamente a favor da propaganda comunista que culpava os judeus poloneses de sionistas, cosmopolitas, traidores e desleais à Polônia em contraposição ao poeta polonês-judeu Tuwim, considerado protótipo do polonês patriota e leal ao regime que o recebeu de braços abertos após a guerra. Agradeço à Grażyna Misiorowska-Rychlewska pela tradução das cartas ao português.

[43] Lepecki era oficial de carreira e ajudante do marechal Josef Pilsudski nos anos 1931-1935. Antes disso ele havia feito várias viagens de estudo para países latino-americanos. Ele participou também da comissão polonesa à Madagascar em 1937 para estudar in loco possibilidades de colonização para judeus poloneses que a Polônia queria ver-se livre.

[44] Mieczesław Lepecki, In *Wspomnienia o Julianie Tuwimie*. Pod redakcja Wandy Jedlickiej I Mariana Toporowskiego. Warszawa, Czytlenik, 1963, pp. 204-209; AFONSO, 2015, pp. 190-191.

em sinal de gratidão, Julian Tuwim enviou de Nova York um fragmento do seu poema "Flores polonesas" à Legação da Polônia no Rio de Janeiro para que fosse traduzido e entregue a Olegário Mariano:

> [...] Rio de noites paradas
> e madrugadas vermelhas de cobre,
> cada vez com mais força e mais calor.
> Quem te inventou? Quem te imaginou?
> Talvez o mar-oceano em seu marulho
> te haja levado crédulo até o litoral
> e te haja esculpido na terra firme
> como infinito milagre!
> Mas outros dizem — e eu acredito –
> que foi o próprio Criador quem
> durante um passeio, com passos ébrios
> te fez, ó Rio,
> em sua dança cambaleante,
> plantando no caminho as palmeiras e as pedras...
> e os negros e as florestas e os calores...
> Abençoado passeio!
> E eu digo: obrigado, muito obrigado
> pelo Rio e por este poema do exílio!
> [...][45]

Após curta permanência em Portugal, Julian e Stefania Tuwim aportaram no Rio de Janeiro, no dia 5 de agosto de 1940, para trocar a ditadura do Estado Novo português por outra com o mesmo nome nos trópicos. O Estado Novo de Vargas tinha a grande vantagem de se encontrar longe da Europa. Assim agiam outros refugiados, ou a maioria, conforme o que Tuwim escreveu do navio a sua irmã em Londres:

> (...) Pensa só: vai-se para outro hemisfério, para outro con-

---

[45] A tradução literal feita pela Legação da República da Polônia no Brasil em 1943 aparece na publicação *Tuwim*. Babel Stúdio, Embaixada da República da Polônia em Brasília, 2013. Preferimos citar algumas linhas do mesmo fragmento traduzido por Geir Campos, pp. 28-29, originalmente publicado em SIEWERSKI, 2000, p. 148.

fim do mundo, não sabendo para que, não sabendo porque — para fugir das mãos dos alemães. Há pessimistas que dizem que mesmo no Brasil acontecerá um golpe pró-Hitler. Então fugiremos de lá para o Chile, à Bolívia, ao México, aos Estados Unidos, ao Canadá, sei lá para onde! Até que se feche o círculo e se chegará (se Deus quiser) pela Sibéria e Russia à Polônia. É o meu sonho mais ardente.[46]

Apesar do deslumbre e fascínio pelo Rio de Janeiro, impressões que Tuwim deixou pronunciadas em partes do seu poema, os noves meses que ele passou no Brasil à espera do visto americano levaram mais a marca do suplício nostálgico pela sua amada Polônia do que euforia poética. Pelo visto, Tuwim não era tão cosmopolita como creía ser. Provavelmente era mais fácil ser cosmopolita em casa que no estrangeiro. O Rio de Janeiro era um ponto de passagem, uma sala de espera, e com todo seu encanto era incapaz de curar-lhe as feridas.

Parece uma coisa indecente descrever-te o Rio e as suas maravilhas enquanto vocês olham para o céu que traz a ameaça de extermínio. Como de costume parece-me que sou um patife e criminoso em relação a ti e a todos os próximos porque consegui fugir do perigo e vocês continuam a ser ameaçados por ele. Por isso passeio por este milagre que é o Rio, com remorsos. E se a eles juntares a preocupação por vocês, o medo, o que vai acontecer ao mundo, a nostalgia, a falta das notícias da Mãezinha, a inação, vais imaginar o meu sofrimento que é a estadia na cidade mais bonita do mundo.

O legado [Tadeusz] Skowrónski [chefe da legação polonesa no Rio — A.M.] e a comunidade polonesa local (pouco numerosa) receberam-nos cordialmente e tentam fazer a nossa vida agradável. E os brasileiros (pessoas muito simpáticas!) demonstram a cada passo provas comoventes de

---

46 TUWIM, 1968.

> amizade. Na imprensa local apareceram informações sobre a minha vinda e sobre a minha pessoa. Nesses dias, com Leszek [Jan Lechoń], vamos ser recebidos na Academia de Letras. Encontramo-nos com escritores e artistas, os meus poemas (entre eles os para crianças) serão traduzidos para o português — resumindo, estaríamos muito bem aqui se não estivesse tão mal... porque sinto a tristeza e o vazio.[47]

Apesar da nostalgia que sentia pela Polônia, pela espera ansiosa dos vistos americanos e a preocupação pela mãe, algo de bom aconteceu no Rio de Janeiro. Tuwim voltou a escrever após anos de bloqueio criativo e inatividade poética. No Rio de Janeiro, Tuwim iniciou o poema "Flores polonesas" (*Kwiaty Polskie*), considerado seu *magnum opus*, e compartilhou a exaltação com a irmã.

> Penso que será a coisa mais importante que escrevi na minha vida — uma epopeia, lírica, sátira, grotesca — tudo numa ligação mágica... E o que é o mais importante — com enredo nítido. (...) Como posso explicar, querida Irena, que na Polônia não fui capaz de escrever praticamente nada durante os últimos cinco anos enquanto aqui escrevo sem parar. Penso que 1) o ambiente na nossa Pátria estava tão insuportável que penetrou no subconsciente e tapou "os buracos poéticos", 2) e aqui tive que, pelo menos poeticamente, reconstruir a mais amada Polônia, embora ultimamente insuportável.[48]

A preocupação pela mãe doente, distante, vivendo em circunstâncias incomuns causava-lhe tristeza. Quando o pai faleceu em 1935, sua mãe, Adela Tuwim, com 64 anos de idade, deixou Lodz

---

47 Idem.

48 Carta de Tuwim à sua irmã Irena, Rio, 10 jan. 1941. In *Polityka*, n. 37 (602), 1968. Wojciech Ligeza, "Dizem que é a mais bela cidade do mundo" — Julian Tuwim no Rio de Janeiro". In *Tuwim*, Lisboa: Embaixada da República da Polônia, Babel Estúdio, 2013, pp. 16-21.

para viver em Varsóvia junto aos filhos. Tuwim tinha uma ligação muito especial com a mãe pois "foi ela quem me ensinou poesia. Ela lia para mim os mais belos poemas poloneses antes de eu aprender a ler. Se eu me tornei poeta, foi graças a ela".[49] O pai não demonstrava interesse pela educação dos filhos mas a mãe era extremamente dedicada a eles. Ela adorava teatro e foi ela quem introduziu os filhos a este e a outros universos da cultura moderna. Porém, pouco tempo após a morte do marido, a mãe de Julian adoeceu. Afetada mentalmente e com depressões, quase cometeu suicídio. Seu estado abalou o poeta e se transformara numa fonte de preocupação pelo resto da vida.

Foi no Rio de Janeiro que Julian Tuwim, por intermédio de amigos, soube da possibilidade de enviar pacotes com mantimentos a senhora Luta Rozen, que era quem cuidava da mãe em Otwock. No dia 8 de novembro de 1940, do seu apartamento na rua Djalma Ulrich, "Edifício Líbano", nº 201/82, Copacabana, ele escreveu à "Comissão de Assistência à População Judaica Prejudicada pela Guerra", em Genebra, mais conhecida por RELICO, que se comprometera a pagar o envio de pacotes à sua mãe, observando para não mencionar o nome Tuwim no endereço e tampouco no remetente por "razões óbvias". E no final da carta, solicitou informar à Leib Jaffe, na Palestina, que há três meses se encontrava no Brasil.[50]

A RELICO foi fundada no início da guerra pelo dr. Alfred (Avraham) Silberschein, que representava o Congresso Judaico Mundial em Genebra. Silberschein, também de origem polonesa, era advogado, ativista sionista do *Poalei Sion* e membro do parlamento polonês (Sejm) em 1922.[51] A RELICO se dedicava principalmente ao envio de alimentos, cartas, documentos para judeus perseguidos e carentes nos territórios sob domínio nazista, nos países do Eixo e colaboradores à exemplo da França de Vichy. A RELICO, embora filiada ao Congresso Judaico Mundial, usufruía de autonomia, o que

---

49 TUWIM apud SHORE, 1977, p.25.
50 Arquivo Yad Vashem, RELICO, M 7/397, p. 235.
51 COHEN, 1999, pp.168-177.

lhe conferiu vantagens de organizações apolíticas com fins humanitários. Para financiar suas operações, recebia fundos de diversas organizações judaicas, sobretudo de particulares que financiavam o envio das encomendas aos parentes confinados nos países sob ocupação nazista.

Nos primeiros anos da guerra, de 1939 a 1941, os alemães permitiam o envio de correspondência a judeus confinados em campos de concentração do sul da França, nos guetos da Polônia e outros lugares do universo nazista. Com a implementação da política de extermínio aos judeus, os contatos com o mundo livre se interromperam. Pairou o silêncio, a ansiedade, o medo e a dúvida quanto ao destino dos familiares. O envio de pacotes à familiares na Polônia ocupada, através da RELICO, era uma forma de saber se ainda estavam vivos, caso contrário, o despacho não seria entregue ao destinatário e o remetente seria comunicado da impossibilidade da entrega.[52]

O clima seco de Otwock e sua proximidade a bosques e florestas, transformaram esta pequena localidade num centro de tratamento de tuberculosos e doentes mentais.[53] Até estourar a guerra era Irena quem mantinha contato com a mãe hospitalizada, e por seu intermédio Julian acompanhava seu estado de saúde. Tuwim sofria muito com o estado da mãe mas "queria manter sua imagem exatamente como ela era antes"[54] e ele jamais voltaria a vê-la. No final de 1940, os nazistas estabeleceram um gueto em Otwock e em seus limites se encontravam os hospitais e sanatórios. Dois anos depois, em 19

---

[52] MILGRAM, 2010, pp. 247-280.

[53] No final do século XIX, Otwock e Varsóvia foram interligadas por uma linha de trem e o *shtetl* se transformou num resort para férias e lazer, principalmente para judeus de Varsóvia. Às vésperas da Primeira Guerra foram estabelecidos os primeiros hospitais judaicos em Otwock, um para crianças e outro, chamado Zofiówka, para doentes mentais. No decorrer dos anos 1920 e 1930, as organizações judaicas CENTOS, responsável pelo cuidado dos órfãos, e a TOZ, organização de auxílio aos doentes, criaram novos centros médicos e hospitalares em Otwock. Avraham Wein (ed.) *Pinkas Hakehilot* (Enciclopédia das Comunidades), *Polin*, vol. 4, Varsóvia e o distrito. Jerusalem, Yad Vashem, 1989, pg. 130-131 [hebraico].

[54] SHORE, 1997, p. 46.

de agosto de 1942, chegou a vez dos judeus do gueto de Otwock serem enviados à morte em Treblinka. Calek Perchodnik, policial judeu do gueto, relatou os eventos trágicos daquele dia no seu diário, uma das obras mais instigantes e interessantes na literatura sobre o Holocausto.[55] O diário descreve com profunda introspecção a humilhação, impotência e demoralização do próprio autor e de seus semelhantes no processo de destruição dos judeus. Ao mesmo tempo é um testemunho incriminador da crueldade dos assassinos e do vergonhoso comportamento dos vizinhos dos judeus, os poloneses, que se aproveitaram da situação para deitar suas mãos sobre os pertences e propriedades dos condenados à morte. O relato deste dia é um dos ápices deste gênero literário. Naquele dia de verão do mês de agosto de 1942, os nazistas assassinaram os pacientes do hospital geral que se encontravam no gueto e os doentes mentais do hospital Zofiówka, entre eles a mãe de Julian e Irena Tuwim.[56]

Após a guerra, ao retornar à Polônia, ele transferiu os restos mortais da mãe para o cemitério judaico de Lodz, a cidade onde nasceu e cresceu e onde viveram seus pais. "Mãe" é o título do comovente poema que Tuwim escreveu em sua memória: "Aqui no cemitério de Lodz/ No cemitério judaico/ O túmulo polonês da minha mãe/ da minha mãe judia".[57] Poema em que o poeta manifestou, uma vez mais, sua dupla e indivisível identidade polonesa-judaica consolidada no final da guerra e do Holocausto conforme veremos.

No dia 19 de maio de 1941, depois do lapso brasileiro que durou nove meses, Julian e Stefania Tuwim aportaram em Nova York e pouco mais de um mês em 22 de junho, a União Soviética seria invadida pela Alemanha. Este evento, de grande magnitude, foi vital para que Tuwim reestruturasse suas percepções. Para ele, a União Soviética e o comunismo — antídoto para os males do etnonacionalismo que ele

---

55 PERECHODNIK, 1996.

56 Avraham Wein (ed.) *Pinkas Hakehilot* (Enciclopédia das Comunidades), op. cit., p. 133.

57 Jest na łódzkim cmentarzu, Na cmentarzu żydowskim, Grób polski mojej matki, Mojej matki żydowskiej. Disponível em http://www.sztetl.org.pl/pl/article/lodz/30,teksty-kultury/15276,julian-tuwim-i-matka-i-/ . Acesso em 4/01/2017.

conhecera e sofrera — eram cardinais para o futuro de uma Polônia justa, igualitária, antinacionalista e despoluída de antissemitismo. Esta maneira de ver contrastava, ou melhor, afrontava a opinião dos *émigrés* poloneses, do governo polonês no exílio em Londres e principalmente de seus amigos literatos Lechoń, Wierzyński e Grzidewski, convictos de seus princípios liberais e antissoviéticos. Para todos estes, a transição da URSS para o campo aliado não compensava os ultrajes e crimes cometidos pelos bolcheviques à Polônia no pacto Molotov-Ribbentrop nas deportações em massa de poloneses para a Sibéria e o assassinato de oficiais e soldados em Katyn, por exemplo. Nesta conjuntura Tuwim se tornara político, o que ele nunca tinha sido no passado. No decorrer de 1942, ele se aproximou dos círculos proletários poloneses, escrevia para seus boletins e participava de comícios políticos: "o papel dos escritores consiste em inflamar corações das pessoas em prol da esperança, da fé e do amor por um mundo novo e melhor que vossas mãos edificarão sobre seus destroços", proclamou para uma massa de trabalhadores em Detroit.[58] Antoni Slonimski foi o único entre os escritores exilados que expressou afinidades ideológicas com Tuwim. Para os demais, o apoio notório de Tuwim à União Soviética era-lhes insustentável e antipatriótico. À exceção de Slonimski que estava em Londres, Tuwim rompera relações com seus amigos exilados, e dali em diante se encontrou só.

Leib Jaffe chegou à Nova York poucos dias antes de 17 de dezembro de 1942, no dia em que os governos aliados divulgaram a declaração oficial para o mundo livre confirmando a política de genocídio da Alemanha contra os judeus nos territórios sob seu domínio.[59] Os diários de Jaffe não fazem menção de Tuwim em Nova York, provavelmente porque não o visitou, como costumava fazer em Varsóvia, mas trocavam cartas entre si. Quando se dissiparam as dúvidas sobre o extermínio de judeus, Leib Jaffe passou a instar a liderança

---

[58] Comício de proletários poloneses, Detroit, 21 mar. 1942. Bolesław Gebert, "Tuwim w Nowym Jorku". *Wspomnienia o Julianie Tuwimie*, op. cit., p. 226.
[59] LAQUEUR, 1981, pp. 64-95; GILBERT, 1981, pp. 93-105.

judaica americana para protestar, clamar e pressionar o governo Roosevelt à mudar de atitude, para inverter esforços para salvar judeus.[60] Em 1943-1944 judeus organizaram passeatas de protesto e luto no Madison Square em Nova York, e numa delas, em 19 de abril de 1944, no primeiro aniversário do levante do gueto de Varsóvia, Tuwim esteve presente. Provavelmente foi após aquele evento que Tuwim escreveu um dos textos mais significativos do ponto de vista polonês e judaico "Nós, os judeus poloneses". Indubitavelmente, o mais conhecido no universo judaico e o arquétipo da sua identificação com os judeus. Tendo o Holocausto como pano de fundo, o poeta pagou tributo aos judeus assassinados, e os laços que o prendiam aos judeus ficaram notórios:

> Nunca desde o crepúsculo da humanidade se viu uma semelhante onda de sangue mártir, e o sangue dos judeus (não o sangue judaico, vêde bem) nunca fluiu em torrentes tão largas e profundas. (...) E é nesse novo Jordão que eu recebo o batismo dos batismos; o sangrento, escaldante martirizado batismo fraternal dos judeus. Tomai-me, irmãos, nesse glorioso séquito de sangue inocentemente derramado. A essa comunidade, a essa Igreja eu desejo pertencer. Que essa alta distinção — a da "Doloris Causa" dos judeus — seja conferida a um poeta polonês pela nação que o produziu. Não pelos meus méritos, pois não alego nenhum aos vossos olhos. Considero-a uma promoção e a mais alta recompensa para os poucos poemas poloneses que me possam sobreviver e ficarem ligados à memória de meu nome — o nome de um judeu polonês.[61]

Naquele momento de desolação,[62] quando o futuro parecia in-

---

60 MEDOFF, 2000, pp. 115-126.

61 Em 14 de dez. de 1944, a revista *Aonde Vamos?*, de Aron Neumann, publicou uma versão completa do poema, pp. 7 e 22, do qual citamos alguns trechos.

62 Tuwim à Jaffe, Nova York, 17 set. 1944, Arquivo Yad Vashem, A.13\249.

certo na certeza que jamais voltará a ver seus parentes e entes queridos, Tuwim foi pungente no acerto de contas com os fascistas e as direitas polonesas que sistematicamente fizeram de tudo para deslegitimar sua polonidade e negar seu estatuto de poeta polonês. Esta outra dimensão do "Nós, judeus poloneses", obsessão antiobsessiva do poeta, ferida aberta de anos pela doença social que o ingênuo poeta acreditava que iria desaparecer com o comunismo.

> Sou polonês porque o desejo ser. É assunto que só a mim cumpre resolver. Não tenho a mínima intenção de discuti-lo. Não sou dos que dividem os poloneses em "puros" e poloneses "alienígenas". Deixo semelhante classificação aos advogados do racismo, aos nazistas domésticos e alienígenas. Divido os poloneses exatamente como divido os judeus e qualquer outro povo, em inteligentes e idiotas, em honestos e desonestos, em brilhantes e apagados, em exploradores e explorados, em cavalheiros e gentinha, etc. Divido os poloneses ainda, em fascistas e antifascistas. Esses dois campos evidentemente não possuem ainda uma fronteira nítida. Mas a linha de divisão existe e brevemente aprofundar-se-á de maneira decisiva. Eu poderia dizer que no sentido político divido os poloneses em antissemitas e antifascistas. Porque o fascismo é sempre o antissemitismo. O antissemitismo é a língua internacional dos fascistas.
>
> (…) Sou um polonês — porque dos poloneses que eu recebi certos defeitos nacionais. Polonês — porque o meu ódio aos fascistas poloneses é maior que o ódio aos fascistas de outras nacionalidades. E considero isto como um sério cunho da minha polonidade. Antes que tudo um polonês — porque o desejo ser.[63]

OBRAS CITADAS

AFONSO, Rui. "Julian Tuwim I jego portugalski dobroczyńca. (Julian Tuwim e

---

[63] Ibid. *Aonde Vamos?*

seu benfeitor português). Trad. Renata Gorczyńca. *Zeszyty Literackie* (Cadernos Literários), XXXIII, 2015, n. 131, pp. 190-191.

_____. *Um homem bom*. Aristides Sousa Mendes o "Wallenberg Português". Lisboa: Editorial Caminho, 1995.

BALIN, Ela. "In Warsaw and beyond: the contribution of Hayim Zelig Słonimski to Jewish modernization". In: DYNNER, Glenn; GUESNET, Francois (ed.) *Warsaw. The Jewish Metropolis* — essays in honor of the 75th birthday of professor Antony Polonsky. London: Brill, 2015.

BAUMAN, Zygmunt. "The literary afterlife of Polish Jewry". *Polin*, vol. 7, 1992.

COHEN, Raya. *The story of witnesses to destruction: Jewish emissaries in Switzerland, 1939-1942*. Tel Aviv, Am Oved, 1999[hebraico].

FALBEL, Nachman. "Yehuda Wilensky e Leib Jaffe e o movimento sionista no Brasil (1921-1923)". In: _____. *Judeus no Brasil*. São Paulo: EDUSP, 2008.

GILBERT, Martin. *Auschwitz & the allies*. Londres: Holt, 1981.

JAFFE, Leib. *Beshlichut am*. Jerusalém: Hasifriá Hatzionit, 1968.

JAFFE, Leib. *Ktavim, Igarot veio manim* (Escritos, cartas e diários). Jerusalém: Hasifriá Hatzionit, 1964 [hebraico].

KARREN, Tamara. "Tuwim as he was". *Polin*, vol. 6, 1991.

KLING, Simcha. "Leib Jaffe". In: Raphael Patai (ed.) *Herzl Year Book* — essays in Zionist history and thought. New York, vol. VII, 1971.

KRYNSKI, Magnus J. "Politics and poetry: the case of Julian Tuwim". *The Polish Review*, vol. 18, n. 4, 1973.

LAQUEUR, Walter. *O terrível segredo*. Rio de Janeiro: Zahar, 1981, pp. 64-95.

LOMBROSO, Sylvia. *No time for silence*. New York: Roy Publishers, 1945.

MEDOFF, Rafael. "Our leaders cannot be moved": a Zionist emissary's reports on American Jewish responses to the Holocaust in the Summer of 1943". *American Jewish History*, Mar. 2000, vol. 88, n. 1.

MICHLIC, Joanna B. "The culture of ethno-nationalism and the identity of Jews in inter-war Poland". In: COHEN, Richard *et al.Insiders and Outsiders*. Oxford: Littman Library of Jewish Civilization, 2010.

MILGRAM, Avraham. *Portugal, Salazar e os Judeus*. Lisboa: Gradiva, 2010.

PERECHODNIK, Calel. Am I a murderer? Testament of a Jewish ghetto policeman. Colorado: Westview Press, 1996.

POLONSKY, Antony. "*Bal w operze*: Julian Tuwim's Jewish apocalypse". *Gal-Ed*, Tel Aviv, vol. XVIII, 2002, pp. 119-143.

_____."Why did they hate Tuwim nd Boy so much?". In: BLOBAUM, Robert (ed.). *Antisemitism and its opponents in Modern Poland*. Ithaca, N. Y.: Cornell University Press, 2005, pp. 209.

RINGELBLUM, Emmanuel. "Nota de 28 de março de 1940". In: *Diary and notes from the Warsaw Ghetto: September 1939 — December 1942.* Yad Vashem: Jerusalém, 1992. [hebraico].

ROTH, Joseph. *Judeus Errantes.* Trad. do alemão, Álvaro Gonçalves. Lisboa: Sistema solar, 2013.

SANDAUER, Artur. *On the situation of the Polish writer of Jewish descent in the twentieth century.* Jerusalém: Magness Press, 2005.

SHENFELD, Ruth. "Bein universaliut le yahadut — sofrim polanim memotzah yehudi bein shtei milchamot haolam u leachreien" (Entre universalismo e judaísmo — escritores poloneses de origem judaica entre as duas guerras mundiais e posterior à elas). *Gal-Ed*, 2002, pp. 291-308 (hebraico).

SHORE, Marci. "The Pikador Poets' Return to Jewishness". *Polin*, vol. 22, London, 2010.

SHORE, Therese Lena. *Julian Tuwim as poet and as Jew, in the ideological context of his time.* PHD thesis, Dropsie University, 1977.

SIEWERSKI, Henryk. *História da literatura polonesa.* Brasília: Editora Universidade de Brasília, 2000, p. 148

STEC, Dusza Czara. "Tuwim w Bukareszcie". In *Wspomnienia o Julianie Tuwimie*. Pod redakcja Wandy Jedlickiej I Mariana Toporowskiego. Warszawa, Czytelnik, 1963.

Tuwim. Lisboa: Embaixada da República da Polônia, Babel Studio, 2013.

TUWIM, Julian. Tuwim à sua irmã Irena, 7 jul. 1940. *Polityk*a, n. 37 (602), 1968.

WEIN, Avraham (ed.) *PINKAS Hakehilot* (Enciclopédia das Comunidades), *Polin*, vol. 4, Varsóvia e o distrito. Jerusalem, Yad Vashem, 1989, pg. 130-131 [hebraico].

ZWEIG, Arnold. *The face of East European Jewry.* Edited, translated and with an introduction by Noah Isenberg. Califórnia: University of California Press, 2004.

ZWEIG, Stefan. *O mundo insone e outros ensaios.* Trad. Kristina Michahelles. Rio de Janeiro: Zahar, 2013.

Calvário de Emeric Marcier: o processo de permanência no Brasil (1940-1946)*

FÁBIO KOIFMAN

---

*Agradeço ao colega Rui Afonso as sugestões e a leitura crítica do presente texto.

O presente artigo trata das dificuldades que um refugiado europeu enfrentou em seu esforço para permanecer no Brasil durante a vigência do Estado Novo. Muitas das situações, condicionamentos e reações relatados se assemelham e até são coincidentes com a história de outros tantos estrangeiros que se viram em circunstâncias análogas.

Nascido Imre Racz em uma família judaica na cidade romena de Cluj no dia 21 de novembro de 1916, o artista plástico Emeric Marcier chegou ao Brasil vindo de Lisboa em 16 de abril de 1940 a bordo da terceira classe do vapor "Conte Grande". Na relação de passageiros do navio italiano, o nome está Emeric Raez. Na lista nominal preparada para o Serviço de Imigração brasileiro, Emeric Racz, mesmo nome que aparece no passaporte romeno emitido em Budapest em 19 de dezembro de 1936, com as informações que o artista forneceu as autoridades: idade 23 anos, solteiro, religião católica, profissão pintor.[1]

Emeric era um entre os milhares de refugiados que diante da eclosão da Segunda Guerra Mundial em 1939, temendo a perseguição e a violência nazista, buscou fugir da Europa. Chegou sozinho ao Rio de Janeiro. Era um jovem e promissor pintor.

Em 1934, com apenas 18 anos, foi premiado na exposição de pintura organizada pela Juventude Romena em Mamaia, distrito de Constanza, com medalha de ouro e de bronze. No ano seguinte, recebeu o terceiro prêmio no concurso de decoração da cidade de Viena. Em 1937, participou de uma exposição de desenhos em Milão. No ano de 1938 participou com pinturas e afrescos na mesma cidade italiana na Exposição Sindical Lombardo. Também em Milão, recebeu o primeiro prêmio de pintura mural da Academia Real de Belas Artes. No mesmo ano, diplomou-se pela Academia Real de Belas Artes (*Accademia di Belle Arti di Brera*).[2]

---

1 Arquivo Nacional (doravante, AN), Relação dos Vapores, RV 430, p. 21.

2 AN, Prontuário nº 116.816. As informações aparecem no processo. Com exceção do diploma da Academia Real de Belas Artes, cuja cópia foi anexada, as demais não estão acompanhadas de documentação comprobatória.

Durante o tempo em que esteve na Itália, Emeric colaborou também com desenhos para a revista *Grandi Firme* (de Milão) e *Settebelo* (de Roma). Nos meses em que passou em Portugal, com a revista *Presença* (de Lisboa).[3]

A família de Emeric originalmente possuía o sobrenome Rozenberg, quando da imigração para a Transilvânia, onde Cluj está localizada, "virou Racz, já numa tentativa de fugir às perseguições étnicas".[4] Ao longo da vida, Emeric conviveu com o antissemitismo e a variação da forma de assinar o nome tinha relação direta com o tema:

> Ao chegar a Milão [1936], as notícias não eram boas. Apareceram as primeiras medidas antissemitas. Não tínhamos mais o direito de morar na *Casa dello Studente*. Na redação [da revista], pediram-me para acrescentar um I a meu nome, pois Marcieri soava mais italiano. [Saul] Steinberg não mais poderia assinar. Assaltava-me uma dolorosa lembrança: quatro anos antes, ainda no colégio, gravei com canivete no banco escolar o nome que escolhi para fugir às perseguições étnicas. Durante toda a minha infância vivi dividido: em casa chamavam-me pelo nome húngaro Imre; na escola, porém, minha presença somente respondia ao apelo Emeric, nome derivado do latim para o romeno. (...) Assim tive de eliminar um Z, para criar o anagrama que usaria para o resto da minha vida — Marcier.[5]

---

3 Idem.

4 MARCIER, 2016.

5 MARCIER, 2004, pp.28-29. Na obra não aparece o primeiro nome Saul, amigo que o pintor fez na Itália. A informação me foi dada por Alberto Dines, amigo de Emeric, por e-mail, em 12/1/2016. Saul Steinberg (1914-1999) foi um desenhista e cartunista judeu nascido na Romênia. Antes de fugir da Europa e tornar-se famoso nos Estados Unidos, especialmente por seu trabalho na revista *The New Yorker Magazine*, estudou na Itália. Ali conheceu e ficou amigo de Emeric Marcier, e para ele conseguiu trabalhos em vários jornais.

O nome artístico "Marcier" era um anagrama de Imre Racz, sem a letra "z", produzido como forma de tornar a origem judaica despercebida ou menos evidente. Embora ele mesmo tivesse consciência de que encontrava-se na condição de refugiado de guerra[6] e que a estadia dele no Brasil estaria condicionada, no mínimo, a duração do conflito na Europa ou da presença e dominação fascista naquele continente, o visto de entrada no país que Emeric logrou obter junto ao consulado brasileiro em Lisboa no dia 25 de março de 1940, assinado pelo cônsul-geral Joaquim Pinto Dias, foi o que o permitia uma permanência temporária.[7]

O projeto governamental no Brasil na época tinha como mote essencial o branqueamento da população a ser obtida por meio da seleção de imigrantes europeus considerados assimiláveis ao meio nacional e aptos a se miscigenarem com a população não branca brasileira.[8]

A Circular Secreta nº 1.127 emitida em 7 de junho de 1937 pelo Ministério das Relações Exteriores (MRE) brasileiro seguia a orientação da cúpula do governo Getúlio Vargas e se constituiria na primeira de muitas determinações que especificamente orientavam a restringir ao máximo a concessão de vistos a "semitas".[9] Até 1945 outras Circulares foram emitidas com o mesmo objetivo, ao mesmo tempo em que a legislação imigratória estabeleceu um controle rigoroso da entrada de estrangeiros no Brasil.[10] Diferentes decretos-leis e portarias foram sendo publicados com o fim de estabelecer controle em relação a presença dos estrangeiros aqui residentes e rígidas restrições para a emissão de novos vistos. Quando o estrangeiro e

---

6 Já no Brasil, em suas memórias refere-se a um determinado cientista tcheco, a quem classifica de "refugiado como eu" (MARCIER, 2004, p. 132).

7 A classificação que Emeric recebeu foi "Letra A do art. 25 do Decreto-lei nº 3.010 de 1938". Art. 25. Os temporários compreendem as seguintes categorias: a) turistas, visitantes em geral, viajantes em trânsito; cientistas, professores, homens de letras e conferencistas; b) representantes de firmas comerciais e os que vierem em viagem de negócios; c) artistas, desportistas e congêneres.

8 KOIFMAN, 2012, pp. 25-45.

9 KOIFMAN, 2001, p.108.

10 KOIFMAN, 2012, pp. 157-282.

potencial imigrante não era reconhecido como alguém que poderia contribuir para a formação do povo brasileiro, seja pelo aspecto econômico ou étnico, a orientação era impedir a entrada e residência no país de qualquer maneira.

Estrangeiros judeus ou identificados como tais provenientes da Europa só poderiam obter um visto permanente para o Brasil se pudessem se encaixar nas exceções estabelecidas. Por um breve período entre fins de 1938 e início de 1939 se possuíssem parentes em até segundo grau residindo de forma permanente no país. O que não era o caso de Emeric. As demais exceções que seguiram existindo nos anos seguintes limitavam a emissão de vistos a pessoas candidatas potenciais aos chamados "vistos capitalistas". Gente que estivesse em condições de realizar a transferência de vultosa soma em dinheiro para ser investido no Brasil, situação essa que também não encaixava-se o pintor. E a última das possibilidades, a emissão de visto poderia ocorrer se o solicitante possuísse formação técnica cuja ocupação profissional interessasse ao país. Essa última, uma exceção que para solicitantes judeus era concedida após uma análise especialmente rigorosa. Do mesmo modo, Emeric não conseguiria encaixar-se.

Não sendo ainda um artista de fama internacionalmente consolidada, restava então ao romeno buscar a obtenção de um visto temporário e a partir daí, uma vez em território brasileiro, tratar da modificação dessa condição para permanente. Sendo esse um expediente muito utilizado naquele momento e nos anos anteriores por outros judeus e estrangeiros que encontravam dificuldades na obtenção de um visto permanente, o governo Vargas estabeleceu decretos-lei que dificultavam ao máximo propositalmente as concessões de vistos temporários para refugiados.

Por força da legislação e das normas, os consulados brasileiros eram orientados a exigir vários documentos e comprovações que dificultavam ao máximo aos deslocados europeus, já distantes de seus países de origem, obtê-los. Dessa forma, sem a apresentação da documentação necessária, os vistos não eram emitidos. Um exemplo desse expediente era a exigência de apresentação de atestados de bons antecedentes.

Com a aproximação da guerra na Europa, a eclosão do conflito e o avassalador avanço dos exércitos e das políticas e violentas práticas racistas nazistas nos países dominados ou aliados ao Eixo, as pessoas que sentiam-se ameaçadas pela legislação racista e possuíam os meios, trataram de buscar fuga. Portugal concentrou um número expressivo de refugiados que aumentaria ainda mais com o armistício da França junto aos alemães, em junho de 1940. Desde 11 de novembro de 1939 os consulados portugueses estavam proibidos, por força da Circular nº 14, de emitir vistos de qualquer espécie para judeus que não pudessem comprovar que já possuíam um visto válido para fora de Portugal ou que poderiam regressar ao país de origem a qualquer hora.[11]

Na impossibilidade de se enquadrar em uma das exceções possíveis para obter um visto permanente os estrangeiros que buscavam sair da Europa utilizavam o recurso de solicitar um visto temporário. A obtenção desse também não era fácil e dependia do preenchimento dos pré-requisitos mencionados e a apresentação completa dos documentos exigidos de difícil obtenção para refugiados já fora de seus países de nascimento. A comprovação de que poderiam a qualquer hora regressar ao país de origem ou seguir viagem para outro país depois da estadia temporária no Brasil era uma exigência regulamentar intransponível para muitos daqueles que desesperados buscavam fuga da Europa. Praticamente todos os países do mundo estabeleceram semelhantes exigências e restrições, mesmo os que por décadas haviam acolhido imigrantes.[12] Aos que conseguiam reunir todos os comprovantes necessários restava ainda o mais difícil: contar com a boa vontade da autoridade consular.

Em Lisboa o cônsul-geral brasileiro Joaquim Pinto Dias recebeu Emeric com cordialidade e atenção, conforme o artista relatou — sem mencionar o nome do diplomata — em suas memórias escritas cerca de cinquenta anos depois. Emeric percebia o regime Salazar como fascista e naquele momento se sentia "possuído pelo terror

---

[11] AFONSO, 2011, pp. 35-37.
[12] KOIFMAN, 2001, pp. 103-136.

que Hitler pudesse chegar àquelas plagas, só pensava em fugir".[13] Em relação a situação em Portugal, o pintor relata que

> apesar do carinho com que procuravam aliviar as nossas penas de exilados, cada dia que passava, os nossos horizontes se reduziam. Que adiantava exaltar Vasco da Gama, navegadores e conquistadores, quando Lisboa, com a enxurrada crescente dos refugiados, não passava de um outro tanger: opção de salva-vidas, a espera que passasse a onda dos novos bárbaros. Simone decidiu que eu devia partir logo.[14]

A permanência em Lisboa era instável e temporária para os refugiados. De acordo com Emeric, "dependíamos das decisões da PIDE [polícia política] que nunca nos prorrogava por mais de trinta dias a nossa permanência em Portugal. Esse constante 'sursis' influía negativamente sobre o meu espírito".[15] As notícias relacionadas ao avanço dos exércitos nazistas fez produzir pânico em meio aos refugiados. Desde a época na França, Emeric desejava fugir para os Estados Unidos "mas obter um visto naquele momento em Paris seria impossível para um simples mortal".[16] Conseguiu sair da França e viajou para Portugal pensando ainda embarcar para a América do Norte: "Há meses não se falava de outra coisa: como chegar aos EUA. Ali em Lisboa era pior.".[17]

Nova York se constituía em "obstinação a meta da liberdade (...) Acossado, como um animal selvagem, só seguia o meu instinto".[18]

---

13 MARCIER, 2004, p. 56.

14 Ibid., pp. 63-64. Identificada no livro de memórias somente como "Simone", é descrita como uma portuguesa com quem o artista manteve relacionamento em Lisboa.

15 Ibid., 2004, p.53. Em verdade, em 1940 era a PVDE (Polícia de Vigilância e Defesa do Estado). A PIDE (Polícia Internacional e de Defesa do Estado) só seria criada em 1945.

16 Ibid., 2004, p. 44.

17 Ibid., 2004, p.p. 50.

18 Idem, 2004, p. p. 58.

Entretanto, ao ter contato com o cônsul norte-americano em Lisboa, percebeu que sem dinheiro e sendo refugiado isso não seria possível.[19] De posse de uma carta de recomendação, dirigiu-se à representação diplomática brasileira:

> Quando cheguei ao portão do edifício onde se encontrava o Consulado Geral do Brasil, uma interminável fila formada para entrar. Dirigi-me diretamente à portaria e pedi para ser recebido pelo cônsul. Alguns minutos depois estava sentado no gabinete de um amável senhor. Falava um francês fluente e eu não tive que pedir desculpas por não falar o português, apesar de alguns meses já em terra lusitana. Com uma extraordinária simpatia, queria se inteirar de tudo que deixei em Paris, e não poupava esforços para me convencer que a minha mocidade somente podia se beneficiar com o espírito jovem e generoso do Brasil. Que diferença do discurso do outro cônsul! [norte-americano] Que confiança nos valores do espírito! Que vontade de incrementar a cultura de um país! Era informado de tudo que se passava na bela capital de então: Rio de Janeiro. Sabia até onde se promoviam as exposições: na sala do Palace Hotel, na avenida Rio Branco. Se bem que eu não entendesse que se pudesse fazer grandes exposições em hotel de luxo, deixei esse cavalheiro, que nada demonstrava de burocrata insólito das chancelarias, convicto de que ainda havia países onde reinavam outros valores que não os do dinheiro ou das armas.[20]

É natural que Emeric sentisse imenso agradecimento ao cônsul e assim se expressasse positivamente em suas memórias. Entretanto, outros indícios e registros apontam para a boa vontade ou para a

---

19 Ibid., 2004, pp.58-59.
20 Ibid., 2004, p. 61-62. A mesma "Simone", mencionada anteriormente, descrita como pertencente "à casta da mais alta aristocracia" (p. 53), foi quem conseguiu a carta de recomendação.

disposição do cônsul em flexibilizar o rigor da aplicação das circulares em situações que envolveram refugiados.²¹ Mais do que isso, de que possivelmente a investigação daquele consulado relacionada a apuração da origem étnica do solicitante, em alguns casos ao longo do ano de 1940, tenha se limitado a simples autodeclaração do interessado. Corrobora essa hipótese o caso da concessão de visto temporário para outro cidadão romeno. Em 6 de agosto de 1940 Leopold Stern recebeu exatamente o mesmo visto temporário que Emeric, "Art. 25 letra A".²²

No dia 7 de dezembro de 1940 o MRE enviou um despacho ao consulado brasileiro em Lisboa chamando atenção para a irregularidade na concessão do visto para o "israelita romeno" Leopold Stern.²³ A Secretaria de Estado solicitou saber a razão pela qual não foi obedecida a orientação constante nas circulares "que impedem a concessão de vistos temporários nos passaportes de estrangeiros de origem semita".²⁴ Em resposta, Pinto Dias argumentou que Stern fora apresentado pela Legação da Romênia "como um conhecido escritor, de origem eslava e religião católica, membro de PEN Club, pessoa proeminente nos meios romenos" e juntou fotocópia da documentação, onde constam

> as declarações feitas pelo sr. Leopold Stern, relativas ao seu nascimento, filiação, origem étnica, religião e profissão. Incluo também, cópia autêntica da carta do sr. Ministro da Romênia em Lisboa. Examinados esses documentos e considerando que este Consulado Geral não dispõe de nenhum funcionário especializado em questões raciais, ouso

---

21 Minha pesquisa relacionada ao consulado do Brasil em Lisboa está em andamento, não sendo possível até o momento afirmar com certeza que em todos os casos de concessão de visto ocorridos no ano de 1940 "a flexibilização" e a boa vontade do cônsul se deu de forma altruísta e desinteressada.

22 AN, Ficha Consular de Leopold Stern. O artigo citado diz respeito ao Decreto-lei nº 3.010 de 20.8.1938.

23 No Brasil, Leopold Stern foi pessoa próxima a Stefan Zweig, conforme DINES, 2012, pp. 361-644.

24 Arquivo Histórico do Itamaraty (doravante, AHI), 64/01/06.

> esperar que essa Secretaria de Estado, reconsidere sobre o julgamento que classificou como irregular a concessão do visto.²⁵

Dois dias depois, antes do ministério receber a resposta de Lisboa do despacho anterior, o Secretário Geral do Itamaraty, Maurício Nabuco, enviou despacho reservado cujo índice de assunto era "Irregularidades na concessão de visto nos passaportes israelitas". Nele chamava mais uma vez a atenção do cônsul brasileiro em Lisboa que

> a interpretação dada erroneamente às recomendações de obedecer às restrições da letra C da Circular 1.127, não procede, porque a referida letra chama a atenção da autoridade consular para não conceder visto, uma vez que o interessado não prove cabalmente ser de origem étnica não israelita. Sem deixar de considerar os sentimentos de humanidade que despertam as perseguições, o Brasil não pode descuidar da seleção dos indivíduos que para aqui queiram vir e para isso conta com o zelo e a boa compreensão das repartições consulares (...).²⁶

No ano seguinte Pinto Dias ainda insistiria em tentar revalidar junto ao Itamaraty, sem sucesso, vistos considerados irregulares concedidos pelo embaixador brasileiro em Vichy, Luiz Martins de Souza Dantas.²⁷

Não é possível afirmar com certeza se Pinto Dias sabia ou não da "origem étnica" do solicitante. De qualquer maneira, o nome Emeric Racz não fez surgir por parte das autoridades brasileiras semelhante certeza ou suspeita quanto a origem judaica do pintor e desse modo

---

25 AHI, 63/04/12. Curiosamente, a profissão que aparece descrita na ficha consular não é a de "escritor" mas sim "diretor de banco", embora em outra ficha consular posterior, emitida em Nova York no dia 4/2/1941, já com visto permanente, apareça "literato".

26 AHI, lata 1092, maço 20778. Despacho "reservado" de 9/12/1940.

27 KOIFMAN, 2001, pp. 294-295.

não determinou o envio de repreensão ao cônsul, como ocorreu em outros casos.

Naquele momento o Brasil procurava limitar ao máximo a imigração de estrangeiros considerados indesejáveis, e a origem judaica do pintor o excluía como imigrante desejável, dentro da ótica eugenista e antissemita adotada como política imigratória.[28] Não está afastada a hipótese de que mesmo para o visto temporário que recebeu, possivelmente Emeric contou, além da boa vontade, com a ignorância, negligência ou a complacência do cônsul brasileiro em Lisboa e com o pouco denunciativo — em relação a origem — sobrenome Racz ou o nome artístico Marcier. Ainda assim, é certo que o cônsul não deixou de exigir toda a documentação necessária de Emeric para proceder com a concessão do visto. A principal preocupação das autoridades brasileiras era ter certeza de que o estrangeiro temporário poderia a qualquer tempo voltar à sua pátria de origem ou prosseguir para outro país depois da passagem pelo Brasil. Os refugiados considerados indesejáveis em sua imensa maioria não tinham como fazer prova dessa autorização de retorno ao país de procedência. Emeric apresentou ao consulado do Brasil em Lisboa uma carta assinada pelo cônsul-geral da Romênia em Lisboa, datada de 25 de março de 1940, e se dirigia nominalmente a Pinto Dias, contendo o seguinte texto:

> Por nos ser pedido e ser verdade, vimos por este meio declarar que o portador do passaporte romeno n.º 197503 Emeric Racz Marcier, artista, pintor diplomado pela Academia Real de Belas Artes de Milão, é súdito romeno e pretende ir ao Brasil expor as suas obras no Rio de Janeiro e em São Paulo. Não nos consta que tenha maus costumes ou haja qualquer coisa em desabono do seu comportamento.[29]

A declaração, assim como o passaporte não faz qualquer referência a religião ou origem étnica de Emeric, que dessa forma expressou-se em relação àquele momento:

---

28 Ibid., pp. 173-202.
29 AN, Prontuário 116.816.

> A angústia que carregava no peito, sem querer um minuto me sentir salvo de algum perigo, só podia ter como causa o "medo" — não mais da soldadesca, brutalidade fascista, bombardeios, ou de qualquer terror visível — mas apenas o "medo" simplesmente de existir, que deve ser a nossa primeira reação quando viemos ao mundo. Amor e medo se excluem reciprocamente, daí a razão da desesperada procura do amor para viver sem medo.[30]

A bordo do vapor "Conte Grande", Emeric viajou em companhia de muitos refugiados.

> Os passageiros se dirigiam tumultuados ao portão do navio (...) Talvez a identidade retomada sob a forma de turista fizesse esquecer a sua condição de emigrantes ou refugiados de guerra (...) antes de iniciar a travessia de dez dias que nos separava do continente americano, era como respirar de novo livremente. (...) À medida que nos afastávamos do continente maldito, as notícias recebidas pelo rádio, e diariamente pregadas no painel existente no salão nos interessavam menos. Os alemães desembarcaram em Narwik! E daí? Invasores, Noruega, canhões e tanques, era como se tudo se derretesse ao calor do Equador. (...) Não mais molharíamos lenços com nossas lágrimas, elas apenas cairiam sobre montões de papéis de jornais.[31]

Uma vez no Brasil Emeric permaneceu o tempo que pode de maneira regular, como temporário. O visto expressamente proibia o portador de "exercer função remunerada". O prazo de permanência era de seis meses renováveis por igual período. Não conhecia ninguém no país. "No bolso trazia três cartas de apresentação, dadas pelo escritor português J. [José] Osório de Oliveira, que pouco antes estivera no Rio de Janeiro: Mário de Andrade, José Lins do

---

[30] MARCIER, 2004, p.68.
[31] Ibid., pp. 65-67.

Rego,[32] Cândido Portinari." Encontrou-se com Mário de Andrade e foi ajudado por José Lins do Rego. Em suas memórias, relata que protelou por mais tempo a entrega da carta à Portinari, sem no entanto, descrever quando isso se deu:

> Soube que o pintor [Portinari] estava em plena ascensão, pintando os retratos dos dignitários do Estado Novo, exatamente como Almada Negreiros executava as encomendas oficiais. Depois de ter conhecidos poetas e escritores, tinha muita vontade de encontrar finalmente um pintor. Assim mesmo adiei a entrega da terceira carta de apresentação trazida de Portugal.[33]

As cartas estabeleceram os primeiros contatos de Emeric com a intelectualidade do Rio de Janeiro. Possivelmente abriram algumas portas e foram importantes quando o pintor precisou providenciar comprovações e declarações para tentar a permanência no país, situação na qual recolheu e protocolou no Ministério da Justiça artigos publicados na imprensa e cartas de recomendação. Embora Emeric em suas memórias descreva o encontro com Mário de Andrade com simpatia, o escritor em nenhum momento colaborou com o pintor como fizeram outros intelectuais brasileiros. Não aparece carta de recomendação de Andrade ou o nome do intelectual é em momento algum mencionado nos processos que foram abertos com o fim de garantir a Emeric permanência no Brasil.

Já em junho 1940, Emeric conseguiu realizar uma exposição individual de pintura no salão da Associação dos Artistas Brasileiros, localizada no salão do Palace Hotel.[34] Embora tenha tido boa repercussão inclusive na imprensa, em especial junto a revista *Dom Casmurro*, o pintor naquela oportunidade não obteve êxito em

---

[32] Em artigo publicado no *O Jornal* em 11/6/1942, Lins do Rego afirma que a carta de apresentação seria de João Gaspar Simões.

[33] MARCIER, 2004, p. 83.

[34] AN, Prontuário 116.816 e MARCIER, 2004, pp. 95-97.

vender uma única obra e seguiu vivendo com limitações financeiras.[35] Entretanto, Emeric estava muito otimista em relação ao Brasil:

> Com os meus vinte e quatro anos, dos quais apenas dois meses passados nesta terra, onde não conhecia ninguém, coroado de êxito, cercado de amigos escritores, poetas, pintores, estaria mais propenso a pensar na "Providência" manifestando-se pelas mãos de pessoas que com carinho procuravam amenizar as mágoas de um exílio.[36]

Semanas depois, pouco mais de três meses após o desembarque no Brasil, Emeric dirigiu ao Serviço de Registro de Estrangeiros (SRE) em 29 de julho de 1940 uma solicitação para que fosse transformado seu caráter de residente "temporário" para "permanente".[37] A documentação até aqui localizada não possui detalhes em relação a resposta a esse pedido por parte do MJNI. Considerando a prática corrente, sendo o visto temporário que o pintor recebeu válido por 180 dias renovável por igual período, é presumível que Emeric tenha conseguido junto as autoridades naquele momento a renovação do visto por mais 180 dias.[38] O pintor sabia que não poderia voltar por longo tempo à Europa: "Aos meus familiares apenas descrevia as belezas tropicais do Rio; quanto ao andamento da guerra, mesmo acompanhando pelos jornais, nada se podia prever quanto à duração desse exílio. Somente tinha a impressão de que cada vez estava pior para o 'nosso lado'".[39]

Um mês antes de vencer o prazo da (presumida) renovação do visto temporário, o pintor encaminhou ao MJNI em 6 de março de 1941 nova solicitação assinada no dia anterior de transformação de seu *status* de residência para permanência definitiva, reiterando uma

---

[35] MARCIER, 2004, pp. 97-99.

[36] Ibid., 2004, p. 97.

[37] AN, Prontuário 116.816, p. 28. Originalmente, p. 3 do processo na Comissão de Permanência de Estrangeiros (CPE).

[38] A informação relativa a duração do visto obtido de 180 dias encontra-se no verso da ficha consular de Emeric arquivada no Arquivo Nacional.

[39] MARCIER, 2004, p. 77.

vez mais que desejava fixar-se no Brasil. Informou que era "diplomado e premiado pela Real Academia de Belas Artes de Milão, com exposição em vários centros artísticos europeus, tendo realizado também uma exposição no salão da Associação dos Artistas Brasileiros no mês de junho do ano passado" e anexou ao pedido alguns recortes de jornais até então publicados no Rio de Janeiro, contendo reportagens e textos que faziam referência e davam destaque a sua obra. Argumentou ainda que contava com o deferimento com base na "disposição do Decreto nº 2676, art. 5, letra D, cujas provas pode dar com o depoimento de intelectuais brasileiros entre os quais, Augusto Frederico Schimidt, Adalgysa Nery Fontes, Jorge de Lima, Murilo Mendes, Lúcio Cardoso, Jayme de Barros, etc, etc."[40]

Quem assessorou Emeric, possivelmente um advogado, equivocou-se quanto ao enquadramento legal. Não era um "Decreto", mas uma "Portaria", a de número 2.676, publicada em 26 de setembro de 1939, que regulamentava o Decreto-lei n.º1.532 de 23 de agosto de 1939.[41] O artigo 5º mencionado anunciava que

> ao estrangeiro que tenha entrado no país com visto "temporário" só será concedida autorização de permanência definitiva nos seguintes casos:
> a) quando se tratar de técnico que tenha emprego permanente ou contra de serviço por mais de três anos em estabelecimentos industriais idôneos;
> b) quando se tratar de técnico que tenha contrato com o poder público;
> c) quando se tratar de técnico que se estabeleça com indústria própria de interesse nacional, inclusive a exploração agrícola;

---

[40] AN, Prontuário 116.816, p. 27. Originalmente, p. 2 do processo na CPE. De Jorge de Lima, Murilo Mendes e Jayme de Barros. Emeric ao longo da tramitação do processo logrou juntar no início ou posteriormente artigos de jornal e cartas de recomendação que comprovavam o que ele aqui alegou até então sem evidências. Já de Augusto Frederico Schimidt, Adalgysa Nery Fontes e Lúcio Cardoso não aparecem quaisquer documentações comprobatórias nos autos.

[41] MINISTÉRIO...,1950, pp. 467-468.

d) quando se tratar de cientista ou artista a serviço do poder público, ou de merecimento excepcional.

§ 1.º — No caso da letra C, a autorização poderá ser estendida ao estrangeiro que efetivamente empregar capitais nas indústrias referidas;

§ 2.º — Em qualquer caso serão respeitadas as cotas legais de imigração e as demais exigências da lei[42]

O item a que pretendeu ser enquadrado Emeric ou a que foi orientado a enquadrar-se foi a exceção que o reconheceria como artista de "merecimento excepcional". A solicitação foi encaminhada à Comissão de Permanência de Estrangeiros (CPE) que era presidida por Ernani Reis e foi aberto o processo n.º 302/41.[43]

O primeiro recorte que aparece na documentação data de 1º de junho de 1940 e trata-se um texto publicado na revista *Dom Casmurro*. A publicação dedica uma página inteira ao artista, ilustrando o artigo com uma foto do pintor e de dois quadros de sua autoria. Com o título "Apresentação de Emeric Marcier", exibe reportagem especial assinada por Jorge de Lima.[44] Outro recorte anexado foi o texto publicado cinco dias depois na mesma *Dom Casmurro* em artigo assinado pelo importante crítico de arte Roberto Alvim Corrêa — ele mesmo, depois de residir a vida toda na Europa retirara-se em fuga da França em 1939 para o Brasil[45]— intitulado "A exposição Marcier", elogiando bastante o pintor, mas também o criticando. Entre outras, comentando que "sem dúvida alguma, há ainda nos seus quadros uma mistura excessiva de elementos ao mesmo tempo cabalísticos, freudianos e messiânicos, devidos a tirania nefasta da moda, das concessões e da literatura que corromperam tantos talentos". Os três termos utilizados pelo crítico guardam associação eventual com o judaísmo, não sendo possível assegurar, entretanto,

---

42 Ibid., pp. 467-468.

43 AN, Prontuário 116.816. O processo da CPE foi apenso ao prontuário e renumerado a partir da página 26.

44 AN, Prontuário 116.816.

45 RUIVO, 2013.

se teria sido a intenção de Alvim Corrêa referir-se, mencionar ou anunciar a origem judaica do artista ou que ele estivesse informado a esse respeito.

Também foram apensados ao processo recortes de uma reportagem especial da revista *O Cruzeiro* publicada no dia 22 de junho de 1940 com texto assinado por José Lins do Rego. A revista pertencia ao grupo dos "Diários Associados" de Assis Chateaubriand e o texto de Lins do Rego, ilustrado por imagens de obras de Emeric, é bastante elogioso.

Outro recorte anexado foi o de uma publicação do dia 26 de junho de 1940 do diário *O Jornal*, do mesmo grupo do "Diários Associados". Assinada por "J. de B.", que acredito tratar-se de Jayme de Barros, é retratada uma imagem de uma das obras de Emeric mostradas na exposição do Palace Hotel. O texto enaltece as obras do pintor, apesar de concluir o artigo afirmando que o artista é "sincero, livre. Emeric Marcier realiza uma exposição em que podem ser discutidos os seus trabalhos sem que se ponha em dúvida sua personalidade estranha".[46]

Um recorte do *Diário da Noite* também pertencente aos "Diários Associados", publicado no dia 2 de setembro de 1940, cuja manchete é "A Guerra Europeia e emigração de artistas famosos para o Rio [de Janeiro]" também foi juntado ao processo por Emeric.[47] O subtítulo da reportagem traz o seguinte texto: "O Brasil — declara ao *Diário da Noite* o pintor romeno Emeric Marcier — pode ter um grande futuro na evolução artística — basta olhar sua paisagem para compreender o poder da criação". Abaixo do enunciado, aparece uma fotografia do pintor ao lado do jornalista e diplomata Jayme de Barros e um artigo com uma entrevista.[48] No texto Emeric destaca a empolgação com a exposição que havia realizado no Rio de Janeiro e declara que o Brasil possuiria um grande futuro artístico, já que a arte europeia estava sempre deslocando-se em direção ao ocidente os seus centros artísticos,

---

[46] AN, Prontuário 116.816.
[47] Idem.
[48] Idem.

agora, não há senão que passar o oceano e assegurar novos templos para a mais bela religião do homem, que é a arte. O Brasil pode ter um grande futuro na evolução artística. Basta olhar sua paisagem para compreender o poder da Criação. Não devemos senão colaborar com a natureza. Talvez o consigamos. No próximo mês de outubro (...) realizarei uma exposição de cem quadros meus em São Paulo, centro bem conhecido na Europa pela sua compreensão das artes modernas.[49]

Anexo da mesma forma ao processo está um recorte da *A Noite Ilustrada*, publicada em 10 de setembro de 1940. A revista era do mesmo grupo do diário carioca *A Noite*, sendo que ambos foram encampados ao governo durante a ditadura Vargas e tinham como diretor o prestigiado e influente funcionário do Ministério da Justiça e Negócios Interiores (MJNI), Ernani Reis, maior autoridade abaixo do próprio ministro no assunto relacionado a estrangeiros no país durante a vigência do Estado Novo. Nessa edição, aparece publicada uma longa entrevista com Emeric intitulada "A nova pintura no conceito de Emeric Mercier", com a grafia equivocada do nome Marcier.[50]

O último recorte que Emeric anexou naquele momento ao processo com o intuito de comprovar o seu prestígio e reconhecimento no Brasil é o exemplar do *O Cruzeiro*, que na edição do dia 28 de setembro voltou a publicar longa matéria a respeito do pintor com nova entrevista na qual o artista aparecia fazendo um retrato de Jayme de Barros.[51]

Seguindo a praxe, Ernani Reis despachou na capa do próprio processo no dia 25 de março de 1941: "Indeferido". O ministro Francisco Campos, como de hábito, endossou a opinião de seu secretário.[52] Somente quase um mês depois, em 23 de abril de 1941,

---

49 Idem.

50 AN, Prontuário 116.816. Sobre Ernani Reis, ver KOIFMAN, 2012, pp.131-156.

51 AN, Prontuário 116.816.

52 Mais informações relacionadas aos procedimentos e despachos do MJNI em relaa negativa foi comunicada ao Departamento Nacional de Imigração (DNI).

O indeferimento provavelmente surpreendeu, assustou e muito preocupou Emeric, uma vez que era o primeiro revés sério que o jovem artista sofria após a fuga da Europa com a qual contou com sorte e ajuda de muitos amigos no difícil percurso. Ele mesmo dizia até então que "desde a minha chegada, os problemas se resolviam quase que por si mesmos".[53] Dessa vez, não se resolveram. Até aqui a recepção no Brasil havia sido muito boa por parte de intelectuais e jornalistas. As notícias advindas do velho continente estabeleciam um quadro ainda mais assustador nesse momento decorrente das vitórias sucessivas de Hitler, em especial, a derrota e ocupação da França. A não prorrogação do visto poderia implicar em deportação e esse era o mais terrível dos pesadelos de todos os refugiados ameaçados pelo nazismo. O medo de ser perseguido vinha acompanhando e assombrando Emeric nos últimos anos e nesse momento certamente ressurgiu de maneira intensa. Simbólico e sugestivo que o título escolhido por Emeric para o seu livro autobiográfico de memórias tenha sido "Deportado para a vida". Naquele momento, a deportação representaria possivelmente o oposto, a morte.

No dia 21 de maio de 1941, Emeric voltou a insistir junto ao MJNI para que reconsiderasse o indeferimento de seu requerimento decidido por parte do "respeitável despacho da Comissão de Permanência".[54] Buscando comprovar que de fato poderia ser enquadrado como artista de reconhecido merecimento e obter a transformação para permanente, argumentou que

> verifica-se da documentação já oferecida que o recorrente possui, modéstia a parte, aquelas qualidades eminentes conforme fazem prova não somente os artigos críticos escritos a seu respeito como também exposições realizadas

---

ção aos assuntos que diziam respeito a estrangeiros, ver KOIFMAN, 2012, pp.283-373.

53 MARCIER, 2004, p. 112.

54 AN, Prontuário 116.816, p. 59. Originalmente, p. 4 do processo da CPE. O documento está datado em 20.5.1941, mas foi protocolado no dia seguinte.

em várias capitais europeias e também nesta cidade, e títulos que apresentou.⁵⁵

Dessa vez com um representante mais atento a legislação, melhor assessorado, ao solicitar reconsideração do despacho fez referência a legislação de maneira correta. Pouco mais de um mês antes havia sido publicado o Decreto-lei 3.175 de 7 de abril de 1941 que restringia ainda mais a concessão de vistos para estrangeiros e concentrava praticamente todos os assuntos relacionados a estrangeiros, inclusive a competência para autorizar a concessão da maioria dos vistos, nas atribuições do MJNI, mais especificamente na pessoa responsável pelo assunto no ministério, Ernani Reis.⁵⁶ Citou especialmente o art. 2º, item 7 do citado decreto:

> Art. 2º — Fica suspensa igualmente a concessão de vistos permanentes. Excetuam-se os vistos concedidos:
> (...)
> 7) ao estrangeiro que se recomende por suas qualidades eminentes, ou sua excepcional utilidade ao país;

Com o fim de comprovar "suas qualidades eminentes" nessa segunda tentativa de obter a permanência definitiva no Brasil, Emeric anexou então ao processo, entre outros documentos, cartas de recomendação. A primeira que aparece foi assinada por Jorge de Lima, "professor de literatura brasileira na Universidade do Brasil", datada de 19 de maio de 1941. Depois de declarar que conhecia intimamente o pintor e descrever o currículo do artista, conclui afirmando que Emeric

> é um pintor de raríssimas virtudes de poderes de invenção e de técnica que lhe darão num futuro muito próximo um renome universal. É honra para as artes brasileiras, o seu convívio, a sua assistência; se fosse possível permitir-lhe

---

55 AN, Prontuário 116.816.
56 KOIFMAN, 2012, pp.203-373.

uma colaboração mais direta e mais eficiente, muito lucrariam os artistas do Brasil.⁵⁷

A declaração seguinte no processo, com data de 18 de maio de 1941, foi a assinada por Murilo Mendes. Nela afirma conhecer Emeric há mais de um ano

> tendo todos os elementos para afirmar que se trata de um artista de raro valor, o qual, embora muito moço ainda, já se acha habilitado a ensinar desenho ou pintura, trabalhar em decorações, etc. (...) Além de minhas observações pessoais, recolhi a seu respeito as melhores informações, fornecidas por artistas europeus que aqui tem chegado ultimamente. Trata-se, além disso, de pessoa séria e honesta. Julgo que o Brasil e as artes só poderão lucrar com a permanência entre nós de tão valioso elemento.⁵⁸

Os argumentos e a documentação apresentada não surtiram efeito. O recurso foi encaminhado imediatamente: "ao Dr. Ernani Reis." Na capa do processo, novo sucinto parecer de uma só palavra do secretário do ministro que o recebeu e decidiu no mesmo dia: "Indeferido 21.5.41". Logo abaixo, Francisco Campos rubricou a decisão de Reis, transformando-a em despacho.⁵⁹

Em 12 de junho de 1941, o chefe do SRE no Rio de Janeiro foi informado por Reynaldo Toledo Lopes do DNI de que o ministro da Justiça havia indeferido o pedido. No dia 28 do mesmo mês, foi a vez do delegado de estrangeiros Ivens de Araújo ser informado do indeferimento por parte da chefia de polícia. O procedimento era padrão e isso significava que a expulsão de Emeric poderia ser decretada a qualquer momento, embora o próprio MJNI admitisse internamente que não era algo naquele momento passível de execução, a notícia de que o Brasil pretendia expulsar refugiados chegou

---

[57] AN, Prontuário 116.816, p. 62, originalmente p. 7 do processo da CPE.
[58] Ibid., p. 63, originalmente p. 8 do processo da CPE.
[59] Ibid., p. s/n, originalmente capa do processo da CPE.

a ser publicada semanas antes no jornal *The New York Times*, em 24 de maio de 1941.[60]

O livro de memórias de Emeric não faz qualquer referência a essas dificuldades surgidas em seus esforços para permanecer no país. Sem contar a primeira iniciativa que resultou na prorrogação do visto, eram duas tentativas e duas negativas por parte do MJNI para obter a permanência definitiva no Brasil. Emeric certamente viveu dias muito tensos. Já estava naquele momento irregular, com o visto temporário vencido há vários meses. O governo do Estado Novo a essa altura já sabia que a expulsão de estrangeiros não era fácil de ser posta em prática naquele período, conforme o ministro Francisco Campos no mesmo ano comentou em documento encaminhado a Vargas, a propósito do que chamou de "falsos temporários":

> É certo que muitos desses estrangeiros chegam ao Brasil com passaportes "temporários", isto é, autorizados a aqui ficarem por trinta ou por 180 dias. Mas, na realidade, são verdadeiros imigrantes. Nenhum outro país os aceita: nem os Estados Unidos, nem a Argentina, nem qualquer outra nação da América, nem qualquer possessão inglesa, nem qualquer colônia ou possessão de qualquer Estado, nem qualquer região da África, da Ásia ou da Oceania. Aqui chegando, portanto, aqui ficarão. Expulsá-los, findo o prazo legal constante dos passaportes, é tarefa que desafia o zelo, a argúcia ou a violência da mais violenta, arguta e zelosa autoridade policial, e isso porque a expulsão presume a aquiescência da autoridade consular do país de origem, que deve visar o passaporte, e não só essa autoridade não está disposta a conceder esse visto, como também o transporte através dos mares conflagrados é absolutamente impossível. Um meio somente existe de evitar essa invasão dos portos brasileiros pelas ondas de refugiados inúteis: é fechar-lh'os. Negando-lhe nós asilo, porém, que destino tomarão os refugiados que se aglomeram as portas dos nossos consulados em Portugal e na França e nos poucos

---

60 LESSER, 1995, p. 242.

outros países onde ainda lhes é dado esperar o transporte? A pergunta, de certo humanitária, não é para ser resolvida pelo Brasil. O Brasil não criou nem contribuiu para criar o problema, não cumpre resolvê-lo. Que nos seja poupado mais esse encargo de uma guerra que já nos custa, a contragosto, demasiado caro para que voluntariamente nos disponhamos a arcar voluntariamente com qualquer porção do seu peso.[61]

Mesmo assim, pairava no ar o medo da expulsão entre os estrangeiros em situação irregular, tendo sido decretadas expulsões de estrangeiros ao longo do Estado Novo.[62] Diante da situação, Emeric buscou ou foi orientado a aumentar o número e a qualificação daqueles que o recomendavam, concentrando-se especialmente em gente que possuía conhecimento de arte reconhecido entre o meio intelectual e governamental brasileiro.

De posse de novas cartas de recomendação e outros argumentos, Emeric fez nova tentativa cerca de cinco meses depois. Em 3 de outubro de 1941, encaminhou uma terceira solicitação ao MJNI. Nela fez um pequeno histórico dos fatos relacionados as tentativas anteriores no mesmo sentido. Argumentou que tentara por meio de documentos obter a permanência definitiva considerando a legislação em vigor que assim o possibilitava a artistas de reconhecido merecimento. Que apesar de ter documentado "a sua pretensão com as publicações a seu respeito, assinadas por conhecidos intelectuais brasileiros, foi novamente indeferido, tendo sido informado serem os documentos do seu recurso insuficientes".[63] Se Emeric recebeu tal resposta, ela se deu de modo informal ou foi obtida por meio que não pude apurar, uma vez que nos autos do processo não aparecem outras explicações além do indeferimento. Buscando reconsideração do último despacho e "exibindo novas e valiosas referências

---

[61] KOIFMAN, 2001, pp. 155-156.

[62] Entre muitos outros, o decreto de expulsão de Leon Crutians em 1943. A respeito, ver KOIFMAN, 2001, p.366.

[63] AN, Prontuário 116.816, p. 57, originalmente pág. 2 do processo da CPE, no qual se lê o encaminhamento "Juntar e Manter" e a rubrica de Ernani Reis.

nos documentos que junta a este, um dos quais prova ter o Serviço do Patrimônio Histórico e Artístico Nacional adquirido obra do requerente para o Museu Nacional de Belas Artes", Emeric fez novo encaminhamento. Desse modo, anexou uma fotocópia do diploma da Real Academia de Belas Artes de Milão e diversas cartas de recomendação.

Se não mencionou em suas memórias quando precisamente Emeric procurou Portinari, a documentação evidencia que ao menos em meados de 1941, possivelmente, ocorreu um encontro entre os dois pintores. Diante da preocupação em seguir tendo negada a permanência no Brasil por parte do MJNI, Emeric solicitou e conseguiu de Portinari uma carta de recomendação. A declaração que Portinari forneceu assinada em 4 de junho de 1941 é um dos documentos mais curiosos que já encontrei em arquivos públicos. Como os demais que produziram tais cartas de recomendação, tinha como propósito ajudar Emeric a permanecer no Brasil. O texto é o seguinte: "Declaro que o sr. Emeric Racz Marcier é um pintor que já realizou uma exposição no Rio de Janeiro, tendo alcançado sucesso. É de interesse para o desenvolvimento artístico no Brasil, facilitar a permanência de artistas plásticos em nosso país."[64] A particularidade não é o texto do grande pintor no documento, mas o papel que utilizou-se para produzir essa carta de recomendação. Trata-se de um pedaço de papel rústico e poroso, comumente utilizado como tela para pintura de aquarela. Portinari recortou um pedaço de papel que utilizaria como tela e nele redigiu de próprio punho a recomendação.

Aparece também no processo um documento não datado, com o timbre do Serviço do Patrimônio Histórico e Artístico Nacional, subordinado ao Ministério da Educação e Saúde, assinado por João Alfredo Cavalcanti de Albuquerque, "diretor-substituto", na qual é declarado

> que por conta do adiantamento que me foi entregue pelo Tesouro Nacional para aquisição de obras de arte destinadas aos museus nacionais, paguei ao pintor Emeric Racz Marcier a importância de 5:000$000 (cinco contos de réis),

---

64 AN, Prontuário 116.816, p. 66, originalmente p. 11 do processo da CPE.

pelo quadro de sua autoria, intitulado "Maria Madalena" e destinado ao Museu Nacional de Belas Artes.[65]

Em 8 de agosto de 1941, o diretor do Museu Nacional de Belas Artes (MNBA) do Rio de Janeiro, Oswaldo Teixeira (do Amaral), encaminhou documento com o timbre do museu no qual declarava que "tendo visto os quadros do pintor Emeric Racz Marcier sou de parecer que os mesmos possuem qualidades artísticas curiosas, daí julgar o referido artista um pintor digno de estudo e atenção."[66]

No dia 29 de setembro de 1941, Quirino Campofiorito, artista pintor e professor catedrático interino da Escola Nacional de Belas Artes da Universidade do Brasil, redigiu e assinou em papel com o timbre da Escola que conhecia Emeric artista, pintor diplomado:

> que sei já ter tido significativa atividade artística na Europa, é um artista de notável e inconfundível valor e é com vaidade profissional que reconheço ser elemento que só poderá prestigiar o nosso ambiente intelectual com a sua permanência, fazendo votos que a mesma se realize, graças ao critério justo das autoridades competentes.[67]

Em carta datada de 1º de outubro de 1941, Carlos Drummond de Andrade, chefe de Gabinete do Ministro da Educação e Saúde declara, sem apresentar muito entusiasmo, afirmou que Emeric é "artista de conhecido merecimento, atualmente no Brasil, tem um dos seus quadros adquiridos pelo MNBA. Sua obra vem merecendo os elogios da crítica, tendo ele realizado uma exposição de seus trabalhos na Associação dos Artistas Brasileiros".[68]

No dia 29 de outubro de 1941 o diretor do MNBA do Rio de Janeiro, Oswaldo Teixeira, redigiu nova declaração na qual expressou que

---

[65] Ibid., p. 69, originalmente p. 14 do processo da CPE.
[66] Ibid., p. 68, originalmente p. 13 do processo da CPE.
[67] Ibid., p. 67, originalmente p. 12 do processo da CPE.
[68] Ibid., p. 65, originalmente p. 10 do processo da CPE

o pintor Emeric Racz Marcier, diplomado pela Academia Real de Belas Artes de Milão é um artista de merecimento excepcional como modernista, tendo já o Exmo. Sr. Ministro da Educação e Saúde Dr. Gustavo Capanema, adquirido para este Museu uma de suas obras mais curiosas. Penso que interessa a sua permanência no País, para o maior desenvolvimento da arte moderna que tem em Emeric Racz Marcier um cultor Magnífico.[69]

Em 6 de novembro de 1941 "V.C." escreveu o despacho no alto esquerdo do documento: "CPE para juntar". Essas são as iniciais e modo de proceder de Vasco Leitão da Cunha, quando respondeu interinamente por onze meses pelo MJNI.[70] Na parte superior do documento, outro despacho, dessa vez rubricado por Ernani Reis: "Urgente D. Júlia. Juntar ao processo e mandar-me."[71] No dia 9 de dezembro de 1941, invocando a Portaria n.º 4941 de 24 de julho de 1941, Ernani Reis autorizou a "permanência a título precário" de Emeric.[72]

Os estrangeiros que entraram no Brasil com vistos temporários considerados como bons imigrantes ou que contaram com a recomendação de pessoas de influência e que pleitearam junto ao MJNI a modificação de *status* para permanente, obtiveram êxito. Esses foram os casos, por exemplo, do poeta polonês Julian Tuwim e do pintor húngaro Arpad Szenes.[73] Os demais estrangeiros, quase todos

---

69 Ibid., p. 64, originalmente p. 9 do processo da CPE.

70 KOIFMAN, 2012, 52-62.

71 Idem. "D. Júlia" era possivelmente uma das funcionária administrativas auxiliares do MJNI, embora na CPE eu só tenha identificado, no período, os auxiliares de escritório Alda Millet Moreira Lopes, Heloísa Silveira Lobo, Mário Alves da Fonseca Filho, Laura Martins e Nilo Torres da Cunha. Conforme AN, processo nº 06137/41 e AN, Divisão de Pessoal do MJNI, Processo 019611/42.

72 AN, Prontuário 116.816, verso da p. 57, originalmente p. 2 do processo da CPE. O despacho é assinado por Ernani Reis.

73 AN, Prontuários 107.236 e 107.237 relativos a Julian Tuwim e sua esposa; Prontuário 113.721 relativo a Arpad Szenes, que desde ainda na Europa era muito amigo de Emeric Marcier.

refugiados da Segunda Guerra, não lograram obter êxito. Os prazos de vigência dos vistos venciam e um número significativo de estrangeiros não obtinha sucesso na transformação de residência temporária para "permanente". O MJNI indeferia as solicitações.

Não desejando regularizar como permanentes estrangeiros considerados indesejáveis e ao mesmo tempo percebendo que a expulsão para o país de origem não era viável, o procedimento regular que o MJNI passou a adotar quando não se tratava de alguém considerado perigoso foi o de conceder a "permanência a título precário". A ideia seria a de não conceder residência definitiva e condicionar a estadia ao tempo de duração do conflito. Logo que a situação mundial voltasse ao normal, o pessoal do MJNI esperava proceder com a regularização dos que pudessem interessar ao Brasil sob a ótica deles, ou então encaminhar à expulsão do país.[74] O "urgente" que aparece na ordem do secretário do ministro indica que possivelmente alguém de influência política ou pessoal intercedeu por Emeric junto ao MJNI. Mas outra evidência indica que Ernani Reis não foi convencido da potencial contribuição de Emeric para a cultura e as artes no Brasil. Os prêmios mencionados e não documentalmente comprovados, o curso de curta duração em Milão — a declaração anexada no processo dá conta da duração de um ano, de 1937 a 1938[75]— e o estilo de arte surrealista que o pintor praticava naquele momento muito provavelmente não impressionaram Reis, que costumava ser rigoroso em suas decisões e especialmente exigente quanto a documentação comprobatória quando se tratava de um solicitante judeu.[76] Embora o único documento oficial que aparece no processo o qual foi possível identificar Emeric como "israelita" era uma certidão de nascimento do pintor emitida na Romênia em 1939, mas que somente foi anexada pelo artista a documentação do MJNI no ano de 1948.[77] Caso Ernani Reis tivesse sido convencido

---

74 KOIFMAN, 2012, 185-202.

75 AN, Prontuário 116.816, p. 70, originalmente p. 16 do processo da CPE.

76 KOIFMAN, 2012, pp.283-400.

77 AN, Proc. 7.687/48. Na p. 6 a tradução juramentada; na 17 uma cópia e na 108 o documento original.

das qualidades de Emeric, o artista teria obtido do MJNI a permanência regular e não a título precário que logrou obter.

Em janeiro de 1942 o Brasil rompeu relações diplomáticas com o Eixo. O fato naturalmente repercutiu entre os refugiados do nazismo que residiam no Brasil. No mês seguinte, o mais famoso e ilustre deles, Stefan Zweig, matou-se em Petrópolis. Em agosto do mesmo ano, depois de vários ataques perpetrados por submarinos alemães e italianos a navios mercantes brasileiros nas costas no país, Vargas declarou guerra a Alemanha e a Itália. O conflito que já estava próximo, agora se aproximava ainda mais com a entrada do Brasil na guerra.[78]

Em fins do mesmo ano de 1942 Emeric converteu-se ao catolicismo.[79] Dessa forma recordou em suas memórias:

> Conhecia um mundo de gente e não tinha para onde ir. Peguei a barca para Niterói e naquela noite dormi na Praia de Icaraí.(...) A rápida visita de Pedro Octávio me levou a tomar uma decisão e agora, eu ali, naquela praia solitária, sem me sentir um náufrago. Nos últimos anos, a amizade de Pedro Octávio muitas vezes me ajudara a aguentar as dificuldades com que a vida me brindava.(...) Vim para essa praia deserta, para que, ao acordar, envolto na umidade do ar, do mar, e da areia pudesse me sentir totalmente novo pronto para habitar a moradia para mim preparada desde a eternidade.(...) Aproximava-se o meu aniversário. Queria festejar de uma maneira insólita. O sepultamento do velho homem, e o renascimento de um novo sob as águas da fonte batismal! Que absurdo, eu agnóstico, judeu que de repente sentia o chamado, o mesmo que sentiram os apóstolos! Primeiro falei ao Lúcio [Cardoso], que ficou apavorado com a rapidez da ação do Espírito Santo, que agia nessa desordem em que ele mesmo vivia. Apenas me disse que, tornando-me cristão, finalmente assumiria ver-

---

[78] DINES, 2012, pp. 504-673.
[79] BAPTISTA, 2008, p. 54.

dadeiramente a minha condição de judeu. Quantos perseguidos pelos nazistas assumiram ar de pertencer ao povo eleito, somente na porta de ingresso das câmaras de extermínio.[80]

A conversão não protegia os judeus dos nazistas. As leis raciais consideravam como judeus as pessoas que possuíssem mais de dois avós judeus, independente de qualquer outro fator. Para o MJNI e os nacionalistas brasileiros, ela era vista como positiva e um indicativo de assimilação ao meio brasileiro, as preocupações com o que referiam-se como "espiritualidade". Conforme Francisco Campos escreveu a Vargas em 1941 propondo "medidas radicais" pois "o problema dos refugiados da guerra europeia e dos estrangeiros que, em consequência desta, ou por outros motivos, em particular os motivos étnicos, se acham impedidos de voltar aos países de origem" que atingia naquele momento "o seu ponto crucial e que de tão perto dizem respeito aos interesses da economia, da segurança e da estrutura política e espiritual de nossa pátria".[81]

Até o fim da Segunda Guerra, Emeric ainda teria aborrecimentos com o Estado brasileiro e não só em razão da sua situação de permanência a título precário. A nacionalidade romena do pintor o caracterizava para todos os efeitos como cidadão oriundo de nação naquele momento inimiga, sujeito as restrições e controles que sofriam os demais "súditos do Eixo", uma vez que a Romênia era uma das aliadas da Alemanha.[82] A esse respeito, décadas depois em suas memórias Emeric comenta:

> Só hoje posso explicar as medidas draconianas a que fomos submetidos para uma simples viagem. A ditadura, sob o pretexto de controlar os cidadãos do Eixo, apertava o cerco aos milhares de refugiados, vítimas exatamente dessas mesmas potências, a maioria judeus, ou outros,

---

[80] MARCIER, 2004, pp.135-145.
[81] KOIFMAN, 2001, pp.146-147.
[82] KOIFMAN, 2012, p. 50.

comunistas ou não, mas sempre adversários dos regimes fascistas, que podiam se transformar mais tarde em forças subversivas, agindo contra o estado de exceção que estava em vigor no país. Assim mesmo, entrei na fila junto com alguns alemães visando obter um salvo-conduto da polícia para poder me afastar do Rio. Como em todas essas papeletas, havia uma data de validade da mesma, além do destino claramente indicado.[83]

Passaram-se os anos. No fim de fevereiro de 1945, Ernani Reis deixou as funções que exercia no MJNI. Pouco depois, o Estado Novo terminou, assim como a Segunda Guerra Mundial. Vargas acabou deposto em outubro de 1945.

No dia 24 de outubro de 1945 representado por Antônio Gallotti, que ali assinava como advogado, o pintor protocolou na justiça uma solicitação para que pudesse fazer prova em juízo de que Emeric Racz e Emeric Racz Marcier se tratavam da mesma pessoa, um pedido de "retificação de assentamentos junto ao Instituto Félix Pacheco".[84]

No dia 8 de abril de 1946 Emeric deu entrada junto ao MJNI a um novo pedido de permanência definitiva no Brasil. Finalmente, em 17 de julho de 1946, com um despacho favorável do MJNI, Emeric a obteve. Diferente da carteira de estrangeiro anterior cuja permanência estava a título precário e o nome registrado é Emeric Racz, o novo documento emitido pelo SRE, a carteira "modelo 19", está Emeric Racz Marcier, tendo sido deixado em branco o nome dos pais do pintor.[85] No passaporte romeno essa informação não constava e ao longo do Estado Novo, como também nessa oportunidade, Emeric optou por não apresentar sua certidão de nascimento emitida na Romênia em 1939. Não tendo documentos oficiais que pudessem comprovar os nomes do progenitores, o SRE deixou-os em branco, registrando no documento que "a presente carteira foi preenchida, quanto à filiação, de acordo com a Resolução nº 109, de 14/7/1942,

---

[83] MARCIER, 2004, p. 128.
[84] AN, Processo 7.687/48.
[85] Idem.

do Conselho de Imigração e Colonização".⁸⁶ Possivelmente a incorporação do nome artístico de Emeric se deu na repartição do SRE em razão do acolhimento da demanda judicial de retificação de assentamentos, mas tal fato não fica claro na documentação localizada.

A incorporação do nome artístico Marcier no documento oficial brasileiro em um primeiro momento deve ter agradado a Emeric. Entretanto, tal fato produziria inúmeras exigências de documentos e despachos em processos futuros — quando o pintor tentaria obter a naturalização brasileira —, já que seria novamente questionada por outros órgãos do mesmo ministério. Tais "divergências" seriam arguidas em diferentes processos abertos no MJNI, que depois seriam unificados e costurados juntos por solicitação do advogado.⁸⁷ Emeric não se sentia tão ameaçado como antes, mas a burocracia do MJNI ainda traria aborrecimentos ao pintor. Além de questionar a incorporação do nome artístico, exigiria atestados de vacinas oficiais, comprovação relacionadas a data de nascimento e a grafia do nome do pai de Emeric.⁸⁸

No dia 7 de dezembro de 1947 Murilo Mendes publicou no *O Jornal* um longo artigo intitulado "Pintura Religiosa: Marcier". Nele escreveu que

> existe um caso Marcier. Existe o caso de um homem nascido na Rumania, de origem israelita, tendo feito na Itália e na França o aprendizado técnico de pintura, e que desembarca no Brasil com uma pasta de desenhos ainda fortemente influenciados pelo surrealismo. Este homem transporta-se às cidades mineiras do século XVIII, ao mesmo tempo que devora e assimila a Bíblia — com a mesma intensidade os dois Testamentos — e aí, em Congonhas, Ouro Preto, Mariana, Sabará e S. João del Rei, encontra-se cara a cara com o Aleijadinho, dando-se o choque inespe-

---

86 AN, Processo 7.687/48, pp. 2 e verso da 101. O item III da citada Resolução do CIC estabelecia que "A falta de prova de qualificação civil não serão inscritos, no registro, os dados a ela referentes."

87 AN, Processo 7.687/48.

88 Idem.

rado: o abraço de dois mundos, o israelita e o católico, o da Preparação e o da Realização. Veio o batismo, e Marcier compreendeu imediatamente o seu destino de apóstolo do cristianismo através da pintura. Começou a adivinhar em rápidas e sucessivas etapas sua própria estrutura interna e o mistério da sua própria personalidade visitada pelo Cristo. Deixou as muletas da ordem política e temporal e levantou-se para a aceitação da ordem profética, da ordem da eternidade anunciada no Livro prodigioso, que passou a se confundir com a sua mesma substância...[89]

Em 12 de março de 1948 Emeric protocolou nova solicitação junto ao MJNI para que seu nome fosse retificado no órgão responsável por esse registro, o Instituto Félix Pacheco (IFP). Com o objetivo de fornecer um documento oficial que pudesse comprovar o nome dos pais, anexou uma cópia de sua certidão de nascimento emitida na Romênia em 11 de janeiro de 1939.[90] Posteriormente, o pintor ainda foi obrigado a anexar uma cópia autenticada do mesmo documento e, por fim, a própria certidão original que apresentava-se com sinais do tempo, remendada por fita adesiva e segue até hoje apensada ao processo.[91] No documento aparece a religião: judaica. Não foi possível saber se Emeric portava esse documento desde 1939, e não o utilizou ou somente depois do fim da guerra o recebeu. De qualquer maneira, o mencionado artigo de Murilo Mendes "Pintura Religiosa: Marcier" publicado em dezembro do ano anterior já tornara pública a origem israelita do artista e como será observado, não passou despercebida pelo MJNI.

O ministério da Justiça emperrou o pedido de retificação do nome de Emeric com exigências que fizeram demorar a tramitação

---

89 AN, Processo 7.687/48, p. 50. Uma cópia do artigo foi anexada ao processo com o nome do diário e o ano de 1948. Entretanto, tal publicação no dia 7/12/1947.

90 AN, Processo 7.687/48, p. 17. A tradução juramentada foi realizada em 5/4/1948. O MJNI ainda exigiu que Emeric autenticasse o documento original junto a legação sueca, que naquele momento representava os interesses da Romênia no Brasil, o que foi feito em 6/5/1948.

91 AN, Processo 7.687/48, pp. 6 e 108.

da solicitação. Somente sete meses depois do início do processo, em 19 de outubro de 1948, o ministério dirigiu ao SRE e ao IFP ofícios para que encaminhassem ao Departamento do Interior e da Justiça (DIJ) a documentação que "serviu de base" para que o nome do pintor passasse a figurar com o acréscimo do nome Marcier. A resposta do IFP dias depois foi a de que não figurava nenhuma pessoa registrada com o nome Emeric Racz Marcier. Já o SRE enviou a documentação que possuía relativa ao prontuário do pintor na qual não é clara a razão pela qual o nome artístico acabou incorporado na documentação oficial do artista. No dia 18 de abril de 1949 o DIJ despachou com base na documentação que

> o nome Marcier não provém, como se vê, de qualquer dos ramos ascendentes nem tampouco foi consignado no registro de nascimento. É, como se diz, um "nome de guerra", adotado por artistas por lhes parecer mais eufônico. Como o interessado se tornou conhecido no meio artístico brasileiro sob o nome Emeric Marcier poder-se-á (...) autorizar conste da carteira modelo 19, dos assentamento no SRE/DF e no IFP além do nome legítimo, o profissional-artístico Emeric Marcier. Aliás, deverá ser obrigatoriamente retificada no IFP e no SRE/DF, a qualificação concernente ao nome paterno de Simion para Simeon, e ao nome do requerente de Emeric Racz Marcier para Emeric Racz.[92]

Ou seja, o DIJ sugeria um retrocesso e a volta do registro original do nome do pintor. Já o chefe de sessão do MJNI possuía outra opinião. Historiou o assunto, considerou que todas as dúvidas, exigências e comprovações já haviam sido sanadas e ponderou em 26 de abril de 1949:

> Resta apreciar a questão do nome. Neste ponto não concordo com o parecer de fls. 109. O nome é, principalmente,

---

[92] AN, Processo 7.687/48.

um meio de individualizar o homem, de distingui-lo dos demais. O interessado neste processo sempre foi conhecido nos meios artísticos nacionais como EMERIC RACZ MARCIER como o atestam os documentos (...) a sua carteira modelo 19, que usa desde 1946, consigna esse nome. Alterá-la, agora, seria trazer perturbação não só à vida do interessado como a de terceiros. Admite-se a aquisição de nome desde que seja usado sem dolo por longo tempo e continuamente. É o caso presente.[93]

E propôs que se mantivesse o nome com essa forma no SRE, que o nome do pai constasse na carteira modelo 19 e que o IFP fosse autorizado a retificar os assentamentos do requerente para Emeric Racz Marcier. Os pareceres subiram a hierarquia do MJNI e José Vieira Coelho seguiu o parecer favorável ao pintor e assim o assunto foi encaminhado.

No dia 29 de outubro de 1949 Emeric protocolou o seu pedido de naturalização e o processo foi aberto.[94] No "boletim de sindicância para naturalização" de 28 de março de 1950, o item que indaga se o naturalizando "tem parentes no Brasil", foi preenchido com a resposta "não tem". Emeric nesse momento já possuía quatro filhos nascidos no país. Mesmo ao longo do Estado Novo, bastava ter um único filho nascido no Brasil para que a permanência definitiva fosse aprovada. Não consegui apurar as razões pelas quais os advogados que assistiram Emeric não o orientaram no sentido de utilizar desse fato para que os processos que o pintor encaminhou ao MJNI nos anos 1940, de solicitação de permanência e naturalização, fossem facilitados e agilizados. Em nenhum dos processos, tampouco o de naturalização, aparece — como é muito comum no caso de outros estrangeiros — certidões de nascimentos dos filhos, que sequer são mencionados nos processos. Uma pista para essa estratégia equivocada pode estar no relato do pintor em relação a própria naturalização. De acordo com o artista, Álvaro Ribeiro da Costa

---

[93] AN, Processo 7.687/48. Caixa alta conforme o original.
[94] AN, Processo 7.687/48.

garantia que, sem dificuldades, em poucos dias, teria o decreto de naturalização assinado pelo Presidente da República e conforme me prometera ele mesmo entregar-me-ia pessoalmente o diploma no Supremo Tribunal Federal. Mas as coisas se passaram muito diferentemente. Há mais de dez anos no Brasil, casado com brasileira, pai de quatro filhos, há três anos proprietário deste pedacinho de terra do imenso Brasil, eu reunia todas as condições exigidas pela lei. Assim mesmo, o processo parou e meu amigo muito vexado com isto, não podendo cumprir a sua promessa. Quando descobri que dentro do Ministério da Justiça, onde tramitava o meu caso, uma funcionária carola havia me dedurado, pois nos meus papéis constava o meu estado civil como solteiro e nem podia ser de outra forma, pois Julita era desquitada e o meu casamento celebrado na Matriz de Resende não tinha validade legal. Desesperado, contava ainda esta provação ao frei, quando ele me disse que o mais alto funcionário do Departamento de Naturalização era seu bom amigo e ainda fervoroso católico. Depois de uma breve audiência com o senhor V.C., em que expliquei a razão de ter me declarado solteiro no respectivo processo, na mesma semana vi publicado o meu decreto de naturalização, que posteriormente me foi entregue pessoalmente pelo leal amigo.[95]

De fato, a petição na qual foi dada entrada o processo de naturalização a palavra "solteiro" aparece sublinhada em vermelho.[96] Entretanto, também está sublinhada a informação de que Emeric "sempre residiu no Distrito Federal". Possivelmente, um funcionário do MJNI atento desconfiou da veracidade dessas duas informações talvez por saber que Emeric possuísse filhos e viveu em outras

---

[95] MARCIER, 2004, p. 212

[96] AN, Processo. 7.687/48, p. 36.

cidades brasileiras por algum período de tempo.[97] De que o ministério possuía informações a respeito da existência de filhos, não encontrei evidências. Mas que viveu fora do Rio de Janeiro, existe evidência. Um recorte do mencionado artigo "Pintura Religiosa: Marcier" de Murilo Mendes publicado em 1947 está entre os comprovantes que o pintor enviou para instrumentalizar o processo de naturalização. No recorte, algumas palavras foram sublinhadas a caneta por um dos funcionários do MJNI. Além de sublinhar "origem israelita", a informação de que Emeric trabalhou "nos arredores da capital paulista" e nas "cidades mineiras" foi grifada no ministério.[98]

Para todos os efeitos da lei, mesmo durante o Estado Novo, a paternidade de um brasileiro nato independente do matrimônio civil era o fator facilitador para a regularização da permanência, pois relacionava-se especialmente ao sustento da prole que deveria ser provida pelo progenitor. O processo de naturalização considerando a data de sua solicitação e deferimento correu de maneira ágil, apesar da necessidade da conversa descrita por Emeric com "V.C.", em verdade, apesar da coincidência de iniciais, naquele momento não era mais Vasco Leitão da Cunha, mas sim José Vieira Coelho. Depois de tantos anos sofrendo com os entraves e procrastinação do MJNI, Emeric possivelmente já estivesse com mais segurança e pouca paciência e isso acabou sendo refletido em sua descrição dos fatos.

Em suas memórias o pintor teve o cuidado de só mencionar as iniciais e não o nome de Vieira Coelho por alguma razão. Não foi possível identificar a "funcionária carola" que teria prejudicado Emeric. O jurista Vieira Coelho foi por mais de dez anos diretor do Departamento de Interior e Justiça do MJNI e também membro do Conselho de Imigração e Colonização (CIC). Entre outras atividades, era naquele tempo presidente nacional da Liga Eleitoral Católica e da Ação Católica Brasileira, pessoa muito próxima das mais importantes lideranças católicas do país.

---

[97] MARCIER, 2004, pp. 127-203.
[98] AN, Processo 7.687/48, p. 50.

No dia 16 de maio de 1950 Emeric naturalizou-se. Acabou por decepcionar-se um pouco quando recebeu finalmente um passaporte brasileiro:

> De posse do passaporte, observei os dizeres: nacionalidade — por naturalização. Estranhei esta discriminação, pensando que se houvesse uma guerra e eu tivesse que tombar pela pátria, na cruz do meu túmulo também haveria esta indicação. Sabia que, em países como a França e os Estados Unidos, não existe nenhuma diferença entre os cidadãos. Felizmente hoje, isto não mais consta do passaporte.[99]

Emeric preferia suprimir a informação de que havia nascido na Europa. Queria sepultar o velho homem e fazer renascer outro que não mais corresse risco de ser alvo de discriminações, medos e perigos. Mesmo já naturalizado e seguro no Brasil, certos condicionamentos ainda permaneciam, possivelmente fruto de experiências traumáticas. "Racz" foi adotado para proteger os Rozenberg das perseguições étnicas. O anagrama "Marcier" para que Emeric pudesse "fugir" das mesmas perseguições. Embora o pintor tenha registrado todos os seus filhos com o sobrenome Racz,[100] o sobrenome não é citado uma única vez nas 420 páginas do livro autobiográfico de memórias que o artista escreveu.

No Brasil Emeric Marcier tornou-se um dos mais importantes artistas plásticos do país no século XX. Faleceu em Paris, no dia 1º de setembro de 1990. No ano de 2016, em que esse texto foi escrito, comemora-se o centenário de nascimento do pintor. O presente artigo é também uma homenagem à memória do grande artista.

---

99 MARCIER, 2004, pp. 213-214.
100 MARCIER, 2016.

OBRAS CITADAS

AFONSO, Rui. *Um Homem Bom*. Rio de Janeiro: Casa da Palavra, 2011.

BAPTISTA, Anna Paola Pacheco. "O exílio como pátria amada. De judeu romeno a católico brasileiro, as experiências de vida que reinventaram a arte de Emeric Marcier." Revista de História (Rio de Janeiro), v. 29, 2008. Disponível em http://www.revistadehistoria.com.br/secao/retrato/arte-no-exilio. Acesso em 11/1/2016.

DINES, Alberto. *Morteno paraíso: a tragédia de Stefan Zweig*. Rio de Janeiro: Rocco, 2012.

KOIFMAN, Fábio. *Imigrante Ideal: o Ministério da Justiça e a entrada de estrangeiros no Brasil (1941-1945)*. Rio de Janeiro: Civilização Brasileira, 2012.

_____. *Quixote nas trevas: o embaixador Souza Dantas e os refugiados do nazismo*. Rio de Janeiro: Record, 2001.

LESSER, Jeffrey. *O Brasil e a Questão Judaica: imigração, diplomacia e preconceito*. Rio de Janeiro: Imago, 1995.

MARCIER, Emeric. *Deportado para a vida*. Rio de Janeiro: Francisco Alves, 2004.

MARCIER, Matias. Depoimento ao autor por e-mail, 13/1/2016.

MINISTÉRIO DA JUSTIÇA E NEGÓCIOS INTERIORES. *Estrangeiros*: Legislação de 1808 a 1939. Volume 1. Serviço de Documentação, 1950.

RUIVO, Marina Bairrão; SANTOS, Sandra (Coord.) *Escrita Íntima*. Maria Helena Vieira Da Silva E Arpad Szenes. Correspondência 1932-1961. Lisboa: Imprensa Nacional — Casa da Moeda/Fundação Arpad Szenes — Vieira da Silva, 2013.

O nacional e o estrangeiro na historiografia da arquitetura brasileira
ANAT FALBEL

A influência dos deslocamentos e migrações nos processos culturais e no desenvolvimento das formas nas artes e na arquitetura foi identificada ainda na antiguidade por um historiador como Vitrúvio entre outros em sua exegese das colunas conhecidas como cariátides e nos seus comentários a respeito das origens das ordens gregas.[1] No século XIX, Adolf Bastian sugeriu o conceito de *Wandlung* para entender as dinâmicas das civilizações em função dos empréstimos culturais, migrações e processos assimilatórios.[2] Do mesmo modo, nas últimas duas décadas assistimos ao ressurgir das questões referentes às dinâmicas das transferências culturais como tema fundamental no campo da história da arquitetura. Particularmente no Brasil, novas perspectivas de estudo vem favorecendo a revisão da historiografia da arquitetura brasileira, cujos primeiros passos foram forjados na conjuntura cultural nacionalista e autoritária entre as décadas de 1940 e 1980, intervalo durante o qual as possibilidades de reconhecimento da existência de trocas ou diálogos culturais mais amplos foram reprimidas. No contexto da atual revisão historiográfica, este texto propõe uma análise do papel atribuído ao profissional estrangeiro no que diz respeito à disseminação da modernidade arquitetônica no país pela narrativa da arquitetura moderna no Brasil.

MARCEL MAUSS E A IDEIA DE FENÔMENO DE CIVILIZAÇÃO, GEORGE STEINER E A EXTRATERRITORIALIDADE DA MODERNIDADE.

Entre a segunda metade do século XIX e o início do século XX uma linhagem de antropólogos e sociólogos a começar por Adolf Bastian (1826-1905), seguido por Edward Tyler (1832-1917)[3] e Marcel Mauss

---

1 VITRUVIUS, 1960, p. 8-9; 102-104.
2 MAUSS, 1969, p. 6.
3 Cf. TYLER, 1871, pp. 7-18.

(1872-1950), contestaram a teoria da degeneração e a noção[4] de "gênio da raça". Preocupados com a formação e o desenvolvimento das civilizações através das relações forjadas tanto no interior como entre civilizações, seus estudos foram direcionados para os efeitos dos deslocamentos, transferências e migrações nos processos culturais desde a antiguidade. Em especial, Bastian utilizou o conceito de *Wandlung*, referindo-se à transformação de uma civilização em função de migrações, empréstimos de elementos culturais e a assimilação entre povos que carregam consigo os mesmos elementos. Por sua vez, Marcel Mauss relacionou a identidade de grupos sociais a partir de sua dinâmica de trocas — incluindo suas resistências. Pouco depois o antropólogo francês formulou o conceito de fenômeno social, entendido como aquele apto a viajar, ultrapassando as fronteiras de uma sociedade particular.[5] Do mesmo modo, Mauss definiu a ideia de "fenômeno de civilização" como aquele que se estendia por uma superfície mais ampla que a geografia política de uma sociedade ou nação, e cujas raízes estavam fundadas no passado e na história de mais de uma nação, como uma família de sociedades ligadas entre si por eventos históricos, geográficos, arqueológicos, antropológicos e linguísticos.[6] Considerando que os fenômenos de civilização eram essencialmente internacionais, ou extranacionais, Mauss formulou que o caráter individual de uma sociedade "sobressairia acima dos substratos dos fenômenos internacionais".[7] A partir da década de 1920, as elaborações originais do antropólogo francês foram enriquecidas com outros conceitos como aquele da "permeabilidade das

---

4 Ibid., p. 31.

5 Mauss identificou os fenômenos de civilização entre todas as técnicas, as artes, as ideias religiosas, morais e científicas, as instituições e os princípios de organização social, como os instrumentos de comunicação que ele acreditava que estavam modificando o espaço das comunicações na contemporaneidade. Ver MAUSS, 1969.

6 MAUSS, 1969, p. 8

7 "...C'est en effet sur un fond de phénomènes internationaux que se détachent les sociétés. C'est sur des fonds de civilisations que les sociétés se singularisent, se créent leurs idiosyncrasies, leurs caractères individuels..." (MAUSS, 1969, p.9).

nações modernas"⁸, e a importância dos agentes sociais responsáveis pelos processos de trocas e transferências que constituem o que Mauss identificou como "comunidades transnacionais".

Em 1971, George Steiner parece retomar a noção de Mauss de fenômeno internacional para definir extraterritorialidade como o desabrigo linguístico e as características erráticas da modernidade, identificadas como "a estratégia do exílio permanente".⁹

Efetivamente, no campo da arquitetura, o conceito de pluralismo semântico, circulação e diálogos culturais, assim como o reconhecimento irrefutável da particular contribuição do profissional estrangeiro,¹⁰ e, portanto, da extraterritorialidade da modernidade apontada por Steiner, pode ser observada nos escritos de arquitetos e historiadores ao longo das primeiras décadas do século XX.

Nesse contexto, mencionamos a jornalista e crítica italiana Anna Maria Mazzucheli que em um artigo publicado na revista de arquitetura italiana *Casabella*, em 1935, dedicado ao arquiteto alemão imigrante nos EUA, Richard Neutra, afirmava que a inquietude e a trajetória de Neutra na América eram emblemáticas do arquiteto moderno de sua geração, sugerindo que suas realizações eram "a evidência da universalidade do gosto europeu e um claro exemplo de coerência estilística".¹¹

Por sua vez, também fazendo referência a Neutra, um dos historiadores responsáveis pela fortuna crítica da arquitetura moderna e particularmente sensível às questões da circulação da cultura,

---

8 MAUSS, 2013, pp. 123-125.

9 STEINER,1990, p. 15-21.

10 Aqui faço referência ao argumento desenvolvido por Georg Simmel em seu artigo seminal *The Stranger* (1908), no qual o filósofo alemão assinala a singularidade do espaço ocupado pelo estrangeiro — "formado de certas medidas de proximidade e distância" cuja "objetividade" o torna prática e teoricamente livre para não somente "importar qualidades" para o interior do espaço, mas ainda observar o seu entorno com menos preconceito, com convicções mais gerais e objetivas. O texto de Simmel foi publicado pela primeira vez em 1908, na Alemanha, e traduzido para o inglês em 1921. Ver SIMMEL, 1950, p. 402-408; SIMMEL, 1921, p. 322-327.

11 MAZZUCHELI, 1935, pp. 18-19.

Siegfried Giedion, parafraseou a famosa expressão de Heinrich Heine sugerindo que Neutra levou como "valise" para os Estados Unidos a nova concepção de espaço tempo.[12] A existência de um processo universal no interior do qual a cultura circula seria explicitada por Giedion em uma monografia sobre o arquiteto Walter Gropius (1954) com a feliz expressão: "...tão logo ele [o trabalho] deixa o mundo do não-desconhecido-ainda para o mundo do desconhecido, ele parte de seu país de origem e entra em uma esfera mais ampla — o domínio da sabedoria humana...".[13] Em 1936, ao introduzir o catálogo da primeira exposição do artista Laszlo Moholy Nagy na cidade de Brno, em 1936, Giedion também apresentou uma inspirada argumentação — evocando as elaborações do filosofo Georg Simmel[14] — sobre a contribuição dos pioneiros da nova visão originários de países agrícolas como a Rússia ou a Hungria que "procedentes da periferia da civilização... contribuíram com uma nova energia no que diz respeito à interpretação das realidades dos nossos dias... [no interior dos] círculos artísticos de Berlim ainda agrilhoada pelo expressionismo..."[15]

O próprio arquiteto Le Corbusier manifesta a mesma intuição em um texto intitulado *Quelles sont les formes d'agregation d'une nouvelle societe machiniste?* Escrito pelo arquiteto especialmente para

---

12 BOESINGER, 1951, p. 9.

13 GIEDION, 1954, p. 5.

14 SIMMEL, 1964, pp. 402-408.

15 GIEDION, 1937 "(...) O homem da cidade perdeu grande parte dos valores emotivos latentes na indústria e nas realidades da vida moderna, da mesma forma que o camponês de épocas anteriores não mais respondia aos apelos emocionais da paisagem. A ponte de aço, o hangar de aviões, ou o equipamento mecânico de uma fábrica moderna são geralmente mais instigantes à imaginação daqueles que não os vivenciam todos os dias de suas vidas. Não é surpreendente, portanto, que a maioria dos pioneiros da nova visão veio de países agrícolas com pouca indústria própria. Assim, os construtivistas vieram da Rússia ou da Hungria (...) Ao contrário dos círculos artísticos, Berlim ainda encontrava-se acorrentada pelo expressionismo (...) os húngaros tinham conseguido dar uma expressão muito mais precisa e coerente para a consciência de nossa época (...) trabalhando em uma direção paralela ao *L'Esprit Nouveau* a partir do qual Le Corbusier e Ozenfant vinham revelando a interdependência entre a pintura, a escultura e a técnica da indústria moderna ..."

discutir a questão então premente da colonização da Palestina pelos judeus perseguidos na Europa, o texto sugere que as levas de deslocamentos contemporâneas, provocadas por perseguições politicas, consistiam em um ponto de inflexão no sentido de uma arquitetura e experiências urbanas originais para uma sociedade maquinista renovada.[16]

A CONJUNTURA CULTURAL E CONSTRUÇÃO DA HISTORIOGRAFIA DA ARQUITETURA MODERNA BRASILEIRA.

Entretanto, na contramão das elaborações de Marcel Mauss e do espírito progressivo que guiou as vanguardas modernas, o corpo dos intelectuais brasileiros que definiram a perspectiva cultural do Estado Novo na década de 1930 idealizou uma "etnicidade fictícia" conforme a expressão de Etienne Balibar,[17] fundada na raça e na linguagem, ambas entendidas com as principais manifestações do caráter nacional, e identificadas pelo binômio nacionalismo e modernidade. O arquiteto Lucio Costa (1902-1998), futuro urbanista de Brasília, integrou — se ao grupo de intelectuais reunidos em torno de Getúlio Vargas logo após o golpe de Estado de 1930, sendo responsável pela construção da narrativa da arquitetura moderna brasileira, que, conforme o arquiteto, surge e se fortalece como resultado do "gênio nacional", o mito fundado na relação figural entre a arquitetura colonial e a arquitetura moderna do Brasil, ou entre o escultor e construtor de igrejas Antônio Francisco Lisboa, o Aleijadinho, e o arquiteto Oscar Niemeyer:

> nosso próprio gênio nacional que se expressou através da personalidade eleita desse artista, da mesma forma como já se expressara no século XVIII, em circunstâncias, aliás muito semelhantes, através da personalidade de Antônio Francisco Lisboa, o Aleijadinho(...)[18]

---

16 LE CORBUSIER, p. 2
17 Ver BALIBAR; WALLERSTEIN, 1988.
18 COSTA, 2007, p. 197.

No espaço fechado do constructo traçado por Costa o tema da raça foi abordado destacando a base original formada por portugueses, africanos e o elemento nativo como uma comunidade natural que manteve a sua continuidade apesar das posteriores levas de Imigrantes europeus e orientais.[19] A estratégia adotada legitimava como linguagem brasileira os trabalhos dos primeiros colonizadores portugueses considerando que *"par droit de conquête"* o colonizador "...estava em casa, e o que fazia aqui, de semelhante ou já diferenciado, era o que lhe apetecia fazer — assim como ao falar português não estava a imitar ninguém, senão a falar, com sotaque ou não, a própria língua... ".[20] Neste contexto, em uníssono com outros intelectuais nacionalistas das primeiras décadas do século XX,[21] Lucio

---

19 ... Assumir e respeitar o lastro original — luso, afro, nativo. Reconhecer a grande importância para o Brasil de hoje do aporte da migração europeia — mediterrânea e nórdica –, bem como a do oriente — próximo e distante.
Aceitar como legítima e fecunda a resultante desse entrosamento, mas reputar fundamental a absorção, nesse aporte da nossa maneira peculiar, inconfundível — brasileira — de ser.
    Preservar e cultivar tais características diferenciadoras, originais.
    Recusar subserviência, inclusive cultural, mas absorver e assimilar a inovação estrangeira" (COSTA, 1995, p. 382). Nesse contexto vale destacar as similitudes da formulação de Lucio Costa com as elaborações do escritor e crítico literário Silvio Romero que identificou o caráter étnico do povo brasileiro como o fundamento e a força da nacionalismo literário. Ver ROMERO, 1982, p.35-36; CANDIDO, 1978, p. IX-XXX. As observações de Romero sobre a questão da raça, influenciadas por sua vez pelas ideias de Gobineau sobre a "mestizaje", repercutem em outros textos de Costa: "...não que as obras perdessem a sua qualidade ou conotação de obras portuguesas — a contribuição indígena e africana foi por demais frágil, nesse particular, para desnaturalizá-la..." (COSTA, 1995, p. 456). Do mesmo modo, tanto Costa como Romero identificam a Inconfidência Mineira com o surgimento da consciência da nacionalidade.

20 "Há certa tendência a considerar imitações de obras reinóis as obras e peças realizadas na colônia. Na verdade porém, são obras tão legítimas quanto as de lá, porque o colono, *par droit de conquête*, estava em casa, e o que fazia aqui, de semelhante ou já diferenciado, era o que lhe apetecia fazer — assim como ao falar português não estava a imitar ninguém, senão a falar, com sotaque ou não, a própria língua" (COSTA, 1995, p. 454).

21 Entre esses intelectuais nacionalistas menciono os historiadores José Francisco Oliveira Viana (*Populações meridionais do Brasil: história, organização, psicologia*. Rio

Costa identificou a cultura arquitetônica portuguesa como a primeira e única fonte da arquitetura brasileira, apontando, não por acaso, para a emergência de um caráter nacional durante a segunda metade do século XVIII, em Minas Gerais, de onde foram irradiadas as primeiras ideias de independência da colônia.[22]

A elaboração historiográfica de Lucio Costa e particularmente o seu uso da expressão "o gênio nacional" denuncia o compromisso

---

de Janeiro: Editora José Olympio, 1952); Gilberto Freyre (*Casa-Grande e Senzala*. Rio de Janeiro: Editora Jose Olympio, 1978); Sergio Buarque de Holanda (*Raízes do Brasil*. São Paulo: Companhia das Letras, 1995. p. 172-173), e o próprio escritor e crítico Silvio Romero no que dizia respeito à dimensão portuguesa brasileira das origens coloniais (*Teoria, crítica e história literária*. Antônio Candido [ed.] São Paulo: EDUSP, 1978)

Se para os dois primeiros autores, a tradição luso-brasileira era vista em sua continuidade, Sérgio Buarque de Holanda buscou reconstituir a identidade brasileira tradicional como o arcaico a ser suplantado pela sociedade moderna em construção. Para Buarque de Holanda, a sociedade brasileira carregava a ambiguidade de ser descendente da colonização europeia, uma herança à qual não se acomodava, conforme escreve: "...mesmo hoje somos expatriados em nossa terra...". O historiador abandona a ideia do mundo ibérico como uma referência unitária, distinguindo o caráter particular da espacialidade da colonização portuguesa em contraste com a espanhola através das metáforas do português semeador — cujo projeto urbano revelava o desejo de adaptar-se às condições e circunstâncias locais — e o espanhol ladrilhador — cujo projeto revelava o desejo de regular e dominar o espaço conquistado. Ver CANDIDO, 1998, p. 84-86; HOLANDA, 1995, p. 172; SALLUM JR., 1999, p. 239 -248. Por sua vez, Silvio Romero, influenciado pelo pensamento alemão e francês, foi um dos primeiros a recuperar o elemento português (1902)apontando a língua portuguesa, os costumes e o caráter nacional como parte da formação e evolução da nação brasileira. Os seus escritos sobre literatura e folclore incidiram sobre a geração posterior de intelectuais modernos como Mário de Andrade, Gilberto Freyre, e muito provavelmente também sobre o arquiteto Lucio Costa.

22 A hipótese que considera o barroco mineiro como a primeira evidência de uma identidade artística nacional constitui, como sugeriu Myriam Andrade Ribeiro de Oliveira, um anacronismo. Para a pesquisadora o instrumental da geografia da arte, particularmente em Portugal, confirmou que o cenário arquitetônico de Minas Gerais no século XVIII estava diretamente relacionado ao surgimento do Rococó. Mesmo os estados de Pernambuco, Rio de Janeiro e o Maranhão também apresentaram desenvolvimentos originais, da mesma forma que cidades portuguesas como Braga, Coimbra e Évora. Ver OLIVEIRA, 2003.

de sua geração e milieu intelectual com o romantismo histórico, ou a ideia de que a linguagem arquitetônica deveria cristalizar a história interna, e a *Weltanschauung* do *Volks* ou da nação.²³ O mesmo constructo também informava a narrativa da exposição *Brazil Builds* organizada no *The Museum of Modern Art* (MOMA, Nova York), em 1942, sob a curadoria de Philip L. Goodwin, com as imagens fotografadas por G. E. Kidder Smith no Brasil, e a influência intelectual de Lucio Costa.²⁴

A presença duradoura do modelo historiográfico proposto por Lucio Costa na conjuntura cultural da ditadura de Vargas, caracterizada que foi pela urgência da afirmação de uma identidade nacional,²⁵ justifica-se na medida em que aquela conjuntura continuaria presente até meados da década de 1960 nas concepções do nacionalismo brasileiro fundadas no desenvolvimento econômico do país, gestadas no Instituto Superior de Estudos Brasileiros (ISEB), bem como entre os intelectuais progressistas que gravitavam ao redor do Partido Comunista Brasileiro (PCB). A narrativa de Costa marcou a disciplina da história da arquitetura moderna no Brasil, limitando o seu espectro historiográfico que durante algumas décadas permaneceu restrita à produção das chamadas escola Carioca e escola Paulista como expressões regionais isoladas no tempo e no espaço.

Nesse sentido, observo que a metáfora espacial escolhida por Michel Foucault, em 1967, como modelo da sua heterotopia foi o espaço colonial brasileiro por excelência — a tradicional casa da fazenda. O mesmo espaço operado pelos intelectuais, que gravitam em torno da Secretaria do Patrimônio Histórico e Artístico Nacional (SPHAN), como instrumento de asserção da nacionalidade,²⁶ foi

---

23 Ver STEINER, 1971, p. 3.

24 Sobre a exposição *Brazil Builds* (MOMA, 1942) e a influência de Lucio Costa na sua construção narrativa, ver DECKKER, 2001; LISSOVSKY, MORAES DE SÁ, 1996; LIERNUR, 2010, p.169-217.

25 A esse respeito ver ORTIZ, 2001; MICELI, 2003 e 2001; SCHWARTZMAN, BOMENY, COSTA, 2000; LISSOVSKY, Moraes de Sá, 1996; MARTINS, 2010, p. 131-168.

26 Ver MICELI, 2001; LEONIDIO, 2007; CAVALCANTI, 1993; SCHWARTZMAN, BOMENY, COSTA, 2000.

comentado pelo filósofo francês nos seguintes termos: "...qualquer viajante tem o direito de... entrar... no aposento, e ali passar a noite. No entanto, esses aposentos estão dispostos de tal modo que qualquer um pode entrar... mas jamais alcançar o centro da família: mais do que nunca um visitante de passagem, nunca um verdadeiro hóspede...".[27]

No último quartel do século XX, as elaborações pós-modernistas relativas à incredulidade frente às metanarrativas[28] alcançaram o Brasil a partir das disciplinas das ciências sociais e humanas para em seguida abrirem o campo da historiografia da arquitetura brasileira para novas leituras, e particularmente para a reavaliação da dialética com o estrangeiro e os diálogos entre as civilizações,[29] não somente no "período dos refugiados"[30], mas a partir do período colonial.

A ANÁLISE DA PRODUÇÃO DOS EXILADOS: INSTRUMENTOS PARA A REAVALIAÇÃO DO DIÁLOGO ENTRE O ESTRANGEIRO E O NACIONAL NA HISTORIOGRAFIA DA ARQUITETURA BRASILEIRA

A excepcional autopercepção americana[31] da matriz de seu pluralismo cultural[32] foi talvez a maior responsável pelo reconhecimento precoce do papel exercido pelos intelectuais e profissionais imigrantes que alcançaram os Estados Unidos no período do entreguerra

---

27 FOUCAULT, 1993, p. 419-426. ("Dits et écrits. Des espaces autres", conférence au Cercle d'études architecturales, 14 mar. 1967).

28 LYOTARD, 1984, p. XXIV.

29 Cf. BALIBAR, Etienne. "At the Borders of Europe". In *We, the People of Europe? Reflections on Transnational Citizenship*. Princeton: Princeton University Press, 2009 pp. 1-10.

30 Cf. STEINER, 1971, p. 11.

31 A expressão é fruto das elaborações de Michel Espagne em *Les transferts culturels franco-allemands*: "(...) As transferências culturais... são mais particularmente relacionadas à auto percepção dos grupos como nação..." (ESPAGNE, 1999, p. 1).

32 KALLEN, 1998.

e logo após a Segunda Guerra Mundial, pressionados por perseguições políticas e a ascensão dos fascismos. No campo da arquitetura este reconhecimento pode ser observado ainda no intervalo entre 1930 e 1940 nas iniciativas da imprensa arquitetônica que abraçou o vocabulário e os ideais da arquitetura moderna, publicando as obras e escritos de profissionais europeus e imigrantes, bem como nas exposições organizadas pelo MOMA que assimilaram a modernidade europeia através da integração do elemento estrangeiro. A noção de "comunidades transnacionais" formulada por Mauss na década de 1920 encontrou ecos nas discussões sobre a condição do profissional imigrante como intermediário entre culturas promovidas por historiadores como Siegfried Giedion na sua análise da produção de Walter Gropius e Mies van der Rohe na América (1954),[33] nas iniciativas de Lewis Mumford de compreender a arquitetura como um empreendimento comum entre os povos (1959),[34] ou nos trabalhos de William Jordy nos inícios da década de 1960, sobre o impacto do modernismo europeu na América e a especificidade da produção dos arquitetos imigrantes (1972).[35]

A mesma leva de refugiados da Europa em chamas também alcançou a América Latina, o Oriente Médio e a África do Sul, assim como mostram os estudos e as publicações que vem enriquecendo o campo disciplinar nas últimas décadas. No entanto, ao contrário do contexto da América do Norte, na América Latina e particularmente no Brasil, a etnicidade fictícia que cercou a narrativa historiográfica da arquitetura impediu o reconhecimento em terras brasileiras daqueles exilados nutridos e maturados nos círculos das vanguardas cosmopolitas europeias, alguns deles já apresentando uma experiência e êxitos consideráveis em seu campo de atuação nos países de origem. Apesar disso, esses profissionais que incluíam arquitetos,

---

[33] GIEDION, 1997, p. 499. Conforme explicita Giedion no prefácio da sua terceira edição (1954), os capítulos a respeito de Mies van der Rohe e Gropius na América foram contribuições incluídas naquela mesma edição.

[34] MUMFORD, Lewis. "Preface to the Second edition". In *Roots of Contemporary American Architecture*. Nova York: Dover Publications, 1959, p. XI.

[35] JORDY, 1972, p. 172.

urbanistas, fotógrafos, designers, assim como artistas e intelectuais exerceram a sua influência em pelo menos duas gerações de profissionais nacionais, seja através das centenas de projetos de todos os tipos que se estenderam pelos principais centros urbanos do país entre as décadas de 1940 e 1960 — o período do grande desenvolvimento industrial brasileiro[36] — seja em seus escritórios de projeto onde dezenas de arquitetos recém-graduados foram iniciados na profissão, ou ainda através de seus escritos e suas iniciativas de ensino e pesquisa.

Para compreender as vicissitudes das centenas de profissionais que alcançaram as costas brasileiras durante o período, proponho a partir de uma perspectiva tripla algumas histórias particulares como modelo para a análise do diálogo cultural forjado entre o estrangeiro e o nacional entre as décadas de 1930 e 1960 e a desconstrução da narrativa historiográfica da arquitetura moderna brasileira:

1. O primeiro aspecto a ser analisado diz respeito à percepção do exilado, ou imigrante, de sua própria alteridade tendo como fundamento teórico as elaborações de Georg Simmel sobre o lugar e a objetividade do estrangeiro.

2. O segundo aspecto analítico diz respeito ao entendimento do profissional imigrante como um agente modernizador ou intermediário entre culturas, e, portanto, parte da dinâmica das transferências culturais entre Europa e América conforme a relação proposta por George Steiner entre modernidade e extraterritorialidade.

3. O terceiro aspecto analítico aponta para a cadeia de associações e articulações dos profissionais estrangeiros no espaço cultural da cidade conforme a definição de *landsmannschaft*, ou grupos de origem, e a afinidade desse último conceito com a formulação de espaços de linguagem de Jean-François Lyotard.

---

[36] As décadas do grande desenvolvimento industrial brasileiro iniciaram no governo de Getúlio Vargas culminando com a politica do nacional desenvolvimentismo do presidente Juscelino Kubitschek que por sua vez estimulou e atraiu capital internacional e empresas multinacionais para o país.

O IMIGRANTE E A PERCEPÇÃO DE SUA ALTERIDADE

Em seu texto seminal *"The Stranger"* (1908),[37] Georg Simmel assinalou a posição única ocupada pelo estrangeiro — "formada de certas medidas de proximidade e distância"[38] — cuja "objetividade" permitia que ele fosse livre tanto para "importar qualidades" para o interior do espaço, como observar as condições com menos preconceito, a partir de ideais mais gerais e objetivos.[39] Nesse sentido, se novos estudos vem contemplando a recepção da *Mimesis*, a paradigmática produção do filólogo alemão Erich Auerbach no exílio[40], as experiências pessoais e a alteridade do autor — judeu na Alemanha durante a década de 1930, acadêmico exilado na Turquia e posteriormente intelectual imigrante na América — permitem compreender a sua obra a partir do argumento de Simmel.[41] Efetivamente, em seu *"Philologie der Weltliteratur"*,[42] Auerbach reafirma a sua posição humanista reconhecendo que a perspectiva dos exilados transcende os limites nacionais, dotando-os, portanto com uma visão original, visto que enquanto a maior parte dos homens tem a consciência de uma única cultura, um cenário, ou um país, os exilados podem

---

[37] SIMMEL, 1964.

[38] Ibid., p.408.

[39] Ver SIMMEL, 1964, p. 404-405.

[40] KONUK, 2010.

[41] "Mimesis é definitivamente um livro escrito por uma pessoa em particular, em um lugar particular durante os inícios de 1940". Ver LINDENBERGER, 1996, p. 209; LERER, 1996, p.5. "(...) o livro foi escrito durante a guerra, em Istambul, onde as bibliotecas não eram bem-equipadas para os estudos europeus. As comunicações internacionais estavam bloqueadas; eu tive que dispensar quase todos os periódicos e quase todas as investigações mais recentes e, em alguns casos com edições críticas confiáveis dos meus textos ... é bem possível que o livro deve sua existência exatamente a esta falta de uma biblioteca rica e especializada. Se tivesse sido possível explorar todo o trabalho que tem sido desenvolvido em tantos campos, eu talvez não teria alcançado o ponto de escrever ..." Ver AUERBACH, 2013, p. 502.

[42] AUERBACH, 1952, p. 39-50. Traduzido para o inglês como *"Philology and Weltliteratur"*. Tradução de Edward e Marie Said (AUERBACH, 1969, pp. 1-17).

compreender pelo menos duas culturas, o que torna mais fácil a reconciliação entre o universal e o particular:

> A parte mais valiosa e indispensável da herança do filologista ainda é a cultura e a língua de sua nação. Entretanto, somente depois de ser apartado de sua herança pela primeira vez, e conseguir transcendê-la é que ela se torna verdadeiramente efetiva (...) devemos retornar ao discernimento de que o espírito [Geist] não é nacional (...).[43]

Na América Latina, uma percepção semelhante foi compartilhada pelo arquiteto imigrante Wladimiro Acosta (1900-1967). Nascido em Odessa, Acosta completou seus estudos e acumulou suas primeiras experiências profissionais entre a Itália, Alemanha e o Brasil, no período crítico compreendido entre os anos de 1916 e 1931. Neste último ano ele se estabeleceu na Argentina, assumindo poucos depois a primeira representação daquele país nos Congressos Internacionais de Arquitetura Moderna (CIAM). A trajetória de Acosta reafirma a formulação de Auerbach relativa à visão original do intelectual exilado, também expressa no testemunho do próprio arquiteto russo ao sugerir que as suas vicissitudes "significaram o encontro com outras culturas... a intensificação de todas as diferenças... e uma sensação acentuada da evolução... ".[44] Utilizando um argumento similar, a arquiteta italiana Lina Bo Bardi (1914-1992), que se estabeleceu no Brasil em 1946 junto com o marido Pietro Maria Bardi (1900-1999) — criador do Museu de Arte de São Paulo (MASP) –,

---

43 AUERBACH, 1969, p. 17. Auerbach ilustra a sua posição com a bela imagem descrita por Hugo de St. Victor: "... O homem que acha doce seu torrão natal ainda é um iniciante fraco; aquele para quem todo o solo é sua terra natal já é forte; porém perfeito é aquele para quem o mundo inteiro é uma terra estrangeira. A alma frágil fixou seu amor em um ponto do mundo; o homem forte estendeu seu amor para todos os lugares; o homem perfeito extinguiu isso...". Ver SIMMEL, 1950, p. 404-405. Ver ainda a apropriação de Edward Said do mesmo conceito através dos escritos de Auerbach em SAID, 2001, p.185-186.

44 Cf.FALBEL, 2010a, p. 120-135; 2009, p. 107-140; 2010b, p. 135-146.

avaliou a produção e o espaço ocupado por seu amigo, o fotógrafo francês Pierre Verger (1902-1996) na cultura brasileira:

> [através de] seu particular, que como dizia Goethe, é o único caminho para chegar ao discurso universal(...) o francês Pierre Verger, (...) nunca demitiu-se de sua posição "europeia", isto é de uma posição cultural que o permitiu de entrar profundamente numa cidade e de compreender seus habitantes como se ele fosse um deles, bem longe do perigoso folklore [folclore] e das interpretações piegas...[45]

Em *Minima Moralia,* Theodor Adorno apontou para um segundo aspecto da condição do refugiado — a vida danificada do intelectual exilado[46]. O italiano Bruno Zevi foi um dos primeiros historiadores da arquitetura que incorporou o argumento de Adorno para introduzir o tema do estranhamento na produção dos arquitetos modernos no exílio. Em 1957, referindo-se especificamente ao arquiteto de origem polonesa exilado no Brasil, Lucjan Korngold, Zevi qualificou a obra brasileira de Korngold como "emblemática de sua condição de imigrante"[47]. O historiador italiano voltaria ao tema por mais algumas vezes. A primeira delas no seu texto sobre Erich Mendelsohn (1970)[48] no qual a diáspora se apresentava como particularmente penosa e condicionante para os artistas,[49] e uma segunda fazendo referência à Lina Bo Bardi, sua amiga de longa data, na qual sugere que a arquiteta havia experimentado "o mergulho tenaz e sofrido no enigmático mundo brasileiro".[50]

Se conforme escreveu Alberto Dines em relação à trajetória de Stefan Zweig, "O exílio é sempre desolador, mesmo no mais aprazível

---

45 In *Sobre Pierre Verger*, apontamentos, manuscrito, Instituto Lina Bo Bardi.

46 ADORNO, 1979, p. 34-35.

47 ZEVI, 1957, pp. 806-807.

48 ZEVI, 1997.

49 ZEVI, 2002.

50 ZEVI, Bruno. *Fábrica dos Sonhos*, manuscrito, s/d, Arquivo Instituto Lina Bo Bardi.

recanto, o trópico viçoso não espanta todas as sobras, e o sol nunca basta para secar os náufragos encharcados...",[51] a dissonância, o desassossego, o inconformismo, a condição de encontrar-se sempre irrequieto,[52] a partir da condição de "diferente" também tornar-se-ão matéria para as análises de Zevi a respeito da arquitetura contemporânea.[53] O mesmo choque cultural apontado por Zevi entre os refugiados europeus na América foi abordado por Lina Bo em seu ensaio "Na América do Sul: após Le Corbusier, o que está acontecendo?". O engajamento político assumido pela arquiteta — para quem a "prática operativa depende essencialmente de uma estrutura política"— vai levá-la a afirmar que o transplante norte-americano teria esvaziado Gropius e Mies van der Rohe, assim como acabado com a inventiva de Grosz e a violência de Kurt Weil.[54]

Nesse contexto proponho duas imagens como metáforas representativas da geração dos exilados modernos no Brasil. A primeira delas seria a imagem do judeu errante — o estrangeiro secular — considerando que na América Latina, e particularmente na atmosfera nacionalista brasileira, os exilados modernos foram constrangidos em um espaço intermédio (in-between),[55] identificados como "internacionalistas" ou "apátridas".[56] A segunda metáfora representativa

---

51 DINES, 2004.

52 SAID, 2005, p. 60.

53 Ver ZEVI, 2002, p. 63-68.

54 XAVIER, 2003, p.188-190.

55 O uso do conceito de *"in-between"*, ou espaço intermédio foi desenvolvido a partir da noção de *"in-between"* de Martin Buber como um espaço de diálogo e encontro, assim como foi recuperado como instrumento teórico por Rolf Gutmann e Theo Marz no encontro CIAM 9 (Congressos Internacionais da Arquitetura Moderna Sigtuna, 1952), e apropriado pelo arquiteto Aldo van Eyck. No entanto, a perspectiva particular para qual proponho o uso da noção de *"in-between"* pode ser traçada nos escritos do mestre de Buber, Georg Simmel. Ver BUBER, 2002, p. 22-38; SIMMEL, 1994, p. 5-10; STRAUVEN, 1998, p.357. Ver ainda VIDLER, 1991, p. 31-45, p. 32.

56 Ver as referências à Gregori Warchavchik e Le Corbusier em Jose Mariano Filho:"(...) estrangeiros sem pátria, que não possuindo tradição ou sentimento de pátria, não podem compreender os delicados sentimentos de nacionalidade que

desse grupo particular seria um dos passaportes de Saul Steinberg. Efetivamente, se o passaporte pode ser entendido como uma persona pública, ou a máscara do "cosmopolita desenraizado",[57] a série de desenhos de Steinberg, simulando atestados de identidade, representa o espaço intermédio ocupado pelo artista judeu romeno-americano, educado na Itália, em sua busca pela reconciliação de seus múltiplos exílios, assim como toda uma geração.

Com efeito, durante os anos 1930 e 1940, quando grande parte dos países americanos restringiu a entrada de refugiados em geral e de judeus em particular, o passaporte com visa representava quase que a única possibilidade de sobrevivência.[58] No Brasil, o governo Vargas proibiu o exercício profissional dos estrangeiros até 1946.[59] No entanto, o processo de naturalização que deveria anteceder a revalidação do diploma poderia levar mais de dez anos. A sobrevivência dos refugiados europeus foi então garantida por firmas paulistas ou cariocas de propriedade de nacionais, ou sob a responsabilidade técnica de profissionais brasileiros, que absorveram e beneficiaram-se da mão de obra altamente qualificada oferecida pelo grupo de profissionais imigrantes.[60]

---

envolvem o problema arquitetônico e ainda assim impõem aos seus clientes a casa moderna..." (MARIANO FILHO, 1943, pp. 32).

57 HOLLANDER, John. "Introduction". In *The Passport*, Saul Steinberg. New York: Vintage Books, 1979, s/p

58 Ver MILGRAM, 2002.

59 Ver Decreto Federal nº 23.569, de 11/12/1933, artigo 1, alíneas c., d., artigo 4; Constituição de 10/11/1937, art. 150. "... Só poderão exercer profissões liberais os brasileiros natos e os naturalizados que tenham prestado serviço militar no Brasil, excetuados os casos de exercício legítimo na data da Constituição e os de reciprocidade internacional admitidos em lei. Somente aos brasileiros natos será permitida a revalidação de diplomas profissionais expedidos por institutos estrangeiros de ensino...".

60 Ver FALBEL, 2003.

OS PROFISSIONAIS IMIGRANTES COMO AGENTES MODERNIZADORES OU INTERMEDIÁRIOS ENTRE CULTURAS

Algumas décadas antes que os estudos dedicados às transferências culturais e às imigrações, bem como à participação de "outros nacionais" nos processos de modernização dos países periféricos na América Latina, assumissem o inusitado *status* acadêmico que alcançaram, o arquiteto de origem russa radicado no Brasil, Gregori Warchavchik (1896-1972), sugeriu afinidades com o arquiteto imigrante nos Estados Unidos, Richard Neutra (1892-1970). Responsável pelo manifesto fundador da arquitetura moderna no Brasil, "Sobre a arquitetura moderna" (1925), cujo papel na introdução da nova linguagem no país foi somente reconhecido na última década, Warchavchik entendeu que as suas afinidades com Neutra eram compartilhadas a partir do profundo sentimento que unia a "irmandade de navio":

> Eu cheguei ao Brasil da Itália em 1923. No mesmo ano meu amigo Richard Neutra chegou aos Estados Unidos vindo da Áustria... Nossa afinidade era devida ao fato de que ambos descobrimos a América ao mesmo tempo, trazendo para lugares distintos a vontade de trabalhar com um novo espirito...[61]

O testemunho de Warchavchik corrobora o papel do profissional imigrante como um agente modernizador na construção da paisagem urbana de São Paulo, ou como um intermediário entre culturas, conforme sensivelmente observou, ainda na década de 1970, Pietro Maria Bardi.[62] Figura de proa do cenário do racionalismo italiano durante o período do entreguerras,[63] fundador e diretor do primeiro

---

[61] WARCHAVCHIK, 1971.
[62] BARDI, 1975.
[63] Sobre Pietro Maria Bardi, ver TENTORI, 2000; MARIANI, 1989.

Museu de Arte Moderna do país (MASP, 1947), Bardi era também um imigrante. Portanto, com uma sensibilidade particular em relação à questão, o crítico italiano resumiu a trajetória de Warchavchik "... mais uma história de imigrantes, como todas... sempre fascinantes e encapuzadas de outras histórias particulares..",[64] estendendo dessa forma o relato de Warchavchik para dezenas de outros profissionais imigrantes que ao desembarcarem na América durante o período do entreguerras acabaram articulando-se a partir de grupos de origens que se estenderam, envolvendo elementos imigrantes e nacionais distribuídos em pelo menos dois continentes.

E se as iniciativas culturais de Bardi, em São Paulo, operadas especialmente a partir do MASP como um museu didático, eram legitimadas pelas experiências anteriores, assim como pela articulação do crítico italiano nos círculos modernos europeus,[65] essas iniciativas foram desenvolvidas e estruturadas como um diálogo cultural permanente entre o continente americano e o continente europeu. Nesse aspecto, o MASP foi responsável por apresentar e introduzir algumas gerações em um largo espectro de expressões artísticas — da fotografia ao desenho, através de exposições, cursos e conferências, assim como publicações — sempre para além das fronteiras nacionais. Do mesmo modo, o arquiteto Gregori Warchavchik, amigo de Bardi, utilizou as estratégias das vanguardas europeias — com as quais estava familiarizado — para divulgar o "espírito moderno" no Brasil. Em 1925, Warchavchik publicou o manifesto da arquitetura moderna ("Sobre a arquitetura moderna"); entre 1927 e 1928 ele projetou a sua casa modernista, com paisagismo da esposa Mina Klabin Warchavchik, onde recebeu o mestre Le Corbusier em sua passagem pelo Brasil em 1928. Pouco depois, em 1930, Warchavchik, que havia estudado e trabalhado em Roma com o arquiteto que representou o fascismo na Itália, Marcello Piacentini, reiterou a experiência

---

64 Pietro Maria Bardi em sua introdução ao catálogo da exposição *"Warchavchik e as origens da arquitetura moderna no Brasil"*. Museu de Arte de São Paulo Assis Chateaubriand, agosto, 1971. A exposição foi patrocinada pelo casal de imigrantes Aracy e Samuel Klabin.

65 Ver TENTORI, 2000; TENTORI, 2002; MARIANI,1989.

da exposição modernista de Weissenhof (1927) inaugurando três exposições que incluíam a produção de artistas e intelectuais modernos imigrantes e nacionais: a "Casa Modernista" em São Paulo (1930), o "Apartamento Modernista" e a "Casa Modernista" (1931) no Rio de Janeiro. Nesse ínterim, ainda em 1930, Warchavchik foi convidado pelo historiador e promotor da arquitetura moderna Siegfried Giedion como o primeiro representante do grupo brasileiro no CIAM, cargo que ocupou até o final da guerra. Nesse contexto, podemos sugerir que o multilinguismo implícito no cosmopolitismo dos profissionais formados na Europa foi decisivo não somente para o sucesso de suas iniciativas culturais e profissionais, mas especialmente porque permitiu o diálogo e a intermediação entre diferentes culturas — não foi por acaso que André Bloc, editor da revista francesa *L'architecture d'aujourd'hui*, convidou inicialmente Maria Laura Osser, arquiteta imigrante de origem polonesa, e pouco depois, em 1955, a italiana Lina Bo Bardi, que tanto na Itália como no Brasil trabalhou junto a imprensa especializada em arquitetura, para serem correspondentes de sua revista no Brasil. E a exceção foi a arquiteta Giuseppina Piro, esposa do arquiteto Jorge Machado Moreira, do grupo dos arquitetos cariocas, entre a década de 1940 e 1960.

A REDE DE ASSOCIAÇÕES E A ARTICULAÇÃO DOS PROFISSIONAIS ESTRANGEIROS NO ESPAÇO CULTURAL DA CIDADE SEGUINDO A DEFINIÇÃO DE LANDSMANNSCHAFT

A tradicional instituição europeia do *landmannschaft* foi instrumental no estudo *The Ghetto* (1928) de Louis Wirth,[66] permitindo ao pesquisador americano demonstrar a importância das estruturas sociais na vida dos novos imigrantes na América.[67] Nos estudos contemporâneos, o mesmo conceito indicando o agrupamento de indivíduos

---

[66] WIRTH, 2006.
[67] Ibid., p. 224.

que compartilham as mesmas origens e língua, seja a nível nacional, seja a nível continental — e nesse aspecto apresentando semelhanças com a formulação do filosofo Jean-François Lyotard de espaços de linguagem — pode ser instrumental como modelo teórico para a discussão das realizações dos agentes modernizadores visto que a noção de *landsmannschaft* permite descrever a diversidade das inter-relações que envolveram não somente os arquitetos, engenheiros e paisagistas, mas também os investidores e suas distintas associações, os fotógrafos que registraram as mudanças vitais da paisagem urbana, além de designers, gravuristas, pintores e escultores cuja produção completou os espaços modernos criados por profissionais estrangeiros com ecos para além dos círculos de imigrantes aos quais pertenciam. Nesse sentido, entendendo que as redes profissionais foram forjadas inicialmente no interior dos *landsmannschaft*, a sua compreensão e mapeamento possibilitam uma leitura da presença do imigrante no espaço da cidade no seu sentido mais amplo.

O mesmo conceito também sugere a análise dos diálogos culturais entre o estrangeiro e o nacional considerando a importância historiográfica do lugar de origem do discurso, assim como as negociações particulares que envolveram cada grupo de origem frente ao nacional ou local.

CONCLUSÃO

As três perspectivas analíticas propostas neste capítulo permitem distinguir entre os grupos de imigrantes e nacionais os espaços dos encontros culturais,[68] encontros esses que pressupõem a existência do diálogo entre línguas — a língua materna de cada criador e a língua local, a linguagem do outro, conforme expressou o filósofo Jacques Derrida — aquele que desafia o estranhamento do estrangeiro através de sua própria língua.[69]

Frente ao desenvolvimento industrial das décadas de 1930 e 1950, os arquitetos imigrantes confrontaram os problemas urbanos de um país em desenvolvimento com os instrumentos teóricos elaborados pelas vanguardas europeias, incorporando as experiências americanas e seus desenvolvimentos específicos, assim como os debates do pós-guerra no interior dos CIAM. Conforme claramente exemplificado na produção de um arquiteto como Rino Levi (1901-1965), que iniciou seus estudos de arquitetura em Milão e a seguir os concluiu em Roma, onde ele trabalhou com Piacentini durante a

---

[68] No interior dos grupos de origem definidos acima, podemos mencionar entre os arquitetos imigrantes mais ativos do período, o grupo de língua italiana, que inclui, entre outros, Rino Levi (1901-1965), Daniele Calabi (1906-1964), Giancarlo Palanti (1906-1977), Lina Bo Bardi (1915-1992), Mario Russo e até mesmo Bernard Rudofsky (1905-1988), apesar de sua origem austríaca; o grupo com origens na Europa Oriental pode ser representado por nomes como Lucjan Korngold (1897-1963), que nasceu e formou-se em Varsóvia, Jorge Zalszupin (1922), formado em Bucareste, e Victor Reif (1909-2000) formado na Alemanha, ou mesmo Gregori Warchavchik (1896-1972), nascido em Odessa, embora ele tenha estudado com Piacentini na Universidade de Roma; no grupo alemão mencionamos os arquitetos Alexandre Altberg (1908) que passou pela Bauhaus; também podemos distinguir aqueles formados na França como Jacques Pilon (1905-1973), a partir da Ecole des Beaux Arts e Franz Heep (1902-1978) que estudou e trabalhou com Adolf Meyer em Frankfurt antes de ir para Paris onde colaborou com André Lurçat, Le Corbusier e Jean Ginsberg.

[69] DERRIDA, 2001. Ver ainda FALBEL, Anat. "Arquitetos imigrantes no Brasil uma questão historiográfica". *Anais 6 DOCOMOMO arquitetura e urbanismo*. Niterói, Universidade Federal Fluminense, pp. 1-20, 2005. Disponível em http://www.docomomo.org.br/seminario%206%20pdfs/Anat%20Falbel.pdf.

década de 1920,[70] esses profissionais experimentaram uma diversidade de programas — cinemas, teatros, hospitais, escolas, novas tipologias para edifícios comerciais, residenciais, e industriais, deixando a sua marca na paisagem urbana dos grandes centros do país, seus escritos e ensinamentos em especial no período compreendido entre as décadas de 1940 e 1960.

E se o diálogo entre o estrangeiro e o nacional na materialidade do espaço da cidade foi profícuo, no espaço cultural, e em particular, no espaço historiográfico sua presença ainda levaria algumas décadas para ser plenamente reconhecida nos meios acadêmicos.

Nesse aspecto eu gostaria de apontar as possibilidades analíticas implícitas nas elaborações sobre a noção de "transferência cultural" propostas por Michel Espagne e Michel Werner nos anos 1980, mais tarde estendidas como *"histoire croisée"*, considerando que o instrumental fornecido pelos dois autores permite interagir simultaneamente tanto no nível global como local para iluminar "...o emaranhado sincrônico das dinâmicas política, econômica, intelectual, artística e humana envolvidas nas trocas culturais...".[71]

Se o novo aparato teórico ensejou uma leva de estudos sobre o tema das trocas arquitetônicas em centros de pesquisa ao redor do mundo, no Brasil ele assegurou a partir da desconstrução do antigo discurso historiográfico uma nova via para o reconhecimento do papel desempenhado pelos profissionais imigrantes na formação de uma paisagem cultural moderna, reafirmando que a expressão nacional é de fato a manifestação de muitas e distintas vertentes e sedimentações de outros nacionais.

---

70 Sobre o arquiteto Rino Levi, ver ANELLI, 2001.

71 Ver WERNER, ZIMMERMANN, 2006, pp. 30-50; ESPAGNE, 1999; ESPAGNE, WERNER, 1988.

OBRAS CITADAS

ADORNO, Theodor W. *Minima Moralia. Meditazioni della Vita Offesa*. Turim: Giulio Einaudi editore, 1979, p. 34-35.

ANELLI, o Renato. *Rino Levi arquitetura e cidade*. São Paulo: Romano Guerra Editora, 2001.

AUERBACH, Erich, *Mimesis*. São Paulo: Perspectiva, 2013, p. 502.

AUERBACH, Erich. "*Philologie der Weltlitratur*". In *Weltliteratur: Festgabe für Frtiz Strich zum 70. Geburtstag*. Walter Muschg e E. Staiger (ed.). Bern: Francke, 1952, pp. 39-50.

_____. "*Philology and Weltliteratur*". Trad. de Edward and Marie Said. *The Centennial Review*, v. XIII, n. 1, 1969, p. 1-17.

BALIBAR, Ettienne; WALLERSTEIN, Immanuel. *Race, nation, classe: Les identités ambiguës*. Paris: Editions La Decouverte, 1988.

BARDI, Pietro Maria Bardi. Catálogo da exposição "Warchavchik e as origens da arquitetura moderna no Brasil". São Paulo: Museu de Arte de São Paulo Assis Chateaubriand, ago.1971.

_____. *História da arte brasileira: pintura, escultura, arquitetura, outras artes*. São Paulo: Melhoramentos, 1975.

BOESINGER, Willy. *Richard Neutra Buildings and Projects*. Zurique: Verlag Girsberger, 1951.

BUBER, Martin. *Dialogue in Between Man and Man*. Londres: Routledge, 2002.

CANDIDO, Antônio "A visão política de Sergio Buarque de Holanda". In *Sergio Buarque de Holanda e o Brasil*. Antônio Candido (ed.). São Paulo: Editora Fundação Perseu Abramo, 1998, pp. 84-86.

_____. "Introdução". In *Silvio Romero Teoria, crítica e história literária*. LTC/ EDUSP, 1978, p. IX-XXX.

CAVALCANTI, Lauro. *Modernistas na Repartição*. Rio de Janeiro: Editora UFRJ/ Minc-Iphan, 1993.

COSTA, Lucio. "Depoimento de um arquiteto carioca" (1951). In *Lucio Costa: Sôbre Arquitetura*. Alberto Xavier (ed.). Porto Alegre: Editora UniRitter, 2007, p. 197.

_____. "Introdução à um relatório". In *Lucio Costa Registro de uma Vivência*. São Paulo: Editora UnB/ Empresa das Artes, 1995, p. 456

_____. "Tradição local". In *Lucio Costa Registro de uma Vivência*. São Paulo: Editora UnB/ Empresa das Artes, 1995, p. 454.

_____"Opção, recomendações e recado". In *Lucio Costa Registro de uma Vivência*. São Paulo: Editora UnB/ Empresa das Artes, 1995, p. 382.

DECKKER, Zilah Quezado. *Brazil Built: The Architecture of the Modern Movement in Brazil*. Londres; Nova York: Spon Press, 2001.

DERRIDA, Jacques. *O monolinguismo do outro ou a Prótese de Origem*: Porto: Campo das Letras-Editores, S.A., 2001.

DINES Alberto. *Morte no Paraíso. A tragédia de Stefan Zweig*. Rio de Janeiro: Rocco, 2004.

ESPAGNE, Michel. *Les transferts culturels franco allemands*. Paris: Presses Universitaires de France, 1999.

FALBEL, Anat. "Arquitetos imigrantes no Brasil uma questão historiográfica". *Anais 6 DOCOMOMO arquitetura e urbanismo*. Niterói, Universidade Federal Fluminense, p. 1-20. Disponível em http://www.docomomo.org.br/seminario%206%20pdfs/Anat%20Falbel.pdf.

_____ "Cartas da América: Arquitetura e Modernidade". In *Arquitetura+arte+cidade: um debate internacional*. Roberto Segre et al. (org.). Rio de Janeiro: Viana & Mosley Editora/PROURB, 2010a, p. 120-135.

_____. "El CIAM y la Ciudad Funcional en América Latina entre 1930 y 1946". In *Arqui tectónica*, v. 18-19, p. 135-146, 2010b.

_____. *Lucjan Korngold; a trajetória de um arquiteto imigrante*. Tese de Doutorado, FAUUSP, 2003.

_____. "Sobre utopia e exílios na América Latina". In *Politeia* (UESB), v. 9, p. 107-140, 2009.

FILHO, Jose. *À Margem do Problema Arquitetônico Nacional*. Rio de Janeiro: Estúdio de Artes Gráficas C. Mendes Junior, 1943, pp. 32.

FOUCAULT, Michel. "*Of other spaces: utopias and heterotopias*". In *Architecture Culture 1943-1968: A Documentary Anthology*. Joan Ockman (ed.). Nova York: Rizzoli, 1993, pp. 419-426. ("Dits et écrits. Des espaces autres", conférence au Cercle d'études architecturales, 14 mars 1967).

GIEDION, Siegfried Space. *Time and Architecture. The Growth of a New Tradition*. Cambridge: Harvard University Press, 1997.

_____. *Laszlo Moholy-Nagy*. Londres: London Gallery Ltd, 1937.

_____. *Walter Gropius Work and Teamwork*. Zurique: Max E. Neuenschwander, 1954.

HOLANDA, Sérgio Buarque de. *Raízes do Brasil*. São Paulo: Companhia das Letras, 1995.

JORDY, William H. *American Buildings and Their Architects*. Vol. 5. The Impact of European Modernism in the Mid-Twentieth Century. Nova York: Oxford University Press, 1972.

KALLEN, Horace M. "Democracy Versus the melting Pot". In *The Nation*, v. 100, fev. 1915.

_____. *Culture and Democracy in the United States*. New Brunswick: Transaction Publishers, 1997 (Primeira edição: Nova York, 1924).

KONUK, Kader East-West. *Mimesis: Auerbach in Turkey*. Stanford: Stanford University Press, 2010.

LE CORBUSIER. *Quelles sont les formes d'agregation d'une nouvelle societe machiniste?* Manuscrito. Fondation Le Corbusier, p. 2.

LEONIDIO, Otavio. *Carradas de Razões Lucio Costa e a Arquitetura Moderna Brasileira (1924-1951)*. Rio de Janeiro: Editora PUC/Edições Loyola, 2007.

LERER, Seth. "Introduction". *Literary History and the Challenge of Philology: The Legacy of Erich Auerbach*. Seth Lerer (ed.). Stanford: Stanford University Press, 1996, p.5.

LIERNUR, Jose F. "The South American Way. O Milagre Brasileiro, os Estados Unidos e a Segunda Guerra Mundial 1939-1943". In *Textos Fundamentais sobre história da arquitetura moderna brasileira*, parte 2. Abilio Guerra (ed.) São Paulo: Romano Guerra, 2010, p.169-217.

LINDENBERGER, Herbert. "On the reception of Mimesis". In *Literary History and the Challenge of Philology: The Legacy of Erich Auerbach*. Seth Lerer (ed.). Stanford: Stanford University Press, 1996, p. 209.

LISSOVSKY, Maurício; MORAES DE SÁ, Paulo Sérgio. *Colunas da Educação: a construção do Ministério da Educação e Saúde (1935-1945)*. Rio de Janeiro: Minc/IPHAN, FGV/CPDOC, 1996.

LYOTARD, Jean-François. *The Postmodern Condition: A Report on Knowledge*. Minneapolis: University of Minnesota Press, 1984, p.XXIV.

MARIANI, *Riccardo Razionalismo e architettura moderna. Storia di uma polemica*. Milão: Edizioni Comunità, 1989.

MARTINS, Carlos A. F. "Há algo de irracional. Notas sobre a historiografia da arquitetura brasileira". In *Textos Fundamentais sobre história da arquitetura moderna brasileira*, parte 2. Abilio Guerra (ed.) São Paulo: Romano Guerra, 2010, p.131-168.

MAUSS, Marcel, *Lanation*. Paris: PUF, 2013, pp. 123-125.

_____. "Les civilisations. Éléments et formes". In *Marcel Mauss, Oeuvres. 2*. Paris: Les Éditions de Minuit, 1969, p. 6 (primeira edição: 1929). Disponível em: http://classiques.uqac.ca/classiques/mauss_marcel/oeuvres_2/oeuvres_2_13/les_civilisations.html.

MAZZUCHELI, Anna — Maria "Richard Neutra". In *Casabella*, n. 85, jan. 1935, pp. 18-19.

MICELI, Sergio. *Intelectuais à brasileira*, São Paulo: Companhia das Letras, 2001.

_____. *Nacional Estrangeiro*. São Paulo: Companhia das Letras, 2003.

MILGRAM, Avraham. *Os judeus do Vaticano*. Rio de Janeiro: Imago, 1994.

KOIFMAN, Fabio. *Quixote nas trevas. O embaixador Souza Dantas e os refugiados do nazismo*. Rio de Janeiro: Editora Record, 2002.

MUMFORD, Lewis. "Preface to the Second edition". In *Roots of Contemporary American Architecture*. Nova York: Dover Publications, 1959, p. XI.

OLIVEIRA, Myriam Andrade Ribeiro de. *O Rococó Religioso no Brasil e seus antecedentes europeus*. São Paulo: Cosac & Naify, 2003.

ORTIZ, Renato. *A Moderna Tradição Brasileira. Cultura Brasileira e Indústria Cultural.* São Paulo: Brasiliense, 2001.

ROMERO, Silvio "Literatura y nacionalismo". In *Ensayos Literarios*, Antônio Candido (ed.). Caracas: Biblioteca Ayacucho, 1982, pp.35-36.

SAID, Edward. *Representações do intelectual. as Conferências Reith de 1993.* São Paulo: Companhia das Letras, 2005.

_____."Reflections on Exile". In *Reflections on Exile and Other essays.* Cambridge: Harvard University Press, 2001, pp.185-186.

SALLUM JR., Brasilio. "Sérgio Buarque de Holanda Raízes do Brasil". In *Introdução ao Brasil. Um Banquete no Tropico.* Lourenço Dantas Mota (ed.). São Paulo: Editora Senac, 1999, p. 239 -248.

SCHWARTZMAN, Simon; BOMENY, Helena Maria Bousquet; COSTA, Vanda Maria Ribeiro. *Temposde Capanema,* Rio de Janeiro: Editora Paz e Terra/ FGV, 2000.

SIMMEL, Georg "Bridge and Door". In *Theory, Culture & Society*, fev. 1994, vol.11, n. 5 pp. 5-10.

_____. "The Stranger". In *The Sociology of Georg Simmel.* Kurt H. Wolff (ed.). Nova York: The Free Press, 1950, p. 402-408.

_____. "The Stranger". In *Introduction to the Science of Sociology.* Robert E. Park, Ernst W. Burgess (ed.). Chicago: The University of Chicago Press, 1921, pp. 322-327.

STEINER, George. "Extraterritorial". In *Extraterritorial. Papers on Literature and the Language Revolution.* NovaYork: Atheneum, 1971, p. 3

STRAUVEN, Francis. *Aldo van Eyck. The Shape of Relativity.* Amsterdã: Architectura & Natura, 1998.

TENTORI, Francesco. *Pietro Maria Bardi. Primo attore del razionalismo.* Turim: Testo & Immagine, 2002.

_____. *P.M. Bardi.* São Paulo: Instituto Lina Bo e P.M. Bardi/Imprensa Oficial, 2000.

TYLER, Edward B. *Primitive Culture Research into the development of mythologie, philosophy, religion, art, and custom.* Vol. 1. Londres: John Murray, 1871.

VIDLER, Anthony. "Spatial Estrangement in Georg Simmel and Siegfried Kracauer". In: *New German Critique*, n.54, Special Issue on Siegfried Kracauer, 1991, pp. 31-45.

VITRUVIUS. *The Ten Books on Architecture.* Trad. de Morris H. Morgan. Nova York: Dover Publications, 1960.

WARCHAVCHIK, Gregori. Conferência no Instituto dos Arquitetos do Rio de Janeiro, 1971.

WERNER, Michael; ZIMMERMANN, Bénédicte. *"Beyond Comparison:Histoire croisée* and the challenge of Reflexivity". In *Religion and History*, 45, 2006, pp. 30-50;

WERNER, Michael (ed.). *Transferts, Les relations interculturelles dans l'espace franco-allemand.* Paris: Editions Recherche sur les civilizations, 1988.

WIRTH, Louis Le. *Ghetto*. Grenoble: Presses Universitaires de Grenoble, 2006 (primeira edição:1928).

XAVIER, Alberto. *Depoimento de uma Geração. Arquitetura Moderna Brasileira*. São Paulo: Cosac &Naify, 2003.

ZEVI, Bruno "A Influência Judaica na Arquitetura Contemporânea". In *Arquitetura e Judaísmo: Mendelsohn*. Anat Falbel (org.). São Paulo: Editora Perspectiva, 2002, pp. 63-68.

_____. "Brasile incerto e eclético". In *L'Architettura Cronachee Storia*, vol. 17, mar. 1957, pp. 806-807.

_____. "Erich Mendelsohn Expressionista". In *Arquitetura e Judaísmo: Mendelsohn*, Anat Falbel (org.). São Paulo: Editora Perspectiva, 2002.

_____. *Erich Mendelsohn. Opera Completa. Architettura e Immagini Architettoniche*. Turim: Texto & Immagine, 1997.

_____. *Fábrica dos Sonhos*, manuscrito, s/d, Arquivo Instituto Lina Bo Bardi.

Para uma filosofia do exílio: Anatol Rosenfeld e Vilém Flusser sobre as vantagens de não se ter uma pátria.

MÁRCIO ORLANDO SELIGMANN-SILVA

Se hoje vivemos em uma era de radicalizações e de construção de barreiras entre grupos e culturas, a resposta mais sensata a essa recorrente afirmação do modo monológico e narcisista de se construir as identidades subjetivas e coletivas é a tentativa de se pensar em outros modelos de troca cultural. O desafio é o de recuperar e de simplesmente elaborar modelos de circulação cultural que permitam colocar no centro não a sedimentação e o encastelamento no "próprio", mas, antes, uma visão positiva do movimento de dispersão, que supere o sedentarismo das identidades enquistadas a favor do nomadismo das identidades abertas e em constante construção. Esse modelo nômade solicita o abandono do modelo (moderno) do nacional e nos lança em uma negociação constante entre o local e a globalização econômica e cultural. Ele se opõe à construção de muros em torno dos novos blocos hegemônicos políticos e econômicos e aponta para a necessidade de se criar pontes e canais comunicantes. Pensando nessa urgente necessidade de novos modelos para pensarmos as identidades culturais pergunto-me em que medida as experiências de intelectuais exilados no Brasil permitem lançar uma luz sobre esses novos desafios. Trata-se de refletir sobre como a experiência do exílio desses pensadores permitiu uma reformulação crítica dos paradigmas modernos de construção (nacionalista) da identidade. Essas ideias vão ao encontro do atual desafio de pensar o local da diferença em uma era de homogeneização econômico-cultural.

Proponho, então, que nos debrucemos sobre as ideias de dois intelectuais de língua alemã que se exilaram no Brasil e que, apesar de terem deixado este mundo há décadas, formularam ideias que se tornaram cada vez mais atuais. Coloco-me aqui como uma espécie de porta-voz destes intelectuais, em um misto de homenagem e de pedido de ajuda para pensar o nosso presente. Refiro-me primeiramente a Anatol Rosenfeld, nascido na cidade de Berlim em 28 de julho de 1912, tendo emigrado em 1936, antes de concluir seu doutorado em filosofia na Friedrich-Wilhelm-Universität. Ele chegou ao Brasil no início de 1937. Depois de trabalhar em uma fazenda em Pedreira, perto de Campinas, e como caixeiro viajante, no final dos anos 1940 ele retomou seus trabalhos intelectuais e passou a trabalhar como jornalista. Rosenfeld se tornou aos poucos uma eminência da intelectualidade paulista, particularmente daquela ligada a USP, nos anos da criação de vários de seus cursos de ciências humanas. Amigo de Antônio Candido, de Jacó Guinsburg (que se tornaria o editor de sua obra), ele se recusou a fazer uma carreira acadêmica e preferiu sua independência como livre pensador. Faleceu em São Paulo no final de 1973, ou seja, depois de ter vivido 36 anos no Brasil, doze a mais do que vivera em Berlim.[1]

O outro pensador que nos guiará nesta reflexão — e será sobretudo dele que falarei aqui — deixou o Brasil justamente em 1973, o ano da morte de Rosenfeld, para se fixar em Robion, na Provence francesa, e então conquistar fama internacional como comunicólogo, tornando-se o intelectual brasileiro de maior repercussão no século XX. Refiro-me a Vilém Flusser.[2] Ele nasceu em Praga em 1920 e deixou aquela cidade em 1939 fugindo do nazismo — que significou a morte de toda sua família e o desaparecimento de seus amigos: "todas as pessoas às quais eu estava ligado de modo misterioso em Praga foram assassinadas. Todos. Os judeus nas câmaras de gás, os tchecos na resistência, os alemães na campanha russa"[3]. Após um ano na Inglaterra, ele foi para o Brasil, instalando-se em São Paulo. Como Rosenfeld, de quem se tornaria amigo e admirador, ele tampouco se tornou um professor no sentido pleno. Apesar de ter lecionado na FAAP e na USP, nunca se integrou plenamente no sistema acadêmico e foi rechaçado pelos filósofos, que estavam então construindo o departamento de filosofia da USP e desconfiavam do gênero de filosofia que Flusser praticava: ensaísta, extremamente erudito, mas de modo algum filológico, como então se praticava a filosofia em São Paulo. Flusser se sentiu asfixiado e limitado no Brasil da ditadura e em 1973 decidiu se autoexilar: desta feita em um exílio cultural e não tanto político como ocorrera em 1939.[4]

---

[1] Cf. KESTLER, 2003, pp. 133–135.
[2] Cf. FLUSSER, 2007.
[3] Ibid., p.225.
[4] Cf. meu artigo: SELIGMANN-SILVA, 2009b, pp.155-73. Cf. Também: BATLICKOVA, 2010.

Apesar da admiração mencionada que Flusser alimentava com relação a Rosenfeld, este último manteve a distância dele, talvez também desconfiando de sua criatividade desregrada. Como o próprio Flusser o expressou em um obituário de Rosenfeld de 1973:

> A. Rosenfeld sempre irritava. Irritava-me a sua insistência no respeito às "fontes". Tal insistência cortava as asas da minha imaginação e encurtava o seu voo. Irritava-me a sua constante volta para o que ele considerava ser "a realidade", e o que para mim não era senão uma das camadas da realidade, e não a mais significativa. Tal volta constante me parecia ser pedestre. Irritava-me a sua posição, que me parecia rígida e dogmática, tão diferente da fluidez aberta que se me afigura como a indicada na situação de ideologias interpenetrantes e em decomposição mútua como o é a nossa. [...] Devo confessá-lo: a existência de A. Rosenfeld era, para mim, irritante, porque questionava a minha própria "forma mentis". Mas agora, que ele deixou de existir, não me sinto mais à vontade. Pelo contrário: a sua ausência funciona como freio ainda mais irritante. Será isto a "imortalidade"?[5]

Esta passagem apresenta de modo sucinto esta relação de "amizade-inimizade". Estas diferenças apontadas por Flusser são fundamentais, eles eram dois intelectuais que habitavam universos distintos, mas isso não impedia a admiração mútua, apenas a tornou mais interessante e temperada.

Mas não deixa de ser sintomático que os dois exilados judeus de língua alemã se uniram justamente na tentativa de fazer uma tradução para o alemão. Refiro-me à tradução de excertos do livro-poema *Galáxias* de Haroldo de Campos.[6] Esse livro foi publicado em 1984, mas os poemas vinham sendo feitos desde o início dos anos 1960.

---

[5] FLUSSER, 1973.
[6] CAMPOS, 1984.

Esta tradução saiu no número 25 da revista *rot* — editada por Max Bense e Elisabeth Walther — com o título *versuchsbuch galaxien*. Vale a pena recordar essa publicação no nosso contexto. Na introdução a esta tradução lê-se sobre o texto de Haroldo: "unidade na diferença. Diferença na unidade". Estas expressões se referiam ao texto tanto do poema como da tradução, mas podem também ser aplicadas à união de Flusser e Rosenfeld em um mesmo projeto. Projeto este não por acaso de tradução e de tradução de um texto particularmente intraduzível. O projeto *Galáxias* de Haroldo de Campos foi uma empresa de radicalização do gesto do poeta francês Stéphane Mallarmé de disseminar os sentidos da poesia, como se pode ler sobretudo em seu poema *Un coup de dés jamais n'abolira le hasard* (1896). Em *Galáxias* o poema é transformado em diáspora de palavras e de significados. Eis aqui uma prova da abertura do poema e de sua "transgermanização" feita por Rosenfeld:

> e começo aqui e meço aqui este começo e recomeço e arremesso
> e aqui me meço quando se vive sob a espécie da viagem o que importa
> não é a viagem mas o começo da por isso meço por isso começo escrever
> mil páginas escrever milumapáginas para acabar com a escritura por isso
> recomeço por isso arremeço por isso teço escrever sobre escrever sobre escrever é
> o futuro do escrever sobrescrevo sobrescravo em milumanoites miluma-
> páginas ou uma página em uma noite que é o mesmo noites e páginas[7]

> und hier fange ich an und hier fange ich
> diesen anfang und fange gemessen wieder
> an und fange mich und werfe

---

7 CAMPOS, 1984.

> entfangend und vermesse mich wenn man
> nach art des reisens lebt ist nicht die reise
> wichtig sondern der anfang der deshalb
> fange deshalb fang ich tausend seiten zu
> schreiben fang ich tausendeinseiten an
> zu enden mit der schrift anzufangen mit
> der schrift anzufangen zuenden mit der
> schrift deshalb fange ich wieder ich an deshalb
> entwerfe entfangend ich deshalb ermess
> ich ermesse über schreiben zu schreiben
> ist die zukunft des schreibens ich
> überschreibe und überschreite in
> tausendeinnächten tausendeinseiten oder
> eine seite in einer nacht was daselbe ist
> nächte und seiten...[8]

Trata-se de dar um novo futuro para a escrita — trata-se de acabar com ela para reinventá-la, em uma viagem, escrevendo sobre a escritura, mas também sobrescrevendo: como em uma eterna tradução. "sobrescrevo sobrescravo", escreve Campos, e Rosenfeld recria: *überschreibe und überschreite*. Esse passo além pode ser pensado tanto como o *paragone* em forma agônica do tradutor com o "original", como também o do autor com a tradição. Toda a cultura se transforma em *überschreiben* (transcrever, transferir) e *überschreiten* (ultrapassar, transgredir), em ultrapassamento, mas também em perder-se na viagem.

Cada um dos tradutores traduziu duas páginas-poema. Rosenfeld, além da página de abertura, traduziu um poema que justamente trata de viajantes em uma *Hauptbahnhof* (Estação Central). A cena não por acaso se passa em um país de língua alemã e várias palavras em alemão pontuam o texto de Campos. Rosenfeld traduz e traz para o alemão um texto já ele mesmo polinizado por este idioma e cultura. Talvez esta cor alemã que o tenha atraído para este poema. Já Flusser elegeu dois poemas dos mais rarefeitos em termos semânticos, sendo

---

[8] CAMPOS, 1966.

que ele em certos momentos se concentrou mais em construir uma paleta sonora tão rica quanto a do original, do que em tentar refazer em alemão os fragmentos de sentido. Um dos poemas tem como tema a escrita e o livro. Em Campos lemos:

> mas o livro é poro mas o livro é puro mas o livro é diásporo brilhando no monturo e o cotidiano o coito diário o morto no armário
> o saldo e o salário o forniculário dédalodiário mas o livro me salva me
> alegra me alaga pois o livro é viagem é mensagem de aragem é plumapaisagem
> é viagemviragem ...[9]

E Flusser verte:

> aber das buch ist die öffnung
> aber das buch ist die hoffnung aber das
> buch ist die eröffnung als erscheinung in
> der erschweinung und der alltag und der
> pralltag und die leiche in der speiche und
> der speichel und der ausgleich der peisel
> im heisel aber das buch ist mein heil mein
> pfeil mein quell denn das buch ist reise ist
> weiser des säuselns ist gefiedergekräusel
> ist reisegekreise ...[10]

Nesta passagem vemos novamente a figura do livro-viagem, mas esse livro também é tratado como "diásporo", ou, na versão de Flusser: *das buch ist die eröffnung* (o livro é a abertura). Ou ainda, o livro é "viagemviragem", *reisegekreise*. Entre diáspora e viragem, entre arado e monturo, o livro é uma figura da errância, como o próprio

---

9 CAMPOS, 1984.
10 CAMPOS, 1966.

poeta se coloca e seus tradutores com ele. A tradução é a performance desta diáspora, desta visão do livro como viagem errante. Que dois exilados nos inspirem estas palavras através da poesia disseminante de Haroldo de Campos é algo que nos deve dar a pensar. Mas por agora passemos por este portal tradutório e nos dediquemos a Rosenfeld e em seguida a Flusser, tentando apontar o que eles têm a nos ensinar sobre a diáspora — questão que para eles estava longe de ser só teórica.

Rosenfeld editou um importante livro — lamentavelmente pouco lido hoje em dia — chamado *Entre dois mundos*.[11] Ele trata da errância de dezenas de intelectuais judeus entre a sua judeidade e uma cultura local. Na bela introdução deste volume — que inclui textos de Heinrich Heine, Franz Kafka, Arnold e Stefan Zweig, Arthur Schnitzler, Alfred Döblin, Lion Feuchtwanger, Alberto Gerchunoff, Saul Bellow, Alberto Dines, Isaac Babel e Samuel Rawet, para ficarmos com alguns dos mais conhecidos — Rosenfeld escreve em tom quase que explicitamente autobiográfico. Ele conhecia muito bem a sensação de estar entre os mundos, já que pertencia tanto à cultura alemã, como à judaica e à brasileira. Falando de Kafka e da interpretação de seu *O Processo* como uma espécie da alegoria da situação do judeu, Rosenfeld comenta:

> De qualquer modo, José K. morre sem saber por quê. Também as irmãs de Kafka morreram assassinadas, num campo de concentração, sem saber por quê. E fim semelhante teria tido o próprio autor de *O Processo* se tivesse vivido mais. Também Kafka teria morrido sem saber por quê".[12]

---

11 ROSENFELD; GUINSBURG et al (orgs), 1967.Com relação ao antissemitismo, vale lembrar do pequeno e pungente livro de Rosenfeld sobre "Os protocolos dos sábios do Sião", onde ele faz um histórico deste documento do ódio anti-judaico, uma verdadeira máquina antissemita que até hoje alimenta este preconceito. Cf. ROSENFELD, 1982.

12 ROSENFELD; GUINSBURG et al (orgs), 1967, p. 6.

Ele considera o caso de Kafka exemplar e justamente por isso universal: ele vai além da situação judaica. Esse comentário de Rosenfeld, em 1967, é sintomático, pois já adianta toda uma potente linha de leitura da cultura como sendo uma cultura do exílio e da diáspora. Ou seja, ele não procura simplesmente fazer uma leitura judaizante de Kafka, algo que não seria nada original, mas sim tenta ler em Kafka traços do homem contemporâneo. Ele recorda a teoria da *lonely crowd*, em moda então,[13] para se referir a este sentimento de alienação do homem contemporâneo e assim aproximá-lo de Kafka. "Nenhuma pessoa de sensibilidade, que viva realmente o momento atual, pode fechar-se inteiramente a esta 'teologia do exílio' — fórmula que talvez defina aspectos essenciais da obra kafkiana."[14] Ele fala ainda de um "duvidoso privilégio" de ser visto como uma espécie de pioneiro e paradigma desta experiência contemporânea. Reencontraremos em Flusser uma ordem de ideias semelhante. Para Rosenfeld, no entanto, o modelo do modelo, ou seja, o Kafka de Kafka, tinha sido Heine. Este teria também sofrido de "complexo de exílio". Ele era o "tipo acabado do judeu marginal".[15] Rosenfeld descreve Heine como um *déraciné*, nascido em uma casa já sem tradição, num mundo de semiemancipados que o marcaria como um marginal, alguém condenado a viver entre dois mundos. Um *estranho*. É evidente que estamos autorizados a ler na descrição que Rosenfeld faz desta tradição dos exilados e marginais uma autorreflexão de um exilado. Afinal ele mesmo nos chama a atenção para a "importância documentária" dos escritos.[16] Para ele, toda literatura possui algo de confissão e hoje sabemos que não só a literatura o possui — ou ainda, de um outro viés: se tudo é literatura, sempre há confissão na escrita.

Rosenfeld ao falar de Heine descreve e teoriza algo que eu definiria como uma "geração ponte". Mas esta geração não pode ser

---

13 Cf. o então livro referência quanto a essa temática: RIEMAN, 1950. Também publicado no Brasil por Jacó Guinsburg: RIEMAN, 1995.

14 ROSENFELD, GUINSBURG et al, 1967, p.6.

15 Ibid., p. 10.

16 Ibid., p. 9.

reduzida a um período restrito. Podemos ver nela tanto Heinrich Heine (1797-1856), como Freud, nascido no ano de morte de Heine, ou ainda Kafka (1883-1924) e mesmo Walter Benjamin (1892-1940). Mas mesmo a geração de Rosenfeld ainda sofreu de um *complexo de ponte*. E Flusser, talvez mais libertado deste complexo, não deixou de cultivar uma verdadeira obsessão pelas pontes e pela metáfora das pontes e do pontificado.[17] Rosenfeld descreve o complexo de exílio de Heine como uma autêntica doença nervosa, que estaria na origem de atitudes oscilantes, do fato dele ter passado boa parte de sua vida viajando, ter-se convertido ao cristianismo para em seguida se arrepender amargamente disto, ter sido um ardente patriota germânico e depois o fundador da Associação para a Cultura e Ciência dos Judeus e alguém que odiava tudo que se referisse à Alemanha. Heine teria um anseio de integração, uma sede de amizade, ao lado do aguilhão e da necessidade do deslocamento. Vale notar que esta compulsão à viagem e ao deslocamento agiu de modo distinto em cada um destes exilados existenciais que mencionei aqui: mas todos eles viveram na pele e na alma a situação de ponte e, com exceção de Kafka, todos foram exilados políticos. Kafka, de certo modo, foi um "exilado interno". Freud, Kafka e Vilém Flusser[18] perderam a família em campos de concentração.

Rosenfeld escreve sobre Heine:

> Nele, como expoente genial, tudo toma feições excessivamente agudas, mas as suas peculiaridades são, em essência, as de todos os marginais, sejam eles mulatos, mestiços da Índia, imigrantes ou sobretudo seus filhos nos quais se manifesta incisivamente o drama da "segunda geração" — já sem as tradições dos pais e ainda mal adaptada ao ambiente.[19]

---

17 Cf. meu artigo de 2009 acima citado (SELIGMANN-SILVA, 2009b, pp.155-73).

18 Como lemos em um pequeno ensaio biográfico de Vilém Flusser feito por Izabela Maria Furtado Kestler, após a invasão alemã à Tchecoslováquia "O pai de Flusser é preso a seguir e espancado até a morte no campo de concentração de Buchenwald. A mãe e a irmã de Flusser foram assassinadas em Auschwitz." (KESTLER, 2003, p. 94).

19 ROSENFELD; GUINSBURG et al, 1967, p.14.

Ou seja, Rosenfeld faz de seu estudo sobre o exílio judaico um ensaio sobre os deslocados, exilados e moradores de um mundo reificado. Novamente: estes judeus valem como exemplos, são singulares mas são universais. Não por acaso Rosenfeld fala da "dupla lealdade" de Heine, conceito amplamente utilizado para caracterizar a situação do tradutor, como aquele que deve ser fiel tanto à língua de partida como à de chegada: tarefa impossível, como bem o caracterizou Benjamin ao denominar seu famoso texto sobre a tradução com a expressão: *Die Aufgabe des Übersetzers* (*A tarefa do tradutor*). A tarefa, mas também a desistência e o fracasso do tradutor. O tradutor é um pontífice mas também alguém que vive no "entre" das línguas e das culturas.

Walter Benjamin — que também foi um tradutor, de Baudelaire e Proust, entre outros — conhecia bem os canais comunicantes entre a tradução e o gesto da ironia, outra das marcas dos exilados e de Heine, como recorda Rosenfeld. Com Thomas Mann, Rosenfeld afirma que a "ironia é distância" e arremata: "Distância é a situação do estranho e marginal."[20] Este estranho, que lembra o conceito freudiano de *Unheimlich*, vive sem casa. Veremos que Flusser desenvolverá uma filosofia que comportava um estranho elogio da casa ambulante. O deslocado, na visão de Rosenfeld, recusa uma casa assim como recusa um rótulo e uma identidade estanques. Assim, tanto mais ele rechaça os estereótipos e lugares-comuns que são projetados sobre certos grupos: "Qualquer conceito sobre um grupo inteiro", escreveu Rosenfeld, "é sempre um preconceito"[21] Como aquele que assume seu ser estranho, o judeu teria se colocado no local de uma minoria fraca e se tornado um bode expiatório. É este em boa parte o tema das histórias reunidas por Rosenfeld em seu livro *Entre dois mundos*. Mas algumas delas tratam também de como se pode viver bem na situação de exílio: "Vive-se perfeitamente bem entre dois mundos; de fato", escreve Rosenfeld, "tal situação é uma fonte

---

20 Ibid., p. 17.
21 Ibid., p. 21.

de enriquecimento", ele arrematou.[22] Ou seja, o tradutor de culturas, a ponte entre o passado e o presente e entre dois mundos, o judeu errante no seu exílio pode também transformar esta situação aparentemente hostil em fonte de enriquecimento. Flusser foi decerto o intelectual do século XX que melhor explorou esta possibilidade. Passemos a seus textos.

Mas Flusser não apenas construiu uma filosofia positiva do exílio, ele foi também um crítico radical do nacionalismo. No seu universo, um aspecto era a contraparte do outro. Como alguém que vivera na carne as consequências do mal nacionalista, ele sempre tinha as antenas muito alertas para esse perigo. Quando da queda do muro e da dissolução dos blocos socialistas, ele foi uma voz isolada que já anunciava as terríveis guerras nacionalistas que se tornaram realidade. Ele não tinha dúvidas de que os nacionalismos renasceriam "como uma Fênix das cinzas",[23] como ele escreveu em 1991. O nacionalismo era um dos poucos aspectos da humanidade que faziam do otimista Flusser um pessimista e inconsolável crítico da cultura. O nacionalismo barrava a visão utópica que ele tinha de uma sociedade pós-histórica. Ele via no pensamento romântico conservador as origens deste modo nacionalista de pensar — que ele criticou já no seu livro *A história do Diabo*, de 1965. Eu cito:

> os filósofos do 'povo' alemão conseguiram encher de interesse existencial esse conceito, e transformá-lo de praga [!] em motivo de orgulho. É enormemente fecunda essa inovação introduzida pelo "idealismo". Já produziu pelo menos quatro guerras, incontáveis fornos de incineração, e revoluções sangrentas.[24]

Hoje podemos dizer que este mal gerou na verdade dezenas ou centenas de guerras. Desdobrando a lógica do nacionalismo, Flusser

---

22 Ibid., p. 27.
23 FLUSSER, 1994, p. 94.
24 FLUSSER, 2006, p. 86.

chega logo ao cerne do pensamento político que determinou o nacional-socialismo:

> O povo ardentemente amado está sempre rodeado de inimigos internos e externos. [...] E os nossos inimigos internos são aqueles que não amam o povo, mas persistem num individualismo cego, não querem ser como "a gente". São traidores. Os nossos inimigos são odiosos, e o nosso ódio a eles está em proporção direta com o nosso amor ao povo.²⁵

Estamos a um passo do raciocínio de Rosenfeld sobre o judeu como estranho e como bode expiatório. Flusser, de resto, escreveu diretamente sobre este tema em várias ocasiões, mas sobretudo ao resenhar em 1982 o ensaio de René Girard intitulado *Le bouc émissaire*.²⁶

É sobre esta base negativa que devemos ler as potentes reflexões de Flusser sobre a língua, a tradução e seu elogio do exílio e da circulação. Esta base era também, novamente, a sua vida. Assim não nos surpreende mais se encontrarmos no mencionado livro de 1965 sobre a história do diabo, uma referência ao caráter autobiográfico de toda cosmovisão. "Aquilo que chamamos 'nossa experiência individual' é portanto muito menos característico, e muito mais típico que suspeitamos".²⁷ Nesse livro, Flusser explora tanto a importância da língua materna, como também as vantagens de abandoná-la. Neste ponto o gesto da tradução é essencial. Como já para Wilhelm von Humboldt,²⁸ também Flusser acreditava que "a língua materna forma todos os nossos pensamentos, e fornece todos os nossos conceitos".²⁹ E mais, escreve o exilado Flusser:

---

25 Ibid., p. 87.
26 FLUSSER, 1995.
27 FLUSSER, 2006, p. 94.
28 Cf. CASSIRER, 1977, p.104.
29 FLUSSER, 2006, p. 91.

toda língua produz e ordena uma realidade diferente. Se abandonamos o terreno da nossa língua materna (...) o nosso senso de realidade começa a diluir-se. O amor pela língua materna restabelece o nosso senso de realidade, porque nos proporciona a vivência da superioridade da nossa própria língua. (...) Se perdemos o amor pela língua materna, se aceitamos todas as línguas como ontologicamente equivalentes, a nossa realidade se desfaz em tantos pedaços quantas línguas existem (...) E nos abismos entre estes pedaços abre-se o nada, muito precariamente transposto pelas pontes duvidosas que as traduções oferecem. A perda do amor pela língua materna equivale a uma forma infernal da superação da luxúria pela tristeza.[30]

Ou seja, o território niilista aberto pelo tradutor é também o terreno de onde brota a melancolia, Antimusa tão conhecida de Benjamin.[31] Mas Flusser ensina também que este tradutor não necessariamente é triste por ter abandonado o território e o abrigo da língua mater. Como o próprio Flusser, ele/ela pode aprender a ter muitas(os) amantes. Em uma entrevista de 1990 Flusser formulou o seguinte quanto à tradução e ao seu amor pelas línguas. Observem que novamente encontramos aqui a passagem do individual para o universal, do biográfico para o teórico:

> Meu caso não é específico. Mas vou falar sobre o meu caso porque ele é característico para outros casos. Eu tenho um amor inquieto, quente com relação à língua. Isto também pode ser esclarecido biograficamente — eu nasci entre as línguas, um poliglota de nascença. E isto também me dá essa sensação singular do precipício abrindo-se sob mim, sobre o qual eu salto ininterruptamente. Nesta prática cotidiana da tradução — pois tradução é saltar — tornou-se

---

30 Ibid., p. 91.
31 Cf. Walter Benjamin, "A doutrina de Saturno". In BENJAMIN, 1985, p. 171.

claro para mim que, de todas as máquinas que o ser humano já criou, as línguas são as mais estupendas.[32]

Em outro artigo de 1991, também contra os neonacionalismos pos-guerra fria, chamado *Nationalsprachen* (*Línguas nacionais*), Flusser articula a ideia de que aquele que realmente ama a sua língua materna deve saber amar outras línguas. As belezas de cada língua só podem vir à luz nesta passagem de uma língua para a outra. E ele formula: "quem mata seu vizinho porque ele fala outra língua que não a sua, este não possui a mínima ideia da sua própria língua.".[33] Decerto o ensaio no qual Flusser leva mais adiante a sua filosofia do exílio e a sua teoria do pós-nacionalismo é o belo trabalho — também amplamente autobiográfico — *Wohnung beziehen in der Heimatlosigkeit*, publicado em português no volume *Bodenlos* com o título "Habitar a casa na apatricidade." Este texto, de meados dos anos 1980, anterior, portanto, à queda do bloco comunista, coloca-se como tarefa uma exploração, afirma Flusser, do "mistério de minha apatricidade",[34] ou seja *das Geheimnis meiner Heimatlosigkeit*,[35] em um jogo de palavras dificilmente recuperável em português já que mistério em alemão, *Geheimnis*, possui a mesma raiz que pátria naquele idioma, *Heimat*. Na língua alemã, pode-se formular, a pátria tem algo de misterioso. Flusser propõe que devemos abandonar as nossas concepções de pátria. Ele nos convida a despir a roupa da nação e a contemplarmos nosso corpo sem o mistério que, como ele percebe, sustenta toda ideia de pátria. Como Freud em seu artigo sobre o *Unheimlich*, de 1919, Flusser explora também a ambiguidade entre o familiar e o estranho, ou seja, entre *Heimat* (pátria) e *Geheimnis* (mistério). Dessa relação forte que o alemão estabelece entre o que é pátrio e o misterioso, Freud e Flusser percebem que o próprio e familiar, ou seja, o *heimisch*, só existe com o seu avesso,

---

[32] FLUSSER, 1996, p. 146.
[33] FLUSSER, 1994, p. 14.
[34] FLUSSER, 2007, p. 221.
[35] FLUSSER, 1994, p. 15.

o *Unheimlich* (o estranho). É desta dialética entre o familiar e o estranho que Freud deduz tanto o nosso sentimento de intimidade — que parece aos outros como algo misterioso e insondável –, como também o fato de que nossos conteúdos recalcados no inconsciente aparecem a nós mesmos como inacessíveis e cheios de mistério. O mais íntimo e familiar (*heimisch*) é também o mais estranho (*unheimlich*) a nós mesmos.Se a psicanálise tem como proposta o desvelamento desse mistério, mesmo sabendo que esse mistério nos é constitutivo, Flusser por sua vez propõe uma crítica radical do mistério e da noção de pátria dialeticamente determinada por esse mistério. Novamente ele parte de sua vida para fazer essa reflexão: "Sou domiciliado em no mínimo quatro idiomas e me vejo desafiado e obrigado a traduzir e retraduzir tudo o que tenho a escrever".[36] Flusser parte para esta pesquisa, como Freud também, cruzando filogênese e ontogênese, ou seja ele discute fenômenos da espécie humana que se refletem e se repetem na história de cada indivíduo. Ele mostra como a humanidade apenas recentemente tornou-se *beheimatet*, ou seja domiciliada, mas também, habitante de uma pátria, *Heimat*. Se em outros momentos Flusser recorda que a noção moderna de patriotismo é um fruto da Revolução Francesa,[37] nesse ensaio "Habitar a casa na apatricidade" ele prefere uma visada a partir de uma longa temporalidade e afirma que o nosso "patrismo" seria uma aquisição derivada do sedentarismo provocado pela invenção da agricultura. Nessa passagem do nomadismo para o sedentarismo também teríamos aprendido a submeter as mulheres. Tudo isto para ele, no entanto, estava sendo revolucionado e superado — lembremos novamente que estamos em meados dos anos 1980 — com a sociedade pós-industrial e pós-histórica. Os milhares de migrantes, e ele inclui aí os trabalhadores estrangeiros, os expatriados (*Vertriebene*), fugitivos e intelectuais em constante deslocamento, todos não devem mais ser vistos apenas como marginais (*Ausserseiten*), mas como vanguardas do futuro.[38]

---

[36] FLUSSER, 2007, p. 221.
[37] FLUSSER, 1994.p. 95.
[38] FLUSSER, 1994, p. 16; 2007, p. 223.

Os vietnamitas na Califórnia, os turcos na Alemanha, os palestinos nos países do Golfo Pérsico e os cientistas russos em Harvard surgem não como vítimas dignas de compaixão que devem receber ajuda para retornar à pátria perdida, mas sim como modelos a serem seguidos por sua suficiente ousadia".[39]

Reencontramos aqui, portanto, a ideia acima vista com Rosenfeld de que minorias expatriadas — no caso ele falava especificamente dos judeus da Europa — teriam uma espécie de "duvidoso privilégio" de representar a humanidade hoje. De certo modo, Flusser leva adiante aquilo que Rosenfeld denominou de "teologia do exílio", ao se referir a Kafka. Isto não nos surpreende, já que esses dois pensadores de Praga, Kafka e Flusser, de fato tinham muito em comum. Mas sobre esse "duvidoso privilégio" de sofrer o exílio, outros intelectuais judeus também escreveram, como Derrida, em 1992, em seu conhecido ensaio *Le monolinguisme de l'autre* (*O monolinguísmo do outro*)[40] — também dentro de um modo de filosofar abertamente autobiográfico. Toda uma linhagem do pensamento judaico do século XX (com raízes no XIX, como vimos na leitura que Rosenfeld fez de Heine), poderia ser traçada aqui a partir desse mote.

Mas voltemos ao Flusser de meados dos anos 1980. No ensaio sobre a conquista da apatricidade ele ainda descreve o seu "desmoronamento do universo", ou seja, a expulsão de Praga, como uma "rara vertigem da libertação e da liberdade". Ele vê na *Heimat* (pátria), antes de mais nada, uma técnica (*Technik*). Como nos ligamos a ela com muitos fios, costumamos sofrer com a ruptura dos mesmos. Flusser transformou esse abandono em conquista, passou do luto da perda, para uma reflexão sobre sua liberdade e seus ganhos. Ele conclui esta reflexão dando um passo de sua situação de sobrevivente para uma reflexão filo-histórica. O que parece um pequeno passo para um homem, é revelado e transformado em um grande

---

39 FLUSSER, 2007, p. 223.
40 DERRIDA, 1996.

passo para a humanidade: "Portanto, a partir dessa quebra do sedentarismo, somos todos nômades emergentes".⁴¹ Trata-se de aprender a romper esses laços obscuros que nos atam à ideia de *Heimat*. Na sua experiência, ele percebeu que o nosso "enraizamento secreto (*geheimnisvolle*)" é na verdade um "enredamento obscurantista".⁴² Esta libertação dos laços obscuros e até então considerados como profundos e naturais, leva a uma nova ordem ética. Libertar-se da ideia de *Heimat* não deve ser compreendido como uma conquista da irresponsabilidade. Antes, a responsabilidade agora passa a ser algo mais sério e pensado como o fruto de uma escolha refletida. Podemos eleger com relação a quem e ao que desejamos ser responsáveis. Aproximando esta teoria de Flusser da crítica que Hannah Arendt faz da noção de política calcada na piedade — que para ela se estabeleceu na época da Revolução Francesa⁴³ — podemos pensar que para Flusser também não se trata mais de abraçar a comunidade abstrata do "povo", mas sim àqueles e às causas com as quais verdadeiramente nos identificamos. Flusser escreve: "Não sou como aqueles que ficaram em sua pátria, misteriosamente amarrados a seus consócios, mas me encontro livre para escolher minhas ligações. E essas ligações não são menos carregadas emocional e sentimentalmente do que aquele encadeamento, elas são tão fortes quanto ele; são apenas mais livres".⁴⁴

Esta libertação das amarras da *Heimat* são tão evidentes em Flusser que ele é incapaz de articular a sua identidade — ou as suas identidades — em termos nacionais. Ele se diz com as palavras: "Sou praguense, paulistano, robionense e judeu, e pertenço ao círculo de cultura chamado alemão, e eu não nego isso, mas sim o acentuo para poder negá-lo".⁴⁵ Ele não se diz tcheco, brasileiro, francês e alemão. Seu sentido de pertença passa pelas cidades onde morou

---

41 FLUSSER, 2007, p. 223.
42 Ibid., p. 224.
43 ARENDT, 1988, p. 47-91.
44 FLUSSER, 2007, p. 226.
45 Idem.

e pelas línguas e culturas nas quais habitou, não pelos países. Mas essa pertença se dá no *Überspringen*, ou seja, no salto constante, na passagem de uma vestimenta a outra, na superação contínua do próprio. É como se a vida se tornasse um ato contínuo de traduzir-se já que, como vimos acima, para Flusser "tradução é saltar". Com essa casa multipolar e com a estrangeiridade que essa situação criava para ele no interior de cada uma dessas pátrias, Flusser aprendeu a olhar a *Heimat* de fora. E desse modo aprendeu a desconstruí-la. Ele nota que o estrangeiro é aquele que normalmente, para sobreviver, aprende o código secreto da *Heimat*. Ao fazer isto, mostra que esse código é constituído de regras inconscientes, mas que não se trataria na verdade de nada especial, insondável e muito menos natural. As regras do local, do nacional, que são sempre sacralizadas, são reveladas como sendo banais pelo estrangeiro. "Para o residente, o emigrante é ainda mais estrangeiro, menos familiar que o migrante lá fora, porque ele desnuda o sagrado, para os domiciliados, como uma coisa banal. Ele é feio e digno de ódio, porque identifica a beleza pátria com uma belezinha kitsch".[46] Ele é o profanador, e nesse passo Flusser recorre novamente à teoria do sacrifício. O estrangeiro profana o sagrado, ele mesmo é, por vezes, sacralizado e sacrificado.

É digno de nota que neste ponto de seu texto sobre a filosofia do exilado Flusser passa a relatar a sua experiência no Brasil. Ele narra como ele se decepcionou justamente com o processo de transformação do Brasil em uma nação como qualquer outra. Sua trajetória nesse país foi a de um engajamento cada vez maior, pensando que aquele país poderia ser também uma vanguarda do pós-nacional. Mas o golpe de Estado de 1964 e a institucionalização burocratizante do saber em Departamentos universitários já natimortos mataram nele seu ímpeto inicial. Pela segunda vez Flusser foi convencido das desvantagens de se ter uma pátria, *Heimat*. Ele resume essa desilusão com o Brasil na frase: "Os preconceitos começaram a se cristalizar, isto é, a construção de uma nova pátria começou a ser bem-sucedida".[47] Mas essa "novidade" era na verdade a repetição da velha

---

[46] Ibid., p. 227.
[47] Ibid., p. 230.

e execrada ideia de nação que se concretizava outra vez. Estava na hora de Flusser sair do Brasil. Foi esse périplo por este país chamado Brasil que despertou nele a consciência de que a *Heimat* "nada mais é senão a sacralização do banal. A pátria, seja de que maneira for, não é nada além de uma habitação enovelada de mistérios. E ainda: quando se deseja manter a liberdade da apatricidade, adquirida com sofrimento, é necessário que a gente se recuse a participar dessa mistificação dos hábitos".[48]

A partir dessas palavras de Flusser podemos pensar que também nossos estudos de área e sobretudo aqueles organizados a partir de nações, podem fazer parte dessa mistificação. Imagino que se quisermos fazer valer a lição que Flusser tirou de sua vida e da história do século XX, que ele viveu intensamente, a conclusão nesse ponto seria mais ou menos evidente: qualquer estudo que se queira verdadeiramente crítico de um país, da sua história e da sua literatura, só será válido se ele lutar no sentido de desacralizar e romper com estas mistificações. O pesquisador tem que saber vestir a roupa do estrangeiro, não para reproduzir os estereótipos, mas, muito pelo contrário, pela distância obter um espaço essencial para a crítica. O estudioso de fora tem o privilégio da distância. E os por assim dizer "nativos" devem aprender a se abrir para as leituras vindas "de fora". Trata-se de aprender a *saltar*, como Flusser, de idioma em idioma, de universo cultural em universo cultural. Ele parte então de uma afirmativa que reestrutura nossas ideias convencionais sobre a pátria e a habitação. Ao contrário do que geralmente pensamos, não é a pátria que é algo estável e um ponto de referência. Podemos viver muito bem sem uma pátria. O que é necessário é a moradia. "Sem habitação, sem proteção para o habitual e o costumaz, tudo o que chega até nós é ruído, nada é informação, e em um mundo sem informações, no caos, não se pode nem sentir, nem pensar, nem agir".[49] Mas existe uma dialética entre o conhecido e o desconhecido que move Flusser — e todos nós, como habitantes de casas — para fora da

---

[48] Ibid., p. 232.
[49] Idem.

redoma de sua moradia. Habitamos na redundância, ele afirma, para poder receber ruídos e transformá-los em informação. "Minha habitação, essa rede de hábitos, serve para ser agarrada por aventureiros, e serve também como um trampolim para a aventura".[50] Este convite para os ruídos e para a aventura, leva a um elogio do nomadismo, que nos transforma em caracóis que levam suas casas nas costas.

Flusser de fato a partir dos anos 1980 refletiu muito sobre as nossas moradias, invadidas por aventureiros e abertas para a aventura. Só assim podemos evitar a cristalização da moradia em uma *Heimat*. Flusser nos convida a desacralizar nossas belezas pátrias, porque sabe que "O patriotismo é sobretudo o sintoma de uma doença estética".[51] Ele chegou a esta formulação sem passar pela teoria da ontotipologia que alguns anos depois levou Philippe Lacoue-Labarthe e Jean-Luc Nancy a analisar no nazismo não apenas uma doença estética, mas a própria realização do estético. Hitler é visto pelos dois filósofos como o grande artista e arquiteto da raça alemã. Ele queria criar um tipo e para tanto visava aniquilar o que escapasse desse molde.[52] Já o apátrida valorizado por Flusser, justamente questiona os moldes e relativiza a beleza da pátria. Flusser, em meados dos anos 1980, quis ver nesse migrante um fragmento do homem do futuro.[53] Ele desconstrói mistérios e vive sem segredos.[54] Ele sabe morar, mas recusa o mistério da *Heimat* e os canais que nos prendem a ela.

Esse homem que se aventura, como o ironista de Rosenfeld que vimos acima, sabe apreciar a distância e as novas perspectivas que

---

50 Ibid., p. 233.

51 Ibid., p. 234.

52 Cf. LACOUE-LABARTHE; NANCY, 2002.

53 FLUSSER, 1994, p. 29; 2007, p. 235.

54 Neste sentido seria interessante lembrar da atração de Walter Benjamin pela arquitetura de vidro de um Adolf Loos e de Le Corbusier. Walter Benjamin no seu ensaio "Experiência e Pobreza", de 1933, data fatídica, comemora um "conceito novo e positivo de barbárie". Ver BENJAMIN, 2012, p. 125. Ele elogia o homem novo, o "contemporâneo nu", despido da tradição, vivendo como em uma *tabula rasa*. Ele vê o vidro como um "inimigo do mistério", p. 117, ideia que, acho, seria muito cara a Flusser.

esta libertação das amarras da *Heimat* significam. Como Flusser formulou em um texto ainda do início dos anos 1960, *Für eine Philosophie der Emigration* (*Para uma filosofia da emigração*): "Quando o homem se coloca na ironia, ele pode observar o que o determina".[55] É a revolta (*Empörung*) que nos leva à ironia, assim como é o engajamento, que nos faz sair dela, formulou Flusser naquela época. A partir de seus textos dos anos 1970 e 1980 fica claro que ele na verdade aprendeu a ficar na revolta e na ironia e a recusar o passo seguinte. O engajamento com a desconstrução — e não mais com a construção — de pátrias faz com que não abandonemos esse interessante posto avançado de observação conquistado pela ironia. Até os anos 1960, na visão de Flusser, a emigração seria o resultado da revolta e a imigração derivaria do desejo de engajamento. Mas depois, após sua saída do Brasil, esse engajamento se dá na própria emigração. Não há mais local para se imigrar. A filosofia da emigração de Flusser precisa ser atualizada e ele mesmo nos dá os elementos para esta reformulação a partir de sua decepção com qualquer projeto de construção de pátrias.

Assim, por exemplo, no seu artigo *Um entsetzt zu sein, muss man vorher sitzen* (*Para se inquietar tem-se que antes estar quieto*), de 1989 (cujo título do manuscrito é *Vertreibung* [Expulsão]), ele procurou ler os aspectos positivos do banimento. Jogando com as palavras, ele escreve: "Para sermos seres humanos no sentido integral destas palavras devemos nos espantar".[56] Segundo ele, para Aristóteles a filosofia inicia com o *Entsetzen* (espanto, inquietação), o espantar-se que nos desorienta. O banimento, portanto, poderia nos ajudar a nos tornarmos mais humanos. Os três estágios do banimento, o sentimento de perda do solo e do chão (*Boden*), a sensação de irrealidade em torno de nós e em nós e, em terceiro lugar, a sensação de se viver em uma realidade de segundo grau, tudo isso, nós reconhecemos hoje, escreveu Flusser, como sendo a situação de todos nós.[57] Ou

---

55 FLUSSER, 1994, p. 31.
56 Ibid., 1994, p. 35.
57 Ibid., p. 37.

seja, como vimos acima com a filosofia do exílio de Rosenfeld, novamente o deslocado, o exilado, vale como uma espécie de representante radical, extremo, de uma situação que tendencialmente toda a humanidade vive hoje. Já em *Planung des Planlosen* (*Planejamento do sem plano*), de 1970, ou seja, poucos anos antes da segunda grande emigração de Flusser, ele defenderá a figura do viajante e de seu gesto, nascido de repente, de abandonar o seu local: "A partida é libertação do hábito, e a decisão de se partir é o tomar uma liberdade fundamental: a do movimento. Sem ele não valeria mais a pena viver".[58] Lembremos do complexo de exílio que vimos acima com Rosenfeld escrevendo sobre Heine e da compulsão à viagem daquele poeta. O errante Flusser defende suas rupturas com argumentos que empenham a dignidade de toda a humanidade. Ele vê no viajante um *Homo ludens*,[59] alguém que aposta no acaso, arrisca-se, mas ao mesmo tempo vive de modo integral a sua liberdade. Talvez ele não estivesse equivocado aqui. Afinal a teoria é, como ele também afirma pensando na sua etimologia grega (que vem de "thea", "uma vista" e de "horan", olhar) *sight seeing*,[60] e de fato Flusser viu muita coisa e pôde decantar dessa leitura do mundo palavras que guardam uma sabedoria. Como o Benjamin dos anos 1930, Flusser aproxima constantemente em seus textos sobre a viagem e sobre o nomadismo *Fahren* (viajar) e *Erfahren* (fazer experiência), que encontra a sua correspondência na relação de *experiência* com o latim *experiri* (provar, fazer experiência). "É correto que aquele que se senta (*der Sitzende*) possui (*besitzt*) e o que viaja (*der Fahrende*) experiencia (*erfährt*), ou

---

58 Ibid., p. 40.

59 *Homo ludens*, ou seja, o ser humano em sua essência lúdica, que já havia sido descrita por Aristóteles em sua *Poética*. No século XX, além de Flusser, antes dele importantes autores estudaram esse aspecto central de nossa antropologia, como Freud (em ensaios como o "Para além do princípio do prazer", de 1920), Walter Benjamin em seus ensaios sobre o brincar e o brinquedo, bem como em sua teoria da arte (cf. BENJAMIN, 2013) e o historiador holandês Johan Huizinga (autor do livro clássico *Homo ludens* [1938], trad. João Paulo Monteiro, São Paulo: Perspectiva, 8ª edição, 2014).

60 FLUSSER, 1994, p. 39.

o que se senta habita o hábito e o que viaja corre perigo (*Gefahr*)".[61] Na viagem coexistem tanto a experimentação, como a ousadia, a prova e o perigo. Daí Flusser criar também uma falsa etimologia entre *Wagen* (carro) e *Wagnis* (ousadia).[62] Este ser humano móvel, ele escreveu em um texto cheio de humor sobre o *Wohnwagen* (Trailer), de início dos anos 1970, seria a resposta à consciência triste que Hegel já detectara no homem moderno, dividido de modo dialético e sem saída, entre a sua esfera privada e a pública. O homem pós-histórico seria, para Flusser, aquele capaz de abandonar esta tristeza e transformá-la em alegria via engajamento com o mundo. Ele mantém a revolta e se apega à emigração, este ser que está livre de uma moradia fixa, engaja-se na mudança e no seu risco implícito. Mas esta moradia que abandona o imóvel e se torna dinâmica já pode ser percebida nas mudanças de nossas casas: Flusser observa que as nossas paredes estão sendo vazadas por cabos que conectam o mundo em redes. Esta revolução informacional também abole a condição existencial que gerava a consciência triste. Não existe mais o interior das casas se opondo ao seu exterior. Agora o *software* vale mais do que o *hardware*.

Podemos transpor esta ideia de Flusser para uma reflexão sobre a nova posição dos intelectuais da periferia no mundo em movimento e em rede que vivemos. Com a valorização cada vez maior do *software*, ou seja, das ideias, o jogo intelectual passa a ganhar muito mais vozes e aos poucos tem abandonado, nos últimos anos, o tom monocórdico eurocentrista que sempre teve. Também a direção destas trocas de informação tem mudado: não se dão mais da Europa e Estados Unidos para a periferia e desta de volta aos centros. Aos poucos forma-se uma rede rizomática. Assim como Flusser formulou que os novos nômades caminham sem um destino fixo, num vaguear aberto, da mesma forma as informações circulam de modo descoordenado em todas as direções. Trata-se de uma disseminação sem ordem como nas *Galáxias* de Haroldo de Campos. O meio desta

---

61 Ibid., 1994, p. 59.
62 Ibid., 1994, p. 45.

dispersão não são mais os arquivos, *hardwares*, mas os cabos. Os arquivos se digitalizaram. Flusser ainda usava a metáfora do ar e do vento para se referir a esta dispersão. Ao invés das paredes da casa, temos o vento com o qual o viajante se depara. Este ar é também, para ele, *pneuma, spiritus e ruach*. Mas, ele arremata, "apenas agora a disseminação do espírito (diáspora) tornou-se um conceito central do pensamento ontológico e antropológico".[63] Em um tom profético que lhe era caro, Flusser descreve a situação de um novo mundo no qual as paredes vão cedendo e o vento da informação transforma tudo da noite para o dia, entrando em todos cantos da casa e dentro de nós. Como vimos, nesta mesma época ele já tinha graves reservas com relação a estas transformações, que ele saudava. Assim como Walter Benjamin, que em um mesmo texto podia oscilar entre a posição melancólica e a euforia diante das catástrofes de sua época, lamentando-as ora como o fim do histórico, ora comemorando-as como a libertação do entulho da história,[64] Flusser também oscila entre comemorar a nova era pós-histórica, com a superação das ideias de *Heimat*, de propriedade, de hierarquia entre as culturas e os gêneros, e, por outro lado, criticar um novo fascismo que se articulava quer via os neonacionalismos, quer via uma apropriação fascista deste cabeamento do mundo. Trata-se de conseguir avaliar esta nova situação para guiar a nossa ação neste mundo, que Flusser via como um deserto no qual o vento dispersa os grãos em uma tempestade sem fim.[65] A catástrofe do presente torna o mundo *inabitável*, mas, ao mesmo tempo, nos condena à liberdade.[66]

---

[63] FLUSSER, 1994, p. 61.

[64] Com relação a essa dupla face de Benjamin diante da Modernidade cf. sobretudo o seu famoso ensaio "O Narrador. Considerações sobre a obra de Nikolai Leskov", de 1936 (In: BENJAMIN, 2012, pp. 213-240). Esse ensaio em si tende mais para a melancolia e crítica da Modernidade, mas no mesmo ano Benjamin publicou o seu texto sobre *A obra de arte na era de sua reprodutibilidade técnica*, no qual lemos um largo elogio do fim da tradição. Cf. também, nesse mesmo sentido, o texto de Benjamin "Experiência e pobreza", já mencionado acima.

[65] Ibid., p. 62.

[66] Ibid., p. 64.

Para concluir retomo a ideia flusseriana que via a dignidade do ser humano ligada e dependente da sua liberdade. Em um ensaio de 1984 chamado *Exil und Kreativität* (*Exílio e criatividade*), no qual ele novamente faz uma teoria positiva do *Vertriebene* (banido), ele apresenta o banido como aquele que primeiro pôde perceber que não somos árvores. Ele descobre que "talvez a dignidade humana consiste justamente em não possuir raízes".[67] Nós lamentavelmente vivemos em um mundo no qual não apenas esta afirmação das raízes ainda é um mote constante na construção dos povos e das nações, como também, apesar de toda tempestade de informação, continua a se afirmar as diferenças como que "naturais" entre estes mesmos povos e culturas. A dialética que Flusser conhecia e descrevia tão bem, que permite a um povo hospedeiro transformar seus hóspedes em vítimas de sacrifícios,[68] infelizmente não para de se desdobrar na atualidade. O "duvidoso privilégio", tão bem descrito por Rosenfeld, destes milhares e milhões de banidos ainda não se desdobrou em uma ética da convivência capaz não só de aceitar as diferenças, mas de incentivá-las, assim como de promover a constante diferenciação: a polinização mútua, criativa. Talvez estejamos agora na situação da "segunda geração" de que falava Rosenfeld. Ainda oscilamos entre a tradição histórica e a pós-histórica. Se os intelectuais possuem ainda algum papel nos processos de circulação cultural, deve ser este de promover a diferença e a desconstrução das entidades identitárias sacralizadas. Permitam-me pela enésima vez citar Flusser, já que as palavras dele são insubstituíveis: "Finalmente, ainda uma palavra sobre a tarefa do intelectual: ele deve ser aquele inseto, que pica as pessoas, para abri-las para experiências e para motivar seus corpos e pensamentos para mudanças de ponto de vista sem preconceitos".[69] Façamos desta máxima um lume para nossas discussões.

---

[67] Ibid., p. 107.
[68] FLUSSER, 1994, p. 109. Também nesta teoria da hospitalidade ambígua Flusser se adiantou ao Jacques Derrida de *l'hospitalité*, Paris: Calmann-Levy, 1997.
[69] FLUSSER, 1994, p. 84.

OBRAS CITADAS

ARENDT, Hannah. *Da Revolução*. Trad. Fernando D. Vieira. São Paulo: Ática; Brasília: Editora UNB, 1988.

BATLICKOVA, Eva. *A época brasileira de Vilém Flusser*. São Paulo: Annablume, 2010.

BENJAMIN, Walter. "A doutrina de Saturno". In _____. *Origem do drama barroco alemão*. Trad. Sérgio Paulo Rouanet. São Paulo: Brasiliense, 1985.

_____. *A obra de arte na era de sua reprodutibilidade técnica*. Trad. de Gabriel Valladão Silva. Porto Alegre: L&PM, 2013.

_____. *Magia e técnica, arte e política: ensaios sobre literatura e história da cultura*. Trad. de Sérgio Paulo Rouanet, revisão técnica de Márcio Seligmann-Silva. São Paulo: Brasiliense, 2012, p. 125.

CAMPOS, Haroldo de. *Galáxias*. São Paulo: Ex libris, 1984.

CAMPOS, Haroldo de. *rot #25 versuchsbuch galaxien*. Tradução de: Vilem Flusser e Anatol Rosenfeld. Editado por: Max Bense, Elisabeth Walther, 1966.

CASSIRER, Ernst. *Philosophie der symbolischen Formen*. Darmstadt: Wissenschaftliche Buchgesellschaft, 1977.

DERRIDA, Jacques. *Le Monolinguisme de l'autre ou la prothèse d'origine*. Paris: Galilée, 1996.

FLUSSER, Vilém. "Anatol Rosenfeld", 1973. Disponível em http://www.flusserbrasil.com/art13.html. Acesso em 20/01/2009.

FLUSSER, Vilém. *A história do Diabo*. São Paulo: AnnaBlume, 2006.

_____. *Bodenlos. Uma autobiografia filosófica*, São Paulo: Annablume, 2007.

_____. *Jude Sein. Essays, Briefe, Fiktionen*. Stefan Bollmann e Edith Flusser (org.). Düsseldorf. Bensheim: Bollmann, 1995.

_____. *Von der Freiheit des Migranten. Einsprüche gegen den Nationalismus*. Bensheim: Bollman, 1994.

_____. *Zwiegespräche. Interwiews 1967-1991*. Klaus Sander (org.). Göttingen: European Photography, 1996.

KESTLER, Izabela Maria Furtado.*Exílio e Literatura. Escritores de fala alemã durante a época do nazismo*. Trad. Karola Zimber. São Paulo: EDUSP, 2003.

LACOUE-LABARTHE, Philippe; NANCY, Jean-Luc. *O mito nazista*. Trad. Márcio Seligmann-Silva. São Paulo: Iluminuras, 2002

RIEMAN, David. *A multidão solitária*. Trad. de Rosa Krausz e Jacó Guinsburg. São Paulo: Perspectiva, 1995.

_____. *The Lonely Crowd*. New Haven: Yale University Press, 1950.

ROSENFELD, Anatol. *Mistificações Literárias: Os Protocolos dos Sábios de Sião*. São Paulo: Perspectiva, 1982.

ROSENFELD, Anatol; GUINSBURG, Jacó et al (orgs.). *Entre dois mundos*. São Paulo: Perspectiva, 1967.

SELIGMANN-SILVA, Márcio. "Construir pontes para fora da *Heimat*: Vilém Flusser e as marcas de seu exílio". In *Mobilidades Culturais: agentes e processos*. Ivete Lara Camargos Walty; Maria Zilda Curry; Sandra Regina Goulart Almeida (org.). Belo Horizonte: Veredas & Cenários, 2009b, 155-73.

_____. "Brücken bauen aus der Heimat heraus. Vilém Flusser und die Spuren seines Exils". In Susanne Klengel/ Holger Siever (Ed.). *Das Dritte Ufer. Vilém Flusser und Brasilien*. Würzburg: Königshausen & Neumann GmbH, 2009. pp. 21-38).

POSFÁCIO

Esse *festschrift* começou a ser elaborado no ano de 2015. Até a presente impressão na forma de livro, Alberto Dines não soube da confecção e da existência desse trabalho. Avesso ao culto de sua própria personalidade ou a quaisquer sinalizações e expressões nesse sentido, Dines sempre reagiu com extremo mau humor a iniciativas de projetos ou pesquisas que tivessem ele mesmo como protagonista. Manifesta profundo desprezo aos cabotinos e nunca desejou ser identificado como um.

Por essa razão, em um ponto a preparação desse *festschrift* em segredo e sem a colaboração do homenageado encontrou dificuldade: o levantamento completo e preciso de toda a produção intelectual de um personagem que ultrapassou sessenta anos de atividade.

Com o livro já pronto e no prelo, com o fim de produzir um anexo informativo complementar, os organizadores resolveram fazer um levantamento das obras de Dines publicadas em livro. De pronto, por razões óbvias, abandonamos o mapeamento dos milhares de artigos publicados em jornais e revistas, assim como também os trabalhos apresentados nos demais tipos de mídia, em especial, no programa *Observatório da Imprensa*, no ar e exibido pelas emissoras públicas (TV Cultura e TVE Brasil, depois TV Brasil) semanalmente desde 1998.

Alberto Dines chegou aos 85 anos de vida em fevereiro de 2017 como referência na imprensa e um dos mais importantes e cultuados jornalistas da segunda metade século XX e início do XXI no Brasil. A maior parte da vida, de fato, Dines dedicou ao jornalismo. Ainda assim, nunca deixou de fazer referência e ser também apresentado associado a outras atividades intelectuais. A maioria delas está mencionada e contemplada nos artigos deste livro.

Outras atividades intelectuais de Dines nem de perto superaram em termos de ocupação as que até aqui mencionamos. Mas convém registrá-las. Nos primeiros anos da TV no Brasil, escreveu roteiros, apresentou e adaptou textos para programas da TV Rio e da TV Tupi. Em abril de 1956, foi ao ar uma criação sua: o programa *Os 10 "mais" da semana*. Era de sua autoria o roteiro e nele eram comentados os dez acontecimentos mais importantes da semana, na forma de crônica, "com fotos e lides", além da narração de Cid Moreira. O programa era levado ao ar às 20 horas de sábado na TV Rio.

Outro programa de repercussão, ao qual Dines assinava o roteiro e os textos — o *High Society* — foi ao ar regularmente na TV Tupi entre agosto e dezembro de 1957. Nele Dines dividia a apresentação com Ibrahim Sued.

Também no ano de 1957, a TV Tupi do Rio de Janeiro exibiu duas vezes a encenação da peça *O caso do homem sincero*, cuja autoria é de Dines. No elenco, contracenaram Herval Rossano, Tereza Rachel, Carlos Duval, Jacy Campos, Francisco Dantas e Aracy Cardoso.

Dines fez também o que chamavam de "tele-adaptações", adaptações de textos para dramatizações televisivas, como foi o caso da crônica "O crime perfeito", de Nelson Rodrigues, levada ao ar em 1957.

Um tema em especial esteve presente no coração do grande jornalista ao longo de toda a sua vida profissional: o cinema. A chamada sétima arte foi a paixão de Dines desde a juventude. Precedeu a atividade de jornalista. Muitas vezes apresentado até hoje como "crítico de cinema", de fato assim também atuou. Criou e apresentou na Rádio Roquette-Pinto (Rio de Janeiro) o programa "Cinema", transmitido nas tardes de domingo em 1952 em parceria com Alberto Shatovsky. No mesmo ano e no seguinte, Dines escreveu regularmente uma coluna, também de cinema, para a revista *Cena Muda*.

Mas a atividade não se resumiu a crítica. Em 1952, Dines também trabalhou como assistente no filme *Está com tudo!*, do diretor Luiz de Barros. Nos anos seguintes, elaborou argumentos, redigiu roteiros e fez inúmeros projetos para cinema, alguns nunca executados. Dois de seus trabalhos chegaram a ser produzidos. Um deles, do qual foi corroteirista, lançado em 1953, tornou-se o primeiro filme brasileiro sobre futebol: *O craque*. A obra foi protagonizada por Eva Wilma, Carlos Alberto e Herval Rossano. O outro filme, lançado no mesmo ano, e também pela Multifilmes de Mário Civelli, *A sogra*, Dines redigiu o argumento. Ao longo dos anos nunca se distanciou totalmente do assunto cinema. Mais recentemente, em 2009, foi o autor do argumento do filme *Preto no Branco, a censura antes da imprensa* de Silvio Tendler e também atuou como corroteirista.

Em uma entrevista concedida no programa "Roda Viva" (TV Cultura) em março de 2012, falando da paixão pelo cinema, ao ser perguntado a respeito de qual filme gostaria de fazer, Dines respondeu mencionando o tema da entrada do Brasil na Segunda Guerra Mundial, uma história que se chamaria "Lídice". Trata-se da pequena cidade tcheca, localizada perto de Praga, que os nazistas destruíram e assassinaram a maioria de seus habitantes como retaliação pelo atentado a vida de Reinhard Heydrich, o governador do Protetorado da Boêmia e Moravia, em junho de 1942. Lídice tornou-se um dos símbolos da crueldade nazista. Em diversos países do mundo cidades e vilas foram batizadas Lídice, para que ela jamais fosse esquecida, como era a intenção de Hitler. Uma delas, no estado do Rio de Janeiro. Dines possui diversos projetos para o cinema e provavelmente respondeu com o primeiro que naquele momento lhe veio a cabeça.

A listagem que segue das obras publicadas em livro de autoria de Dines não incluem as "orelhas de livro", em razão da impossibilidade de apuração. Trazemos as apresentações de livros, prefácios, artigos em livros, títulos de livros organizados e livros autorais. As listas provavelmente não estão completas em razão da limitação de fontes para apuração definitiva, mas servem para futuros pesquisadores ou um biógrafo iniciar o trabalho a partir daqui.

Avraham Milgram e Fábio Koifman

OBRAS DE ALBERTO DINES

Posso? (contos). Rio de Janeiro: Sabiá, 1972.

Érico Veríssimo: História e Literatura. Editora: Jornal do Brasil, 1973, 84 p.

O papel do jornal. Rio de Janeiro: Ed. Artenova, 1974.

O papel do jornal: tendências da comunicação e do jornalismo no mundo em crise. Rio de Janeiro: Artenova, 3ª ed., 1977.

O papel do jornal: uma releitura. São Paulo: Summus, 1986.

O papel do jornal e a profissão de jornalista. São Paulo: Summus, 2009.

E por que não eu? Rio de Janeiro: Codecri, 1979.

O baú de Abravanel: uma crônica de sete séculos até Silvio Santos. São Paulo: Companhia das Letras, 1ª e 2ª ed., 1990.

Vínculos do fogo: Antônio José da Silva, o Judeu, e outras histórias da Inquisição em Portugal e no Brasil. São Paulo: Companhia das Letras, 1ª e 2ª ed., 1992.

Antônio José da Silva: uma biografia em versos. Rio de Janeiro: Biblioteca Nacional, 2006

Tod im Paradies: Die Tragödie des Stefan Zweig. Aus dem Portugiesischen von Marlen Eckl. Frankfurt am Main: Büchergilde Gutenberg, 2006.

Morte no Paraíso: A tragédia de Stefan Zweig. (1a. ed.) Rio de Janeiro: Nova Fronteira, 1981; (2a. ed.) Nova Fronteira, 1982; (3a. ed.) Rocco, 2004; (4a ed.) Rocco, 2012.

OBRAS COORDENADAS E/OU ORGANIZADAS POR ALBERTO DINES

Dreyfus, Alfred. *Diários completos do capitão Dreyfus.* Organização e Apresentação Alberto Dines. Rio de Janeiro: Imago:1995.

DINES, Alberto; MALIN, Mauro. *Jornalismo brasileiro: no caminho das transformações.* Brasília: Banco do Brasil, 1996.

100 páginas que fizeram história: grandes momentos do jornalismo. São Paulo: L. Fernandes, Nastari Comunicação e Marketing Editorial, 1997.

Estado, Mercado e Interesse Público. Alberto Dines, Paulo Nassar e Waldemar Luiz Ku Banconsch (orgs). Banco do Brasil, 1999.

Correio Braziliense ou Armazém literário. Uniemp, 2000.

Espaços na mídia: história, cultura e esporte. Alberto Dines (org.). Brasília: Banco do Brasil, 2001, 224 p. (Artigo do Dines e preâmbulo: "O Papel não é passado", pp. 17— 23).

A Mídia e os dilemas da transparência. Alberto Dines (org.).Brasília: Banco do Brasil, 2002.

Mídia e a nova ordem mundial: dilemas da transparência. Alberto Dines (org.). Brasília: Banco do Brasil, 2002, 121 p.

Antônio José da Silva, *O judeu em cena. El prodigio de Amarante•o prodigio de Amarante*. São Paulo: EDUSP, 2005.

Antônio José da Silva: uma biografia em versos. Alberto Dines (Organização e comentários). Rio de Janeiro: Biblioteca Nacional, 2006.

Stefan Zweig no país do futuro — a biografia de um livro. Prefácio, organização e textos adicionais de Alberto Dines. Rio de Janeiro/Petrópolis: Fundação Biblioteca Nacional/ Casa Stefan Zweig/ Emc, 2009.

OBRAS DE ALBERTO DINES COM OUTROS AUTORES

20 histórias curtas. Alberto Dines, Esdras do Nascimento, Guido Vilmar Sassi, Isaac Piltcher. Rio de Janeiro: Antunes & Cia, 1960.

Os idos de março e a queda de abril. Alberto Dines; Antônio Callado; Araújo Netto; Carlos Castello Branco; Cláudio Mello e Sousa; Eurilo Duarte João Amado; Pedro Gomes e Wilson Figueiredo. Rio de Janeiro: José Álvaro, 1964.

O mundo depois de Kennedy. Alberto Dines, Nahum Sirotsky, Newton Carlos e Roberto Campos. Rio de Janeiro: José Álvaro, 1965.

20 textos que fizeram história. Textos de: Alberto Dines; Alon Feuerwerker; Boris Casoy; Caio Tuio; Carlos Brickmann; Cláudio Abramo; Clóvis Rossi; Getúlio Bittencourt; Gilberto Dimenstein; Haroldo C. Lima; Jânio de Freitas, José Arbex Jr.; Otávio Frias Filho; Paulo Francis; Ricardo Kotscho; Samuel Weiner e Tarso de Castro. São Paulo: *Folha de S.Paulo*, 1992.

A imprensa em questão. Alberto Dines, Carlos Vogt e José Marques de Melo (orgs.). Campinas: Editora Unicamp, 1997.

Sociedade e estado superando fronteiras. Alberto Dines; Bernardo Kliksberg e Brasilio Sallum (orgs. e autores). São Paulo: Fundap, 1998.

Em nome da fé — estudos in memoriam de Elias Lipiner. Alberto Dines, Nachman

Falbel, Avraham Milgram. São Paulo: Perspectiva, 1999.

Histórias do Poder — 100 anos de política no Brasil. Alberto Dines, Florestan Fernandes Jr. e Nelma Salomão (org.). São Paulo: Editora 34, 2000 (2ª ed., 2001).

Brasil: um país do futuro. Alberto Dines e André Vallias. Casa Stefan Zweig, 2012. Catálogo de exposição realizada em Petrópolis, no Rio de Janeiro, na Casa Stefan Zweig, de 24 de novembro de 2012 a fevereiro de 2013.

ARTIGOS

"Sensacionalismo na Imprensa". Comunicações e Artes. Uma Semana de Estudos sobre Sensacionalismo, São Paulo, 1971, n. 4, p. 67 –75.

"A religião do deserto". In *Irã, a força de um povo e sua religião*. Newton Carlos (coord.). Rio de Janeiro: Expressão e Cultura, 1979.

"'Media-cristicism': um espaço mal-dito". In: *Comunicação, hegemonia e contra-informação*. Carlos Eduardo Lins da Silva (coord.). São Paulo: Cortez, 1982, pp. 147-154.

"Quem sou eu? O problema da identidade em Antônio José da Silva" In: *Inquisição* vol. III. Maria Helena Carvalho dos Santos (coord.). Lisboa: Universitária, 1990, pp. 1029-1043. (Comunicações apresentadas ao 1º Congresso luso-brasileiro sobre Inquisição, Lisboa, fevereiro 1987).

"Era judeu o Judeu?". In: *Os judeus portugueses entre os descobrimentos e a diáspora*. Maria Helena Carvalho dos Santos e José Sommer Ribeiro (coord.). Lisboa: Associação Portuguesa de Estudos Judaicos\Fundação Calouste Gulbenkian, 1994, pp. 202-204.

"O caso das Listas falsificadas (e uma sugestão sobre a Lista das Listas)". In: *Os judeus portugueses entre os descobrimentos e a diáspora*. Maria Helena Carvalho dos Santos e José Sommer Ribeiro (coord.). Lisboa: Associação Portuguesa de Estudos Judaicos\Fundação Calouste Gulbenkian, 1994, pp. 205-206.

"Tendências no jornalismo brasileiro". In: DINES, Alberto; MALIN, Mauro. *Jornalismo brasileiro*: no caminho das transformações. Brasília: Banco do Brasil, 1996.

"Aventuras e desventuras de Antônio Isidoro da Fonseca". In: *Em nome da fé — estudos in memoriam de Elias Lipiner*. Alberto Dines, Nachman Falbel, Avraham Milgram (orgs.). São Paulo: Perspectiva, 1999, pp. 75-91.

"Limites e possibilidades do jornalismo institucional". In: *Estado, Mercado e Interesse Público*: a comunicação e os discursos institucionais. Alberto Dines, Paulo Nassar e Waldemar Kunsch (orgs). Brasília: Banco do Brasil, 1999.

"Comunicação e Sociedade — Imprensa, desenvolvimento e cidadania". In: *Estado, Mercado e Interesse Público*: a comunicação e os discursos institucionais. Alberto Dines, Paulo Nassar e Waldemar Kunsch (orgs). Brasília: Banco do Brasil, 1999.

"Do documento ao monumento — a história como canteiro" In: *A Fênix ou o eterno retorno 460 anos da presença judaica em Pernambuco*. Alberto Dines, Francisco Moreno-Carvalho e Nachman Falbel. Brasília: Ministério da Cultura, Programa Monumenta, 2001, pp. 17-23.

"Ética e Transparência: todos os cenários passam pela mídia" e "Preâmbulo". In: *Mídia e a nova ordem mundial*: dilemas da transparência. Alberto Dines (Org.) — Brasília: Banco do Brasil, 2002, pp. 16-20.

"Duas peças em câmera". In: *Freud: a cultura judaica e a modernidade*. Maria Olympia A. F. França (org.). São Paulo: Senac, 2002, pp.191-218.

"*Shvaign is toit*, calar é morrer". In: *O dever da memória: o levante do gueto de Varsóvia*. Abrão Slavutzky (coord.). Porto Alegre: Federação Israelita do Rio Grande do Sul, AGE Editora, 2003, pp. 77-79.

"A invenção do paraíso no inferno do Estado Novo". In: *Brasil, um país do futuro?* João Paulo dos Reis Velloso, Roberto Cavalcanti de Albuquerque (coords), Rio de Janeiro: Jose Olympio, 2006.

"Um estudo de caso: o Observatório da Imprensa".In: *Chegou a vez do Brasil? Oportunidade para a geração de brasileiros que nunca viu o país crescer.* João Paulo dos Reis Velloso, Roberto Cavalcanti de Albuquerque (coords.). Rio de Janeiro: José Olympio, 2007.

"Stefan Zweig: aquele que volta". In: *Noah/Noaj: revista literária/Associação Internacional de Escritores Judios em Lengua Hispanha Y Portuguesa — nº 16/17*. Berta Walman e Moacir Amâncio (Orgs.). São Paulo: Humanitas, 2007, pp. 157-169.

"A 'cultura da esperança' em Stefan Zweig". In: *Na crise global, as oportunidades do Brasil e a cultura da esperança*. João Paulo dos Reis Velloso. Rio de Janeiro: José Olympio, 2009.

"Stefan Zweig". In: *Humanismo judaico na literatura, na história e na ciência*. Rio de Janeiro: CHCJ — Imprinta, 2011, pp. 5-16.

"O Processo Dreyfus, Émile Zola e Rui Barbosa". In: *Humanismo judaico na literatura, na história e na ciência*.Rio de Janeiro: CHCJ — Verve, 2013, pp. 11-18.

MISCELÂNEA (PREFÁCIOS, APRESENTAÇÕES, POSFÁCIOS, ENTREVISTAS, MEMÓRIAS)

Posfácio em *O campo de batalha sou eu*, de Fausto Wolff. Rio de Janeiro: José Álvaro, 1968.

Prefácio em *Comunicação de massa e desenvolvimento*, de Wilbur Schramm Rio de Janeiro: Bloch, 1969.

Prefácio em *Israel e seus vizinhos*, de Alexandre Lissovsky. Coleção Perspectivas. Rio de Janeiro: Bloch, 1969.

Prefácio em *Arte e comunicação*, de Jacob Klintowitz. Rio de Janeiro: Grupo de Planejamento Gráfico, 1973.

Prefácio em *SNI–Como nasceu, como funciona*, de Ana Lagôa. São Paulo: Brasiliense, 1983.

Prefácio em Êxtase da transformação, de Stefan Zweig. São Paulo: Companhia das Letras, 1987.

Prefácio em *O problema da imprensa*, de Barbosa Lima Sobrinho. São Paulo: Com Arte, (2ª ed. 1988; 3ª ed. 1997).

Introdução "A inquisição como farsa" em *Medicina Teológica de Francisco de Melo Franco*. São Paulo: Giordano, 1994, pp. XVII— XXXVI.

Prefácio "A lista do Vaticano" em *Os judeus do* Vaticano, de Avraham Milgram. Rio de Janeiro: Imago, 1994, pp. 11-15.

Apresentação em *O processo do capitão Dreyfus*, de Rui Barbosa. São Paulo: Giordano, 1994.

Narrativa documental e literária nas biografias (Documental and literary narrative in biographies). História, Ciências, Saúde-Manguinhos, 1995, Vol. 2, Issue 2, p.93. Autores: Fernando Morais; Alberto Dines; Ana Miranda; Jorge Caldeira e Roberto Ventura.

Apresentação em *Tratado da ciência Cabala, ou Notícia da arte cabalística* de Francisco Manuel de Melo. Rio de Janeiro: Imago, 1997.

Prefácio em *Bolhas e Pêndulos*, de André Lara Resende. Rio de Janeiro: Campus, 1997.

"O jornalista que constrói pontes" (entrevista). In: *A paixão de ser*: depoimentos e ensaios sobre a identidade judaica. Abrão Slavutzky (org.). Porto Alegre: Artes e Ofícios, 1998, pp. 51-72.

Introdução à *Em nome da fé* — estudos *in memoriam* de Elias Lipiner. Alberto Dines, Nachman Falbel, Avraham Milgram (orgs.). São Paulo: Perspectiva, 1999, pp. 11-13.

Prefácio em *A sociedade dos chavões* de Claudio Julio Tognolli. São Paulo: Escrituras, 2001.

Apresentação em *O rádio na era da informação*: teoria e técnica do novo radiojornalismo. Eduardo Meditsch; prefácio de Heródoto Barbeiro. Florianópolis: Insular, 2001 (2ª ed 2007).

Prefácio em *Telejornalismo, internet e guerrilha tecnológica* de Antonio Cláudio Brasil. Rio de Janeiro: Ciência Moderna, 2002.

"Além do tempo jornalístico". In: Ética, cidadania e imprensa, de Raquel Paiva (Org.). Rio de Janeiro: Mauad, 2002.

Prefácio em *Jornalistas* de Vitor Sznejder e Evandro Carlos de Andrade. Rio de Janeiro: Mauad-x, 2003.

"Encontros com Clarice Lispector".*Cadernos de literatura brasileira* de Clarice Lispector. Edição especial, n. 17-18. Rio de Janeiro, Instituto Moreira Salles, dez. 2004, pp. 51-52.

Prefácio em *Deportado para a vida*, de Emeric Marcier. Rio de Janeiro: Francisco Alves, 2004.

Prefácio em *História da ORT no Brasil: 60 anos educando para a vida* de Suely Spiguel e Hugo Malajovich. Rio de Janeiro: Sociedade Israelita Brasileira ORT, 2005.

Apresentação, prefácio e posfácio em *O judeu em cena: el prodigio de Amarante-o prodígio de Amarante* de Antônio José da Silva. São Paulo: EDUSP, 2005.

Posfácio em *Berlim*, de Joseph Roth. São Paulo: Companhia das Letras, 2006.

Prefácio em *Brasil: um país do futuro*, de Stefan Zweig. Porto Alegre: L&PM, 2006.

Prefácio em *Matzá com moussaká: história de judeus e gregos*, de Táki Athanássios Cordás. São Paulo: Ateliê Editorial, 2007.

Prefácio em *Olhar crítico: 50 anos de cinema brasileiro*, de Ely Azeredo. São Paulo: Instituto Moreira Salles, 2009, 116 p.

"O contrato das andorinhas" (memórias). In: *Fragmentos de Memórias*. Avraham Milgram (org.). Rio de Janeiro: Imago, 2010, pp. 83-98.

Prefácio em *O mundo dos jornalistas*, de Isabel Travancas. São Paulo: Summus, 2011, 4ª ed.

Introdução intitulada "A ponte entre o mundo interior e o mundo à nossa volta". In: *A importância social da informação*. Edição de palestras do XV Seminário de Comunicação do Banco do Brasil — Brasília: Banco do Brasil, 2011, pp. 13-19.

Prefácio e posfácio de *Maria Antonieta — Retrato de uma mulher comum*, de Stefan Zweig. Rio de Janeior: Zahar, 2013.

Prefácio em *A saúde na mídia* — Medicina para jornalistas, jornalismos para médicos, de Roxana Tabakan. São Paulo: Summus Editorial, 2013.

Prefácio, organização e textos adicionais em *O Mundo Insone e outros ensaios*, de Stefan Zweig. Trad. Kristina Michahelles. Rio de Janeiro: Zahar, 2013.

Prefácio e posfácio de *Autobiografia: O mundo de ontem. Memórias de um europeu*, de Stefan Zweig. Trad. Kristina Michahelles. Rio de Janeiro: Zahar, 2014.

Glossário em *O avesso da vida*, de Philip Roth. São Paulo: Companhia de Bolso, 2014.

Organização e textos adicionais em *Três Novelas Femininas: medo, carta de uma desconhecida, 24 horas na vida de uma mulher*, de Stefan Zweig. Rio de Janeiro: Zahar, 2014.

"O mundo de ontem num telephone book". In: *A rede de amigos de Stefan Zweig, sua última agenda, 1940-1942*. Israel Belloch (org.). Rio de Janeiro: Casa Stefan Zweig, Memória Brasil, 2014, pp. 7-13.

"The world of yesterday in a telephone book". In: *A network of friends:* Stefan Zweig, his last address book 1940-1942. Israel Belloch (org.). Rio de Janeiro: Casa Stefan Zweig, Memória Brasil, 2014, pp. 7-13.

Prefácio e textos adicionais em *Novelas insólitas*, de Stefan Zweig. Trad. Kristina Michahelles. Rio de Janeiro: Zahar, 2015

Prefácio em *Joseph Fouché: Retrato de um homem político*, de Stefan Zweig. Trad. Kristina Michahelles. Rio de Janeiro: Zahar, 2015.

A imprensa em debate. Alberto Dines *et al*. (entrevistas a Moacir Pereira); prefácio de Sérgio Lopes. Florianópolis: Lunardelli, 1981.

SOBRE OS AUTORES

Alzira Alves de Abreu graduou-se em História e Geografia na Universidade Federal do Rio de Janeiro (UFRJ). Concluiu seu doutorado na Université Paris-Descartes, UPD, França. É pesquisadora do Centro de Pesquisa e Documentação de História Contemporânea do Brasil (CPDOC). Coordenou e organizou, entre outras publicações, o *Dicionário histórico-biográfico brasileiro — 1930-1983* (1984); o *Dicionário histórico-biográfico brasileiro pós-30* (2001); o *Dicionário histórico-biográfico da propaganda no Brasil* (2007); o *Dicionário histórico-biográfico brasileiro da Primeira República — 1889-1930* (2015). É autora das obras *Intelectuais e guerreiros* (1992); *A imprensa em transição: o jornalismo nos anos 50* (1996); *O que é o Ministério Público* (2010); *A experiência da Primeira República no Brasil e em Portugal* (2012), entre outros livros, capítulos de livros e artigos.

Anat Falbel é graduada em engenharia pela Escola Politécnica da Universidade de São Paulo (1981), doutora pela Faculdade de Arquitetura e Urbanismo da Universidade de São Paulo (2003) e pós-doutora pelo Instituto de Filosofia e Ciências Sociais da Universidade Estadual de Campinas (2009), pesquisadora visitante do Canadian Center of Architecture, Montreal (2013). Atualmente leciona no Programa de Pós-Graduação em Urbanismo da Universidade Federal do Rio de Janeiro. A temática dos profissionais imigrantes que atuaram no Brasil entre as décadas de 1920 e 1960, compreendendo arquitetos, fotógrafos e artistas, encontra-se entre seus temas de pesquisa, tendo sido curadora da exposição "Exílio e Modernidade: o espaço do estrangeiro na cidade de São Paulo".

Avraham Milgram concluiu o mestrado e o doutorado no Instituto de Judaísmo Contemporâneo, na Universidade Hebraica de Jerusalém. Historiador no Museu do Holocausto Yad Vashem, Jerusalém, chefiou historiadores no planejamento do novo museu histórico do Yad Vashem e da exposição do Pavilhão n. 27 em Auschwitz. Publicou *Os judeus do Vaticano* (1994) no Rio de Janeiro, *Portugal, Salazar e os Judeus* (2010) em Lisboa e outros livros e artigos em Israel.

Bernardo Kucinski é jornalista e professor de jornalismo na Universidade de São Paulo, tendo publicado cerca de vinte livros sobre jornalismo, economia e política, entre os quais *Jornalistas e revolucionários*, *Jornalismo econômico* (prêmio Jabuti) e *Síndrome da antena parabólica*. Entre 2003 e 2005 foi assessor especial da Presidência da República. Em 2011 publicou o romance *K.*, traduzido em várias línguas e finalista de prêmios literários no Brasil e no exterior.

Bruno Guilherme Feitler é professor de História Moderna na Universidade Federal de São Paulo (Unifesp) e pesquisador do CNPq. Especialista da história da Inquisição portuguesa, da Igreja no Brasil colônia e dos judeus e cristãos-novos portugueses, é autor, entre outros, dos livros *Nas malhas da consciência: Igreja e*

Inquisição no Brasil colônia (2007) e *The Imaginary Synagogue. Anti-Jewish Literature in the Portuguese Early Modern World* (2015).

Claude B. Stuczynski é professor associado do Departamento de História Geral da Universidade Bar-Ilan (Israel) e membro do conselho do Center for the Study of Conversions and Interreligious Encounters (CSOC) na Universidade Ben-Gurion. Ele se dedica principalmente à pesquisa do fenômeno do converso português e aos primeiros encontros entre europeus e ameríndios. É autor dos livros *Between Religion and Religiosity among the New Christians of Bragança in the 16th Century*; *The New Christians in Portugal in the XXth Century*; '*On Behalf of the Nation'. New Christian Apologetics in the Iberian World*, entre outros capítulos de livros e artigos.

Fábio Koifman é professor de História das Relações Internacionais na Universidade Federal Rural do Rio de Janeiro. Fez doutorado em História e bacharelado em Direito na Universidade Federal do Rio de Janeiro, graduação em História e mestrado em História na Universidade do Estado do Rio de Janeiro. Autor dos livros *Quixote nas Trevas: o embaixador Souza Dantas e os refugiados do nazismo* (2002*); Imigrante Ideal: o ministério da Justiça e a entrada de estrangeiros no Brasil 1941-1945* (2012) e organizador do livro *Presidentes do Brasil* (2002/3), entre outros artigos e capítulos de livros.

José Alberto Rodrigues da Silva Tavim é Doutor em Estudos Portugueses pela Universidade Nova de Lisboa, Investigador do Quadro e Professor no Centro de História (Seminário "Os Judeus em Portugal e na Diáspora"), Faculdade de Letras, Universidade de Lisboa, e Investigador Colaborador em CIDEHUS, na Universidade de Évora. É autor dos livros *Os judeus na Expansão Portuguesa em Marrocos durante o século XVI: origens e actividades duma comunidade* (1997); *Judeus e cristãos-novos de Cochim. História e Memória — 1500-1662* (2003); co-organizador do *Dicionário do Judaísmo Português* (2009), entre inúmeros outros artigos e capítulos de livros.

Leonardo Senkman é historiador e crítico literário. Ensinou durante trinta anos história e cultura Latino-Americana Contemporânea no Departamento de Estudos Românicos e Latino-Americanos da Universidade Hebraica de Jerusalém, na qual é pesquisador do Instituto Harry Truman e do Centro Internacional de Ensino Universitário da Civilização Judaica. Publicou livros e ensaios sobre antissemitismo, direitos humanos, refugiados europeus do nazismo, fugitivos do franquismo na Argentina, além do exílio político sul-americano. Seu mais recente livro trata de Alberto Gerchunoff, *Entre Ríos, mi País* (2015). Dirige a revista literária NOAJ, e é membro correspondente em Israel da Academia Nacional de História da República Argentina.

Luis Sérgio Krausz é professor Livre-Docente de Literatura Hebraica e Judaica da Faculdade de Filosofia, Letras e Ciências Humanas da Universidade de São

Paulo. Autor de *Rituais crepusculares: Joseph Roth e a nostalgia austro-judaica* (Edusp, 2008); *Passagens: Literatura Judaico-Alemã entre Gueto e Metrópole* (Edusp, 2012) e *Santuários Heterodoxos: subjetividade e heresia na literatura judaica da Europa Central*. É também tradutor do alemão e do hebraico, tendo publicado traduções de romances de Joseph Roth, Elfriede Jelinek, Friedrich Christian Delius, Aharon Appelfeld, entre outros, e é romancista, autor de *Desterro: memórias em ruínas* (Tordesilhas, 2011); *Deserto* (Benvirá, 2013) e *Bazar Paraná* (Benvirá, 2015).

Luiz Augusto Egypto de Cerqueira é jornalista pela Universidade Federal de Juiz de Fora, mestre em História pela PUC-SP e pós-graduado em Direção Editorial pela ESPM-SP. Foi professor do Curso de Jornalismo da PUC-SP (1979-2006) e redator-chefe do *Observatório da Imprensa* online (1999-2015). Trabalhou nos jornais *Versus*, *Folha de S.Paulo* e *Estado de S.Paulo*, e na revista *Imprensa*.

Márcio Orlando Seligmann-Silva é professor titular de Teoria Literária na Universidade Estadual de Campinas. Possui graduação em História pela PUC-SP, mestrado em Letras pela Universidade de São Paulo, doutorado em Teoria Literária e Literatura Comparada pela Freie Universität Berlin. É autor de vários livros, entre eles *Ler o livro do mundo — Walter Benjamin: romantismo e crítica poética* (1999); *Adorno* (2003); *O local da diferença — Ensaios sobre memória, arte, literatura e tradução* (2005); *Para uma crítica da compaixão* (2009); e *A atualidade de Walter Benjamin e de Theodor W. Adorno* (2009) e organizador de diversas outras obras, entre inúmeros outros artigos e capítulos de livros.

Orlando de Barros é graduado em Ciências Sociais pela Universidade do Estado do Rio de Janeiro, mestre em História pela Universidade Federal Fluminense, doutor em História Social pela Universidade de São Paulo, e pós-doutor pela Università Degli Studi Tor Vergata, Roma. Professor associado, aposentado desde maio de 2012, da Universidade do Estado do Rio de Janeiro, ex-professor da Universidade Federal Fluminense e do Colégio Pedro II. É autor das obras *Custódio Mesquita: um compositor romântico no tempo de Vargas — 1930-45* (2001), *Corações de chocolat: A História da Companhia Negra de Revistas — 1926-1927* (2005); *A guerra dos artistas: dois episódios da história brasileira durante a Segunda Guerra Mundial* (2010) e *O pai do futurismo no país do futuro* (2010), entre inúmeros outros artigos e capítulos de livros.

Nachman Falbel, estudou História e Filosofia na Universidade Bar-Ilan, Israel. É professor titular de História Medieval aposentado da Universidade de São Paulo. Foi fundador do Arquivo Histórico Judaico Brasileiro no qual atuou desde sua fundação, em 1976, até 2008. Publicou livros e artigos na área de sua especialização em estudos medievais e judaicos, entre eles *Heresias medievais* (Perspectiva, 1977); *Os espirituais franciscanos* (Perspectiva, 1995); *Kidush HaShem — Crônicas hebraicas sobre as Cruzadas* (Edusp, Imprensa Oficial, 2001); *Judeus no Brasil: estudos e notas* (Humanitas, Edusp, 2008).

Este livro foi editado na cidade de São Sebastião do Rio de Janeiro
e publicado pelas Edições de Janeiro no verão de 2017.
O texto foi composto com as tipografias Berkeley Oldstyle e Helvetica Neue
e impresso em papel Pólen Soft 70g/m² nas dependências da gráfica Edelbra.